U0590254

高等院校小学教育专业教材

小学教育政策与法律

主编 余雅风 张颖

高等教育出版社·北京

内容摘要

　　本教材以小学教育活动为对象，基于教育活动中的基本要素划分，分别从教育政策和教育法律两大视角对与小学教育活动的教育主体和教育过程有关的政策、法律法规进行深入、全面的阐述，同时融入理论研究新成果，教育实践新要求，具有理论性、实践性、系统性和创新性。

　　学习者通过本教材的学习，可以了解教育政策和教育法学基础理论知识，熟悉、把握有关小学教育活动的各项法律法规，提升教育法治素养，具备依法执教的意识和分析教育法律法规问题的能力。

　　本教材适合高等院校小学教育专业学生使用，也可用于小学教师和教育管理者的培训。

图书在版编目（ＣＩＰ）数据

　　小学教育政策与法律 / 余雅风，张颖主编 . -- 北京：高等教育出版社，2024.1
　　ISBN 978-7-04-058904-7

　　Ⅰ . ①小… Ⅱ . ①余… ②张… Ⅲ . ①小学－教育政策－中国－高等学校－教材②小学－教育法－中国－高等学校－教材 Ⅳ . ①D922.16

　　中国版本图书馆CIP数据核字(2022)第118653号

小学教育政策与法律
Xiaoxue Jiaoyu Zhengce yu Falü

| 策划编辑 | 肖冬民 | 责任编辑 | 王雅君 | | | 封面设计 | 姜　磊 | 版式设计 | 徐艳妮 |
| 责任绘图 | 马天驰 | 责任校对 | 任　纳　高　歌 | | | 责任印制 | 存　怡 | | |

出版发行	高等教育出版社	网　　址	http://www.hep.edu.cn
社　　址	北京市西城区德外大街 4 号		http://www.hep.com.cn
邮政编码	100120	网上订购	http://www.hepmall.com.cn
印　　刷	北京市密东印刷有限公司		http://www.hepmall.com
开　　本	787 mm×1092 mm　1/16		http://www.hepmall.cn
印　　张	19		
字　　数	380 千字	版　　次	2024 年 1 月第 1 版
购书热线	010-58581118	印　　次	2024 年 1 月第 1 次印刷
咨询电话	400-810-0598	定　　价	42.00 元

前　言

随着教育现代化进程的不断推进,建设一支高素质专业化的教师队伍已成为我国基础教育事业发展的基本内容和重要保障。教育部2021年颁布的《小学教育专业师范生教师职业能力标准(试行)》明确规定,小学教育专业师范生应"具有依法执教意识,遵守宪法、民法典、教育法、教师法、未成年人保护法等法律法规,在教育实践中能履行应尽义务,自觉维护学生与自身的合法权益"。在推进教育法治化的新时代,培养尊法、学法、守法、用法的小学教师,对于实施素质教育、全面贯彻党的教育方针、落实国家的法律法规、发展学生核心素养具有重要意义。

"小学教育政策与法律"课程是小学教育专业核心课程,旨在帮助小学教育专业学生熟悉、掌握关于教育政策与法律的基本原理、基础知识和相关规定,为其成长为一位尊法、学法、守法、用法的小学教师奠定基础。在我国现行学制中,小学教育是我国基础教育的重要组成部分,由于教育对象的年龄、身心发展特点,小学教育具有不同于其他教育阶段的特殊性和差异性。因此,专门将小学教育活动作为对象,了解和学习小学教育阶段的相关政策、法律是有必要的。对此,本教材在对我国小学教育政策与法律加以系统阐述的基础上,进一步融入理论研究新成果以及新颁布的教育法律法规,以帮助学习者全面、深刻地理解有关要求并学以致用。

一、教材编写特色

在内容设置上,本教材在绪论部分整体介绍了教育政策与教育法律内涵,并区分了教育政策与教育法律,其余部分为上、下两篇。每篇的开头一章(第一章、第七章)分别从教育政策、教育法律的基本原理入手,介绍教育政策、教育法律的本质、特征、功能等,帮助学习者形成关于教育政策、教育法律的基本认识。在此基础之上,本教材基于小学教育活动的基本要素,即教育主体和教育过程,分别从学校、教师、学生、课程与教学(教育教学)对我国目前政策与法律体系中的相关内容具体展开介绍和分析(详见第三章至第六章、第八章至第十一章)。除此之外,为进一步帮助学习者了解实践中的重要议题,本教材还融入具有典型性和特殊性的议题,如小学教育发展政策(第二章)、小学常见法律问题(第十二章)、法律责任与救济(第十三章),有利于学习者熟练、掌握我国目前与小学教育相关的教育政策与法律等具体内容。

为帮助学习者更好地掌握小学教育政策与法律的知识并学以致用,本教材的编写突出以下特色:第一,理论性。理论性有助于学习者掌握基本的教育政策与法律理论基础,这也是进一步学习本课程的重要基础;具备基本的理论素养和理论知识,有利于学习者运用相关理论来分析、评价实践中有关教育政策与法律的问题和现象。第二,实践性。"小学教育政策与法律"是一门与实践紧密关联的课程,完全脱离实践进行纯理论学习背离本课程的初衷。因此,本教材在内容安排上一方面紧贴实践,针对我国实践中现行的对小学教育活动具有规范性和指导性的政策与法律展开介绍；另一方面,通过设置相应的案例分析来帮助学习者反思实践,最终服务于实践。第三,系统性。本教材较为系统、全面地梳理了与小学教育活动相关的政策与法规,让学习者在学习有关教育政策与教育法律基础理论知识的同时,熟悉实践中各类政策规定和法律法规,帮助学习者成长为一名合格的小学教师。第四,创新性。本教材专设"小学教育教学法律制度"一章,对涉及小学教育教学活动的法律制度加以介绍,并进一步融入成熟的理论研究新成果(如教育立法和教育政策的公共性价值)以及新颁布的法律法规(如教育惩戒、校园欺凌),具有一定的创新性。

二、教材的使用建议

在本课程的学习过程中,学习者要善用本教材中的各类学习栏目和学习资源。首先,各章开头均基于内容设置了各章相应的"本章导航""关键术语""学习目标",这些有利于学习者形成系统的知识框架结构,并把握本章学习重点,做到有的放矢。需要指出的是,"本章导航"极为重要,不仅有益于学习者迅速、高效地把握相应的知识内容,同时也利于学习者提升自身的系统性思维。其次,教材中提供的案例均为教育实践中的真实案例或材料,能够帮助学习者学以致用,通过理论反思实践,从而进一步补充和深化对各个知识点的认识和理解。最后,各章末尾设置了"理解·反思·探究""拓展阅读",以帮助学习者对该章内容加以梳理巩固并展开学习效果自测,查漏补缺。此外,书内还设置了二维码资源,包括视频、文献、政策与法律原文等,重在开拓或深化学习者对相关知识的理解,有兴趣的学习者可自行扫码学习。

三、教材编写分工

本书各章节撰写的具体分工如下:绪论,余雅风、张颖;第一章,王哲先;第二章,张宇恒;第三章,张行涛、储招杨;第四章,齐建立、张敏;第五章,茹国军、叶壮;第六章,徐冬鸣;第七章,余雅风;第八章,褚天;第九章,何海澜;第十章,王朝夷;第十一章,张颖;第十二章,姚真;第十三章,余雅风、杜佳欣。最后,本教材的体例设计、审读、修改以及统稿工作由余雅风、张颖完成。

余雅风

2023 年 6 月 1 日

目　录

下篇 教 育 法 律

绪　论

《小学教师专业标准(试行)》将"贯彻党和国家教育方针政策,遵守教育法律法规"作为小学教师基本要求的第一条,说明教育政策和教育法律法规在教师教育中的基础性、重要性。学习本课程,就是要全面了解我国的教育政策与教育法律法规,从而在工作实践中不但能依法依规履行教育职责,正确分析和评判教育现象,还能以身作则,向学生传授法律知识,贯彻党和国家教育方针政策。在学习教育政策与教育法律法规之前,首先要对相关概念有正确、深入的把握,认识到我国教育政策与教育法律法规的内在价值,并了解相关的学习与研究方法。

第一节 教育政策与教育法的概念

开始本课程的学习,首先需要把握几个基本的重要的概念。教育政策与教育法及其相关概念具有不同内涵,学习者应分别认识,并把握这些概念的关系。

一、什么是教育政策

教育政策是政策在教育领域运用的表现,其上位概念是政策。政策有广义和狭义之分。广义的政策,将法涵盖其中,是政党、政府等政治实体在特定时期为实现或服务于一定社会政治、经济、文化目标所采取的政治行为或者规定的行为准则,是一系列方针、策略、法律、法规、规章、制度、措施等的总称。狭义的政策不包括法。

教育政策亦有广义、狭义之分,广义的教育政策包含教育法,狭义的教育政策不包括教育法。从《小学教师专业标准(试行)》关于"贯彻党和国家教育方针政策,遵守教育法律法规"的表述看,教育法并不涵盖于教育政策之中。故本教材使用狭义上的"教育政策"一词。狭义的"教育政策"是政党、政府等政治实体在一定历史时期,为了实现一定的教育目标和任务而平衡各方的教育利益、协调教育的内外关系所规定的行动依据和准则。[①] 该概念涵盖以下要素:

第一,制定教育政策的主体是政党、政府等政治实体,如中共中央、国务院或国务院教育行政部门等;

第二,制定教育政策的目的在于平衡各方的教育利益、协调教育的内外关系,实现一定的教育目标和任务;

第三,教育政策的表现形式为实施教育行动、活动、行为的依据或规则,包括:(1) 党的有关教育的政策文件(例如,1985 年中共中央颁布的《中共中央关于教育体制改革的决定》),国家行政机关制定、发布的有关教育工作的政策性文件(例如,2001 年国务院发布的《关于基础教育改革与发展的决定》);(2) 党中央和党的地方各级领导机关所属有关部门与国务院、地方人民政府所属各部门共同制定或批准的有关教育的政策文件(例如,2020 年中宣部、教育部印发的《新时代学校思想政治理论课改革创新实施方案》);(3) 党和国家领导人有关教育问题的讲话、指示等(例如,2018 年习近平在全国教育大会发表重要讲话指出:"全党全社会要弘扬尊师重教的社会风尚,努力提高教师政治地位、社会地位、职业地位,让广大教师享有应有的社会声望,在教书育人岗位上为党和人民事业作出新的更大的贡献。""随着办学条件不断改善,教育投入要更多向教师倾斜,不断提高教师待遇,让广大教师安心从教、热心从教。"该讲话为在全社会营造尊师重教的良好风尚作出了指示)。

---

① 孙绵涛.教育政策学[M].北京:中国人民大学出版社,2010:22.

二、什么是教育法

随着生产力的提高、科技的进步以及生产和社会生活的高度社会化,教育领域不断扩大,教育的内涵日益纷繁复杂。现代社会对人才多样化的需求,要求打破传统的学校体系,建立统一的教学计划、教材和教学质量标准,形成一个幼儿、青少年、成人教育融会贯通,学校、社会、家庭密切配合的一体化教育体系。而通过法律手段确立国家的教育权力和公民的受教育权利,保障教育事业的发展,就成为有效实现国家教育职责的客观需要。

教育法也有狭义和广义之分。狭义的教育法专指由全国人民代表大会制定的《中华人民共和国教育法》(以下简称《教育法》)。[①] 广义的教育法是指由国家特定权力机关依照法定的权限和程序制定或认可的,以国家强制力保证实施的有关教育的法律规范的总和。因此,广义的教育法涵盖以下要素:

第一,教育法是国家特定权力机关在法定的权限范围内,依照法定程序制定的;

第二,教育法是调整教育领域不同主体之间权利-义务关系的行为规范,通过确立不同主体的权利与义务,保证教育活动的有序实施;

第三,教育法是以国家强制力(包括警察、法院、监狱等)保障实施的。具体而言,广义的教育法包括:(1) 国家最高权力机关及其常设机构制定的教育法律,如《教育法》《义务教育法》《教师法》;(2) 国家最高行政机关国务院制定的教育行政法规,如《教师资格条例》《民办教育促进法实施条例》《校车安全管理条例》等,目前生效实施的有 13 个;(3) 国家教育行政部门(教育部)制定的部门规章,如《中小学教育惩戒规则(试行)》《学校食品安全与营养健康管理规定》;(4) 地方性教育法规。

通常,"教育法规""教育法律法规"是教育政策和相关文件在特定历史时期较为口语化、通俗化的表达。为有利于准确界定、学习和运用相关概念,本教材中不特指的情况下,一律在广义上使用"教育法"这一概念。

教育法是现代教育发展的产物,世界各国发展教育的一个重要经验就是通过法律治理来实现对大规模教育事业的调控和发展。

三、教育政策与教育法的关系

政策与法律同属于上层建筑的范畴,都体现了国家利益,但又是两种不同的社会现象。教育政策是政党、政府等政治实体根据一定时期的教育目标、任务而制定的教育事业发展的路线、方针和原则。教育法是国家特定权力机关依照法定的权限和程序制定或认可的,以国家强制力保证实施的有关教育的法律规范总和。在实际必要且条件成熟的情况下,教育政策可能会上升为法律。任何国家的教育法都体现着一定的教育政策诉求,是政策的条文化、具体化。同时,教育政策与教育法又有极大的区别。

---

① 为论述的简洁,除特别说明外,均使用法律的简称。

（一）属性不同

教育政策不具有国家意志的属性,它之所以能指导国家的教育事业和调整、解决教育工作中的问题,主要是由执政党的地位所决定的,而教育法是国家意志的体现。

教育政策必须由国家特定权力机关根据党的教育政策的内容和精神,通过一定的法律形式和法定程序才能转化为教育法,才能成为人人普遍遵守的准则,才能依靠国家强制力保障实施。

（二）制定机关和制定程序不同

教育政策的制定机关是政党、政府等政治实体,包括党的全国代表大会和党的全国代表大会所选举产生的中央委员会、党的地方各级代表大会和党的各级委员会,以及各级国家行政机关及其职能部门等。一般讲,教育政策在制定的程序上,是通过党的领导机关会议的形式,在民主讨论的基础上形成的。

教育法是由宪法授权的有权制定法律法规等的国家特定权力机关制定或认可的,是否由宪法授权,是教育法区别于教育政策的基本标志。从制定机关看,教育法比教育政策多了全国人民代表大会。

我国的《立法法》对法律、行政法规、地方立法、部门规章分别规定了严格的法定制定程序。例如,教育法律的制定一般讲包括四个环节:(1) 提出教育法律草案;(2) 讨论教育法律草案;(3) 教育法律的表决和通过;(4) 教育法律的公布。

（三）稳定程度不同

教育政策是执政党及其机关根据一定时期的政治、经济任务而制定的教育工作的行动原则,具有一般的号召性,可以随着形势的变化进行及时的调整、丰富、改进和完善,以及时地解决各种实际的问题,因此具有较大的灵活性。例如,为实现教育公平,我国在不同发展阶段发布了教师流动、教师轮岗的相关政策,以解决城乡、落后与发达地区教育资源不均衡问题。

教育法则比较具体、稳定,对全体社会成员的行为具有严格的规定性,以便于严格执法、公正司法、全民守法。另外,教育法严格的制定程序,也使它比教育政策具有更强的稳定性。

（四）实施方式不同

教育政策的实施主要靠号召、宣传、教育,其贯彻实施不具有确定的约束力或强制力作为保障。

教育法是以国家强制力保障实施的行为规范,这也是法作为行为规范而不同于其他行为规范的重要特征。任何政党、社会团体、社会组织以及个人都必须在法律的范围内行动,否则要受到国家强制力的制裁。

（五）调整范围不同

教育政策在内容上具有全局性、全面性等特点,因而调整范围上更加广泛,涉及教育领域的各个方面、各种事项。

教育法只调整基本的、教育法律规范所确定的教育社会关系,没有法律规定的教育社会关系,不受教育法的调整。

四、教育方针与教育政策、教育法的关系

教育方针是国家或政党根据社会的政治、经济要求所提出的教育工作发展的总方向,属于规则的一种。教育方针所概括的内容一般涉及教育性质、教育目的及实现教育目的的基本途径等。其中,指出培养什么人即教育目的最为重要。[①]

> 1957年2月,毛泽东在《关于正确处理人民内部矛盾的问题》讲话中提出:"我们的教育方针,应使受教育者在德育、智育、体育几方面都得到发展,成为有社会主义觉悟的有文化的劳动者。"这是新中国成立以来党和国家领导人第一次正式阐述的社会主义教育方针,第一次将"德育"放到首位并明确提出了培养"劳动者"的目标。
>
> 1978年《宪法》明确规定了我国的教育方针:"教育必须为无产阶级政治服务,同生产劳动相结合,使受教育者在德育、智育、体育几方面都得到发展,成为有社会主义觉悟的有文化的劳动者。"
>
> 1995年《教育法》颁布实施,明确我国的教育方针为"教育必须为社会主义现代化建设服务,必须与生产劳动相结合,培养德、智、体等方面全面发展的社会主义事业的建设者和接班人"。
>
> 2021年4月29日第十三届全国人民代表大会常务委员会第二十八次会议对《教育法》进行修正,将教育方针修改为"教育必须为社会主义现代化建设服务、为人民服务,必须与生产劳动和社会实践相结合,培养德智体美劳全面发展的社会主义建设者和接班人"。

教育政策和教育法都共同遵从教育方针的指引,教育方针以政策的方式加以规定,也被明确规定在《教育法》中。无论是教育法和教育政策的制定,还是教育法和教育政策的实施、监督,都需要贯彻落实我国的教育方针,以保证教育目标的实现。

五、教育法治

法治和人治问题是人类政治文明史上的一个基本问题,也是各国在实现现代化过程中必须面对和解决的一个重大问题。法治是以民主为前提,以严格依法办事为核心,以确保权力正当运行为重点的社会管理机制、社会生活方式和社会秩序。[②]1978年,十一届三中全会确立了"有法可依,有法必依,执法必严,违法必究"的社会主义法制建设的十六字方针,成为我国改革开放后法制建设的开端。2012年,党的十八大

---

① 周德昌.简明教育辞典[M].广州:广东高等教育出版社,1992:148.
② 张文显.法学[M].北京:高等教育出版社,2011:330.

报告中提出了"科学立法、严格执法、公正司法、全民守法"的新16字方针。这个变化，不仅是从法制到法治、从法制建设到依法治国的概念递进，更标志着我国法治建设进入了一个新的发展阶段。

习近平总书记在中央全面依法治国工作会议上强调，要坚持中国特色社会主义法治道路。中国特色社会主义法治道路本质上是中国特色社会主义道路在法治领域的具体体现。既要立足当前，运用法治思维和法治方式解决经济社会发展面临的深层次问题；又要着眼长远，筑法治之基、行法治之力、积法治之势，促进各方面制度更加成熟更加定型，为党和国家事业发展提供长期性的制度保障。党的十八届四中全会把"建设中国特色社会主义法治体系，建设社会主义法治国家"作为推进全面依法治国的总目标，从而将教育法治化的重要性提升到了前所未有的战略高度。党的二十大报告进一步指出，"全面依法治国是国家治理的一场深刻革命"，要"在法治轨道上全面建设社会主义现代化国家"。

教育法治是推进教育治理现代化的重要基石和基本方式，同时也是各级各类学校治理现代化的内在要求，在教育现代化进程中具有引领性、基础性、规范性、保障性的重要地位和作用。

第二节 教育政策与教育法的目标价值

政策制定者和立法者把价值期望赋予政策和法，政策和法就成为政策制定者和立法者实现目标的工具。这种体现在政策和法之中的价值期望就是政策和法的目标价值。按照什么目标组织，实现怎样的利益，达到何种结果，与教育政策与教育法的目标价值密切相关。在我国政治体制和教育体制改革的过程中，必须正确认识作为教育的基本特征的教育公共性内涵，并将维护和提高教育的公共性作为教育政策与教育法的目标价值。

一、教育公共性的具体表现

教育涉及社会公众以及公共经费、社会资源的使用，影响社会成员共同的必要利益。教育公共性是将教育共同消费和利用的可能性开放给全体社会成员，其结果为全体社会成员得以共享的性质。现代学校教育、社会教育具有显著的公共性。具体表现为如下：[①]

第一，教育目的与功能的公共性。教育直接服务于学生学习并影响个人能力与发展、家庭状况，可以为个人带来合法的、可观的个人利益。教育同时会左右学校、社会及团体、社会文化的应有状态和国民经济的发展，通过促进人的全面发展来推动社会的全面进步，是一个与包括经济在内的文化社会的维持、发展、重组、再生产有关的事业。教育具有直接使公民个人受益、间接使整个社会受益的功能，是人类社会赖以

---

① 余雅凤. 公共性：学校制度变革的基本价值[J]. 教育研究，2005(4)：22-24.

生存和发展的重要基础。

第二，教育价值观的公共性。受教育权是公民的基本权利，这已成为共识。在民主政治和平等理念下，每个公民都有权通过接受教育提高自己的素质和劳动能力而获得收益。公共性的内涵在于公平，它面向的是全体社会成员。与经济组织的效率或利益价值、追求个人效率最大化的本位主义和自利性本质不同，教育以实现公共利益为宗旨。教育的公共性强调社会公共利益与社会公正，在谋求社会福利的基础上促进社会和个人的发展。

第三，教育成果的公共性。教育成果具有"社会共享性"。教育成果的公共性表现为它超越了人为的地理界限，不但对公民个人产生直接的影响，而且还会对整个社会产生影响，从而使所有社会成员都在客观上潜在地、共同地受益，没有一个个体或团体可以置身于其外。这样，教育问题的解决就不仅仅是为了满足公民个人的利益需求，而且也为了实现具有社会共享性的公共利益。

第四，教育影响的公共性。教育涉及政治、经济、文化及社会、家庭、学校等各个方面，具有影响的广泛性。这集中表现在教育超越了"私域"的范畴，不仅仅影响单个人或团体，而且正在或将要对多数或绝大多数人、团体产生普遍的影响，并促使政府制定相应的公共政策。同时，教育问题可以超越地域的限制，而对一个国家内部的公共生活产生影响，也可以超越国界的限制，而对全人类的共同生活造成潜在或现实的影响。

第五，教育管理主体的公共性。国家、政府和社会公共组织共同构成教育管理的主体。作为教育管理主体，具有不同于其他私域组织的公共性特征。在现代社会，这种特征主要表现为代表大多数人的利益，依法行使公共教育权力，把实现公众依靠个人无法实现的利益作为现代教育存在的价值体现。

第六，教育问题的公共性。所谓公共问题是影响广（包括对不直接相关的人有影响）的问题，教育即属于公共问题。由于教育关系到不同群体的利益，用市场调节不能真正有效实现公正公平，而且教育作为公共物品存在外部不经济和搭便车现象，因此，与私人问题可以通过市场手段得到解决不同，国家必须运用公共权力，通过立法或制定政策或者规则的方式解决教育问题。

《公共性：学校制度变革的基本价值》

二、教育公共性的内在诉求

教育政策与教育法是国家特定主体制定的教育规范，是所要促进的目标价值的具体化并加以实现的过程，是国家、政党所代表的公众或特定群体意志的体现。公共性作为教育的基本特性，是分析教育政策与教育法性质和内容的重要标尺，也是评判教育政策制定与教育立法的基准性价值。

从教育的目标层面看，教育公共性表现为教育所具有的直接使个人受益，间接使社会受益的责任和功效。维护和提高教育的公共性就成为教育政策制定与立法的基本价值和逻辑起点。教育公共性所体现的内在诉求，也为国家的教育政策制定与教育立法提供了分析维度。

（一）公益性

教育的公共性要求教育政策与教育法应能保障教育使个人与社会同时受益功能的实现。在公共性视野中教育的公益性要求教育政策制定与教育立法应保证受教育者私益与社会公益的同时满足。公共性之于教育政策制定与教育立法，是公众意志在公共领域的表达，是有意识的、合理的制度设计与安排。从教育的公共性出发，教育行政机关在教育法律关系中虽享有法定权力，但必须承担相应的法定职责和法律责任，推进教育公益的实现。

（二）合理性

教育的公共性要求教育政策与教育法能够保障教育的科学、理性，即教育政策制定与教育立法应能客观反映和遵从教育规律。科学、理性不仅仅是政策与法律的外部特征，还是具有某种价值倾向的体现与表征。任何教育政策与教育立法要能让公众接受，并在实际生活中发挥作用，就必须真正反映和遵从教育规律。教育政策制定、教育立法应当能够最大限度地贴近教育领域的各个层次、各个方面，准确地反映各利益主体、教育法律关系主体的权利－义务关系，并根据客观条件的可能性加以协调，其所规定的行为准则能使公共利益与个人利益得到调整与平衡，符合多数人的、长远的利益要求，能被公众认可和接受。合理性要求教育政策制定者与教育立法者掌握广博的政策和法律知识，在客观、中立的立场上，运用熟练的专业知识、遵循特定程序，充分、全面、准确、客观地反映教育规律，尽量减少教育政策与教育法的不确定性。

（三）公平性

教育公共性要求教育政策与教育法能够体现教育权利的平等保护观念。在教育公平问题上，由于人人享有的平等受教育权利只有在实践中具体化为人人享有平等的教育机会才具有实际意义，因而如何保障教育机会平等就成为制度研究的重要内容。博登海默认为，法律对于基本权利的承认，可能只是提供了行使这些权利的一种形式机会，而非实际机会。[①] 当社会的发展要求国家为受教育权的实现提供更高层次的保障，而且国家亦有能力为之提供更高水平的法律和物质保障，但国家制定的政策、法律仍停留在原有的水平或政策、法律不能为国家履行其义务提供明确的可操作的行为规范时，对受教育权的立法侵害就产生了。[②] 因此，为实现教育机会平等，国家除了要提供物质援助以消除由经济原因导致的教育机会不平等，同时还必须提供有效而完善的政策与法律保障，以消除来自各方面对公民受教育权的侵害，达到所有人的入学机会、教育过程以及教育结果的实质性平等。

（四）公开性

教育的公共性要求教育政策与教育法能够保障教育的民主性，保障教育决策、教

---

① 博登海默. 法理学：法律哲学与法律方法[M]. 邓正来，译. 北京：中国政法大学出版社，1999：286-287.

② 曲相霏. 受教育权初探[J]. 政法论坛，2002（3）：125-130.

育资源分配、教育信息等的公开、透明。因为教育现代化的进程是与教育民主化的进程同步的,逐步打破教育由少数人,特别是社会统治者的垄断、主宰、专制,而使之为越来越多的人所享用、掌握和利用。[①] 传统行政权力在教育领域运作的重要特征是它的封闭性,极少关注社会的反应和需求。由于现代教育涉及公共财政、社会资源、个人与社会的发展,因此,要求和强调教育行政权力运作的公开、透明就成为教育公共性的重要表现。除了信息公开、公民参与,教育的公共性还具有程序性价值,涉及监督政府、程序正义等方面。公众对公共教育政策的制定、教育资源的分配、决定和裁决的作出、招生和录取等相关信息应有知情权、参与权与监督权。对于教育这样一个与公共利益关系密切的领域,立法者和政策的制定者必须授予特定组织、公民法定权利,用于监督并确保权力主体履行法律职责,保护公民和社会公共利益。

第三节　学习与研究方法

掌握恰当的方法对于学习与研究教育政策与法律至关重要。不同的方法具有不同的特点,对于不同的学习内容和学习目标具有不同的适用性。综合全面了解不同的学习与研究方法,有助于学习者选择使用恰当的方法,达到事半功倍的学习效果。

一、文献研究

文献研究指通过对文献进行分析研究,从中引证对研究对象的看法或找出其真相的一种方法。文献研究包括文献调查和文献分析两部分,文献调查是指对所需文献资料的查寻、搜集、鉴别和整理。文献分析则是对文献所包含的信息的分析,主要是对其内容的分析。文献研究可以帮助学习者和研究者了解教育政策和教育法研究的历史与发展现状,从而形成对于该领域研究状况的初步印象,并可通过对检索到的文献资料的整理与概括构建出研究问题的基本框架,为即将开展的学习和研究工作提供基础性信息。文献研究能够超越空间与时间的限制,在较短时间帮助学习者和研究者获得相关研究领域的重要信息,提高效率。此外,文献研究属于非介入性调查结果,可有效避免学习者和研究者的个人主观影响,具有较强的准确性和科学性。

二、调查研究

调查研究是一种描述性研究,它是指通过对原始材料的观察,有目的、有计划地对有关研究对象的材料进行收集,从而对研究对象形成科学认识的一种研究方法。只有通过调查,才能在掌握大量资料的基础上,深入发现现实中的具体问题,有针对性地对一个社会问题进行深入研究,具体方法包括实地调查法、问卷调查法、访谈法

---

① 黄济,王策三. 现代教育论[M]. 北京:人民教育出版社,1999:183-189.

和个案研究法等。需要指出的是,不同的调查研究方法具有不同的特点,对于分析解释研究问题具有不同效果和价值。因此,掌握不同的调查研究方法,有助于学习者和研究者充分全面地收集了解信息,从而对相关问题有更深刻的认识和把握。

三、文本研究

文本研究也称为"文本挖掘"或"内容分析",是从文本中获取特定信息的过程,从而对研究对象加以深度把握和认识的研究方法。文本分析主要涉及内容编码、信息检索、符号提取、词频分布、信息注释、模式识别、内容标记、聚类处理、关联分析,以及数据挖掘和可视化呈现等。教育政策、法律研究中的文本指的是与教育有关的政策、法律文本,教育政策、法律文本的演进和变化,反映了教育领域的社会结构、组织形态的演进和变化。文本研究有助于加深学习者和研究者对某一领域的教育政策与教育法的历史演变、内容特征等方面的认识和了解。

四、案例研究

案例是教育政策与教育法在实践中的具体表现。学会和掌握案例研究法对于学习者和研究者准确理解教育法与政策的实质内核、有效掌握教育政策与教育法的基本内容具有重要意义。习近平总书记 2017 年考察中国政法大学时讲话指出:"法学教育要处理好知识教学和实践教学的关系。"[①] 长期以来,教师讲授的多是法律构成和法律效果的理论阐述,缺乏对实践经验的介绍。即使是案例教学,也比较抽象,没有充分展示实践中的法律关系,缺乏法律思维的实际运用。应思考如何把新鲜的司法经验和生动的案例实践带进课堂,缩小书本知识与法律实际运行的差距,增强学生回应和解决实践问题的能力。在本书中,读者可具体通过描述性案例和分析性案例来对教育政策与法进行学习和研究。其中,描述性案例研究是指对具体教育政策与教育法进行细致梳理,重在呈现事实。分析性案例研究是指在描述性案例研究的基础上所进行的深化研究,以事实为基础展开分析工作。因此,案例研究不仅可以帮助学习者和研究者熟悉了解教育政策与教育法的具体规定,还可强化理论基础和提升分析能力。

---

① 建设社会主义法治国家[M]. 北京:党建读物出版社,2019:223.

上 篇
教 育 政 策

第一章

教育政策总论

1

教育政策发挥着重要的作用,是国家管理教育事业的方式和重要手段,甚至在很大程度上决定着国家的教育发展。在绪论部分,已经学习了教育政策的概念,教育政策与教育法的关系,以及教育政策与教育法的目标价值。本章在此基础上,继续探讨教育政策的基本问题。

● 本章导航

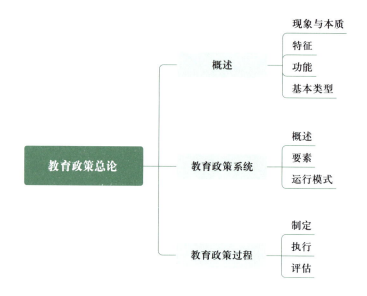

● 关键术语

　　教育政策;教育政策系统;教育政策制定;教育政策执行;教育政策评估

● 学习目标

　　1. 理解教育政策的现象与本质,认识教育政策的特征,了解教育政策的导向、分配、规范、协调等功能在教育发展中的具体体现。

　　2. 认识教育政策系统的构成要素,理解教育政策主体、教育政策客体、教育政策环境的含义及其具体内容,认识教育政策系统的运行模式。

　　3. 了解教育政策过程的各个环节,掌握教育政策制定、执行、评估的含义及实施要点。

第一节 概述

教育政策是政党和政府以及教育行政部门制定的规范和调整教育领域内各项事务和关系的规范性文件,是确定和调整教育利益关系的行为准则。教育政策对国家教育事业发展具有重要作用,这种作用是由其本质和特征决定的。

一、教育政策的现象与本质

根据马克思主义哲学的基本观点,世界上任何事物都有自己的现象和本质,教育政策也是现象和本质的统一体。

(一)教育政策现象

教育政策现象是指教育政策被人们日常观察、接触、感知的外在表现形态。教育政策现象的类型,体现为教育政策文本、教育政策活动、教育政策结果、教育政策舆论等。教育政策文本是人们可以在政府公告、办公系统、官方网站、新闻媒体等渠道阅读、感知到的各种政策文件。它是教育政策的静态载体,是教育政策的基本表现形式。教育政策活动是解决实际教育问题的动态过程,体现为教育政策文本的制定、执行、调整和终止等一系列环节。教育政策结果是教育政策活动给教育领域、目标群体及政策环境带来的变化、效果和影响。教育政策舆论是公众、媒体、研究者等对政策的反馈、报道、讨论和研究等。

(二)教育政策本质

教育政策本质是指教育政策决定自身并区别于其他事物的根本属性,是决定教育政策文本内容、推动教育政策过程并产生教育政策结果的内在原因和根本依据。根据教育政策的定义以及对于政策过程的分析,可以概括出理解教育政策本质的多重视角:利益分配、价值选择、理性分析、权力运作、政治输出。[①]

1. 教育政策是一种利益分配过程

教育政策是政府等权威组织对公共教育利益的一种权威性分配。国家和政府在对教育资源进行分配的过程中不断协调各方利益群休,使得他们的利益需求得到均衡。如教育经费政策本质上是对教育经费的分配,招生政策本质上是对就学名额指标的分配等。

2. 教育政策是一种价值选择过程

教育政策分配的资源与利益是客观的,但是以何种标准分配,分配给谁却是主观的,对此的认识和主张也是多样的。教育政策的价值主要表现为公平、质量、效率等,在现实中这些价值存在相互矛盾冲突的情况,因此教育政策也是对教育政策价值的协调和平衡过程。

[①] 陈学飞.教育政策研究基础[M].北京:人民教育出版社,2011:46-60.

3. 教育政策是一种理性分析过程

教育政策制定过程是一个在现实基础上对教育政策的影响因素、利益关系、价值选择、备选方案等进行综合分析思考,权衡利弊后得出结论的理性分析过程。理性分析是教育政策制定的手段和基础。

在政策科学发展历史上,曾经出现过完全理性模型、有限理性模型、渐进决策模型、政治系统模型、冲突情景模型等,这些都是基于理性分析的决策模型。

4. 教育政策是一种权力运作的政治过程

教育政策是一种在政治过程中开展的权力活动,权力是制约教育政策的重要力量。在我国,教育领域中的权力类型主要包括政治权力、学术权力和行政权力三种。中央政府、地方政府、学校在政策制定上的权力关系和党组织、行政机构、学术组织在教育政策执行上的权力关系对教育政策过程的影响较大。

5. 教育政策是政治系统的一种政治输出结果

教育政策的整个过程,都发生在政治系统中,它是政治系统的输出结果。政治系统的政治制度、意识形态、政治文化等,都在影响着教育政策的制定和执行。作为教育政策的宏观环境,政治系统深刻地影响着教育政策的变革。

二、教育政策的特征

教育政策作为公共政策的重要组成部分,具有公共政策的一般特征,如目标导向性、利益倾向性、价值相关性、规范可行性、合法性与权威性、系统整体性、过程及阶段性等。同时,由于教育这一活动与领域的特殊性,教育政策也有一些独有的特征。

(一)价值指向性:人的发展

教育的本质是培养人的社会活动,这就决定了教育政策的最终目标和最高准则是人的发展,教育政策的核心价值是以人为本。任何教育政策都必须以人的发展为价值标准。教育政策更多地带有人文关怀、价值涉入等特点。

(二)目标多重矛盾性

教育作为一种培养人的社会活动,既要实现人的全面发展,也要通过培养人才促进社会的发展;既要遵循人的发展规律,同时也要适应政治、经济、文化、人口等对教育的要求。因此,教育政策的目标涉及社会和人的发展的多个方面,目标呈现多重性。教育政策的多重目标体现为公平、质量、效率等,这些目标之间可能存在冲突的情况。教育政策在遵循教育规律与满足外部要求之间可能产生的张力与冲突,给教育政策的制定、执行及评估带来了困扰。

(三)利益关系复杂性

教育政策所要分配和调节的教育利益内容具有自身的特殊性。教育政策分配的不只是经费、物质、权利等利益,还包括个人身心发展的机会、条件、资格认定等利益,不仅关乎受教育者的现在,而且是受教育者未来发展的基础,一旦受到损害,受教育者将会丧失未来的发展机会。

教育领域的政策利益主体众多,在教育内部包括学生、家长、教师、教育管理部门等,在教育外部则有政府、社会(用人单位、中介机构等)、市场。他们之间利益关系复杂,在教育的具体目标、途径和手段等方面,存在不少冲突。教育决策者必须全面考虑各主体的利益诉求,权衡利弊得失,做出政策选择。

(四)权力结构分散性

教育领域的权力相当分散,教育管理系统是一个松散的组织机构体系。从教育外部来讲,教育决策涉及财政、人力资源、发展规划、卫生、国土资源等部门,从教育内部来讲,学校行政部门、学术组织、教师、学生等都对教育教学活动的组织和管理拥有相应的权力。教育政策的有效执行取决于权力关系的较量。这一状况加大了教育政策的难度和复杂性。

(五)舆论环境复杂性

大多数公民对教育系统都有一定的接触,对教育系统有一定的了解。但公民与政府官员、咨询机构、教育专家在话语立场、认识基础、思考角度等方面都存在差异。这种情况将使教育政策处于复杂的舆论环境中,有时会面对较大的舆论压力。

三、教育政策的功能

教育政策的功能是指教育政策在运行过程中对解决教育问题、促进教育发展所发挥的效力或所起的作用。教育政策的基本功能可以概括为导向、分配、规范、协调四个方面。

(一)导向功能

教育政策的导向功能,是指教育政策引导教育事业发展、教育教学活动、教育相关人群的行为朝着政策制定者所期望的方向发展。教育政策的导向功能通常从两个方面表现出来:一是为教育事业的发展提出明确的目标;二是推出一系列旨在促进教育事业发展的重大措施。

(二)分配功能

教育政策将经费、机会、指标、权力等各种教育资源分配给不同的组织和个人。如教育经费方面的财政拨款、转移支付,教师队伍方面的人事编制分配,招生方面的指标分配等。

(三)规范功能

政策对社会中人们的行为或事物发展起制约或促进作用。任何教育政策都是为了解决或者预防一定的教育问题而制定的,具有约束和规范人们行为的作用。这就是教育政策的规范(控制、管制)功能。

(四)协调功能

教育政策的协调功能,是指教育政策在社会发展过程中能起到协调和平衡各种教育关系的作用。教育事业是一个庞大的系统工程,组成这个系统的各个要素之间、

微课：教育政策的功能

教育系统与宏观的社会系统之间,都存在着各种各样的关系和结构。教育政策是有关教育的权利和利益的具体体现,作为利益的"显示器"和"调节器",所有教育政策都具有协调功能。

四、教育政策的基本类型

作为国家管理教育的手段和工具,教育政策数量庞大,内容丰富,覆盖了教育事业的方方面面。按照不同的分类标准,教育政策可以分为不同的类型。

根据政策的层次,教育政策分为教育总政策、基本的教育政策(具有普遍指导意义、具有最广泛的适用性的政策规定)和具体的教育政策(针对教育工作的某一方面或某一领域所做的政策规定)。根据政策的效力范围,教育政策分为全局性政策和局部性(或区域性)政策,也可具体分为全国性的、宏观的教育政策(包括基本政策和具体政策),区域性的教育政策(如地方的教育发展规划),学区性的教育政策(如学校发展战略)。根据制定政策的主体,教育政策分为政党的教育政策、国家的教育政策、社会团体的教育政策等。根据政策调控教育活动的方式,教育政策分为分配性政策、限制性政策和调节性政策。根据政策改变客观对象的状态,教育政策分为实质性政策和程序性政策。根据政策产生的效果,教育政策分为物质性政策和符号性政策。根据教育的类别,教育政策在纵向上分为初等教育、中等教育、高等教育政策,在横向上分为民办教育、普通教育、职业教育、特殊教育政策。根据政策的内容,教育政策分为教育体制政策、教育经费政策、教育人员政策和教育质量政策等。

第二节　教育政策系统

教育政策的本质、功能的复杂性是由教育政策结构的复杂性决定的。教育政策本身是一个复杂的系统,由多种要素组成。这些要素之间,相互作用、相互影响,形成了复杂的结构,这就是教育政策系统。

一、概述

系统是由两个或两个以上相互联系、相互作用的要素组成的具有一定结构和功能的统一集合体。从系统论的观点出发,我们可以把政策系统界定为一个由政策主体系统、政策客体系统以及两者相互作用、相互影响的教育政策环境构成的有机整体。从过程及功能意义上来说,教育政策系统主要包括教育制定系统、执行系统以及评估系统。政策过程及其各项功能活动是由这些子系统共同完成的:一方面,它们按照各自分工,相对自主地开展工作;另一方面,它们紧密配合、协同一致,使教育政策系统得以正常运转。

教育政策系统的结构包括三个层次:第一层次是由政策文本构成的教育政策微

观体系,这是教育政策系统的基础;第二层次是教育政策内部系统,由教育政策主体、教育政策客体、教育政策环境等构成;第三层次是教育政策外部系统,由教育政策与教育的外部环境组成。教育政策系统各要素之间、各项具体教育政策之间、具体教育政策与环境之间、教育政策系统与社会环境之间都存在互动。这里我们主要讨论第二层次即教育政策内部系统的构成及其相互关系。

二、要素

教育政策系统由教育政策主体、教育政策客体、教育政策环境构成。

(一) 教育政策主体

教育政策主体是指直接或间接地参与教育政策制定、执行、评估的个人、团体或组织。教育政策主体按身份可以分为官方决策者和非官方决策者,按来源可以分为政府内部主体和政府外部主体,按权力性质可以分为国家公共法权主体、社会政治法权主体、社会非政治法权主体等。这里主要讨论按身份进行的划分。

1. 教育政策官方主体

广义的教育政策官方主体,包括立法机关、行政机关、司法组织、政党等,本部分的教育政策主体多指行政机关和政党。

(1) 行政机关。传统行政—政治二分法认为行政机关主要行使执行政策的职能。行政机关是执行政策的主体。在现代社会,行政机关既是政策的执行主体,也是制定主体、监督主体。行政机关颁布的政策包括:行政法规、行政措施、决定和命令以及除法律、法规、规章外的其他规范性文件。

(2) 政党。政党政策通过国家的合法程序正式生效。在我国,党的政策常以党的全国代表大会和中央全会通过的政策性文件,以及党的主要领导人发表重要讲话的方式成为公共政策。为了使党更有效地实现对国家和政府的领导,中共中央更多地与国家机关联名发布政策方案,或提出政策倡议,并通过一定法定程序使之合法化。

2. 教育政策非官方主体

教育政策非官方主体包括利益集团、公众、大众传媒、智库。

(1) 利益集团。利益集团是由具有共同立场、观点和利益的个人组成的团体性组织,它以履行团体利益聚合功能为职责,以保障和促进成员利益为目标,通过游说、宣传、捐款、资助等方式,直接或间接地对相关政策产生影响。教育政策方案的最终选择是多重利益主体相互斗争和妥协的结果。

(2) 公众。在现代社会,社会公众成为重要的政策主体,在政策制定、政策执行和监测与评估中,公众的参与发挥着重要的作用。自下而上的决策模式与自上而下的决策模式互相结合,成为决策的重要模式。

(3) 大众传媒。大众传媒被称为"第四种权力",媒体在提高公众对政策的认知度,形成强烈的政策舆论,促进广泛的公众参与等方面发挥着重要作用。

(4) 智库。智库又称点子库、思想库、智囊,它是进行政策性研究和分析并提出建议的政策研究机构。智库在科学决策、民主决策、依法决策和健全决策机制和程序中，发挥着越来越重要的作用。

案例

《国家中长期教育改革和发展规划纲要(2010—2020 年)》
制定中的公众参与

党中央、国务院高度重视《国家中长期教育改革和发展规划纲要(2010—2020 年)》(以下简称《规划纲要》)制定工作，要求在制定过程中广纳群言、广集众智，充分听取社会各界意见，努力制定一个让人民群众满意，符合中国国情和时代特点的《规划纲要》。征求意见稿初稿形成后，先后 4 次较大范围地征求意见，文本前后进行了约 40 轮大的修改。自 2008 年 8 月启动制定工作以来，有数千名专家和各方人士参与调研；2.3 万余人次参与座谈和研讨，形成 500 多万字调研报告。据统计，在 2009 年 1 月至 2 月首轮公开征求意见的过程中，社会各界人士向教育部发送电子邮件 1.3 万多条，寄送信件 1 100 多封，在教育部门户网站发帖 1.1 万多条，提交"我为纲要献计献策"征文 1 300 多篇，主流媒体刊发重要文章和意见建议近 600 篇。2009 年 2 月 28 日《规划纲要》开展第二轮征求意见工作，至 3 月 28 日结束征求意见，《规划纲要》工作小组办公室共收到邮件、信件和教育部门户网站帖子 27 855 条，约 1 400 多万字；此外，社会各界人士通过新闻媒体和互联网积极建言，总量累计 249 万多条。

(二) 教育政策客体

教育政策客体是指教育政策所作用的对象，包括教育政策问题和教育政策目标群体两部分。

1. 教育政策问题

政策问题是指"有待实现的需要、价值或机会，无论其是怎么制定的，都可以通过公共的行为来实现"[1]。教育政策问题是指在教育领域中有待解决的问题，是教育政策制定的重要前提和基础。教育政策问题与教育政策中存在的问题是两个不同的概念。教育政策问题是能够被教育政策调整和解决的问题。

政策问题是由社会问题转化而来，社会问题转化成政策问题大致要经历以下五个阶段：社会问题的出现阶段、社会问题取得合法性阶段、动员种种活动研讨该问题阶段、形成官方行动阶段、将官方计划付诸实施阶段。

2. 教育政策目标群体

教育政策目标群体是指教育政策所直接作用和影响的社会人群。任何教育政策

---

[1] 威廉·邓恩. 公共政策分析导论［M］. 谢明，等译. 北京：中国人民大学出版社，2001：94.

都会影响和服务于一定的社会人群,教育政策影响与服务的人群并不是某个个体,而是在整个社会层面上存在的群体。教育政策目标是教育政策所要达到的结果,而教育政策目标群体是指教育政策所约束和规范的人群。教育政策目标就是通过教育政策主体与教育政策目标群体的积极活动实现的。有效地确认教育政策目标群体,不仅有利于教育政策的制定,而且也有利于教育政策的执行及对教育政策进行有效评估等。

(三)教育政策环境

教育政策环境包括自然环境、人口环境、经济环境、政治环境、文化环境、科技环境、国际环境。第一,自然环境。在多数情况下,教育发展水平与自然环境呈正相关。自然环境对教育政策的影响最主要表现在城市环境与乡村环境上。教育政策除了致力于教育资源的均衡配置外,必须在促进教育内容适应乡村教育的特点与满足乡村学子城市化需求的张力之间获得平衡。[①] 第二,人口环境。人口是教育的基础。人口数量、人口质量、人口结构、人口流动都会影响教育政策,人口老龄化、三孩政策等都是当今教育政策的重要影响因素。随着人口流动成为常态,随迁子女就学及升学问题也成为教育政策的难点问题。另外人口中的特殊人群如特殊儿童、贫困儿童、留守儿童等也是教育政策的重点关注对象。第三,经济环境。经济是制约教育政策的重要因素。经济水平、经济制度、经济体制等都对教育政策有重要影响作用。如义务教育年限的规定、各级各类学校的生师比、生均教育经费等,都是经济水平的具体体现。第四,政治环境。国体决定教育性质、教育方针和教育政策的导向,政体决定政策主体、职责及政策过程,政治文化如政治民主化、公众参与则对政策过程产生直接的影响。第五,文化环境。社会文化主要决定教育政策制定与实施的智力条件、伦理条件,影响教育政策实施的社会心理条件,此外,文化类型影响教育政策的内容。第六,科技环境。科技发展既影响教育政策的内容,也对教育政策过程产生影响。信息化手段的使用可以大大提高教育政策的科学性、民主化程度和传递信息的效率。第七,国际环境。国际环境影响教育政策运行的价值选择,教育全球化、学习型社会、教育信息化、教育本土化已经成为世界各国教育政策的基本取向;国际环境影响教育政策的具体目标选择,也影响教育政策运行的路径选择。

三、运行模式

在政策科学发展中,学者提出了政策运行的系统模式和过程模式,为我们理解教育政策的系统运行、认识教育政策过程提供了视角。下面对这两种模式进行简单介绍。

(一)系统模式

戴维·伊斯顿等一些系统模式论者主张将政策过程设想成一个系统的输入、转

---

① 范国睿,等.教育政策的理论与实践[M].上海:上海教育出版社,2011:61.

换、输出的连续过程(图 1-2-1)。政策环境把种种信息传递给政策主体,从而输入政策系统,这些要求和支持通过政策系统的内部转换,以法律、行政命令等的形式输出,作用于环境,引起环境变化,产生新的要求,并将这种新的要求反馈到输入系统,进一步导致政策输出。在这种循环往复中,政策系统得以持续运行。

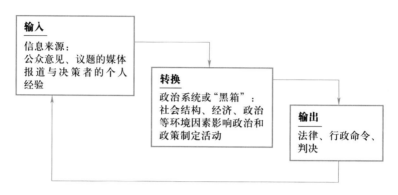

图 1-2-1 政策过程的系统模式

(二)过程模式

到目前为止,过程模式是理解政策过程最有影响力的理论框架。根据过程模式,教育政策过程可划分为教育政策制定、执行、评估等阶段,其中每个阶段都贯穿着政策分析和政策监测与评估。在不同的政策过程中,教育政策主体的参与方式和发挥的功能也不同(表 1-2-1),其内部互动的协调程度和各子系统之间的协调程度,共同决定了教育政策系统整体功能的发挥。

表 1-2-1 教育政策过程及各政策主体的参与情况

过程		政策主体	参与方式
教育政策制定	问题认定	立法机关、行政机关、政治领袖、大众传媒、利益集团、公众、智库	对教育问题察觉并确定问题的性质,进行归纳、总结、表述并提出初步的政策建议
	议程设置	立法机关、行政机关、政治领袖、大众传媒、利益集团、公众、智库	对教育问题高度重视并正式纳入其政策讨论和确定为政策问题予以解决
	方案设计	立法机关、行政机关、大众传媒、利益集团、智库	将政策建议提升为解决和改进方案、备选政策方案的选择
	政策合法化	立法机关、行政机关	寻求对政策方案的支持;依据法定程序对政策方案进行审查、通过、批准、签署或颁布
教育政策执行		行政机关	组织相应部门和机构、运用各种政策资源,经解释、实施、服务和宣传等方式将政策观念形态的内容转化为现实效果
教育政策评估		立法机关、行政机关、大众传媒、利益集团、公众、智库	对政策的效果和影响进行价值判断,反馈评估信息,以改进政策活动,决定政策去向

第三节　教育政策过程

教育政策过程,是由教育政策问题认定、议程设置、政策方案设计、政策方案合法化、政策执行、政策评估等诸多环节所组成的动态过程。这些环节可以概括为制定、执行、评估三大环节。

一、教育政策的制定

教育政策制定是整个政策过程的起点,也是政策后续环节的基础。教育政策制定直接决定教育政策执行阶段的目标和任务,也会影响政策执行的效果和质量,以及政策评估的标准及结果。

广义的政策制定,是指从问题出现到问题解决的整个政策过程,包括政策制定、政策执行和政策评估几个阶段;狭义的政策制定指从问题认定、议程设置到政策方案设计、合法化的过程。这里指狭义的政策制定。

(一) 问题认定

教育问题是人们所察觉到的教育系统内部或教育与社会其他系统之间的不协调状态。教育问题众多但不会都成为教育政策问题,只有教育部门认为有责任、有必要加以解决的教育问题,才变为教育政策问题。教育问题会经历一个个人问题—集体问题—社会问题—公共问题—公共政策问题的发展阶段。如果某一教育问题所引发的系统失衡已经影响了教育功能的正常发挥,其影响在某一利益群体中集中爆发,形成一种群体诉求,它就会进入政策决策者的视野,需要政策决策者通过行政力进行干预,加以解决和消除。

l. 问题认定的环节

问题认定是指政府决策机构对问题察觉并确定问题的性质、范围及其原因的过程。它包括问题察觉、问题界定、问题陈述三个环节。第一,问题察觉。问题引起决策者的密切关注,决策者感到有必要采取行动解决问题。决策者要对教育现状进行监控,包括公众对教育的舆论动向、教育研究机构的新动态、国际教育动向及其与本国教育的差异。第二,问题界定。问题界定是教育政策问题认定过程的中心环节,包括问题背景的诊断、问题定性、问题影响范围与程度的判断、问题具体内容的确定。第三,问题陈述。问题陈述对问题进行归纳、总结、表述并提出初步的政策建议。问题陈述应以归纳、总结出的结论为基础,包括提交报告的原因、政策问题的现状、政策问题发生的原因以及初步的政策建议。

问题认定的三个阶段是一种逻辑顺序,保持三个阶段的逻辑一致性相当关键,这是评价一个认定过程是否合理的重要标准之一。在决策过程中,问题与政策的关系并不会随着问题认定阶段的结束而终结,相反,问题会贯穿决策全过程。

案例

　　近年来,校外培训机构受功利主义目的驱动,把追逐资本利润最大化作为唯一目标,规模大肆扩张,制造教育焦虑,使得学生和家长"减负"困难。面对这种状况,学术界和社会人士呼吁治理校外培训给学生减负,政府也开展了一系列专项治理行动。

　　在 2017 年"两会"上,全国政协委员、华中师范大学党委书记马敏提交了"关注中小学校外培训机构规范管理"的提案。2018 年 2 月,教育部等四部门联合印发《关于切实减轻中小学生课外负担开展校外培训机构专项治理行动的通知》;2018 年 8 月,国务院办公厅发布《关于规范校外培训机构发展的意见》,仅在 2018 年,该行动就在全面摸排后发现了 27.3 万所违规校外培训机构。2021 年我国又展开新一轮的校外培训机构的治理,教育部把大力度治理整顿校外培训机构作为 2021 年的重点工作之一;4 月底,国家监管部门对校外教育培训机构进行了检查,提出批评,从政策层面严厉监管培训机构的态势越来越明显;5 月 21 日中国共产党中央全面深化改革委员会第十九次会议审议通过了《关于进一步减轻义务教育阶段学生作业负担和校外培训负担的意见》,该《意见》由中共中央办公厅、国务院办公厅于 7 月印发。

2. 问题认定的不良状态

推荐阅读:陈学飞《理想导向型的政策制定——"985 工程"政策过程分析》

　　由于教育政策问题具有复杂性,会产生问题认定的不良状态。问题认定的不良状态,指不能及时、准确地认定问题的范围、原因,没有为决策提供系统、准确的信息。问题认定不及时会导致问题严重化,严重影响教育的正常运转;问题认定不准确包括对问题的原因分析不准确、对问题程度认定不准确。[①]

(二) 议程设置

　　政策议程设置,即公共问题受到决策者的高度重视并被正式纳入其政策讨论和被确定为政策问题予以解决的过程。

　　政策议程通常分为两大类:系统议程和政府议程。系统议程指政治系统中的公众正式讨论和认定有关政策问题的过程,因此又称公众议程。政府议程指政府组织如立法机关、行政机关、司法机关等正式讨论和认定有关公共政策问题的过程。政府议程通常比系统议程正规,又称正式议程。

　　系统议程和政府议程是政策议程的不同阶段。在一般情况下,政策问题提出的过程是:某一社会问题进入系统议程,然后进入政府议程。进入政策议程的途径有政

---

① 传统上一般认为,政策问题是政策的逻辑起点,问题认定是决策的起始环节。但也有学者认为主观建构的教育理想才是政策的逻辑起点,并基于这个观点提出理想建构模式。

治领袖、政治组织、行政人员、利益集团、专家学者、公众、大众传播媒介等的呼吁，以及危机和突发事件的爆发等。

"自上而下"
"自下而上"
的政策制定模式[①]

（三）政策方案设计

政策方案设计又称政策规划过程，是在既定原则指导下寻求方案优化的一系列分析和抉择活动。它是一个狭义的政策分析过程，需要决策者与政策分析人员的密切配合。政策方案要紧扣政策目标、规划多种方案、彼此独立、有创新、切实可行。政策规划设计主要包括三个阶段。

第一，确定政策目标。政策目标就是公共组织特别是政府为了解决有关公共政策问题而采取的行动所要达到的目的、指标和效果。政策目标既可以为拟定和选择政策方案确定方向，也可以为政策评估提供标准。

在教育政策中，由于教育政策问题的复杂性，政策目标很少是单一的，通常政策目标形成一个多重的系统：在纵向上是多层次的，在横向上是多方面的。在政策目标系统中，主要目标和次要目标、长期目标和短期目标、定性目标和定量目标错综复杂地交织在一起，使得目标的确定变得困难重重。

《基层教育政策
规划中公众参
与的问题与对
策》

政策目标要协调和平衡不同价值主体的价值选择和利益要求，把政策代价和摩擦降到最低。

确定教育政策目标的步骤一般是：首先明确政策目标，接着明确所有利益相关者，并列出每类利益相关者赞成或反对的目标的价值前提，然后对价值进行分类（个人、群体、普遍），最后确定有利于解释政策目标和提供合法性的价值前提。

第二，勾画轮廓。即从不同角度和途径概要提出多种方案设想。主要涉及两个方面的内容：一是为了达成既定目标，可设计方案的大致数量；二是各种方案轮廓的勾画。

第三，设计细节。细节设计就是将政策方案具体化，探索有助于实现政策目标的各种组织力量、具体措施等。设计者要对各个细节进行严格的论证、反复的计算和细致的推敲。

案例

为落实习近平总书记关于教育的重要论述特别是关于教师队伍建设的重要讲话精神，加强中西部欠发达地区教师定向培养，造就一批有理想信念、有

[①] 托马斯·戴伊在《理解公共政策（第11版）》中提出：在政治学中有两种政策制定模式，即"自上而下"的政策制定模式和"自下而上"的政策制定模式。在自上而下的政策制定模式中，权力集中在少数人手中，这有利于发挥集权制的优势，集中调配资源；而自下而上的政策制定模式则意味着更多的民主参与。二者结合的模式有利于发挥各自的优势，对于教育政策的制定有着积极的作用。

道德情操、有扎实学识、有仁爱之心的"四有"好老师，建设高质量中小学教师队伍，教育部等部门制定《中西部欠发达地区优秀教师定向培养计划》。

从 2021 年起，教育部直属师范大学与地方师范院校采取定向培养方式，每年为 832 个脱贫县(原集中连片特困地区县、国家扶贫开发工作重点县)和中西部陆地边境县中小学校培养 1 万名左右师范生，从源头上改善中西部欠发达地区中小学教师队伍质量，培养造就大批优秀教师。

在各种可能的备选方案中要进行比较、评选，从而选择一个最优或令人最满意的方案。在比较、选择方案时，我们可以参考教育政策评估的标准。

(四) 政策合法化

政策合法化指法定主体为使选定的政策方案获得合法地位而依据法定程序对政策方案进行审查、通过、批准、签署或颁布的过程。

教育政策合法化包括：政策内容合法化、政策程序合法化、政策的法律化(由非法律化政策转变为法律化政策)。广义而言，使政策能够被公众认可、接受、遵从和推行的过程就是政策的合法化过程。狭义而言，政策合法化就是政策法律化，即政策向法律转化。它实际上是一种立法活动，所以又称政策立法。法律的稳定性和政策的灵活性决定了只有经实践检验是成熟的、具有长期稳定性的政策才能转化为法律。

案例

针对我国劳动教育存在诸多薄弱环节和问题，劳动教育在学校中被弱化，在家庭中被软化，在社会中被淡化，中小学生劳动机会减少、劳动意识缺乏，出现了一些学生轻视劳动、不会劳动、不珍惜劳动成果的现象，2015 年 7 月，教育部联合共青团中央、全国少工委印发《关于加强中小学劳动教育的意见》，要求用三至五年时间，推动建立课程完善、资源丰富、模式多样、机制健全的劳动教育体系，形成普遍重视劳动教育的氛围。

在 2018 年全国教育大会上，习近平总书记指出，要努力构建德智体美劳全面培养的教育体系，形成更高水平的人才培养体系。

2020 年 3 月，中共中央、国务院颁布《关于全面加强新时代大中小学劳动教育的意见》。

2021 年 4 月 29 日，第十三届全国人民代表大会常务委员会第二十八次会议通过《全国人民代表大会常务委员会关于修改〈中华人民共和国教育法〉的决定》。修正后的《教育法》自 2021 年 4 月 30 日起施行，其第五条规定："教育必须为社会主义现代化建设服务、为人民服务，必须与生产劳动和社会实践相结合，培养德智体美劳全面发展的社会主义建设者和接班人。"

教育政策合法化依赖科学、合理的制度建设,包括立法听证制度、行政程序制度、政务公开制度、政治协商制度、公众参与制度、救济监督制度。

案例

潍坊教育制度听证开全国先河[①]
——从师德考评制度建设听证会看市教育部门的协商式管理

"师德考评一定划分等次,对行为较轻的批评即可,对影响重大的可定为不合格,保护教师工作积极性。"2月19日,临朐县第一实验小学校长刘学芝在全市师德考评制度建设听证会上,敞开心扉提出了自己的建议。

当日,在潍坊一中学术交流中心,一场"关于进一步完善师德考核工作机制的意见"的师德考评制度建设听证会"唇枪舌战"展开。来自学校、家长、学生及其他社会人士的15名代表在听证会向考评制度"开炮"。

……

● 委托第三方组织实施　意见建议成制度修改依据

"'师德投诉必查内容30条'中'对处于困境的学生不积极施救'这一条,要求过高,应删除。"社会人士代表、北海律师事务所律师赵振玺提议。

与传统的听证会不同的是,这次听证会,市教育局并没有参与组织,而是委托了代表社会公共利益的第三方机构——潍坊创新教育政策研究院具体组织实施,没有市教育局领导参加,相关人员也退到了听证席位的最后方,竖着耳朵听。

……

潍坊创新教育政策研究院有关负责人告诉记者,这些代表都是各县市区根据研究院提出的代表条件集中推荐来的,具有较广泛代表性,他们都提前拿到了要听证的文件,并已经在所代表的群体中展开了前期论证和意见收集。两名学生代表亓旭、陈景怡,也是从设有学生代表大会制度的潍坊七中和以开展社团活动见长的广文中学优中选优"请"来的。

整个听证会异常激烈,针对文件中涉及的关键问题,代表们都从所在群体的利益出发,表达了自己的观点。对此,工作人员进行了"原汁原味"的速录,这些意见、建议都将成为文件修改完善的重要依据。

> 推荐阅读:刘虹《教育政策的制定过程研究——以〈国家中长期教育改革和发展规划纲要(2010—2020年)〉》为例

[①] 刘明顺.潍坊教育制度听证会开全国先河:从师德考评制度建设听证会看市教育部门的协商式管理[N].潍坊日报,2013-02-20(3).

二、教育政策的执行

教育政策一旦制定并合法地公之于众之后,即进入政策执行阶段。在政策科学兴起之初,学者研究多关注政策制定。随着政策实践的发展和研究的深入,人们逐渐认识到,再好的政策如果不能得到有效的执行,也不能发挥应有的作用。政策执行是政策过程的关键环节。

政策执行是完整政策过程中的第二大阶段和环节。政策执行是指政策执行主体为了实现政策目标,通过各种措施和手段作用于政策对象,使政策内容变为现实的行动过程。

(一) 政策执行的过程

政策执行是由一系列行动构成的动态过程,包括准备阶段、实施阶段、总结阶段。

政策执行的准备阶段包括加强公众政策认知、制定政策执行计划、进行物质准备、做好组织准备、做好制度配套等。

政策执行的实施阶段包括政策宣传、政策实验和全面推广。政策宣传是国家、政党对其制定的方针、政策进行宣传的一种方式,有助于将政策要求变为大众的自觉行动。政策实验是指根据目标群体和政策适用范围的实际情况,选择具有代表性的局部地区试行政策的方法。政策实验有利于减少公共政策执行风险,有利于降低政策执行成本。政策全面推广的成效关系到整个政策系统的有效性和功能发挥,关系到政策的可行性和质量优劣。政策试点与推广应注意三个原则:自上而下与自下而上相结合;由局部试点向整体性推进;把握重点和解决难点相结合。

政策执行总结阶段是对政策执行信息反馈和执行情况的回顾、检查和监测,政策执行总结为政策评估提供重要资料。政策执行总结阶段包括政策执行监测和政策执行再决策两个环节。政策执行监测的作用是:督促没有采取积极措施的执行组织迅速行动,避免拖延;及时发现偏离政策目标和违背政策目标的行为及问题,对责任者进行适当的处理;通过执行情况获取反馈信息,检查政策和执行计划本身是否存在问题。政策执行再决策同时兼有政策执行和政策制定的双重特征,属于政策微调,意味着对政策方案的个别补充或修正。

(二) 政策执行的手段

政策执行手段是指执行机关和人员为实现一定的政策目标而采取的贯彻落实政策的措施和方法的总和,包括行政手段、法律手段、经济手段、思想政治教育手段和技术手段。

行政手段是指行政机关为执行公共政策所采取的手段。行政手段具有权威性、强制性、具体性的特点。法律手段包括通过各种法律、法令、规章、司法、仲裁等工作,特别是通过行政立法和司法方式来调整政策执行活动中的各种关系。经济手段是指根据客观经济规律和物质利益原则,利用各种经济杠杆,调节政策执行过程中不同经济利益之间的关系,以促进政策顺利执行。思想政治教育手段是指通过宣传、说服、引导、精神鼓励等思想政治工作方式,把各种政策内化为人们的信念,引导政策对象自觉地、主动地去执行公共政策的手段。常用的思想政治教育手段有制造舆论、说服教育、协商对策、批评与表扬等方式。技术手段是指通过办公自动化和电子政务等方式执行公共政策的一种手段。

（三）政策执行偏差

教育政策执行中常常会出现结果与目标不一致的情况，产生政策执行偏差，造成政策失真甚至失败。政策执行偏差不但影响政策效果，也影响政府的声誉和公众对政府的信任度，因此必须重视并加以矫正。

1. 政策执行偏差的含义

政策执行偏差，又称政策失真，是指执行者在实施政策过程中，由于主客观因素的作用，其行为效果偏离政策目标，导致政策结果与政策目标不一致的现象。轻度的、部分失真的政策执行问题有政策表面化、政策扩大化、政策缺损、政策替换，严重的、完全失真的政策执行问题可称为政策失败。

政策执行偏差有如下一些表现形式：象征式政策执行、附加式政策执行、或缺式政策执行、替代式政策执行、观望式政策执行、照搬式政策执行、规避式政策执行。

2. 政策执行偏差产生的原因

（1）主观原因：一是执行者追求自身利益；二是执行机构管理缺陷，如组织结构不合理、沟通和协调困难、组织制度缺陷、政策关系处理不当；三是宣传缺陷，如宣传不足、过度、不实。

（2）客观原因：一是政策本身的科学性、合理性和可行性问题，如政策目标存在问题、政策合法性不高、制度安排的成本过高、政策多变等；二是政策的外部环境和资源问题，如政策资源不足、政策环境不利、政策执行人员素质过低、政策执行的组织机构不合理、因为地方差异对政策作出调整等。

3. 政策执行偏差的矫正

政策执行偏差的矫正是指政策执行主体采取一定的纠正措施，使政策执行回到正确的方向，并且消除或尽可能减少其负面效应和不良后果的过程。

矫正政策执行偏差，改进政策执行的效果，需要从以下几个方面入手：提高教育政策制定的科学性，加强政策的认知程度，提高政策执行者的素质，加强政策执行的控制与监督，增强政策执行的保障条件，加强政策执行的制度创新，等等。

三、教育政策的评估

一项政策在实施之后，评估者必须进行充分的评估才能判断是否达到了预期的目标和效果，并根据评估的结果对下一步的政策走向作出决策。因此，政策评估也是教育政策过程中必不可少的一步，对于提高政策质量有着重要意义。

教育政策评估，是指教育政策评估主体利用特定的方法，以一定的价值准则，对教育政策需求、政策方案、政策执行情况、政策结果，以及教育政策其他相关因素进行客观、系统的考察，并做出的价值判断，即通过向政策制定者、政策执行者和利益相关者反馈评估信息,以改进教育政策的活动。

(一) 教育政策评估的功能

第一,提升教育政策质量。政策评估可以帮助优化教育政策方案,了解教育政策运行的具体信息,有助于政策制定的科学化、民主化。第二,决定教育政策去向。评估的结果,可以作为决定教育政策的延续、改进或终结的依据。第三,合理分配教育资源。教育政策评估,可以确认教育政策的价值,并决定投入各项教育政策的资源的优先顺序和比例,以寻求最佳政策效果。第四,强化教育行政责任。教育政策评估可以检验教育政策效果,完善教育行政问责制度。第五,提供教育政策信息。第六,教育政策评估可以影响社会公众的态度,构建良好的公共关系。

(二) 教育政策评估的类型

教育政策评估可以按不同标准进行分类。从评估组织活动形式来看,教育政策评估可分为正式评估和非正式评估;从评估主体来看,教育政策评估可分为内部评估和外部评估;从政策过程来看,教育政策评估可分为政策执行前评估、执行中评估和执行后评估。

1. 正式评估与非正式评估

正式评估是指评估主体按照预先制定的评估方案,根据一定的评估标准,通过特定的程序,对教育政策进行的评估。正式评估具有评估过程规范化、方法科学化、结论比较客观全面的优点,在教育政策评估中占主导地位。正式评估可以委托专业评估组织来进行。

非正式评估是指对评估主体、评估形式、评估标准及程序不作特别的限制,评估者根据自己所掌握的信息对教育政策作出评价和判断。非正式评估具有方式灵活、简便易行、随意性强的特点。非正式评估的主要载体是新闻媒体,如今互联网平台已成为公众评论教育政策的主要平台。

2. 内部评估和外部评估

内部评估是由教育政策机构内部的评估者实施的评估,它可分为由政策制定者和执行者自己实施的评估和由专职评估人员实施的评估。就前者而言,政策制定者或执行者就是评估者,他们对政策的运行过程有比较全面的了解,掌握了大量第一手材料,这有利于评估活动的展开;同时,评估者可以根据评估信息对教育政策目标和政策方案及时进行调整,真正发挥政策评估的功能。专职评估人员与政策制定者和执行者相比,有较充足的时间和经费,熟悉教育评估理论,掌握专门的评估方法和技术。

外部评估是由教育政策机构外的评估者实施的评估。它可以分为受委托进行的评估和不受委托进行的评估两种类型。受委托进行的教育政策评估,是指政策机构委托营利性或非营利性研究机构、学术机构、专业性的政策咨询公司、高校的专家学者等进行的教育政策评估。不受委托的教育政策评估,是指外部评估者出于自身的工作职责、社会责任感、研究目的、个人兴趣或相关利益而自行开展的政策评估。这些评估者包括立法机关、司法机关、新闻媒体、研究机构、社会团体(第三部门)等。外部评估涉及的范围较广,能够代表和表达社会各个阶层对教育政策的基本看法,结论也比较客观公正。但是,外部评估者在获取信息方面比较困难,评估结论也不易受到重视和得到采纳。

3. 政策执行前评估、执行中评估和执行后评估

执行前评估也称为预评估,是指在政策执行之前对政策方案及政策执行可能导致的后果进行的分析评估。它主要包括对教育政策方案的评估和政策效果的预测分析。对教育政策方案的评估主要表现为对政策方案进行价值分析和可行性分析。政策效果预测是通过对教育政策内容和外在环境的综合分析,对教育政策实施可能产生的效果作出预测,对可能获得的利益与可能付出的代价进行比较。执行前评估是教育政策制定时进行政策规划和优化所必须要做的工作,它把教育政策评估从单纯的事后反馈变成事前控制的有效工具。

执行中评估是对执行过程中教育政策实施情况的评估。它的目的是通过分析教育政策在实际执行过程中的相关情况,准确地反映政策执行效果,并及时反馈和纠偏,实施严格的过程控制,以充分实现政策目标。执行中评估的内容包括:教育政策是否得到严格的贯彻执行,是否作用于特定的对象,是否按原定政策方案执行,人、财、物等政策资源是否充足、到位,政策环境是否发生了重大变化,执行机构和人员的效率、主动性、原则性和灵活性如何等。

执行后评估是对教育政策执行后的效果的一种全面的、综合性的系统评估。这是对一项教育政策的最终评估,是在教育政策执行完成后发生的,是最主要的一种评估形式。它包括政策产出评估、政策效益评估和政策影响评估。教育政策产出评估是对教育政策投入实现教育政策目标的程度所作的评估。教育政策效益评估是对政策产出和政策投入之间的关系所作的评估,以确定政策的投入与产出比。教育政策影响评估就是一项教育政策结果对目标群体、社会系统和环境所产生的影响的综合评估。相关人根据执行后评估可以基本上决定一项教育政策的延续、调整或终结,以及长期性的教育政策资源的获取和分配问题。

相关人通过教育政策全过程评估的信息反馈,不仅能对某一教育政策本身的价值作出判定,从而决定这项政策的延续、改进或终结,而且能对政策过程的不同阶段进行考察和分析,及时发现潜在的问题,并通过信息回路传输到决策系统,从而使教育政策能及时纠正偏差,避免制度缺陷,为以后的政策实践提供参考。

(三) 教育政策评估的内容

需求评估:一个教育的问题需要什么政策来解决。

预评估:教育政策预测,即关于政策可行性与代价、风险与结果的预测。

过程评估:对教育政策执行情况的考察和评价。

效果评估:对教育政策结果的考察和评价。

影响评估:对一项教育政策影响其他政策或社会问题的情况的考察。

(四)教育政策评估的标准

帕顿和沙维奇在《政策分析和规划的初步方法》中提出了政策评估的四因素:技术可行性、政治可行性、经济和财政可行性、行政可操作性。邓恩在《公共政策分析导论》中提出了六类标准:效果、效率、充足性、公平性、回应性和适应性。袁振国则提出了教育政策评估的预评估标准、执行评估标准和后果评估标准,根据以上学者的研究,教育政策评估的标准可以概括为以下几个方面:

1. 教育政策效益

教育政策效益是政策执行之后出现的政策结果对政策目标的实现程度。相关人通过将政策的结果和预期进行比较,来判断政策是否实现了目标。它是教育政策评价标准中的重要指标,它的科学、标准与否,直接关系到整个评价的科学性与准确性。具体包括:政策目标是否契合了该政策所要解决的问题;政策目标是否实现了利益团体之间的平衡;目标是否适中;子目标间是否协调有序;目标的表达是否具体、明晰。

2. 教育政策效率

教育政策效率是指政策结果与政策投入之间的比例关系。进行教育政策效率评估的目的是分析政策在支出了各项成本之后是否获得了充分的收益,与其他政策相比成本的支出是否更加经济有效。教育政策投入亦称教育政策成本,它是实施或维持一项教育政策所需要资源的总和,包括人、财、物、时、空、信息等方面的政策资源。成本包括:交替成本,即指新旧政策交替时所必须花费的成本;执行成本,指新政策的贯彻执行必须花费的人力、物力和财力的总和;时间成本,即资源的时间价值。

3. 教育公平

教育公平是现代社会教育政策的基本价值,国家已把促进教育公平作为构建社会主义和谐社会的重要内容之一。对教育公平的关注反映了对个体公平享有教育利益的重视,是公民平等教育权利的必然要求。教育政策是实现教育公平的重要保障,教育公平应成为教育政策的基本价值追求和评价标准。

党的十七大报告:教育是民族振兴的基石,教育公平是社会公平的重要基础。

党的十八大报告:大力促进教育公平,合理配置教育资源,重点向农村、边远、贫困、民族地区倾斜,支持特殊教育,提高家庭经济困难学生资助水平,积极推动农民工子女平等接受教育,让每个孩子都能成为有用之才。

党的十九大报告:推动城乡义务教育一体化发展,高度重视农村义务教育,办好学前教育、特殊教育和网络教育,普及高中阶段教育,努力让每个孩子都能享有公平而有质量的教育。

党的二十大报告:坚持以人民为中心发展教育,加快建设高质量教育体系,发展素质教育,促进教育公平。加快义务教育优质均衡发展和城乡一体化,优化区域教育资源配置,强化学前教育、特殊教育普惠发展,坚持高中阶段学校多样化发展,完善覆盖全学段学生资助体系。

4. 教育自主

教育自主是分权、教育自由、多样性、可选择性等价值目标的概括。在提高教育质量、追求教育公平的同时,教育中权力与权利的划分、教育资源的多样性、教育形势和内容的可选择性等问题应该成为教育政策追求的目标,也应成为教育政策评估的标准。

5. 教育政策回应程度

教育政策回应程度即教育政策影响,是指把一项教育政策放到整个教育及社会系统中,从与其相关的其他要素的相互关系中,对该政策的作用产生的影响所作的综合判断。在对政策影响进行评价的时候,既要考察它的正面影响和负面影响,也要考察它的短期影响和长期影响,同时要考察它的直接影响和间接影响。

20 世纪 80 年代中期以后,人们开始认识到政策评估对经济发展和行政效能提高的重要性,一些部门开始尝试对部分公共政策进行评估。近年来,各级政府机构开始重视政策评估在政策过程中的实际应用,一些评估组织已从专业性的角度,对一些重大公共政策问题展开不同形式的评估,初步取得一些成效。但总体上,与政策制定和政策执行相比,政策评估还是政策过程中较为薄弱的环节。我国教育政策评估机制正在形成之中,相关研究者和社会公众对政策评估的影响越来越明显。

理解·反思·探究

1. 简答题

(1) 教育政策的本质是什么?教育政策有什么特征?

(2) 教育政策系统由哪些要素构成?其运行过程如何?

(3) 教育政策制定包括哪些环节?

(4) 教育政策执行包括哪些环节?政策偏差的原因及其矫正措施有哪些?

(5) 教育政策评估有哪些类型?评估的标准有哪些?

2. 材料分析题

请用所学教育政策相关概念、理论和方法对以下材料进行分析:

(1) "双减"政策颁布的背景是什么?

(2) "双减"政策反映了我国教育政策的什么价值取向?

(3) 如何保证"双减"政策落到实处?

2021 年 7 月 24 日,中共中央办公厅、国务院办公厅印发《关于进一步减轻义务教育阶段学生作业负担和校外培训负担的意见》("双减"政策),该文件明确指出,坚持以习近平新时代中国特色社会主义思想为指导,全面贯彻党的教育方针,落实立德树人根本任务,着眼建设高质量教育体系,强化学校教育主阵地作用,深化校外培训机构治理,坚决防止侵害群众利益行为,构建教育良好生态,有效缓解家长焦虑情绪,促进学生全面发展、健康成长。

拓展阅读

〔1〕陈学飞.教育政策研究基础〔M〕.北京:人民教育出版社,2011.

〔2〕褚宏启.教育政策学〔M〕.北京:北京师范大学出版社,2011.

〔3〕劳凯声,蒋建华.教育政策与法律概论〔M〕.北京:北京师范大学出版社,2015.

阅读建议:详细阅读《教育政策研究基础》第二章,理解教育政策的现象与本质,把握教育政策的特殊性;详细阅读《教育政策学》第四、五章,了解教育政策的主体与教育政策环境,阅读第七至第十一章,学习教育政策过程的制定、执行、评估与终结问题;详细阅读《教育政策与法律概论》第二章,理解教育政策过程的相关知识。

第二章

小学教育发展政策

2

小学教育发展政策是影响小学教育发展的关键因素，主要涉及教育体制改革、教育经费保障、民办教育发展等方面，在小学教育的发展过程中发挥了重要作用。改革开放四十多年以来，随着政治、经济、社会和国际局势的变化，小学教育发展政策也经历了巨大的转变，呈现出较为明显的发展脉络。明晰小学教育发展政策的历程，是正确理解我国小学教育发展的重要基础。

- **本章导航**

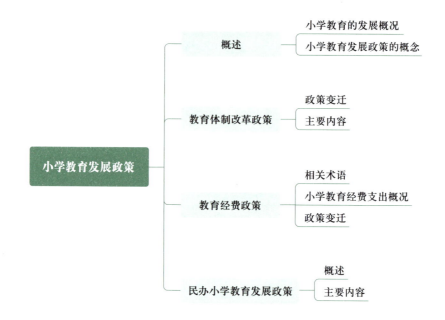

- **关键术语**

小学教育发展政策;教育体制改革;义务教育均衡发展;教育经费;民办教育;合理回报;分类管理

- **学习目标**

1. 掌握当前小学教育发展概况,正确理解小学教育发展政策的概念,认识到政策在促进小学教育发展过程中所起的重要作用。

2. 正确理解教育体制改革的概念,掌握改革开放以来教育体制改革历史阶段及主要内容。

3. 正确理解教育经费的概念,掌握改革开放以来教育经费制度的变迁历程。

4. 掌握改革开放以来民办教育政策的变迁历程,以及当前民办教育分类管理的制度构成,正确理解营利性和非营利性民办学校的区别。

第一节　概述

我国小学教育取得了巨大的发展,具体表现在,学龄儿童净入学率、专任教师学历合格率、设施设备配备达标率的提高,以及小学生师比的下降等方面。

一、小学教育的发展概况

《2022 年全国教育事业发展统计公报》[①] 显示,我国共有普通小学 14.91 万所,另有小学教学点 7.69 万个,招生 1 701.39 万人,在校生 1.07 亿人,毕业生 1 704.61 万人,专任教师 [②]662.94 万人。

小学教育的发展,除了体现在"量"上,还可以从学龄儿童净入学率、专任教师学历合格率、设施设备配备达标率,以及小学生师比等方面考察"质"的提升。

小学学龄儿童净入学率,是指小学教育在校学龄人口数占小学教育国家规定年龄组人口总数的百分比,是按各地不同入学年龄和学制分别计算的。由于我国小学学龄儿童净入学率已接近 100%,从 2022 年开始《全国教育事业发展统计公报》不再统计净入学率,开始统计九年义务教育巩固率,即初中毕业班学生占该年级入小学一年级时学生数的百分比。

专任教师学历合格率,是指某一级教育具有国家规定的最低学历要求的专任教师数占该级教育专任教师总数的百分比。《教师法》规定,取得小学教师资格,应当具备中等师范学校毕业及其以上学历。

设施设备配备达标是指体育运动场(馆)面积、体育器械配备达到《国家学校体育卫生条件试行基本标准》要求,音乐器材配备、美术器材配备、数学自然实验仪器配备等达到各省、自治区、直辖市规定的仪器配备相关标准。

小学生师比是指小学教育在某一特定的年份的学生人数与在同一年、同一教育层次工作的教师人数之比。它表明在这一教育层次工作的教师,每人所担负教育学生的人数。

参照历年《全国教育事业发展统计公报》,教育统计数据,小学教育的发展主要体现在如下几个方面:

一是体现为适龄学龄儿童净入学率的提升,从 1949 年的 20%,到 1978 年的 94%,再到 2021 年的 99.96%。2022 年九年义务教育巩固率为 95.5%。

二是体现为专任教师学历合格率的提高,从 2001 年的 96.81%,到 2011 年的 99.72%,再到 2022 年的 99.99%;不仅如此,学历层次也获得显著提升(表 2-1-1)。其中,研究生和本科毕业的专任教师数量显著增长。

[①] 各项统计数据均未包括香港特别行政区、澳门特别行政区和台湾省。部分数据因四舍五入的原因,存在着与分项合计不等的情况。

[②] 含九年一贯制学校和十二年一贯制学校小学段专任教师。

表 2-1-1　专任教师学历层次的变化

	2001 年	2011 年	2021 年
研究生	542 人	1.07 万人	12.42 万人
本科	9.3 万人	158.49 万人	451.61 万人
专科	149.5 万人	300.31 万人	185.63 万人

　　三是设施设备配备达标率的提高。1998 年,小学理科实验设备、教学分组试验和图书达标学校仅占小学总校数的比例分别是 42.4%、36.3% 和 59.2%,到 2000 年,分别增长到 45.13%、39.93% 和 65.22%。2001 年,设施设备配备达标参数更改为体育运动场(馆)面积、音乐器材配备、美术器材配备和数学自然实验仪器配备。[①] 如表 2-1-2 所示,十余年间设施设备达标率各项参数均有较大提高。

表 2-1-2　设施设备达标率的变化

	2001 年 /%	2012 年 /%	2022 年 /%
体育运动场(馆)面积达标率	47.4	47.29	90.22
体育器械配备达标率	无	48.17	97.07
音乐器材配备达标率	36.62	44.78	95.17
美术器材配备达标率	34.51	46.28	94.97
数学自然实验仪器达标率	48.55	50.75	94.70

《2022 年全国教育事业发展统计公报》

　　四是体现为小学生师比的降低。生师比是小学教育质量提升的关键指标,它从 1998 年的 24.0∶1,降低到 2012 年的 17.36∶1,再降低到 2022 年的 16.19∶1。

二、小学教育发展政策的概念

　　小学教育发展政策主要指党或国家为实现一定历史时期的小学教育发展任务而制定的教育政策。小学教育发展涉及教育理念、办学体制、管理能力、师资队伍、人才质量、国际化水平等方面。由于发展是普遍的,所有与小学教育相关的政策都可以纳入小学教育发展政策的范畴。其中,体制改革和经费问题对于小学教育的发展起着基础性的作用。民办小学是我国小学教育的重要类型,相比公办小学,具有独立性,政策体系上也有特殊性。因此,本章所涉及的小学教育发展政策主要涉及教育体制改革、教育经费、民办小学教育方面的内容。

---

① 自《2006 年全国教育事业发展统计公报》开始新增"体育器械配备达标率"的情况。

第二节　教育体制改革政策

教育体制改革是宏观社会变迁中的一种具体的、关乎教育制度安排的历史过程，是人们基于某种目的对现行社会制度所作的改造和创新。[①]具体而言，教育体制改革是指为适应社会主义现代化建设的需要，对教育结构、教育行政管理、教育体系和各种具体的教育教学制度、方式、思想、内容等方面进行的改革。教育体制改革是为了适应经济体制改革的需要，迎接世界新技术革命的挑战，同时也是教育事业自身发展的迫切要求。其根本目的是提高全民族整体素质，多出人才，出好人才。

一、政策变迁

我国教育体制改革从 1985 年开始已走过了近 40 年的改革历程。依据教育体制改革动力机制的变化，我们可以对改革进程做如下的分阶段描述：1985 年到 1992 年是教育体制改革的第一个阶段，1993 年开始到 2000 年是教育体制改革的第二阶段，2001 年至 2012 年是教育体制改革的第三个阶段，2012 年至今是教育体制改革的第四个阶段。

（一）第一个阶段（1985—1992）

进入 20 世纪 80 年代，随着经济和社会的发展，我国传统教育体制的弊端更加突显。在教育事业管理权限的划分上，政府有关部门对学校统得过死，导致学校缺乏应有的活力；而政府应该管理的事情，又没有很好地管起来。在教育结构上，基础教育薄弱，学校数量不足、质量不高、合格的师资和必要的设备严重缺乏。在教育思想、教育内容、教育方法上，从小培养学生独立生活和思考的能力很不够，发扬立志为祖国富强而献身的精神很不够，生动活泼地用马克思主义思想教育学生的方法很不够，不少课程内容陈旧，教学方法死板，实践环节不被重视，不同程度地脱离了经济和社会发展的需要，落后于当时科学文化的发展。为了适应经济和时代发展的需要，中共中央实事求是地分析了新中国成立以来教育事业发展的状况，认为要从根本上改变这种状况，必须从教育体制入手，有系统地进行改革。因此，1985 年 5 月 27 日中共中央颁布了《关于教育体制改革的决定》，揭开了中国教育体制改革的序幕。

（二）第二个阶段（1993—2000）

进入 20 世纪 90 年代，我国改革开放和现代化建设事业进入了一个新阶段，着力建立社会主义市场经济体制，加快改革开放和现代化建设步伐，进一步解放和发展生产力，使国民经济整体素质和综合国力都迈上一个新台阶。教育改革逐步展开，九年义务教育开始有计划、分阶段地实施，当时全国已有百分之九十一人口的地区普及了小学教育。同时，我国教育在总体上还比较落后，不能适应加快改革开放和现代化建设的需要。教育的战略地位在实际工作中还没有完全落实；教育投入不足，教师待遇

[①] 劳凯声. 回眸与前瞻：我国教育体制改革 30 年概观［J］. 教育学报，2015，11（5）：3–12.

偏低,办学条件较差;教育思想、教学内容和教学方法程度不同地脱离实际;学校思想政治工作还需要进一步加强和改进。在新的形势下,1993年2月13日中共中央、国务院印发了《中国教育改革和发展纲要》,要求建立起与社会主义市场经济体制、政治体制、科技体制改革相适应的教育新体制,把教育摆在优先发展的战略地位,努力提高全民族的思想道德和科学文化水平,使教育更好地为社会主义现代化建设服务。这指导了20世纪90年代乃至21世纪初的教育改革和发展。1999年,中共中央、国务院发布《关于全面深化教育改革全面推进素质教育决定》,提出全面推进素质教育,培养适应21世纪现代化建设需要的社会主义新人。在这个背景下,该决定提出要构建与社会主义市场经济体制和教育内在规律相适应、不同类型教育相互沟通相互衔接的教育体制,为学校毕业生提供继续学习深造的机会。

（三）第三个阶段(2001—2011)

进入21世纪以来,教育投入大幅增长,办学条件显著改善,教育改革逐步深化,办学水平不断提高,城乡义务教育全面实现,教育公平迈出重大步伐。但是,当今世界正处在大发展大变革大调整时期。世界多极化、经济全球化深入发展,科技进步日新月异,人才竞争日趋激烈。世界范围的经济竞争、综合国力竞争,实质上是科学技术的竞争和民族素质的竞争。2001年,国务院颁布《关于基础教育改革与发展的决定》,进一步提出以下目标:深化基础教育改革,使素质教育取得明显成效,德育工作的针对性、实效性和主动性进一步增强,青少年学生健康成长的社会环境进一步优化,形成适应时代发展要求的新的基础教育课程体系及国家基本要求指导下的教材多样化格局,建立并进一步完善适应素质教育要求的考试评价制度和招生选拔制度,有条件的地方要取得新的突破等。党的十七大做出了关于"优先发展教育,建设人力资源强国"的战略部署。面对前所未有的机遇和挑战,我国教育还不完全适应国家经济社会发展和人民群众接受良好教育的要求。教育观念相对落后,内容方法比较陈旧,中小学生课业负担过重,素质教育推进困难;教育体制机制不完善,学校办学活力不足;教育结构和布局不尽合理,城乡、区域教育发展不平衡,贫困地区、民族地区教育发展滞后;教育投入不足,教育优先发展的战略地位尚未得到完全落实。在新的形势下,2010年7月29日,中共中央、国务院印发《国家中长期教育改革和发展规划纲要(2010—2020年)》,为健全充满活力的教育体制改革指明了方向。《规划纲要》提出要以提高质量为核心,全面实施素质教育,推进义务教育均衡发展。

（四）第四个阶段(2012年至今)

2013年11月,随着中共中央《关于全面深化改革若干重大问题的决定》的出台,教育体制改革的进程进一步加快。在深化教育领域综合改革的背景下,《关于深化教育教学改革全面提高义务教育质量的意见》(2019)、《深化新时代教育评价改革总体方案》(2020)、《关于全面加强新时代大中小学劳动教育的意见》(2020)、《关于进一步减轻义务教育阶段学生作业负担和校外培训负担的意见》(2021)等重要文件相继颁布,对新时代小学教育从外

推荐阅读:《回眸与前瞻:我国教育体制改革30年概观》

延式向内涵式转变,迈向高质量发展产生了积极影响。

图 2-2-1 显示了改革开放以来颁布的与小学教育发展相关的教育体制改革的重要政策。

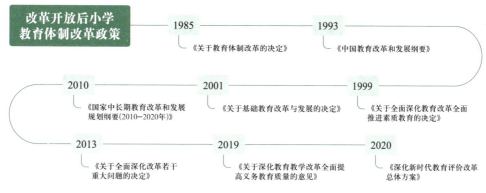

图 2-2-1 教育体制改革政策变迁图谱

二、主要内容

教育体制改革是社会主义改革的重要组成部分。中共中央、全国人大、国务院及其所属各部委发布、制定的一系列政策、法令、法规和行政规章,是进行教育体制改革的依据。其中,具有代表性的包括中共中央《关于教育体制改革的决定》《中国教育改革和发展纲要》《国家中长期教育改革和发展规划纲要(2010—2020 年)》。

(一)《关于教育体制改革的决定》:地方负责、分级管理,有步骤地实行九年制义务教育

在当时我国基础教育还很落后,与建设现代化社会主义国家的迫切要求之间存在尖锐矛盾的背景下,《中共中央关于教育体制改革的决定》提出,把实行九年制义务教育当作关系民族素质提高和国家兴旺发达的一件大事予以实施。具体而言,包括以下内容:

1. 制定《义务教育法》

《义务教育法》已由第六届全国人民代表大会第四次会议于 1986 年 4 月 12 日通过,自 1986 年 7 月 1 日起施行。

2. 因地制宜,有序推进

由于我国幅员广大,经济文化发展很不平衡,义务教育的要求和内容应该因地制宜,有所不同。全国可以大致划分为三类地区:一是约占全国人口 1/4 的城市、沿海各省中的经济发达地区和内地少数发达地区。在这类地区,相当一部分已经普及初级中学,其余部分应该抓紧按质按量普及初级中学,在 1990 年左右完成。二是约占全国人口一半的中等发展程度的镇和农村。在这类地区,首先抓紧按质按量普及小学教育,同时积极准备条件。在 1995 年左右普及初中阶段的普通教育或职业和技术

教育。三是约占全国人口 1/4 的经济落后地区。在这类地区,要随着经济的发展,采取各种形式积极进行不同程度的普及基础教育工作。对这类地区教育的发展,国家给予支援。

3. 建立一支有足够数量的、合格且稳定的师资队伍

争取在 5 年或者更长一点的时间内使绝大多数教师能够胜任教学工作。在此之后,只有具备合格学历或有考核合格证书的,才能担任教师。

4. 基础教育管理权属于地方

基础教育坚持由地方负责、分级管理的原则。除大政方针和宏观规划由中央决定外,具体政策、制度、计划的制定和实施,以及对学校的领导、管理和检查,责任和权力都交给地方。省、市(地)、县、乡分级管理的职责如何划分,由省、自治区、直辖市决定。

5. 加强领导

为了加强党和政府对教育工作的领导,成立国家教育委员会;在简政放权的同时,加强教育立法工作;各级党委和政府都要把教育摆到战略重点的地位,把发展教育事业作为自己的重要任务之一,上级考查下级都要以此作为考绩的主要内容之一。

6. 学校逐步实行校长负责制

有条件的学校要设立由校长主持的、人数不多的、有威信的校务委员会,作为审议机构。要建立和健全以教师为主体的教职工代表大会制度,加强民主管理和民主监督。

(二)《中国教育改革和发展纲要》:继续改善办学条件,逐步实现标准化

在 20 世纪 90 年代,经济体制、政治体制、科技体制改革的深化,教育体制改革要增强主动适应经济和社会发展的活力,走出教育发展的新路子,为建立具有中国特色的社会主义教育体系奠定基础,到 20 世纪末实现了全民受教育水平有明显提高的教育发展总目标。《中国教育改革和发展纲要》对这一时期的教育改革具有重要作用,它规划了新时期教育体制改革的重点,具体包括如下内容:

1. 以九年义务教育为基础,大力加强基础教育

各级政府要从本地区的实际出发,把普及九年义务教育的目标落到实处。要建立检查、监督和奖惩制度,确保义务教育法的贯彻执行。

2. 继续改善办学条件,逐步实现标准化

中小学要由“应试教育”转向全面提高国民素质的轨道,面向全体学生,全面提高学生的思想道德、文化科学、劳动技能和身体心理素质,促进学生生动活泼地发展。办出各自的特色。

3. 改革办学体制

改变政府包揽办学的格局,逐步建立以政府办学为主体、社会各界共同办学的体制。基础教育应以地方政府办学为主。国家对社会团体和公民个人依法办学,采取积极鼓励、大力支持、正确引导、加强管理的方针。

4. 深化中等及中等以下教育体制改革，继续完善分级办学、分级管理的体制

中等及中等以下教育，由地方政府在中央大政方针的指导下，实行统筹和管理。积极推进农村教育、城市教育和企业教育综合改革，促进教育同经济、科技的密切结合。中等及中等以下各类学校实行校长负责制。探索出符合中小学特点的教育与社会结合的形式。

5. 学校内部管理体制改革

积极推进以人事制度和分配制度改革为重点的在合理定编的基础上，对教职工实行岗位责任制和聘任制，在分配上按照工作实绩拉开差距。学校的后勤工作，应通过改革逐步实现社会化。

6. 加快教育法制建设

建立和完善教育法律法规体系和执法监督系统。

7. 加强教育和发展的理论研究和试验

各级政府和教育行政部门要把教育科学研究和教育管理信息工作摆到十分重要的地位。教育理论工作者和实际工作者，要以马克思主义为指导，研究和回答建设有中国特色的社会主义教育体系的理论和实际问题。

（三）《国家中长期教育改革和发展规划纲要（2010—2020 年）》：深化办学体制改革，推进义务教育均衡发展

为了进一步解放思想，更新观念，深化改革，提高教育开放水平，全面形成与社会主义市场经济体制和全面建设小康社会目标相适应的充满活力、富有效率、更加开放、有利于科学发展的教育体制机制，办出具有中国特色、世界水平的现代教育。教育部于 2010 年颁布了《国家中长期教育改革和发展规划纲要（2010—2020 年）》，进行新一轮的教育体制改革。具体包括以下几个方面，其中前三条与小学教育直接相关，第 4—9 条是"体制改革"部分的主要内容：

1. 巩固提高九年义务教育水平

一是巩固义务教育普及成果，合理规划学校布局，办好必要的教学点，方便学生就近入学；二是提高义务教育质量，建立国家义务教育质量基本标准和监测制度；三是增强学生体质，科学安排学习、生活、锻炼，保证学生睡眠时间。

2. 推进义务教育均衡发展

一是切实缩小校际差距，着力解决择校问题；二是加快缩小城乡差距，建立城乡一体化义务教育发展机制；三是努力缩小区域差距，加大对革命老区、民族地区、边疆地区、贫困地区义务教育的转移支付力度。

3. 减轻中小学生课业负担

一是各级政府要把减负作为教育工作的重要任务；二是学校要把减负落实到教育教学各个环节，给学生留下了解社会、深入思考、动手实践、健身娱乐的时间；三是充分发挥家庭教育在儿童少年成长过程中的重要作用。

4. 人才培养体制改革

一是更新人才培养观念。树立全面发展观念、人人成才观念、多样化人才观念、终身学习观念,以及系统培养观念;二是创新人才培养模式。注重学思结合、知行统一,以及因材施教;三是改革教育质量评价制度,改进教育教学评价,完善综合素质评价,探索促进学生发展的多种评价方式。

5. 考试招生制度改革

以考试招生制度改革为突破口,推进素质教育实施和创新人才培养。加强信息公开和社会监督。完善考试招生信息发布制度,实现信息公开透明,保障考生权益,加强政府和社会监督。

6. 建设现代学校制度

一是推进政校分开、管办分离,构建政府、学校、社会之间新型关系;二是落实和扩大学校办学自主权,减少和规范对学校的行政审批事项,依法保障学校充分行使办学自主权和承担相应责任;三是完善中小学学校管理制度,包括完善普通中小学校长负责制,实行校务会议等管理制度,建立健全教职工代表大会制度,建立中小学家长委员会。

7. 办学体制改革

一是深化办学体制改革,形成以政府办学为主体、全社会积极参与、公办教育和民办教育共同发展的格局;二是大力支持民办教育;三是依法管理民办教育,切实加强民办教育的统筹、规划和管理工作。

8. 管理体制改革

一是健全统筹有力、权责明确的中央和地方教育管理体制;二是加强省级政府教育统筹,推进城乡义务教育均衡发展;三是转变政府教育管理职能,提高政府决策的科学性和管理的有效性。

9. 扩大教育开放

加强国际交流与合作,引进优质教育资源,提高交流合作水平。

(四)《关于全面深化改革若干重大问题的决定》:深化教育领域综合改革

进入新时代,我国各项改革事业进入深水区,面临的挑战愈加复杂。为了贯彻落实党的十八大关于全面深化改革的战略部署,中共中央《关于全面深化改革若干重大问题的决定》在 2013 年 11 月 15 日正式公布,涉及小学教育改革的内容主要集中在"推进社会事业改革创新"部分,具体包括如下内容:一是,全面贯彻党的教育方针,坚持立德树人,加强社会主义核心价值体系教育,完善中华优秀传统文化教育,形成爱学习、爱劳动、爱祖国活动的有效形式和长效机制,增强学生社会责任感、创新精神、实践能力;二是,强化体育课和课外锻炼,促进青少年身心健康、体魄强健;三是,改进美育教学,提高学生审美和人文素养;四是,大力促进教育公平,健全家庭经济困难学生资助体系,构建利用信息化手段扩大优质教育资源覆盖面的有效机制,逐步缩小区域、城乡、校际差距;五是,统筹城乡义务教育资源均衡配置,实行公办学校标准化建设和校长教师交流轮岗,不设重点学校重点班,破解择校难题,标本兼治减轻学生课业负担;六是,义务教育免试就近入学,试行学区制和九年一贯对口招生;七是,深入推进管办评分离,扩大省级政府教育统筹权和学校办学自主权,完善学校内部治理结构;八是,强化国家教育督导,委托社会组织开展教育评估监测;九是,健全政府补贴、政府购买服务、助学贷款、基金奖励、捐资激励等制度,鼓励社会力量兴办教育。

第三节 教育经费政策

教育经费,是指国家用于发展教育事业的费用,是国家预算支出的重要组成部分。

一、教育经费政策的相关术语

教育经费包括基建经费和教育事业费两大部分。基建经费是用于学校新建、扩建和维修的费用。教育事业费包括:公办学校教职员工的工资和福利费用,教学设备、教学仪器和图书资料的购置费用,学校教学、科研和办公费用,业余教育事业费,学生的助学金及奖学金等项。[1]

另外,生均经费和转移支付也是教育经费政策中使用频率较高的概念。

生均经费:在一定时期内,按在校学生人数平均的教育事业经费。生均经费等于"某时期的教育经费总数"除以"同期在校学生总人数"。它是确定教育投资合理性,实行教育经费定额管理,考核教育经费使用效益,进行人才成本核算,编制人才成本计划的主要指标。[2]

转移支付:国家财政除购买性支出之外,为实现特定目的,还使一部分财政资金发生单方面转移。财政的转移支付有两大部分。一部分发生在不同的政府层次之间,主要是上级政府对下级政府通过财政进行的转移支付,目的是平衡下级财政的收支预算,以实现地区平衡。这属于财政(预算)管理体制问题。另一部分发生在政府与企、事业单位和居民个人之间,特别是政府对居民个人的财政补贴和贫困救济等社会保障支出。转移支付是现代国家的一项经常性财政分配活动,其目的是调整国民收入分配结构,实现社会公平,稳定人民生活,促进社会经济的协调发展。随着社会主义市场经济的发展,中国也正在建立规范的财政转移支付制度。[3]

二、小学教育经费支出概况

在教育先行的理念下,世界各国普遍重视教育经费的投入,少数经济发达国家对教育事业的资金投入占该国国内生产总值的 5%~6%,中等程度以上的发展中国家的

---

[1] 李春生.中国小学教学百科全书·教育卷[M].沈阳:沈阳出版社,1993:42.

[2] 陶西平.教育评价辞典[M].北京:北京师范大学出版社,1998:524.

[3] 戴相龙,黄达.中华金融辞库[M].北京:中国金融出版社,1998:36.

教育经费支出多占 4% 左右。根据教育部、国家统计局、财政部发布的 2021 年全国教育经费执行情况统计公告显示,2021 年,全国教育经费总投入为 57 873.67 亿元,比上年增长 9.13%。占国内生产总值比例为 4.01%。自 2012 年实现 4% 目标以来,这一比例连续保持在 4% 以上,4% 成果进一步巩固。

根据《中国教育经费统计年鉴》显示,我国普通小学和农村小学的教育经费支出从 1998 年至 2020 年,均呈逐年上升趋势。普通小学经费支出从 2000 年的 10 814 442.5 万元,增长到 2010 年的 48 870 719.0 万元,再增长到 2020 年的 146 708 473.5 万元;农村小学教育经费支出从 2000 年的 6 139 449.7 万元,增长到 2010 年的 31 165 811.2 万元,再增长到 2020 年的 83 147 937.2 万元。

在未来,随着我国综合国力的提升,教育现代化的加速推进,教育经费将会得到较大的增长。《中华人民共和国国民经济和社会发展第十四个五年规划和 2035 年远景目标纲要》明确指出,坚持教育公益性原则,加大教育经费投入,改革完善经费使用管理制度,提高经费使用效益。

三、政策变迁

教育财政体制是经济体制改革的重要组成部分。伴随着中国特色社会主义市场经济体制的建立,教育财政体制经历了较大的转变,具体表现在,教育经费的筹措渠道不断完善,分担机制渐趋合理。具体而言:

(一) 县、乡、村三级办学,县、乡两级管理

十一届三中全会后,中国开始实施改革开放,经济体制上也由传统的计划经济向社会主义有计划的商品经济转型,财政领域开始探索实行"划分收支、分级包干"财政体制。1980 年 3 月,教育部党组在发布了《关于实行新财政体制后教育经费安排问题的建议》,提出教育经费拨款由中央和地方两级财政切块安排,从而改变了原来由财政部门与教育部门、计划部门联合下达教育事业经费支出指标的管理体制。1983 年 5 月,中共中央、国务院发布了《关于加强和改革农村学校教育若干问题的通知》,希望力争 1990 年前基本普及初等教育,提出坚持"两条腿走路"的方针,中央和地方要逐年增加教育经费,还要充分调动农村合作组织、厂矿企业、农民等方面办学的积极性,多种渠道解决经费问题。至此,"地方负责,分级管理,以乡为主"的义务教育经费体制,拉开了序幕。为了进一步明确地方办学的责任,1985 年 5 月,中共中央《关于教育体制改革的决定》提出,实行基础教育由地方负责、分级管理的原则。基础教育管理权属于地方。为了保证地方发展教育事业,除了国家拨款以外,地方机动财力中应有适当比例用于教育,乡财政收入主要用于教育。文件还进一步明确提出地方可以征收教育费附加,此项收入首先用于改善基础教育的教学设施。地方要鼓励和指导国营企业、社会团体和个人办学,并在自愿的基础上,鼓励单位、集体和个人捐资助学,同时严格控制各方面向学校征收费用,减轻学校的经济负担。

由此,三级办学体制进一步确立。1986 年国家颁布了《义务教育法》,1992 年教

育部发布《义务教育法实施细则》,上述规定被以法律的形式确定下来。1986 年国务院发布了《征收教育费附加的暂行规定》,1988 年国家教委、财政部颁布了《关于加强普通教育经费管理的若干规定》等,对筹措教育经费的原则和范围进行了进一步规定。到 20 世纪 90 年代,发展成为"多渠道筹措教育经费"。

(二) 地方负责,分级管理,以县为主

筹措教育经费的主要责任主体依旧是地方,这无形中加重了地方的负担,也加剧了教育的区域不公平。[①] 针对农民负担沉重、乡镇财政困难、拖欠教师工资等问题,从 2000 年起,中央政府在全国范围内的农村地区推行税费改革,要求取消农村的教育费附加、教育集资和教育统筹等正税之外的各项教育收费。2001 年 5 月,国务院《关于基础教育改革与发展的决定》提出,进一步完善农村义务教育管理体制,实行"在国务院领导下,由地方政府负责、分级管理、以县为主"的体制。国家确定义务教育的教学制度、课程设置、课程标准,审定教材。中央和省级人民政府要通过转移支付,加大对贫困地区和少数民族地区义务教育的扶持力度。省级和地(市)级人民政府要加强教育统筹规划,在安排对下级转移支付资金时要保证农村义务教育发展的需要。省级人民政府要统筹制定农村义务教育发展和中小学布局调整的规划,严格实行教师资格制度,逐县核定教师编制和工资总额,对财力不足、发放教师工资确有困难的县,要通过调整财政体制和增加转移支付的办法解决农村中小学教师工资发放问题。县级人民政府对本地农村义务教育负有主要责任,要抓好中小学的规划、布局调整、建设和管理,统一发放教职工工资,负责中小学校长、教师的管理,指导学校教育教学工作。从 2001 年起,将农村中小学教师工资的管理上收到县,为此,原乡(镇)财政收入中用于农村中小学教职工工资发放的部分要相应划拨上交到县级财政,并按规定设立"工资资金专户"。

2002 年 4 月,国务院办公厅《关于完善农村义务教育管理体制的通知》进一步明确了县级人民政府对农村义务教育负有主要责任。县级人民政府负责:制定本地区农村义务教育发展规划,组织实施农村义务教育;从实际出发,因地制宜,逐步调整农村中小学布局;根据国家中小学教职工编制标准和省级人民政府的实施办法,提出农村中小学教职工编制方案,并根据省级人民政府核批的农村中小学教职工编制,核定学校的教职工编制;负责农村中小学校长、教职工的管理;调整本级财政支出结构,增加教育经费预算,合理安排使用上级转移支付资金,确保按时足额统一发放教职工工资;统筹安排农村中小学公用经费,安排使用校舍建设和危房改造资金,组织实施农村中小学危房改造和校舍建设,改善办学条件;指导农村中小学的教育教学工作;维护学校的治安、安全和正常教学秩序;开展助学活动;对乡(镇)人民政府有关教育工作和农村中小学进行督导评估。

---

① 胡耀宗,刘志敏. 从多渠道筹集到现代教育财政制度:中国教育财政制度改革 40 年[J]. 清华大学教育研究,2019,40(1):111−120.

　　由此,从"以乡为主"到"以县为主",正式确立了农村义务教育经费由各级政府共同分担的机制。"以县为主"的农村义务教育经费体制,逐步将农村义务教育纳入公共财政保障范围。但是,在这一阶段,允许向学生收取杂费以充实中小学公用经费资金来源。由于财政性教育经费投入不足,乱收费问题凸出。对此,2004年3月,教育部、国家发展改革委、财政部发布《关于在全国义务教育阶段学校推行"一费制"收费办法的意见》要求在严格核定杂费、课本和作业本费标准的基础上,一次性统一向学生收取费用。

(三) 分项目、按比例

1. 农村义务教育经费保障机制

　　2005年12月,国务院《关于深化农村义务教育经费保障机制改革的通知》要求,逐步将农村义务教育全面纳入公共财政保障范围,建立中央和地方分项目、按比例分担的农村义务教育经费保障机制。具体包括:

　　(1) 全部免除农村义务教育阶段学生学杂费,对贫困家庭学生免费提供教材并补助寄宿生生活费。免学杂费资金由中央和地方按比例分担,西部地区为8∶2,中部地区为6∶4;东部地区除直辖市外,按照财力状况分省确定。免费提供教科书资金,中西部地区由中央全额承担,东部地区由地方自行承担。补助寄宿生生活费资金由地方承担。

　　(2) 提高农村义务教育阶段中小学公用经费保障水平。在免除学杂费的同时,先落实各省(区、市)制订的本省(区、市)农村中小学预算内生均公用经费拨款标准,所需资金由中央和地方按照免学杂费资金的分担比例共同承担。在此基础上,为促进农村义务教育均衡发展,由中央适时制定全国农村义务教育阶段中小学公用经费基准定额,所需资金仍按上述比例共同承担。

　　(3) 建立农村义务教育阶段中小学校舍维修改造长效机制。对中西部地区,中央根据农村义务教育阶段中小学在校生人数和校舍生均面积、使用年限、单位造价等因素,分省(区、市)测定每年校舍维修改造所需资金,由中央和地方按照5∶5比例共同承担。东部地区,所需资金主要由地方自行承担,中央根据其财力状况以及校舍维修改造成效等情况,给予适当奖励。

　　(4) 巩固和完善农村中小学教师工资保障机制。中央继续按照现行体制,对中西部及东部部分地区农村中小学教师工资经费给予支持。省级人民政府要加大对本行政区域内财力薄弱地区的转移支付力度,确保农村中小学教师工资按照国家标准按时足额发放。

　　在上述经费的管理中,省级人民政府要负责统筹落实省以下各级人民政府应承担的经费,制订本省(区、市)各级政府的具体分担办法,完善财政转移支付制度,确保中央和地方各级农村义务教育经费保障机制改革资金落实到位。推进农村义务教育阶段学校预算编制制度改革,将各项收支全部纳入预算管理。全面清理现行农村义务教育阶段学校收费政策,全部取消农村义务教育阶段学校各项行政事业性收费,坚决杜绝乱收费。

这是我国健全义务教育转移支付体系,深化义务教育经费保障机制改革过程中的一项重要举措。2006年修订的《义务教育法》规定义务教育经费投入实行"国务院和地方各级人民政府根据职责共同负担,省、自治区、直辖市人民政府负责统筹落实"的体制,并将"义务教育全面纳入财政保障范围"上升为法律制度。2012年11月,财政部、教育部《关于切实加强义务教育经费管理的紧急通知》进一步明确了省级和县级财政的经费责任问题。

2. 统一的城乡义务教育经费保障机制

针对城乡义务教育经费保障机制有关政策不统一、经费可携带性不强、资源配置不够均衡、综合改革有待深化等问题,2015年11月,国务院《关于进一步完善城乡义务教育经费保障机制的通知》提出建立"城乡统一、重在农村"的义务教育经费保障机制,要求整合农村义务教育经费保障机制和城市义务教育奖补政策,建立"统一的中央和地方分项目、按比例分担"的城乡义务教育经费保障机制。具体包括:

(1)统一城乡义务教育"两免一补"政策。对城乡义务教育学生免除学杂费、免费提供教材,对家庭经济困难寄宿生补助生活费(统称"两免一补")。民办学校学生免除学杂费标准按照中央确定的生均公用经费基准定额执行。免费教材资金,国家规定课程由中央全额承担(含出版发行少数民族文字教材亏损补贴),地方课程由地方承担。家庭经济困难寄宿生生活费补助资金由中央和地方按照5∶5比例分担。

(2)统一城乡义务教育学校生均公用经费基准定额。中央统一确定全国义务教育学校生均公用经费基准定额。对城乡义务教育学校(含民办学校)按照不低于基准定额的标准补助公用经费,并适当提高寄宿制学校、规模较小学校和北方取暖地区学校补助水平。落实生均公用经费基准定额所需资金由中央和地方按比例分担,西部地区及中部地区比照实施西部大开发政策的县(市、区)为8∶2,中部其他地区为6∶4,东部地区为5∶5。提高寄宿制学校、规模较小学校和北方取暖地区学校公用经费补助水平所需资金,按照生均公用经费基准定额分担比例执行。公用经费补助标准高于基准定额的,要确保水平不降低,同时鼓励各地结合实际提高公用经费补助标准。中央适时对基准定额进行调整。

(3)巩固完善农村地区义务教育学校校舍安全保障长效机制。支持农村地区公办义务教育学校维修改造、抗震加固、改扩建校舍及其附属设施。中西部农村地区公办义务教育学校校舍安全保障机制所需资金由中央和地方按照5∶5比例分担;对东部农村地区,中央继续采取"以奖代补"方式,给予适当奖励。城市地区公办义务教育学校校舍安全保障长效机制由地方建立,所需经费由地方承担。

(4)巩固落实城乡义务教育教师工资政策。中央继续对中西部地区及东部部分地区义务教育教师工资经费给予支持,省级人民政府加大对本行政区域内财力薄弱地区的转移支付力度。县级人民政府确保县域内义务教育教师工资按时足额发放,教育部门在分配绩效工资时,要加大对艰苦边远贫困地区和薄弱学校的倾斜力度。

文件还要求,统一城乡义务教育经费保障机制,实现"两免一补"和生均公用经费基准定额资金随学生流动可携带。同时,国家继续实施农村义务教育薄弱学校改造计划等相关项目,着力解决农村义务教育发展中存在的突出问题和薄弱环节。

城乡一体的义务教育经费制度打破了长期以来在义务教育经费保障机制方面,我国一直实行城乡有别的义务教育经费投入、配置和管理机制。相比农村义务教育,自新中国成立以来,城市义务教育就建立了较为正规的经费保障机制。在计划经济时期,城市义务教育经费在中央、省、市、区政府间都有分担,并且企业办学经费也是城市中小学教育经费的重要组成部分。在市场经济时期,中央与地方的财政分权模式基本稳定,城市义务教育主要由市、区政府负责。随着国企改革的深入,原来附属于企业的中小学都划归给了地方,纳入市、区政府教育预算。[1]这导致城乡义务教育公平与均衡问题长期存在。因此,城乡一体的义务教育经费制度是实现城乡义务教育在更高层次的均衡发展,促进教育公平的一项关键举措。2019 年 5 月,国务院办公厅印发的《教育领域中央与地方财政事权和支出责任划分改革方案的通知》中对义务教育经费的中央和地方分担比例进行了调整,将国家制定分地区生均公用经费基准定额,调整为制定全国统一的基准定额。对于"生均公用经费、家庭经济困难学生生活补助、校舍安全保障经费、贫困地区学生营养膳食补助以及其他经常性事项与涉及阶段性任务和专项性工作的事项"的中央和地方分担比例,由原来东、中、西三类地区不同比例细分为五类地区 5 档比例。自此之后,中央和地方政府在各项目中的分担比例问题逐渐明确。

综上,教育经费政策变迁可梳理为图 2-3-1 所示。

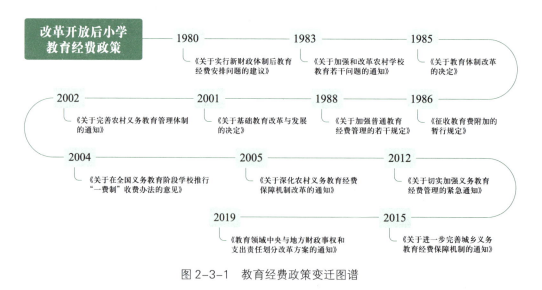

图 2-3-1　教育经费政策变迁图谱

---

① 陈静漪. 中国义务教育经费保障机制研究[D]. 东北师范大学,2009:58.

第四节　民办小学教育发展政策

随着社会主义市场经济的逐步建立,教育体制改革的深化,民办小学兴起,并迅速发展,目前已经成为我国公办教育的重要补充性资源,是国民教育体系的关键组成部分。它满足了公民对紧缺教育资源或优质教育资源的需要,保障了公民的受教育权,为我国教育发展做出了重要贡献。

微课:民办小学教育发展政策概述

一、概述

改革开放以来,经过 40 余年的发展,民办教育取得了巨大成就。这离不开政策的鼓励、扶持和规范。良好的制度环境,是民办小学健康有序发展的重要保障。

(一)民办小学发展概况

2002 年 12 月 28 日颁布的《民办教育促进法》大大刺激了民办教育的发展。但之后,受 2016 年修改后的《民办教育促进法》、2020 年发布的《关于进一步加强和规范教育收费管理的意见》的影响,2020 年开始民办小学招生数、在校生数呈现下滑趋势。

民办普通小学招生数从 2003 年的 47.44 万人,增长至 2010 年的 94.72 万人,再增长至 2019 年的 159.04 万人;在校生数从 2003 年的 274.93 万人,增长至 2010 年的 537.63 万人,再增长至 2019 年的 944.91 万人。2022 年民办义务教育阶段[①]在校生 1 356.85 万人(含政府购买学位 736.37 万人),比上年减少 317.25 万人。

在多重因素的作用下,2020 年至 2022 年三年间民办小学教育发展规模呈现不断缩小的趋势。《2020 年全国教育事业发展统计公报》显示:民办普通小学有 6 187 所,比上年减少 41 所;招生 145.20 万人,比上年减少 13.85 万人。2021 年民办小学教育规模也持续下跌。《2022 年全国教育事业发展统计公报》显示:民办义务教育阶段学校 1.05 万所,比上年减少 1 626 所。

民办普通小学的专任教师数量从 2003 年的 11.72 万人增长到 2010 年的 22.95 万人,2011 年回落到 13.48 万人,直到 2014 年,其间经历缓慢增长。然后,从 2014 年的 16.80 万人陡然增至 2015 年的 35.21 万人,到 2019 年增至 50.87 万人。2021 年下降至 23.50 万人。

从 2003 年至 2020 年,民办普通小学学校数起起伏伏,但始终在 5 000 所以上(图 2-4-1)。

[①] 自《2021 年全国教育事业发展统计公报》开始,民办普通小学和民办普通初中合并统计为民办义务教育阶段学校。

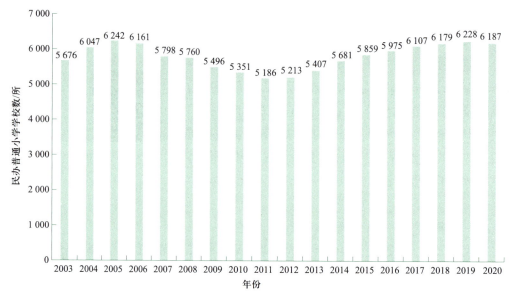

图 2-4-1　民办普通小学学校数

（二）政策变迁

改革开放以来,民办教育的发展可以分为以下几个阶段:

一是民办教育的政策管理时期(1978—2001)。这一时期的特征,主要表现为,民办教育缺乏专门性的法律进行规范,主要以政策的形式进行管理。在这一时期,陆续颁布了《关于社会力量办学的若干暂行规定》(1987)、《关于加强社会力量办学管理工作的通知》(1996)、《社会力量办学条例》(1997,已于 2003 年 9 月 1 日废止),另外,《关于跨省、自治区、直辖市办学招生广告审批权限的通知》(1990)、《社会力量办学印章管理暂行规定》(1991,已于 2021 年 1 月 1 日废止)也涉及民办教育的有关规定。

二是民办教育的法制建设时期(2002—2015)。2002 年 12 月 28 日,第九届全国人民代表大会常务委员会第三十一次会议通过了新制定的《民办教育促进法》,这标志着民办教育的管理从以依靠行政手段为主向以法律手段为主的转变。2004 年 2 月 25 日国务院第 41 次常务会议通过的《民办教育促进法实施条例》是对《民办教育促进法》的进一步落实。

三是民办教育的新法新政时期(2016 年至今)。2013 年《民办教育促进法》进行第 1 次修正。2016 年 11 月,第十二届全国人民代表大会常务委员会第二十四次会议审议通过了《全国人民代表大会常务委员会关于修改〈中华人民共和国民办教育促进法〉的决定》。其主要内容,在于借鉴国际民办教育改革管理经验,将民办学校根据营利与否分为"营利性民办学校"和"非营利性民办学校",改变了以往"粗放式"的管理方式。分类管理包括民办学校的设立、登记、审批、准入、扶持、监管、退出等多项内容。2018 年《民办教育促进法》进行了第 3 次修正,但变动较小,主要涉及审批事项和机构改革。在具体政策方面,《关于加强民办学校党的建设工作的意见(试行)》(2016)、《民办学校分类登记实施细则》(2016)、《营利性民办学校监督管理实施细则》(2016)、《关于鼓励社会力量兴办教育促进民办教育健康发展的若干意见》(2017)、《关于进一步加强和规范教育收费管理的意见》(2020)、《民办教育促进法实施条例》(2004 年施行,2021 年修订)等陆续颁布,这为民办学校健康有序发展提供了新的政策保障。

综上,民办教育政策的变迁可梳理为图 2-4-2 所示。

图 2-4-2　民办小学教育政策变迁图谱

案例

张某、厦门市某小学等股东资格确认纠纷

【案例事实】

原告张某向福建省厦门市思明区人民法院提出诉讼请求:1. 确认张某为某小学的出资人,出资比例为 1/3,并据此享有出资人权益;2. 本案诉讼费用由某小学、解某承担。事实和理由:2000 年,解某与第三人吕某合作开办某小学,解某任校长。2004 年 11 月,第三人吕某因个人原因离厦,当时,该小学作价 80万元,应分给吕某转让出资份额款 40 万元。由于当时解某资金不足,于是其与张某协商:张某参与曙光小学经营管理,由张某向第三人吕某支付一部分出资转让款,同时约定将该小学的全部份额分为三份,解某占 2/3,张某占 1/3。被告某小学及校长解某拒绝按照 1/3 份额的比例向张某分红,故张某诉至本院并

提出上述诉请。

　　被告解某答辩称,张某身为副校长,但副校长不是成为举办者资格的理由,其所得款项是报酬而非分红。法律规定非营利性机构不允许分红,该小学也没有分红。

　　法院于 2021 年 7 月 30 日作出判决:驳回张某的起诉。

【案例分析】

　　本案是一起涉及民办教育领域中股东资格确认纠纷的案件。该小学系依照《民办非企业单位登记管理暂行条例》登记成立的民办非企业法人。根据《民办教育促进法》第十九条规定"不得设立实施义务教育的营利性民办学校",故该小学的性质为非营利性法人。张某提起本案诉讼的案由为"股东资格确认",但该小学并非公司,也非营利性企业法人,其参照公司法规定要求确认股东资格,没有法律依据。张某诉请确认其为该小学的出资人并享有出资份额相应的出资人权益的实质是要求确认其成为曙光小学的举办者。结合《民办教育促进法》的规定,政府主管部门在民办学校领域的审批应当属于行政许可。确认或否定(变更)民办学校举办者身份(资格),需要由审批机关依据民办教育促进法的相关规定进行审查后作出是否同意的决定。该审批行为,属行政许可内容,不能通过民事判决予以确认。故本案不属于民事诉讼受案范围,张某的诉讼请求只有在其举办者身份得以确认的基础上方能成立。

(来源:北大法宝 −【法宝引证码】CLI.C.364093933)

二、主要内容

　　民办小学教育政策主要包括三方面内容。允许设立,使得小学教育由单一的政府举办,向政府统筹管理、社会多元办学的格局转变;合理回报,进一步鼓励和引导民间资金进入民办教育领域,激发了社会办学的活力和热情,在这期间,民办小学教育获得较大发展;分类管理,为了保障小学教育的公共性,避免过度逐利,侵害教育公益行为的发生,2016 年修正的《民办教育促进法》取消了原有"合理回报"的规定,对民办学校实施分类管理,规定民办小学实行非营利性办学。

(一)允许设立

　　1982 年,《宪法》首次确立了民办教育的合法性。到 20 世纪 80 年代中后期,政策明确规定了民办小学的合法地位。1987 年 7 月 8 日,国家教委在《关于社会力量办学的若干暂行规定》中指出,"社会力量办学应遵循教育规律,量力而行,扬长避短,注重质量,讲求实效。应结合本地区经济建设和社会发展的实际需要,主要开展各种类型的短期职业技术教育,岗位培训,中、小学师资培训,基础教育,社会文化和生活教育,举办自学考试的辅导学校(班)和继续教育的进修班",明确了民办教育的办学范畴,即"社会办学力量是我国教育事业的组成部分,是国家办学的补充"。但是,在执行过程中,一些地方教育行政部门对于社会力量办学管理工作重视不够。对此,1996 年 3 月 27 日,国家教委进一步发布《关于加强社会力量办学管理工作的通知》指出,各级教育行政部门要认真贯彻"积极鼓励,大力支持,正确引导,加强管理"的方针,把社会力量办学纳入本地区教育事业的发展规划和本部门管理工作的范围;在法律政策层面,肯定了社会力量兴办基础教育并鼓励政府营造良好的制度环境。由此,民办小学教育迅猛发展。

(二) 合理回报

2002 年通过的《民办教育促进法》最大的特点是,允许民办学校在扣除办学成本、预留发展基金以及按照国家有关规定提取其他的必需的费用后,出资人可以从办学结余中取得合理回报。该法是以"促进"为基本立法宗旨的规范性法律文本。激活办学要素,优化资源配置,适应民办学校发展的机遇与挑战,构建更有利于促进民办教育健康发展的宏观制度环境,是立法的初衷。"合理回报"是给予民办学校的举办者、投资人的一种奖励,是为了调动和保护举办者的办学积极性,吸引更多的人投资民办教育,更多的资金投向民办教育。

(三) 分类管理

2016 年 11 月 7 日,第十二届全国人民代表大会常务委员会第二十四次会议审议通过了《关于修改〈中华人民共和国民办教育促进法〉的决定》。此次修法最大的亮点是,实行非营利性和营利性民办学校分类管理。值得注意的是,为了保障义务教育的公共属性,第 3 次修正的《民办教育促进法》在分类管理的框架下,限制了营利性民办学校的办学范围,并直接对义务教育阶段民办学校的办学行为做了禁止性规定,强调"不得设立实施义务教育的营利性民办学校",这意味着,民办小学是非营利性学校。围绕"分类管理",一系列差别化的管理制度得以建立,具体而言包括以下几个方面:

1. 差别化的身份界定

非营利性民办学校与营利性民办学校的区别在于,学校存续期间举办者能否取得办学收益、学校终止时能否分配办学结余。非营利性民办学校的举办者不得取得办学收益,学校的办学结余全部用于办学。

2. 差别化的登记政策

民办学校应当具备法人条件。2016 年 12 月,教育部等五部门在印发《民办学校分类登记实施细则》的通知中指出,正式批准设立的非营利性民办学校,符合《民办非企业单位登记管理暂行条例》等民办非企业单位登记管理有关规定的到民政部门登记为民办非企业单位,符合《事业单位登记管理暂行条例》等事业单位登记管理有关规定的到事业单位登记管理机关登记为事业单位。

3. 差别化的扶持与奖励政策

国家针对非营利性民办学校和营利性民办学校在财政、税收优惠、用地、收费等方面实施差别化扶持政策。2017 年 1 月,国务院印发的《关于鼓励社会力量兴办教育促进民办教育健康发展的若干意见》规定,对于非营利性民办学校,按照税法规定进行免税资格认定后,免征非营利性收入的企业所得税。民办学校用电、用水、用气、用热,执行与公办学校相同的价格政策。民办学校建设用地按科教用地管理。非营利性民办学校享受公办学校同等政策,按划拨等方式供应土地。非营利性民办学校教师享受当地公办学校同等的人才引进政策。

4. 差异化的监管政策

2021 年 4 月,国务院发布修订后的《民办教育促进法实施条例》,规定任何社会组织和个人不得通过兼并收购、协议控制等方式控制实施义务教育的民办学校。设立实施义务教育的民办学校,应当符合当地义务教育发展规划。实施义务教育的民办学校应当在审批机关管辖的区域内招生,纳入审批机关所在地统一管理。实施义务教育的民办学校不得与利益关联方进行交易。

推荐阅读:《公共性:民办学校立法分类规范的分析基础》

理解·反思·探究

1. 简答题

(1) 什么是小学教育发展政策?

(2) 什么是教育体制改革? 与教育体制改革密切相关的三个政策文件是什么?《国家中长期教育改革和发展规划纲要(2010—2020 年)》关于教育体制改革的规定是什么?

(3) 什么是教育经费? 自改革开放以来,我国义务教育教育经费分担机制经历了哪三次较为明显的政策调整?

(4) 对民办学校实施"分类管理"的目的是什么? 营利性民办学校和非营利性民办学校的区别是什么?

2. 材料分析题

阅读下面材料,回答问题:请从民办教育分类管理的角度,对学校的做法进行评价。

某私立小学在 1997 年创建,经过二十余年的发展,学校获得了良好的社会声誉。2021 年,扣除应发教职工的工资及应缴纳的社会保险费用,用电、用水、用气费用,设备维修,学校建筑维护等各项固定支出后,全年结余 803 万元,学校将这部分资金划入专门账户,用于爱心书屋的创建。

拓展阅读

[1] 劳凯声. 回眸与前瞻:我国教育体制改革30年概观[J]. 教育学报,2015,11(5):3-12.

[2] 胡耀宗,刘志敏. 从多渠道筹集到现代教育财政制度:中国教育财政制度改革40年[J]. 清华大学教育研究,2019,40(1):111-120.

[3] 胡咏梅,元静."十四五"期间完善义务教育经费保障机制研究[J]. 教育与经济,2021,37(1):57-66.

[4] 余雅风. 公共性:民办学校立法分类规范的分析基础[J]. 教育研究,2018,39(3):103-109.

阅读建议:阅读有关我国教育体制改革、教育经费保障以及民办小学发展的相关政策内容,从历史发展的视角深化理解我国小学教育的发展。

第三章

小学学校政策

3

学校是根据一定社会或阶级的需要,依据学生身心发展规律,有目的、有计划、有组织地对学生进行培养和教育的专门机构。小学学校政策基于宏观视角,重点保障学校教育教学工作的正常开展,使得教师安心从教、学生安心求学。小学学校政策主要包括招生和升学政策、校园欺凌防治政策、校园教育教学安全维护政策、家校合作政策、学校评价政策。了解并执行学校政策,是落实依法治校、保障学校教育教学质量的重要抓手。

- 本章导航

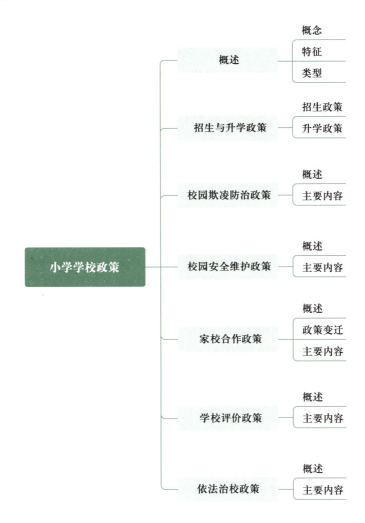

- 关键术语

学校政策;招生与升学;校园欺凌防治;教育教学秩序维护;家校合作;学校评价

- 学习目标

1. 正确理解学校政策的概念和分类,了解我国当前义务教育阶段有关小学招生与升学、校园欺凌防治、校园安全维护、家校合作以及学校评价等方面的具体政策。

2. 熟练掌握学校政策领域中的政策变迁过程,掌握招生与升学中教育公平问题的政策解决路径。

3. 学会运用有关政策预防和防治校园欺凌、校闹等行为。

4. 能够结合家校合作政策,促进小学生全面发展等政策要求,提高学校素质教育成效。

第一节　概述

学校政策涉及教育行政部门、学校管理者、教师、学生、家长等多主体,其核心指向保障教师的教与学生的学。小学学校政策从小学生进入小学开始,就贯穿小学生发展的全过程,直到小学生离开小学终止。例如,从起点来看,小学的招生政策关键在于保障学生公平的入学机会权利;从过程来看,小学校园欺凌防治、家校合作等政策有利于保障学生的健康发展权;从终点来看,小学的升学政策进一步维护了学生的受教育权,也是社会和家长群体关注的焦点问题。

一、学校政策的概念

任何一所学校健康有序的发展,除了需要内部规范的章程保障,还需要制度健全、规范明细的外部政策体系支持。学校政策的制定和执行有利于保障学校正常教育教学秩序的有序推进,维护师生的合法权益。

学校政策是整个学校教育教学发展政策系统中的一个子系统。学校政策是国家教育行政部门或其他部门为实现一定历史时期的学校教育任务而制定的行为准则。不同阶段的学校存在不同的学校政策。小学属于义务教育阶段,小学学校政策大多数涵盖在义务教育阶段学校政策之中。

二、学校政策的特征

关于学校政策的特征,可以将其放在整个宏观教育政策的特征之中去看,结合教育政策特征,小学学校政策特征可进行如下归纳。

(一)合法性与权威性

小学学校政策的制定经过了特定的程序,作为对社会、团体、个人行为的规范与指导,它一经颁布,即具有合法性和权威性,违反相关政策内容的人就会被采取惩罚性和约束性措施。

(二)全面性与综合性

学校政策与具体的教学政策、课程政策存在差异,教学与课程等政策主要聚焦于某一个方面,而学校政策需要站在学校发展全局的高度,结合国家宏观教育政策目标,统合考虑学校教学、课程、校园安全、学校发展远景规划、学校教育质量等多方面问题,因此学校政策具有全面性特征。

学校政策的综合性体现在学校政策制定和执行的多位立体架构方面。《国家中长期教育改革和发展规划纲要(2010—2020年)》对义务教育阶段的学校提出了"巩固提高九年义务教育水平""推进义务教育均衡发展""减轻中小学生课业负担"等远景发展要求。从改革发展的角度来看,中共中央、国务院发布的《关于深化教育教学改革全面提高义务教育质量的意见》着力把握学校育人的宏观环境,推进学校高质量发展。除此之外,也有部分学校政策从学校外围安全保障角度考虑,重点维护公平安全的校园环境,例如《加强中小学生欺凌综合治理方案》。

三、学校政策的类型

学校政策的类型根据划分的标准不同,可以分成不同类型的学校政策。一般可以从政策制定主体、政策层次角度、政策效力范围等角度划分。

(一)从政策制定主体角度划分

从政策制定主体的角度划分,学校政策可分为政党的学校政策、国家的学校政策和教育行政部门的学校政策,这三类政策不是割裂的,而是高度统一的整体。

政党的学校政策是作为执政党的中国共产党指导学校教育改革的纲领性、政策性文件,是制定国家学校政策的依据,国家的学校政策又使得党的学校教育政策合法化、行政化。例如中共中央、国务院《关于深化教育改革全面推进素质教育的决定》提出"基本普及九年义务教育和基本扫除青壮年文盲"两基目标。

国家的学校政策目标站位基于国家整体教育事业的发展,统筹学校全局,是学校政策的指挥棒,具有宏观上的指导性。例如,《国家中长期教育改革和发展规划纲要(2010—2020 年)》,对新时期学校教育事业发展提出了宏观愿景目标。

教育行政部门的学校政策既具有党和国家学校政策的宏观指导特质,又具有教育领域的微观具体特征,是教育行政部门结合地方学校教育事业发展的实际,依实际情况制定的、能够促进各级各类学校健康发展的政策文件。例如,《加强中小学生欺凌综合治理方案》,是教育行政部门为了治理校园欺凌问题而出台的规范性指导文件。

(二)从政策层次角度划分

从政策的层次角度划分,学校政策可分为总政策、基本政策和具体政策。

总政策是学校整体教育工作所必须遵循的政策。例如,《国家中长期教育改革和发展规划纲要(2010—2020 年)》提出了"优先发展、育人为本、改革创新、促进公平、提高质量"工作方针。

基本政策介于学校总政策与学校具体政策之间。例如,《中国教育现代化 2035》提出"实现优质均衡的义务教育",它是学校总政策的具体化方向,也是制定学校具体政策的重要依据。

具体政策既有国家层面的,又有地方省、市、县级人民政府所制定的教育政策,具有一定程度上的属地特征。例如,《校车安全管理条例》颁布后,浙江省教育厅会同省综治、公安、交通运输、财政、发改、安监、物价等部门,在调查摸排的基础上制订了《浙江省中小学生交通安全保障工程实施办法》,并经省政府常务会议研究同意后由省政府办公厅下发实施。

(三)从政策效力范围角度划分

从学校政策的效力范围划分,学校政策可分为全国性学校政策、区域性学校政策。全国性学校政策具有普适性,全国各级各类学校均应执行,各级各类教育行政部门均应监督。例如,教育部等九部门发布《关于印发中小学生减负措施的通知》,强调要坚持政府主导、各方参与、综合施策、标本兼治的基本原则,进一步明确并强化政府、学校、校外培训机构、家庭等各方责任,引导全社会树立科学教育质量观和人才培养观,切实减轻违背教育教学规律、有损中小学生身心健康的过重学业负担,促进中小学生健康成长。同时由于地方差异,学校政策的执行需要考虑不同区域特征,因地制宜考虑学校政策的适用性,故区域性学校政策也必不可少。例如,《安徽省减轻中小学生过重学业负担实施方案》就具有安徽省属学校政策特征。

第二节　招生与升学政策

小学招生与升学政策关系到小学生公平入学和公平升学的问题,既影响小学生基本的受教育权,也是社会和家长群体所关注的重点问题,牵涉多方利益相关者。公平合理的招生与升学政策有利于维护学校教学秩序和社会秩序的稳定。

一、招生政策

目前,我国招生政策坚持结合属地原则,全国各省份出台了相关的招生政策,小学的招生政策也随即积极响应。

（一）招生制度

招生制度是各级各类学校招生目的、方针和实施办法等的总称,受国家政治、经济和社会制度的影响,与教育制度密切相关。各国的招生制度不尽相同,但各级各类学校招生制度都以为其社会制度服务为宗旨,以学生不同年龄的身心发展特征为依据的。我国小学阶段以 6～12 岁的儿童为主要招生对象,实施初等教育,是我国目前义务教育的起始阶段。

从国际来看,各国各级各类学校招收学生的办法,可归纳为如下类型:(1) 报名制。符合入学条件,报名即收。如许多国家的学前教育、初等教育都采用这种办法。(2) 法令制,亦称义务教育制。依照法律规定,适龄儿童和少年必须接受教育,国家、社会、学校、家庭依法予以保证。(3) 证书制。学生持小学或初中毕业证书,一般可进入初中或高中学习,不另举行入学考试。(4) 考试制。学生经过竞争性的入学考试,优秀者方能进校学习。(5) 考试与推荐相结合。学校通过统一考试并兼顾学生原所在学校学习成绩及本人特长招收学生。

目前,我国小学招生坚持免试入学政策,禁止以各类考试竞赛等选拔或者面试学生。2014 年 1 月,教育部办公厅印发《关于进一步做好重点大城市义务教育免试就近入学工作的通知》强调,重点大城市所有县(市、区)实行划片就近入学政策。2019年 6 月,中共中央、国务院印发《关于深化教育教学改革全面提高义务教育质量的意见》,对完善中小学招生考试制度提出要求,明确规定"推进义务教育学校免试就近入学全覆盖,……严禁以各类考试、竞赛、培训成绩或证书证明等作为招生依据,不得以面试、评测等名义选拔学生"。

（二）公、民同招政策

公、民同招政策是指公办与民办学校同步开展报名、录取、注册学籍的政策。公民同招针对的核心问题之一是部分地区民办学校的提前掐尖招生现象。此问题对教育生态产生破坏，因此要抑制部分民办学校跨区域招生强选优质生源的现象，以避免教育资源分配不均、教育不公平现象。《关于深化教育教学改革全面提高义务教育质量的意见》要求"民办义务教育学校招生纳入审批地统一管理，与公办学校同步招生；对报名人数超过招生计划的，实行电脑随机录取"。现行小学招生政策在一定程度上解决了公办学校与民办学校招生步调不一致、招生方法不统一等引发的各种问题，积极促成公、民同招，并且对超过招生计划的直接由电脑随机派位，保证所有适龄儿童都能有学上，都有同样的"上好学"的机会，避免由"民办热"带来的教育资源分配不均匀现象，力争保障所有适龄儿童的教育起点公平。

《民办学校分类管理改革的政策困境与解决路径》

（三）随迁子女入学政策

《国家中长期教育改革和发展规划纲要(2010—2020年)》第四章明确规定："适应城乡发展需要，合理规划学校布局，办好必要的教学点，方便学生就近入学。坚持以输入地政府管理为主、以全日制公办中小学为主，确保进城务工人员随迁子女平等接受义务教育，研究制定进城务工人员随迁子女接受义务教育后在当地参加升学考试的办法。"此规定要求学校招生必须结合属地原则安排片区适龄儿童统一就近入学，并且要为进城务工人员随迁子女制定招生入学政策。

二、升学政策

公平合理的升学政策是保障适龄儿童入学权利、促进教育起点公平的重要举措，也是有效缓解"择校热"、促进义务教育均衡发展的重要举措。免试就近入学是维护小升初公平的重要体现，保障了义务教育的公共性、全民性与公平性，折射出保障学龄儿童平等受教育权的积极的价值取向。

2014年1月，教育部印发《关于进一步做好小学升入初中免试就近入学工作的实施意见》(本部分简称《意见》)，要求19个大城市制定完善义务教育免试就近入学工作方案。因此，相关省市结合《意见》要求，制定了属地小升初就近免试入学方案。

《意见》中有关升学的相关规定，主要包括招生范围、入学对象、入学手续、招生方式、特长招生、随迁子女就学、均衡发展以及学区化办学等方面。

（一）合理划定招生范围

《意见》要求上级教育行政部门统筹指导，县级教育行政部门根据适龄学生人数、学校分布、所在学区、学校规模、交通状况等因素，按照就近入学原则依街道、路段、门牌号、村组等，为每一所初中合理划定对口小学(单校划片)。对于城市老城区暂时难以实行单校划片的，可按照初中新生招生数和小学毕业生基本相当的原则为多所初中划定同一招生范围(多校划片)。优质初中纳入多校划片范围。

（二）有序确定入学对象

《意见》要求实行"一人一籍、籍随人走"制度,提高学籍管理信息化水平,为小升初学生登记、随机派位以及遏制学生无序流动等提供基础性保障;单校划片学校采用对口直升方式招生。多校划片学校,在征求学生入学志愿的基础上,若报名人数少于招生人数,学生直接入学;若报名人数多于招生人数,以随机派位的方式确定学生。为了进一步保障公平,随机派位也需要邀请相关单位和家长代表参与。未在户籍所在片区小学就读的学生,如申请升入户籍所在片区初中,由县级教育行政部门统一受理、审核,统筹安排就学。

（三）规范办理入学手续

《意见》对县域内小升初入学手续办理的时间提出要求,规定小升初入学手续办理工作要在同一时段进行。

（四）全面实行阳光招生

小升初工作开始前,县级教育行政部门要通过多种形式向社会公开相关信息,包括县域内小升初具体政策,每所初中划片范围、招生计划、程序时间、办学条件等。在小升初期间,县级教育行政部门要主动公布招生结果等相关信息,做好信访接待工作等。

（五）逐步减少特长招生

《意见》要求逐步减少特长生招生学校和招生比例,到2016年经省级教育行政部门批准招收特长生的学校所招收的特长生比例应降到5%以内。没有特长生招生方式的地方不再增设该方式。

2018年,教育部出台了《关于面向中小学生的社会竞赛管理办法(试行)》,从2019年开始审核并面向社会公布竞赛名单,严格控制竞赛项目数量。竞赛项目从原来的105项减至35项,大幅度降低。2022年,为贯彻落实中共中央办公厅、国务院办公厅印发的《关于进一步减轻义务教育阶段学生作业负担和校外培训负担的意见》,进一步健全面向中小学生的竞赛活动管理制度,减轻因竞赛带来的学生过重负担,教育部、中央编办、民政部和市场监管总局联合对《关于面向中小学生的全国性竞赛活动管理办法(试行)》进行了修订,形成了《面向中小学生的全国性竞赛活动管理办法》。

（六）做好随迁子女就学

《意见》要求省级教育行政部门要依法制定随迁子女初中入学的政策措施,县级教育行政部门做好相关实施工作。各地要积极接收随迁子女就学,帮助他们融入城市生活,扩大公办学校容量,鼓励社会力量办学,购买民办学校服务,加大对接收随迁子女学校的支持力度。

（七）大力推进均衡发展

《意见》要求各地统筹义务教育资源均衡配置,开展义务教育学校标准化建设,整体提升办学条件和办学水平,实行校长教师交流轮岗。

（八）试行学区化办学

《意见》提出要因地制宜，按照地理位置相对就近、办学水平均衡的原则，将初中和小学结合成片进行统筹管理，提倡多校协同、资源整合、九年一贯等。

第三节　校园欺凌防治政策

校园欺凌防治是中小学校安全工作的重点和难点，小学校园欺凌事件不仅对学龄儿童的生理和心理造成消极影响，同时，也给学校、家庭和社会带来了阴影。校园欺凌是影响未成年人健康成长的风险因素。

一、概述

欺凌是指一种通过长时间、故意的身体接触、言语攻击或心理操纵而产生伤害或不适的行为，它具有恃强凌弱、直接或间接、主动或被动、单独或结伴的特点。

（一）概念

《科学界定校园欺凌行为：对校园欺凌定义的再反思》

中小学生欺凌是发生在校园（包括中小学校和中等职业学校）内外、学生之间，一方（个体或群体）单次或多次蓄意或恶意通过肢体、语言及网络等手段实施欺负、侮辱，造成另一方（个体或群体）身体伤害、财产损失或精神损害等事件。校园欺凌既包括直接欺凌，也包括间接欺凌。校园欺凌不等同于校园暴力，校园暴力包含校园欺凌，而校园欺凌是最常见的一种校园暴力。[①]

校园欺凌作为一种以学校为主要发生场所的特殊攻击性行为，对涉事双方的身心都会带来深远的负面影响。从普遍意义上讲，校园欺凌行为有两大明显特征：一是校园欺凌行为会给他人造成伤害，这一点也是任何攻击性行为的普遍特征；二是校园欺凌行为涉事双方力量不平衡，这也是校园欺凌行为和校园暴力行为最大的区别所在。[②]

（二）欺凌的参与者

欺凌行为参与者通常包括欺凌者、被欺凌者和旁观者。

l. 欺凌者

欺凌者是指实施欺凌行为的一方，其中包括主要欺凌者和欺凌协助者/支持者。主要欺凌者指欺凌事件的"主犯"，即在欺凌事件中起主要作用或组织、领导作用的人；欺凌协助者/支持者不是欺凌行为的发起人，但在欺凌开始后加入或协助欺凌。部分欺凌协助者受欺凌者的恐吓、威胁，属于被迫参与欺凌。[③]

---

① 选自：2017 年联合国教科文组织的《校园暴力与欺凌：全球现状报告》。
② 余雅风，王祈然.科学界定校园欺凌行为：对校园欺凌定义的再反思[J].教育科学研究,2020(2):78–84.
③ 李俊杰.校园欺凌基本问题探析[J].上海教育科研,2017(4):5–9.

2. 被欺凌者

被欺凌者是指在欺凌事件中身心受到伤害的一方,被欺凌者容易产生焦虑、抑郁、低自尊、孤独感、自杀信念等内化问题行为,也可能产生违反道德和社会行为规范的外化问题行为,如逃学、盗窃、攻击性行为等,被欺凌者可能受这些内化或外化问题行为的影响,在同伴群体中被边缘化。[①]

3. 旁观者

旁观者不是欺凌事件的参与者,但在欺凌行为中处于旁观的位置。旁观者的行为会产生旁观者效应:旁观者的"作为"效应能遏制欺凌行为,进一步减轻或缓解被欺凌者所受的心理伤害,并增强他们的亲社会行为;旁观者的"不作为"效应或起哄行为则会助长欺凌行为,降低欺凌者的自责与内疚感,加剧对被欺凌者造成的伤害以及催生他们的反社会行为。[②]虽然旁观者没有参与欺凌,但有些旁观者也同样受到不同程度的伤害。

(三) 欺凌类型

常见的校园欺凌类型主要有言语欺凌、身体欺凌、关系欺凌、网络欺凌、性(性别)欺凌等。[③]言语欺凌主要涵盖辱骂、讥讽、嘲弄、挖苦、起外号、恐吓威胁等言语行为。身体欺凌包括打、踢、抓咬、推搡、勒索、抢夺和破坏物品等身体动作行为。关系欺凌是利用同伴关系对被欺凌者进行操纵的欺凌,被欺凌者经常被排挤出团体,或被迫切断社会联系。关系欺凌通常涵盖言语欺凌,例如,被欺凌者遭受谣言传播的影响,被排挤和离开某团体。[④]网络欺凌是指以骚扰、羞辱或伤害他人为目的,通过网络表达对同伴的蓄意敌对行为。性(性别)欺凌包括因为身体敏感部位而遭受的嘲讽、评论或讥笑;因为性倾向而遭受的嘲讽与讥笑;被传阅有关性的书籍或纸条;遭受性侵害。[⑤]

(四) 校园欺凌防治的意义

校园欺凌是校园安全领域的重要议题,是未成年人保护领域亟须解决的重要问题。近年来中小学生校园欺凌案件频发,并且呈现低龄化的趋势,严重影响了学校和社会的稳定,以及青少年群体的身心健康发展。

1. 有利于建构校园安全文化环境

校园安全文化环境既包括外在显性安全,如教学楼、食堂等实体建筑以及教育教学设施安全、食品安全等,也包括学生之间的同辈欺凌等隐性安全。加强中小学生校园欺凌防治,有利于建构体系化、全方位的校园安全文化环境。

2. 有利于保障教师安心从教

学校是教书育人的场所,中小学生校园欺凌防治体现了多主体协同治理的原则。

---

① 刘艳丽,陆桂芝. 校园欺凌行为中受欺凌者的心理适应与问题行为及干预策略[J]. 教育科学研究,2017(5):62-68.

② 欧阳叶. 旁观者效应对青少年网络欺凌的影响[J]. 中国学校卫生,2019(12):1916-1920.

③ 选自:2017 年联合国教科文组织的《校园暴力与欺凌:全球现状报告》。

④ 李俊杰. 校园欺凌基本问题探析[J]. 上海教育科研,2017(4):5-9.

⑤ 选自:2002 年世界卫生组织的《世界暴力与卫生报告》。

因为学生之间的欺凌会干扰和影响教师正常的教育教学工作,加强校园欺凌防治,有利于保障教师的教学时间和精力,避免过多的非教学负担影响教师的正常教学。

3. 有利于维护学生的身心健康

校园欺凌问题严重影响少年儿童的健康成长,在世界范围内受到持续广泛关注。作为社会弱势群体的学生,本身缺乏一定的利害辨识能力,心智不成熟,容易从众;同时由于校园欺凌的"隐蔽性"特征,被欺凌者往往受到长时间的侵害,除了身体侵害,心理侵害更是其无法抹去的伤口。欺凌者的失范行为得不到及时矫正,久而久之也会滋生盲目自大、缺乏法律意识和规则意识的病态心理。因此,加强校园欺凌防治有利于维护学生的身心健康,促成其形成健全的人格。

二、主要内容

近年来,国家或者教育主管部门发布了《加强中小学生欺凌综合治理方案》(2017,本部分简称《治理方案》)、《关于开展中小学生欺凌防治落实年行动的通知》(2018,本部分简称《通知》)、《防范中小学生欺凌专项治理行动工作方案》(2021,本部分简称《工作方案》)等系列政策文件,正在全面加强校园欺凌防治工作。

(一)《加强中小学生欺凌综合治理方案》

《治理方案》明确了学生欺凌的界定、防治措施、处置方案以及长效机制建立。《治理方案》要求指导学校切实加强教育、组织开展家长培训、严格学校日常管理以及定期开展排查。对经调查认定实施欺凌的学生,学校学生欺凌治理委员会要根据实际情况,制定教育方案并督促实施,针对不同情形予以相应惩戒。

《治理方案》强调学生欺凌事件需要依法依规处置,针对不同情形的欺凌事件,有关部门要结合职能共同做好教育惩戒工作;同时要求各地各部门要逐步建立具有长效性、稳定性和约束力的防治学生欺凌工作机制,具体包括完善培训机制、建立考评机制、建立问责处理机制和健全依法治理机制。

(二)《防范中小学生欺凌专项治理行动工作方案》

根据《工作方案》的要求,防范中小学生欺凌专项治理的目标包括:指导各地进一步摸排工作死角,织牢联动网络,健全长效机制,建设平安校园、和谐校园,促进学生健康快乐成长。专项治理行动分三个阶段进行:第一阶段是摸排部署,各地进行全面部署,集中开展排查摸底工作,摸清当前学生欺凌防治工作中存在的问题,建立台账,明确整改措施;第二阶段是集中整治,针对摸排结果,对发现的问题开展集中治理,依法依规做好欺凌事件的调查处置工作,健全完善防治工作机制和制度措施;第三阶段是督导检查,国务院教育督导委员会办公室对各地治理行动开展情况进行抽查,及时向社会通报有关情况。

《工作方案》强调主要采取六项举措开展专项治理:一是全面排查欺凌事件。《工作方案》要求各地教育部门要对行政区域内所有中小学开展全面排查;学校要对全校学生开展全面梳理排查,对可能发生的欺凌行为做到早发现、早预防、早控制。二是及时消除隐患。对排查发现的苗头迹象或隐患点,学校要及时向上级教育主管部门报告,与家长进行沟通,要对近年来发生过学生欺凌事件的学校和地区,进行"回头看",确保整改落实到位。三是依法依规严肃处置。各地教育部门要依据相关政策法规和《中小学教育惩戒规则(试行)》有关要求,指导学校进一步完善校规校纪,健全教育惩戒工作机制。四是规范欺凌报告制度。各地教育部门和学校要建立健全学生欺凌报告制度,报告内容要准确、客观、翔实,不得迟报、谎报、瞒报和漏报。事件情况发生变化后,要及时续报。五是切实加强教育引导。各地教育部门和学校要结合学生身心发展规律和思想状况,加强新修订的《未成年人保护法》《预防未成年人犯罪法》等法律宣传解读,深入开展思想道德教育、法治教育、心理健康教育,引导学生养成良好思想品德和行为习惯。六是健全长效工作机制。发生学生欺凌事件的地方,要认真反思,深入总结经验教训,全面提高防治工作水平。其他地区要引以为鉴,警钟长鸣,防患未然。

微课:校园欺凌与未成年人犯罪

> **案例**

陈某某诉马某等人健康权纠纷案
——支持校园欺凌受害者精神损害抚慰金案

【案例事实】

陈某某(10岁)、马某(12岁)系小学同班同学。在校期间,马某常有欺凌陈某某迹象。某日,马某上课期间拍打睡觉的陈某某背部让其起来学习,与陈某某发生口角,后在课间休息时趁其不备踢打陈某某,陈某某反抗未果,被马某持木棍打伤头部及腿部。陈某某伤后住院治疗12天,被诊断为创伤后应激障碍、焦虑抑郁状态。陈某某遂将马某及其父母诉至法院,请求赔偿陈某某的各项损失,其中精神损害赔偿5万元。

人民法院经审理认为,行为人因过错侵害他人身体健康造成损害的,应当承担侵权责任。马某故意殴打致伤陈某某的行为,已经构成侵权,应当对陈某某承担侵权赔偿责任。同时,陈某某住院治疗期间被诊断为"创伤后应激障碍""焦虑抑郁状态",可以认定其精神严重受到损害。综合陈某某伤情、病情及案件实际情况,判决马某及其监护人赔偿陈某某各项费用2万余元,其中精神损害抚慰金8000元。

【案例分析】

本案是一起校园欺凌典型案例,陈某某受到欺凌后产生创伤后应激障碍、焦虑抑郁状态,不愿返校上学,均是被欺凌者产生的常见心理问题。人民法院结合本案发生原因、陈某某受伤情况及医院诊断证明,适当支持了陈某某精神损害抚慰金请求,能够一定程度上抚平陈某某遭受欺凌后受到的心理伤害,帮助陈某某尽快走出被欺凌的阴霾,体现了对未成年人的"特殊、优先"保护。同时,人民法院突破就案办案思维,在案件办理过程中主动延伸司法服务效能,对涉案未成年人开展家庭教育指导、心理辅导、普法宣传等,体现了人民法院对未成年人的人文关怀。人民法院还通过发送司法建议,将未成年人司法保护与犯罪预防融入基层社会治理,力争从源头预防和治理校园欺凌行为,营造良好校园氛围,对推进平安校园、和谐校园建设具有重要意义。

(来源:北大法宝 -【法宝引证码】CLI.C.505350031)

第四节 校园教育教学安全秩序维护政策

习近平总书记在全国教育大会上强调,各级党委和政府要为学校办学安全托底,解决学校后顾之忧,维护老师和学校应有的尊严。近年来,"校闹"影响学校正常教育教学事件在各地时有发生,"校闹"侵害学校、师生合法权益,挑战法律底线,影响社会稳定。

一、概述

2019 年 6 月,教育部等五部门联合印发《关于完善安全事故处理机制维护学校教育教学秩序的意见》(本部分简称《意见》),以治理校园教育教学安全隐患,依法打击"校闹"行为。

(一)"校闹"概念

"校闹"指的是在学校安全事故处置过程中,家属及其他校外人员实施围堵学校,在校园内非法聚集、聚众闹事等扰乱学校教育教学和管理秩序,侵犯学校和师生合法权益的行为。

"校闹"的本质是一种违法行为,没有法律依据,也不符合法律规定。《意见》提出,对实施下列 8 类"校闹"行为,构成违反治安管理行为的,公安机关应当依照治安管理处罚法相关规定予以处罚:(1) 殴打他人、故意伤害他人或者故意损毁公私财物的;(2) 侵占、毁损学校房屋、设施设备的;(3) 在学校设置障碍、贴报喷字、拉挂横幅、燃放鞭炮、播放哀乐、摆放花圈、泼洒污物、断水断电、堵塞大门、围堵办公场所和道路的;(4) 在学校等公共场所停放尸体的;(5) 以不准离开工作场所等方式非法限制学校教职工、学生人身自由的;(6) 跟踪、纠缠学校相关负责人,侮辱、恐吓教职工、学生的;(7) 携带易燃易爆危险物品和管制器具进入学校的;(8) 其他扰乱学校教育教学秩序或侵害他人人身财产权益的行为。"校闹"行为造成学校、教职工、学生财产损失或人身伤害,被侵权人依法追究"校闹"人员侵权责任的,应当予以支持。同时,可以通过联合惩戒机制,对实施"校闹"、聚众扰乱社会秩序的人员实施惩戒。《意见》规定,对于师生、家长或者校外人员因其他原因在校内非法聚集、游行或者实施其他影响学校正常教育教学秩序行为的,也可以参照处置"校闹"的办法予以处置。

（二）意义

从表层特征来看,"校闹"问题的产生主要在于利益相关者之间存在权益纠纷,其主体主要是家长和学校,双方利益无法妥协,导致一方在校园聚众闹事,使得校园安全存在隐患。一方面,家长群体对相关的利益诉求和经济责任赔偿不满,是直接导致家长"校闹"行为产生的原因。另一方面,学校对相关责任纠纷的处置不得当,缺乏长效管理和防范机制也是"校闹"行为产生的重要原因。加强校园教育教学安全,依法依规防范"校闹"行为,有以下几个方面的意义。

1. 有利于廓清学校和学生监护人自身的责任边界

《意见》是在家长法律观念淡薄,在学校安全事故责任发生以后罔顾正常的责任认定程序、单方面指责学校并要求学校承担一切责任后果赔偿所有损失等背景下产生的。因此,加强校园安全维护,依法打击"校闹"行为有利于廓清学校和学生监护人自身的责任边界,规避责任承担主体不明晰的乱象。根据《学生伤害事故处理办法》的相关规定,在学校尽到安全教育、管理与保障义务之后;由学生个人或监护人造成的安全事故,学校无须承担责任。

2. 有利于为受害方提供法律维权途径

缺乏一定的法律维权途径,是受害方或利益受损者采取"校闹"等极端方式解决现实困境的重要原因。出台相关的保障校园安全、维护校园教育教学秩序的政策有利于为受害方正常维权提供合法途径。例如,《意见》要求学校要关心受伤害者,要保障受伤害者及其监护人、近亲属的知情权和依法合理表达诉求的权利;要依法为符合条件的学校安全事故受伤害者提供法律援助,有条件的地方要设立学生权益保护中心,为学生提供法律服务。

3. 有利于健全学校纠纷处理机制,保障学生的合法权益

从现有关于"校闹"的司法案例来看,"校闹"问题出现的直接动因,在于学校安全事故后责任的划分,当家长采取不合法手段对学校施压进行威胁时,学校往往由于处理机制的缺失,被迫采取消极应对措施。[1]《意见》强调学校要积极引导以法治方式处置纠纷。动荡不稳定的校园环境不仅影响了学校正常的教育教学秩序,也挑战了法律底线,侵害师生的合法权益。面对"校闹",有的地方政府、教育行政部门或学校出于各种原因,未能依法办事、果断处置,通过息事宁人甚至"花钱买平安"的方式,进一步使学生和教师群体的切身利益受损,助长了社会的歪风邪气。[2]基于校园师生利益的考量,《意见》出台要求有条件的地方为学生设立权益保护中心,防止因为外部力量而使学生成为直接或间接受害者,体现了"以学生为中心"的保护和教育原则。

---

[1] 何元皓.法治视角下的"校闹"问题综合治理研究:何谓、为何与何为?[J].法制博览,2020(11):1-5.
[2] 张璁.依法治理"校闹",守护校园安宁[N].人民日报,2019-08-30(05).

二、主要内容

为贯彻落实全国教育大会精神,完善学校安全事故预防与处理机制,形成依法依规、客观公正、多元参与、部门协作的工作格局,为学校(含幼儿园)办学安全托底,解决学校后顾之忧,维护教师和学校应有的尊严,保护学生生命安全,教育部等五部门出台了维护校园教育教学安全的《意见》。

(一)健全学校安全事故预防和处置机制

《意见》指出,首先,加强学校安全事故预防,各级教育部门要依法加强对学校安全工作的督导、检查;其次,规范学校安全事故处置程序;再次,健全学校安全事故处理的法律服务机制,司法行政机关应当组织法律援助机构依法为符合条件的学校安全事故受伤害者提供法律援助;最后,形成多元化的学校安全事故损害赔偿机制,学校或者学校举办者应按规定投保校方责任险,有条件的可以购买校方无过失责任险和食品安全、校外实习、体育运动伤害等领域的责任保险。另外,鼓励有条件的地方建立学校安全赔偿准备基金,或者开展互助计划,健全学校安全事故赔偿机制。

(二)依法处理学校安全事故纠纷

《意见》要求健全学校安全事故纠纷协商机制,建立学校安全事故纠纷调解制度,依法裁判学校安全事故侵权责任,杜绝不顾法律原则的"花钱买平安"。学校安全事故责任明确、各方无重大分歧或异议的,可以协商解决。协商解决纠纷应当坚持自愿、合法、平等的原则,尊重客观事实、注重人文关怀,文明、理性表达意见和诉求。教育部门应当会同司法行政机关推进学校安全事故纠纷调解组织建设,聘任人大代表、政协委员、法治副校长、教育和法律工作者等具备相应专业知识或能力的人员参与调解。人民法院在诉讼过程中应当加强法律宣传教育,并做好判后释疑工作。

学生在校人身损害责任的法律解读与思考

(三)建立多部门协调配合工作机制

《意见》指出各地需要加强学校及周边安全风险防控,有效应对涉及学校安全事故纠纷的舆情,营造依法解决学校安全事故纠纷的社会氛围,建立学校安全工作部门协调机制。各地要加强校园周边综合治理,在城镇幼儿园、中小学周边全面实行学生安全区域制度。学校要做好安全事故的信息发布工作,按照规定主动、适时公布或者通报事故信息。司法行政机关要协调指导有关部门加强法治宣传教育,增强社会公众的法治意识,培养尊法学法守法用法的社会氛围,推动形成依法理性解决学校安全事故纠纷的共识。各地、各有关部门要深刻认识保障学校安全的重要意义,加强组织领导与协调配合,形成工作合力。

第五节　家校合作政策

随着教育事业的发展,家校合作的理念已经深入人心,教书育人不仅仅是学校的责任,家庭愈来愈扮演着重要的角色,家庭与学校相互配合,在"学生"与"子女"的教育问题上双方朝着共同的目标而互助。党的二十大报告指出要"健全学校家庭社会育人机制",家校社协同育人机制已被纳入国家"十四五"发展规划和2035远景目标,愈发成为我国教育事业发展的战略需要。

一、概述

开展家校合作,有利于提高教育质量、促进教育公平,有利于推进教育治理体系和治理能力现代化,有利于在保障教育公共性的基础上使教育事业真正成为一种由绝大多数人所参与的公共事业、满足更多人教育利益诉求的关键路径。

家校合作主要涉及学校、家长、社区等主体,可以泛指家长在子女教育过程中,与学校一切可能的互动行为,具体包括当好家长、相互交流、志愿服务、在家学习、参与决策和与社区合作等六种实践类型。家校合作是现代学校制度的组成部分,是在解决属地内教育公平与质量问题中产生和发展起来的。我国曾将家校合作作为改善农村地区教育均衡问题的一个突破口。[①] 一些发达地区利用优质的家长资源来介入学校管理。[②]

约翰斯·霍普金斯大学的爱普斯坦等人提出了建立家庭与学校伙伴关系的交叠影响域理论,以此作为学校和家庭伙伴关系的理论基础。在学生的学习和成长过程中,主要有三个背景:家庭、学校和社区。交叠影响域理论认为家庭、学校和社区这三个背景实际上对孩子以及三者的状况、之间的关系发生了交互叠加的影响,即学校、家庭和社区的活动单独或共同地影响着孩子的学习和发展。家庭与学校的伙伴关系并不保证学生一定会成功,但这样三方伙伴关系的模式,可以促进学生在参与中获得成功。

二、政策变迁

新中国成立70多年以来,随着社会变迁,小学家校合作政策在我国经历了初步萌芽、全面推进、规范提升与战略发展四个时期。在这一过程中,家校合作政策同社会和时代的发展紧密联系。[③]

(一)初步萌芽时期(1949—1977)

新中国成立至改革开放以前,小学家校合作由学校主动需要、家庭被动参与逐渐发展到"家校共育"思想的萌芽,开始出现家访、家长会等形式。1952年颁布的《小学暂行规程(草案)》是新中国成立后我国首次在正式文件中对小学家校合作事宜作

① 吴重涵,王梅雾,张俊.教育跨界行动的制度化特征:对家校合作的经验分析[J].教育研究,2017,38(11):81-90.
② 吴重涵,张俊.制度化家校合作的国际比较:政策、学校行动与研究支撑[J].中国教育学刊,2019(11):31-38.
③ 边玉芳,周欣然.我国70年家校合作:政策视角下的发展历程与未来展望[J].中国教育学刊,2021(3):1-6.

出的专门部署。^①1963 年印发的《全日制小学暂行工作条例(草案)》明确要求学校要通过采取家庭访问或举行家长会等方式,同学生家长保持联系,共同教育学生。直至 1978 年,该条例被修订为《全日制小学暂行工作条例(试行草案)》,但也只是在部分地区试行。^② 因此,总体上家校合作在这个时期依然只处在萌芽状态。

（二）全面推进时期（1978—1998）

改革开放后,我国建设重点转移,儿童教育与保护事业受到空前重视,家校合作发展迈入党和国家主导全面推进时期。^③ 该时期实施家校合作的力度明显增强,并被扩展为"家校社结合",中共中央《关于改革和加强中小学德育工作的通知》(1988)、中共中央《关于进一步加强和改进学校德育工作的若干意见》(1994)为代表,逐步提出了"社会教育、家庭教育与学校教育三结合"的概念,并将其作为实施德育的重要途径。而 1994 年发布的《中国教育改革和发展纲要》则首次将相关要求写入国家教育规划。之后,"学校指导家庭教育"成为家校合作新任务。

（三）规范提升时期（1999—2011）

为培养我国适应新世纪所需要的社会主义新人,党中央作出推进素质教育的决定,使家校合作成为教育改革的必然要求,并有更多家校合作相关的专项文件出台,促进家校合作朝向规范化、制度化发展。中共中央、国务院《关于深化教育改革全面推进素质教育的决定》(1999)将全面推进素质教育作为教育改革的重点。《国家中长期教育改革和发展规划纲要 (2010—2020 年)》进一步提出树立系统培养观念,学校、家庭、社会密切配合等,推进人才培养体制改革。此外,《关于全国家长学校工作的指导意见》(2004)、《全国家庭教育指导大纲》(2010)、《关于进一步加强家长学校工作的指导意见》(2011)、《关于建立中小学幼儿园家长委员会的指导意见》(2012)等,对家长学校提出了较多的规范化建设目标,并在组织管理、教学形式与内容、督导评估等方面作出规定。

（四）战略发展时期（2012 年至今）

党的十八大以来,在"立德树人"教育根本任务的引领下,在党和国家对家庭教育高度重视的契机下,特别是在推进教育治理现代化的过程中,家校合作成为教育事业发展的战略举措。2019 年发布的《中国教育现代化 2035》则明确提出推进家庭学校共同育人,这说明家校合作将长期成为教育发展战略。2021 年 10 月 23 日,我国颁布了《家庭教育促进法》,共有六章五十五条,用不到六千字概括,规范了家庭教育的主体责任、政府的主导责任和社会的协同责任,并规范和明确了家庭教育的任务、内容、方法、特点和规律。该法以习近平新时代中国特色社会主义思想为指导,将社会主义核心价值观融入立法,明确了家庭教育以立德树人为根本任务,标志着家庭教育

① 黄河清. 家校合作导论[M]. 上海:华东师范大学出版社,2008:120.
② 顾明远. 世界教育大事典[M]. 南京:江苏教育出版社,2000:797.
③ 边玉芳,周欣然. 我国 70 年家校合作:政策视角下的发展历程与未来展望[J]. 中国教育学刊,2021(3):1-6.

全面纳入法治实施轨道。

三、主要内容

2015年10月,教育部印发《关于加强家庭教育工作的指导意见》(本部分简称《意见》),进一步明确了家长在家庭教育中的主体责任,打开了"家、校、社结合""学校指导家庭教育""提升家长教育能力"等具有新时代特征的家校合作新局面。

(一)家、校、社结合

《意见》指出家庭是社会的基本细胞,是孩子的第一个课堂,当前一些家庭依旧存在重智轻德、重知轻能、过分宠爱、过高要求等现象,影响了孩子的健康成长和全面发展。各地教育部门和中小学幼儿园要从落实中央"四个全面"战略布局的高度,不断加强家庭教育工作,进一步明确家长在家庭教育中的主体责任,充分发挥学校在家庭教育中的重要作用,加快形成家庭教育社会支持网络,推动家庭、学校、社会密切配合,共同培养德智体美劳全面发展的社会主义建设者和接班人。

《论推进新时代家校协同育人的关键节点》

(二)学校指导家庭教育

《意见》指出需要充分发挥学校在家庭教育中的重要作用,主要包括4个方面,分别是"强化学校家庭教育工作指导""丰富学校指导服务内容""发挥好家长委员会作用""共同办好家长学校"。中小学幼儿园要健全各种家校沟通渠道,要将中华民族优秀传统家庭美德发扬光大,开展先进教育理念和科学育人知识指导。各地教育部门要采取有效措施加快推进中小学幼儿园普遍建立家长委员会,推动建立年级、班级家长委员会。各地教育部门和中小学幼儿园要配合妇联、关工委等相关组织,在队伍、场所、教学计划、活动开展等方面给予协助,共同办好家长学校。中小学家长学校每学期至少组织1次家庭教育指导和1次家庭教育实践活动。

(三)提升家长教育能力

《意见》要求广大家长要全面学习家庭教育知识,系统掌握家庭教育科学理念和方法,增强家庭教育本领,不断更新家庭教育观念,坚持立德树人导向,重视以身作则和言传身教,努力拓展家庭教育空间,推动家庭教育和学校教育、社会教育有机融合。

第六节　学校评价政策

学校评价是运用教育评价的理论和方法,根据教育方针的要求,对学校全部工作成绩和管理效能进行的评定估量,是教育评价的重要组成部分。学校评价的主要内容包括:学校总体目标,即学校贯彻教育方针、实现教育目标和办学思想的总体情况;学校工作计划;学校领导管理质量;学校教学工作、思想政治工作、体育卫生工作;学校经费设施和设备状况;对教师、校长的评价等。

一、概述

学校评价是了解学校育人效果和管理水平的重要抓手。通过评价,教育行政部门可了解所属各级各类学校贯彻教育方针的状况和教育为经济建设与社会进步服务的水平,从客观上指导和管理本地区的学校教育。对学校内部来说,可进一步寻找改进和提高学校教育质量的方法和途径。

学校评价政策是学校教育教学评价的制度性保障,因此,制定和实施科学合理、有效具体的小学学校评价政策是推进我国小学学校评价发展改革,促进小学学校质量提升的根本保证。

二、主要内容

从我国已颁布和实施的有关小学学校评价政策来看,现有评价政策在规范我国小学学校办学行为,促进学校良性发展方面发挥了重要的作用,使得我国学校评价逐步走向制度化、规范化。经过多年的改革和发展,我国小学学校评价体系已经基本形成,为规范学校办学和提高教育质量提供了制度性保障。

(一)学校评价政策的基本原则

2013 年 6 月,教育部印发《关于推进中小学教育质量综合评价改革的意见》(本部分简称《意见》),我们可以从《意见》内容上理解目前我国学校评价的基本原则。

第一,坚持育人为本与发展为主。综合考查学生发展情况,既要关注学业水平,又要关注品德发展和身心健康;既要关注学习结果,又要关注学习过程和效益。注重发挥评价的引导、诊断、改进、激励等功能,改变过于强调甄别和简单分等定级的做法,改变单纯强调结果和忽视进步程度的倾向,推动中小学提高教育教学质量,办出特色。

第二,坚持科学规范与统筹协调。学校评价政策需要遵循教育评价的基本要求,评价内容和方法科学合理,过程严谨有序,结果真实有效,提高评价的专业化水平。整体规划评价环节,整合和利用好评价力量和资源,发挥各方优势。

第三,坚持因地制宜与问题导向。鼓励各地和学校结合实际,针对存在的突出问题和薄弱环节,完善评价指标体系,积极探索适宜的评价方法和工作机制,逐步形成各具特色的评价模式。

(二)评价导向:素质教育

20 世纪以来,受市场经济影响,我国小学学校评价政策亦追求升学率,1997 年国家教委印发《关于当前积极推进中小学实施素质教育的若干意见》的通知提出,各级教育行政部门要制定出明确的改革目标,使城乡每所中小学校办学条件达到"标准化",管理水平达到"规范化"。这一政策的目标主要是规范和约束学校办学行为,体现出政府行政管理职能。^①随着时代发展,政府管理本位的程度有所减弱,促进学生发展趋势增强。1999年《关于深化教育改革全面推进素质教育的决定》强调"全面推进素质教育",实施素质教育以提高国民素质为根本宗旨,以培养学生的创新精神和实践能力为重点,"全面推进素质教育,要面向现代化、面向世界、面向未来";要求建立符合素质教育要求的对学校、教师和学生的评价机制;地方各级人民政府不得以升学率作为评价学校工作的标准。这一政策把素质教育作为学校、教师和学生评价的标准和价值取向,一定程度上扭转了我国长期以来"应试教育"下,以升学率为唯一标准的评价制度设计。2002年,教育部《关于积极推进中小学评价与考试制度改革的通知》提出,"改变长期以来以升学率作为唯一标准来评价学校教育质量的做法,建立符合实施素质教育要求的中小学校评价体系""中小学评价与考试制度改革的根本目的是更好地提高学生的综合素质和教师的教学水平,为学校实施素质教育提供保障,要充分发挥评价的促进发展的功能,使评价的过程成为促进教学发展与提高的过程"。至此,学校素质教育评价改革全面展开。

2019年,中共中央、国务院发布《关于深化教育教学改革全面提高义务教育质量的意见》,指出"坚持'五育并举',全面发展素质教育",把德智体美劳全面发展作为评价学生的根本标准。

2020年,中共中央、国务院印发《深化新时代教育评价改革总体方案》,要求各级党委和政府要坚持正确政绩观,"坚决纠正片面追求升学率倾向""义务教育学校重点评价促进学生全面发展、保障学生平等权益、引领教师专业发展、提升教育教学水平、营造和谐育人环境、建设现代学校制度以及学业负担、社会满意度等情况"。至此,中小学教育评价指挥棒凸显新的时代生机。

(三)评价体制:多方协同参与

1985年,中共中央《关于教育体制改革的决定》指出,"实行九年制义务教育,实行基础教育由地方负责、分级管理的原则"。

2002年《关于积极推进中小学评价与考试制度改革的通知》指出,要建立以学校自评为主,包括教育行政部门、学生、家长、社区多个主体共同参与的评价制度。这一转变意味着中小学评价不再以政府为主,学校将成为评价的首要乃至唯一主体,将学生和学校发展与评价结合起来,学校自评下的多主体参与体现了自下而上的评价制度设计。

(四)教育督导评价

教育督导是指各级人民政府授权给所属的教育督导机构和督学人员,依据国家的教育方针、政策、法规和督导的原则与要求,按照一定的程序,运用科学的方法,对下级政府的教育工作及教育行政部门和学校的工作,进行有目的、有计划的监督、评

---

① 李文静,徐赟.改革开放以来我国普通高中学校评价政策的回顾与分析[J].现代教育管理,2016(3):80—84.

估和指导,并向同级和上级政府及教育行政部门反馈有关信息,提出建议,为政府教育决策提供依据的一系列教育管理活动。[①]

教育督导具有重要的评估职能。1999 年发布的《关于深化教育改革全面推进素质教育的决定》提出,进一步健全教育督导机构,完善教育督导制度,在继续进行"两基"督导检查的同时,把保障实施素质教育作为教育督导工作的重要任务。学校教育督导评价有利于充分发挥第三方客观介入学校教育教学工作,公平公正地发挥对学校评价的监督、指导、评估和反馈功能。

第七节 依法治校

依法治校一般是指政府、教育行政部门、学校、家庭及受教育者(学生)等不同主体,依照相关政策、各个层级颁布的规范性文件以及学校的章程、管理制度等,对学校各种各类事务进行程序化、制度化、规范化管理的过程。小学依法治校是提高小学依法治教水平的具体体现,是新时代学校管理的必然选择。

一、概述

2003 年 7 月,教育部印发《关于加强依法治校工作的若干意见》(本部分简称《意见》)。2003 年 11 月,教育部办公厅印发《关于开展依法治校示范校创建活动的通知》(以下简称《示范校创建活动的通知》)。为继续在教育系统深入贯彻落实习近平法治思想,深化依法治校,教育部决定启动全国依法治校示范校创建工作,2022 年 4 月,教育部办公厅印发《全国依法治校示范校创建指南(中小学)》(以下简称《示范校创建指南》),依法治校由此走向深层次阶段。

（一）内涵

小学依法治校是教育治理现代化对小学的要求,也是加快小学教育发展的重要保障。第一,实现中小学各项事务管理、权力运行的规范化、制度化、程序化,建设现代学校制度是小学依法治校的目标,实现教育治理的现代化。第二,小学依法治校包含小学学校治理的各利益相关方,即政府、学校、社会组织、家长及学生等不同层级的多元化主体。第三,小学依法治校是科学的办学理念,更是现代化的治理方式、治理制度和治理秩序。

（二）意义

依法治校是实行依法治教的重要组成部分,也是实现教育为人民服务,建立现代学校制度的重要内容。依法治校,把教育管理和办学活动纳入法治轨道,是深化教育发展改革,推动教育发展的重要内容,也是完成新时代教育工作历史使命的重要保障。

[①] 孙绵涛.教育管理原理[M].沈阳:辽宁大学出版社,2007:182.

推进依法治校,有利于推动教育行政部门进一步转变职能,严格依法办事;有利于全面推进素质教育,提高国民素质;有利于保障各方的合法权益;有利于运用法律手段调整、规范和解决教育改革与发展中出现的新情况和新问题,化解矛盾,维护稳定;有利于深入推进教育领域民主法治建设。

二、主要内容

(一)《关于加强依法治校工作的若干意见》

《意见》明确了依法治校是依法治教的重要组成部分,并指出:近年来,随着教育法制建设的逐步完善,各地依法治校工作有了一定程度的进展,创造了一些好的经验和具有地方特色的依法治校工作思路。但是从总体上看,学校的法治观念和依法管理的意识还比较薄弱;依法治校的制度和措施还不健全;依法治校还没有完全成为学校的自觉行为,与依法治国基本方略的要求还有一定的差距。

《意见》从"充分认识依法治校工作的重要性和必要性""进一步明确推进依法治校工作的指导思想和工作目标""切实采取有力措施,大力推进依法治校工作""加强对推进依法治校工作的领导"四个方面提出意见。《意见》指出:加强依法治校,需要转变行政管理职能,切实做到依法行政;加强制度建设,依法加强管理;推进民主建设,完善民主监督;加强法制教育,提高法律素质;严格教师管理,维护教师权益;完善学校保护机制,依法保护学生权益。《意见》强调:推进依法治校要根据不同层次、不同类型学校的特点,结合本地的实际情况,分步实施、分类指导,不断总结经验,逐步推进,成为深化教育管理体制改革、推进素质教育的推动力。

(二)《关于开展依法治校示范校创建活动的通知》

《示范校创建活动的通知》从指导思想、基本标准、实施步骤以及组织领导四个方面对依法治校示范校创建提出了具体要求;开展活动的目标是通过开展"依法治校示范校"活动,增强学校校长、教师、学生的法治观念和依法办事的能力,提高学校依法决策、民主管理和监督的水平,形成符合法治精神的育人环境,维护学生、教师和学校的合法权益,保证国家教育方针的贯彻落实。

在基本标准方面,《示范校创建活动的通知》要求:第一,健全完善的管理制度,依法制定学校章程,经教育行政部门审定并遵照章程实施办学活动;第二,完善校内管理体制,各级各类学校依法建立相应的管理体制,校长、学校党组织、学术组织健全、职责明确,依法发挥相应的作用;第三,依法规范办学活动,自觉遵守国家法律法规,依法实施办学活动,全面贯彻国家教育方针,实施素质教育等;第四,健全民主管理机制,依法建立教职工工会和教职工代表大会并发挥积极作用等;第五,保障教师权益,依法聘任教师,依法提供相应工作条件,保障教师实施教育教学活动和开展教学、科学研究、参加进修培训等权利等;第六,尊重和维护学生权益,依法维护学生受教育权,尊重学生人格及其他人身权利和财产权利等;第七,宣传法制教育,认真贯彻国家和教育系统"四五"普法规划,把法制教育作为学校重要的日常工作等;第八,健全依法治校工作机制,学校党政领导重视依法治校工作,制定依法治校实施方案,定期研究依法治校工作,学校有专门机构或者领导负责依法治校工作。

(三)《全国依法治校示范校创建指南(中小学)》

《示范校创建指南》要求,各地要加强组织领导,健全工作机制,着手启动本地区依法治校示范校创建工作。《示范校创建指南》进一步指出,开展依法治校示范校创建工作,要坚持改革创新,聚焦实际问题,引导学校运用法治思维和法治方式破解难题、推进改革;要结合学校评价改革,推动形成生动活泼、规范有序的学校育人环境和健全德智体美劳全面培养的教育体系;要深化"放管服"改革,转变管理方式,为学校依法治校创造条件、提供支持,保障学校依法自主办学。示范校创建工作要突出引领性、创新性、实效性,形成具有显著影响的实践经验和制度成果,整体提升学校依法治理水平。

《示范校创建指南》提出十大"重点领域"创建目标,分别对应三十八条"核心要求"和若干条"具体指南"。重点领域涵盖了"依法治理、制度完备、管理规范、全面施教、校园平等、公正评价、充分保护、安全有序、和谐友好、救济顺畅"。例如,示范校"依法治理"领域要求"学校积极完善治理机制,推进党的基层组织、校长办公会、教职工、学生及家长、社区等共同参与学校治理,在管理中结合实际践行全过程人民民主",对应的核心要求包括党组织发挥领导作用、决策机制完备、民主管理机制健全、家校合作顺畅、社会有效参与等五项内容,同时在此基础上,结合不同层次,提出了具体的、具有切实可操作性的指南。

理解·反思·探究

1. 简答题

(1) 什么是学校政策?学校政策的具体分类标准是怎样的?

(2) 如何理解校园欺凌?如何防治校园欺凌?

(3) 什么是校园教育教学安全维护政策?其重点和维护策略是什么?

(4) 如何理解家校合作?家校合作的具体政策内容有哪些?

(5) 学校评价政策的内涵和主要内容是什么?

2. 材料分析题

阅读下面材料,回答问题:请从校园欺凌的角度,分析材料中不同人物的不同角色行为。

在一次英语期中考试中,学生王某想作弊,于是偷抄坐在旁边的张某的试卷,张某发现后抵制了王某的行为。放学回家的路上,王某与其"好兄弟"李某围堵了张某,王某对张某拳打脚踢以示报复。李某因为胆小,没有主动攻击,但在旁边连声叫好。

拓展阅读

[1] 余雅风.以制度为关键和重点,让教育治理更有水平:推进教育治理体系和治理能力现代化[J].中国电化教育,2020(1):2-6,16.

[2] 劳凯声.学校侵权责任及其归责原则[J].中国教育法制评论,2014(12):1-25.

阅读建议:阅读有关教育治理、学校侵权等的相关内容,并与本章小学学校政策结合、比较,深化对小学学校政策的理解。

第四章

4

小学教师政策

教师是教育的第一资源,承载着为党育人、为国育才的历史使命,肩负着培养社会主义建设者和接班人的时代重任。新中国成立70多年来,党和国家高度重视小学教师队伍建设,作出了一系列重大战略决策部署,取得了令人瞩目的成就。回顾和审视我国小学教师队伍建设相关政策的演变历程,无疑对于今后的工作具有重要的参照和指导意义。

● 本章导航

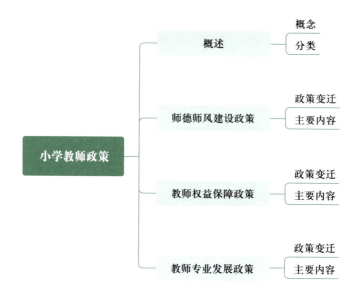

● 关键术语

小学教师政策;师德师风;教师权益;教师专业发展

● 学习目标

1. 把握小学教师政策的概念与分类。

2. 了解小学教师政策的变迁历程,掌握相应政策的主要内容,并能够将其运用于实践之中,指导自身的教育教学工作。

第一节 概述

我们可以从师德师风建设、教师权益保障、教师专业发展等方面回顾和审视我国小学教师队伍建设相关政策的演变历程。

一、小学教师政策的概念

小学教师政策就是以小学教师为特定对象,由党、国家和政府制定,包含一系列基本要求和行动准则,以实现党和国家在一定时期内的教育目标的政策。小学教师政策,包含以下这几种要素:第一,它是以小学教师为特定对象的教育政策;第二,由党和政府等政治实体制定;第三,针对某一时期的教育目标或教育任务而提出;第四,包含一系列的基本要求与行动准则。

二、小学教师政策的分类

教师特别是高素质、高水平教师,是我国教育事业发展与提高的重要基石。关于小学教师政策,我们可以从师德师风建设、教师权益保障、教师专业发展这三个方面去了解。

(一)师德师风建设政策

党的十九大和二十大报告都强调"加强师德师风建设",师德师风建设作为践行立德树人根本任务的关键,被提到了前所未有的高度。如2018年,中共中央、国务院印发的《关于全面深化新时代教师队伍建设改革的意见》要求"把提高教师思想政治素质和职业道德水平摆在首要位置";2018年,教育部等五部门印发的《教师教育振兴行动计划(2018—2022年)》将"明确落实师德教育新要求,增强师德教育实效性"放在五大目标任务之首;2019年,中共中央、国务院印发的《关于深化教育教学改革全面提高义务教育质量的意见》把"四有好老师"融入条文中加以落实;2019年,教育部等七部门联合印发的《关于加强和改进新时代师德师风建设的意见》对师德师风建设提出总体要求,为建立完备的师德师风制度体系和有效的师德师风长效机制阐明施策方向。

(二)教师权益保障政策

"让教师成为让人羡慕的职业"是新时代教师队伍建设的最强音。然而,目前教师特别是中小学教师职业吸引力不足,地位和待遇有待提高。在此背景下,各教育政策文本都把教师权益保障作为教师队伍建设的重要内容。如2018年,中共中央、国务院印发的《关于全面深化新时代教师队伍建设改革的意见》对中小学教师待遇、乡村教师待遇、民办学校教师权益、高等学校教师薪酬制度改革、教师社会地位待遇以及教师知情权、参与权、表达权、监督权等方面的保障进行了详细阐述;2019年,中共中央、国务院印发的《关于深化教育教学改革全面提高义务教育质量的意见》专门对"依法保障教师权益和待遇"进行了阐述,涉及教师各类型收入保障、分配倾斜政策、与公务员工资联动增长机制以及体检、旅游、住房、落户等优待政策,并明确了教师的教育惩戒权,规定了处理学校和教师矛盾纠纷的基本方式;2019 年,中共中央、国务院印发的《关于减轻中小学教师负担进一步营造教育教学良好环境的若干意见》为中小学教师在教育教学领域基本权益的保障提出具体方案。

(三)教师专业发展政策

高质量的教育必然以教师的专业性为依托。2014年,《中小学教师信息技术应用能力标准(试行)》对中小学教师在教育教学和专业发展中有效应用信息技术做出规范与引领,是各地开展教师信息技术应用能力培养、培训和测评等工作的基本依据;2012年,《小学教师专业标准(试行)》提出了合格小学教师专业素质的基本要求,是小学教师实施教育教学行为的基本规范,是引领小学教师专业发展的基本准则,是小学教师培养、准入、培训、考核等工作的重要依据;2018 年,中共中央、国务院发布《关于全面深化新时代教师队伍建设改革的意见》,对不同学段教师的使命和职责赋予了更为深刻的内涵,以高素质为关键词,分别提出了"高素质善保教"(学前教育)、"高素质专业化"(中小学教育)、"高素质创新型"(高等教育)、"高素质双师型"(职业教育)的要求。

我国小学教师政策可以梳理为图 4-1-1。

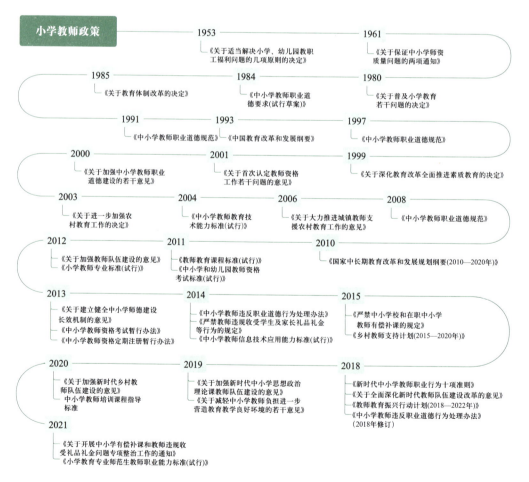

图 4-1-1

第二节　师德师风建设政策

师德师风是教师执教从教的灵魂,党的二十大报告对师德师风建设提出了新的时代要求。为全面提高师德师风建设,国家陆续出台了多部政策文件,如《关于进一步加强和改进师德建设的意见》《关于建立健全中小学师德建设长效机制的意见》《关于全面深化

微课：走进我国法律及政策文本中的"小学教师师德规范"

新时代教师队伍建设改革的意见》等。虽然迄今为止,国家已经出台了多部与此相关的政策文件,但不同时期政策的关注度和侧重点不同。通过对师德师风政策的内容、侧重点等方面进行分析,我们可以得知政策变迁的特点、规律以及问题等,由此可以深刻体会师德师风建设对教育事业发展的巨大作用。

一、政策变迁

改革开放以来,师德师风建设纳入国家宏观政策层面。通过对相关政策的了解,我们发现可以将师德师风政策的整个发展过程划分为四个阶段。以 1984 年教育部、全国教育工会颁发的《中小学教师职业道德要求(试行草案)》为起点;1993 年,《教师法》得以出台,这意味着自此师德师风建设有了法律依据;2010 年,中共中央、国务院印发了《国家中长期教育改革和发展规划纲要(2010—2020 年)》,为师德师风建设指明了新的发展方向;2014 年,国家又制定了处理师德失范行为的具体方法,对师德的管理更加细致化。

(一) 基础性起步发展阶段(1984—1993)

改革开放初期,由于刚刚经历了"文化大革命"时期,国家面临的首要任务是拨乱反正。将这一任务落实到教育行业中,党和政府首先要解决的就是教师思想道德的问题。我国于 1984 年由两个部门联合发布了《中小学教师职业道德要求(试行草案)》,这标志着我国师德师风建设工作进入基础性起步发展阶段。在这一阶段,国家对师德师风的建设主要停留在对教师的基础性要求上——教师作为国家公民的个人道德和从事教育工作的职业道德。[①]1991 年的《中小学教师职业道德规范》要求教师着装整齐,言行得体,讲文明懂礼貌,严格要求自己,做学生的表率、好榜样。1993 年,中共中央、国务院制定的《中国教育改革和发展纲要》指出,"教师是人类灵魂的工程师,必须努力提高自己的思想政治素质和业务水平",教师要"热爱教育事业,教书育人,为人师表"。

总之,这一时期的师德师风政策虽然在时代的要求下进行了修改与制定,但是主要表现为对教师的思想政治、工作职责以及言行举止等方面的基础性要求。

---

① 严虹. 新中国成立 70 年来我国师德要求的回顾与展望:基于国家教师制度的文本分析[J]. 当代教育论坛,2020(5):1-9.

（二）推进法治化发展阶段（1994—2009）

经过前期不断地探索,1993 年我国审议通过了《教师法》,并于 1994 年实施,这是我国首个专门针对教师制定的法律,其中在教师岗位设置、考核、培训、表彰与奖励以及师德示范方面提出了明确的师德要求。1997 年,经过修订后的《中小学教师职业道德规范》出台,其中第一条规范就是“依法执教”,明确要求教师要自觉遵守《教师法》等法律法规。1999 年 6 月,中共中央、国务院印发《关于深化教育改革全面推进素质教育的决定》,这一政策的颁布对教师的师德师风建设提出更高、更具体的要求。2000 年 8 月,教育部印发了《关于加强中小学教师职业道德建设的若干意见》,该文件以《教师法》为基础。2008 年 9 月,教育部重新印发《中小学教师职业道德规范》(2008 年修订),体现了教师职业特点对师德的本质要求和时代特征,“爱”与“责任”是贯穿其中的核心和灵魂”。所以中小学教师职业道德的建设需要建立在《教师法》的基础上,并以此作为主要依据。这标志着国家对师德师风的关注由基础性的要求向更规范的行动性建设转变。

总之,不论是对教师师德师风要求的法律与政策,还是实际建设师德师风的行动,都蕴含着法治化倾向,这为小学教师师德师风的建设提供了强大的制度保障。

（三）强调长效性发展阶段（2010—2013）

2010 年,中共中央、国务院印发了《国家中长期教育改革和发展规划纲要(2010—2020 年)》,这是继 1993 年《中国教育改革和发展纲要》后我国制定的第二个关于教育改革的纲领性文件,勾勒出 2010 年至 2020 年十年教育发展的蓝图,师德师风建设成为国家教育发展的长效性议题。2012 年,国务院出台的《关于加强教师队伍建设的意见》,构建了师德建设的工作机制,包括教育、考核、监督与惩治查处等不同环节,这一制度包括从教师入职前的培训到入职后的管理全过程,强调对教师个人的师德师风表现进行追踪性的监管,实现师德师风的长效性建设。2013 年,教育部出台《关于建立健全中小学师德建设长效机制的意见》,文件提到了“引导教师树立远大职业理想”“促进教师自觉加强师德修养”“建立健全违反师德行为的惩处制度”等措施。

（四）追求实效性发展阶段（2014 年至今）

到目前为止,小学教师的师德师风问题在一系列法律法规、政策等规范的作用下已有了较大改善,但是教师的师德失范事件仍时有发生。由于对师德的界定较为模糊,相关部门惩处方式不明朗,师德失范给社会带来了较大的负面影响。针对这一问题,2014 年教育部出台《中小学教师违反职业道德行为处理办法》,明确列出中小学教师违反职业道德的各项行为,并规定凡有所列情况之一的教师,需要根据所发生事件的严重性接受相应的处分。为进一步遏制社会不良风气,同年教育部印发了《严禁教师违规收受学生及家长礼品礼金等行为的规定》,2015 年又发布了《严禁中小学校和在职中小学教师有偿补课的规定》,2021 年进一步发布了《关于开展中小学有偿补课和教师违规收受礼金问题专项整治工作的通知》这三份文件详细列出了教师所禁止的行为,并给出了具体的惩处办法,对师德的管理更细致与严格。2018 年,教育部印发了《新时代中小学教师职业行为十项准则》,准则成为教师执教从教的行为规范。2019 年,教育部等五部门专门针对思想政治理论课教师印发了《关于加强新时代中小学思想政治理论课教师队伍建设的意见》,对中小学思政课教师的职业道德、自身修养等方面提出相应要求。

　　总之,国家政策在明确师德失范行为、惩处办法以及思想政治理论课教师群体培养等方面都有明显体现,增强了政策的实效性。

　　根据上述内容,我们可以将师德师风建设相关政策梳理为表 4-2-1。

表 4-2-1　师德师风建设政策

阶段	政策名称	发文机构	发文时间	相关内容
基础性起步发展阶段	《中小学教师职业道德要求(试行草案)》	教育部、全国教育工会	1984	标志着我国正式开始对教师师德的建设工作。师德的建设主要包括教师作为国家公民的个人道德和从事特定工作的职业道德两个方面
	《中小学教师职业道德规范》	国家教委、全国教育工会	1991	要求教师着装整齐,言行得体,讲文明懂礼貌,严格要求自己,做学生的表率、好榜样
	《中国教育改革和发展纲要》	中共中央、国务院	1993	"教师是人类灵魂的工程师,必须努力提高自己的思想政治素质和业务水平",要"热爱教育事业,教书育人,为人师表"
推进法治化发展阶段	《中小学教师职业道德规范》	国家教委	1997	提到"依法执教",明确要求教师自觉遵守《教师法》等法律法规
	《关于深化教育改革全面推进素质教育的决定》	中共中央、国务院	1999	对教师的师德师风建设提出了更高的要求
	《关于加强中小学教师职业道德建设的若干意见》	教育部	2000	以《教师法》为基础
	《中小学教师职业道德规范》(2008 年修订)	教师部	2008	体现了教师职业特点对师德的本质要求和时代特征,"爱"与"责任"是贯穿其中的核心和灵魂
强调长效性发展阶段	《国家中长期教育改革和发展规划纲要(2010—2020 年)》	教育部	2010	勾勒出未来十年教育发展的蓝图,师德师风建设成为国家教育发展的长效性议题
	《关于加强教师队伍建设的意见》	国务院	2012	构建了师德建设的工作机制,包括教育、考核、监督与奖惩等不同环节,这一制度囊括了从教师入职前的教育到入职后的管理全过程
	《关于建立健全中小学师德建设长效机制的意见》	教育部	2013	提到了"引导教师树立远大职业理想""促进教师自觉加强师德修养""建立健全违反师德行为的惩处制度"等措施

续表

阶段	政策名称	发文机构	发文时间	相关内容
追求实效性发展阶段	《中小学教师违反职业道德行为处理办法》	教育部	2014	明确列出违反职业道德的各项行为,并根据事件的严重性进行相应的处分,并于2018年修订
	《严禁教师违规收受学生及家长礼品礼金等行为的规定》	教育部	2014	针对少数教师利用职务之便违规收受礼品礼金等行为,发文设立6条"红线"。要求广大教师大力弘扬高尚师德师风,自觉抵制不正之风
	《严禁中小学校和在职中小学教师有偿补课的规定》	教育部	2015	对有偿补课给出了具体的惩处措施,对师德的管理更细致、更严格
	《新时代中小学教师职业行为十项准则》	教育部	2018	准则成为教师执教、从教的行为规范
	《中小学教师违反职业道德行为处理办法》(2018年修订)	教育部	2018	在2014年文件的基础上,进一步修订
	《关于加强新时代中小学思想政治理论课教师队伍建设的意见》	教育部等五部门	2019	对中小学思政课教师的职业道德、自身修养等方面提出相应要求
	《关于加强和改进新时代师德师风建设的意见》	教育部等七部门	2019	对师德师风建设提出总体要求
	《关于开展中小学有偿补课和教师违规收受礼品礼金问题专项整治工作的通知》	教育部	2021	遏制中小学教师"课上不讲,课下讲""组织开办校外培训班""到校外培训机构兼职""同家长搞利益交换"等突出问题,治理和查处侵害群众利益的不正之风和腐败问题

二、主要内容

当前,人民群众对更优质教育的需要日益增长,知识获取方式、传授方式、教和学关系都发生了革命性变化,这些都对教师队伍能力和水平提出了新的、更高的要求。

（一）《中小学教师职业道德规范(2008年修订)》

为了进一步加强教师队伍建设,全面提高中小学教师队伍的师德素质和专业水平,2008年教育部对《中小学教师职业道德规范》进行了修订,修订后的规范基本内容有六条,体现了教师职业特点对师德的本质要求和时代特征。

第一,爱国守法。热爱祖国,热爱人民,拥护中国共产党领导,拥护社会主义。全面贯彻国家教育方针,自觉遵守教育法律法规,依法履行教师职责权利。不得有违背党和国家方针政策的言行。

第二,爱岗敬业。忠诚于人民教育事业,志存高远,勤恳敬业,甘为人梯,乐于奉献。对工作高度负责,认真备课上课,认真批改作业,认真辅导学生。不得敷衍塞责。

第三,关爱学生。关心爱护全体学生,尊重学生人格,平等公正对待学生。对学生严慈相济,做学生良师益友。保护学生安全,关心学生健康,维护学生权益。不讽刺、挖苦、歧视学生,不体罚或变相体罚学生。

第四,教书育人。遵循教育规律,实施素质教育。循循善诱,诲人不倦,因材施教。培养学生良好品行,激发学生创新精神,促进学生全面发展。不以分数作为评价学生的唯一标准。

第五,为人师表。坚守高尚情操,知荣明耻,严于律己,以身作则。衣着得体,语言规范,举止文明。关心集体,团结协作,尊重同事,尊重家长。作风正派,廉洁奉公。自觉抵制有偿家教,不利用职务之便谋取私利。

第六,终身学习。崇尚科学精神,树立终身学习理念,拓宽知识视野,更新知识结构。潜心钻研业务,勇于探索创新,不断提高专业素养和教育教学水平。

(二)《新时代中小学教师职业行为十项准则》

为深入贯彻习近平新时代中国特色社会主义思想和党的十九大精神,扎实推进中共中央、国务院《关于全面深化新时代教师队伍建设改革的意见》的实施,进一步加强师德师风建设,教育部于 2018 年 11 月 8 日印发《新时代中小学教师职业行为十项准则》。准则对教师提出了十条针对性的要求,每一条既提出正面倡导,又划定基本底线。

第一,坚定政治方向。坚持以习近平新时代中国特色社会主义思想为指导,拥护中国共产党的领导,贯彻党的教育方针;不得在教育教学活动中及其他场合有损害党中央权威、违背党的路线方针政策的言行。

第二,自觉爱国守法。忠于祖国,忠于人民,恪守宪法原则,遵守法律法规,依法履行教师职责;不得损害国家利益、社会公共利益,或违背社会公序良俗。

第三,传播优秀文化。带头践行社会主义核心价值观,弘扬真善美,传递正能量;不得通过课堂、论坛、讲座、信息网络及其他渠道发表、转发错误观点,或编造散布虚假信息、不良信息。

第四,潜心教书育人。落实立德树人根本任务,遵循教育规律和学生成长规律,因材施教,教学相长;不得违反教学纪律,敷衍教学,或擅自从事影响教育教学本职工作的兼职兼薪行为。

第五,关心爱护学生。严慈相济,诲人不倦,真心关爱学生,严格要求学生,做学生良师益友;不得歧视、侮辱学生,严禁虐待、伤害学生。

第六,加强安全防范。增强安全意识,加强安全教育,保护学生安全,防范事故风险;不得在教育教学活动中遇突发事件、面临危险时,不顾学生安危,擅离职守,自行逃离。

第七,坚持言行雅正。为人师表,以身作则,举止文明,作风正派,自重自爱;不得与学生发生任何不正当关系,严禁任何形式的猥亵、性骚扰行为。

第八，秉持公平诚信。坚持原则，处事公道，光明磊落，为人正直；不得在招生、考试、推优、保送及绩效考核、岗位聘用、职称评聘、评优评奖等工作中徇私舞弊、弄虚作假。

第九，坚守廉洁自律。严于律己，清廉从教；不得索要、收受学生及家长财物或参加由学生及家长付费的宴请、旅游、娱乐休闲等活动，不得向学生推销图书报刊、教辅材料、社会保险或利用家长资源谋取私利。

第十，规范从教行为。勤勉敬业，乐于奉献，自觉抵制不良风气；不得组织、参与有偿补课，或为校外培训机构和他人介绍生源、提供相关信息。

案例

违反教师职业行为十项准则典型案例

【案例事实】

2018年，河北省石家庄市第十二中学教师刘某开办"金冠艺术培训中心"，利用晚上和周末为本校及校外学生进行有偿补课。

【案例分析】

教师刘某的行为违反了《新时代中小学教师职业行为十项准则》第十项规定。根据《事业单位工作人员处分暂行规定》《中小学教师违反职业道德行为处理办法(2018年修订)》等有关规定，学校对刘某做出行政警告处分，扣除一年奖励性绩效工资、取消其两年内评优评先资格、全校范围内作出检查的处理，对学校主要负责人进行通报批评、诫勉谈话。广大教师要以引以为鉴，明确行为规范，坚守行为底线。

(来源：教育部政府门户网站)

第三节　教师权益保障政策

新中国成立以来，我国先后制定颁布了《教育法》《教师法》《义务教育法》等一系列法律法规，为教师权益保护建立了基本的法律体系。除此之外，国家为给予教师充分的地位保障，发布了一系列的国家政策。2018年，中共中央、国务院印发了《关于全面深化新时代教师队伍建设改革的意见》，进一步保护了小学教师的合法权益。以上构成了教师权益保护在中国社会制度层面的应然基础。

随着我国社会主义市场经济的不断深化与发展，社会领域以及教育领域内的价值观日益多元化与复杂化，教师群体的尊严地位，乃至教师基本的合法权益受到了严峻的挑战，因此，对于教师合法权益保护与强化尊师重教的传统成为当务之急。

一、政策变迁

对小学教师政策的发展历史进行回顾,以社会时代背景和政策发展的标志性事件的时间为节点,我国小学教师权益保障与尊师重教政策的发展历史主要划分为五个阶段。

(一) 艰难摸索时期(1949—1976)

自新中国成立初期至"文化大革命"前,教师政策被打上"政治改造"的阶级烙印。新中国成立初期,国家极为注重教育领域的恢复和发展,其中教师队伍发展是重点工作之一。如1953年,国家出台《关于适当解决小学、幼儿园教职工福利问题的几项原则的决定》,确定基础教育经费筹支,合理改进关于中小学教师待遇的相应问题。1961年,国家出台《关于保证中小学师资质量问题的两项通知》,提出在未升学的初、高中毕业生中选择优秀的进行培训,以用来增加教师队伍数量。1966年,"文化大革命"开始,小学教师政策的发展也处于停滞阶段。

(二) 恢复发展时期(1977—1985)

文化大革命后相当长的一段时期,我国各方面均处于恢复期。1978年12月,十一届三中全会召开,启动了教育改革的新进程,这是新中国成立以来历史上具有深远意义的伟大转折。紧接着国家出台各项政策推动教育发展,关于教师的权益保障内容逐渐丰富,如1980年,中共中央、国务院发布《关于普及小学教育若干问题的决定》,强调提高教师工资待遇,施行教龄津贴制度。1985年,中共中央出台《关于教育体制改革的决定》,提出采取特定的措施提高中小学教师的社会地位及生活待遇。

这个时期,国家出台教师政策由以前注重"数量"的增加,转变为注重"质量"的提升。

(三) 平稳推进时期(1986—2005)

1986年《义务教育法》的颁布标志着我国确立了普及义务教育的制度,表明我国基础教育开始进入一个新阶段,这是现代中国教育的一个里程碑,设"教师"专章,并明确提出各级人民政府保障教师工资福利和社会保险待遇,改善教师工作和生活条件;完善教师工资经费保障机制。1993年颁布的《教师法》,是第一次基于教师这一职业而立法,在《义务教育法》的基础上更为细致地规范了教师的各项权利和义务。这部法律的出台不仅标志着教师政策由零散的规定,发展到系统化的法律条文,并且也为之后小学教师权益保障政策的制定和后续工作提供了法的依据。此外,1993年,中共中央、国务院印发《中国教育改革和发展纲要》,提出改革教育系统工资制度,提高教师工资待遇,在住房和其他社会福利方面对教师实行优待政策;对于优秀教师和教育工作者及有突出贡献的教师给予特殊津贴或奖励。1999年,中共中央、国务院印发《关于深化教育改革全面推进素质教育的决定》,持续关注并积极促进教师工作环境以及教师生活待遇的改善。2003年,国务院出台《关于进一步加强农村教育工作的决定》,提出建立和完善农村中小学教职工工资保障机制(落实国家规定的对农村地区、边远地区、贫困地区中小学教师津贴、补贴),适当提高乡村中小学中、高级教师职务岗位比例等。

这个时期,国家持续出台政策推进教育领域的改革,小学教师权益保障政策的内容根据时代发展不断更新。

(四)聚焦突破时期(2006—2017)

通过 2006 年新修订的《义务教育法》,我们不难看出,这一时期教育公平和基础教育质量的问题引起了全社会的密切关注。国家聚焦于教育领域的各类重大问题,如教育公平、学生的受教育权、义务教育质量、乡村教育发展等问题,出台相应政策。2006 年,教育部印发《关于大力推进城镇教师支援农村教育工作的意见》,提出对参加支教教师人事关系和原有工资福利待遇不变,工龄、教龄和教师职务年限连续计算;生活费和交通费补贴要有专项经费予以保障;高校毕业生支教期间,其待遇按照相关文件规定执行。2010 年,中共中央、国务院颁布《国家中长期教育改革和发展规划纲要(2010—2020 年)》,提出要提高教师待遇,维护教师权益,改善教师待遇,落实和完善其医疗养老等社会保障政策,教师平均工资水平不低于或者高于国家公务员的平均工资水平,并逐步提高。

2015 年,国家又一次针对乡村教师颁布《乡村教师支持计划(2015—2020 年)》,该文件提出提高乡村教师生活待遇、统一城乡教职工编制标准、职称(职务)评聘向乡村学校倾斜、建立乡村教师荣誉制度等。

(五)综合提升时期(2018 年至今)

这一时期出台了系列政策:2018 年中共中央和国务院印发《关于全面深化新时代教师队伍建设改革的意见》、教育部等五部门出台《教师教育振兴行动计划(2018—2022 年)》,2019 年中共中央、国务院印发《关于减轻中小学教师负担进一步营造教育教学良好环境的若干意见》,2020 年教育部等六部门印发《关于加强新时代乡村教师队伍建设的意见》等文件。这些文件从战略高度优先谋划教师队伍建设;尤其是乡村教师队伍建设,优先向教师所需投入,改善教师待遇、关心教师健康、维护教师权益、增进教师福祉、减轻教师工作负担,支持优秀人才长期从教、终身从教,营造浓厚的尊师重教文化氛围,将尊师、爱师、敬师充分转化为行动自觉。

根据上述内容,我们可以将教师权益保障政策梳理为表 4-3-1。

表 4-3-1　教师权益保障政策

时期	政策名称	发文机构	发文时间	相关内容
艰难摸索时期	《关于适当解决小学、幼儿园教职工福利问题的几项原则的决定》	教育部、财政部、卫生部	1953	在未升学的初、高中毕业生中选择优秀的学生进行培训,以增加教师数量。在农村没有卫生医疗设施或医疗力量管理不到的情况下,对教师进行相应补助
	《关于保证中小学师资质量问题的两项通知》	教育部	1961	确定基础教育经费筹支,合理解决小学教师待遇的相应问题

续表

时期	政策名称	发文机构	发文时间	相关内容
恢复发展时期	《关于普及小学教育若干问题的决定》	中共中央、国务院	1980	提高教师工资待遇,施行教龄津贴制度,合理提高生活津贴,定期轮换并保留其城市户口等;设立民办教师福利基金;每年设置劳动指标,考核通过,民办教师即可转为公办
	《关于教育体制改革的决定》	中共中央	1985	采取特定措施提高中小学教师的社会地位及生活待遇
平稳推进时期	《中国教育改革和发展纲要》	中共中央、国务院	1993	改革教育系统工资制度,提高教师工资待遇,在住房和其他社会福利方面对教师实行优待政策
	《关于深化教育改革全面推进素质教育的决定》	中共中央、国务院	1999	持续关注并积极促进教师的工作环境以及教师生活待遇的改善
	《关于进一步加强农村教育工作的决定》	国务院	2003	建立和完善农村中小学教职工工资保障机制;适当提高乡村小学中、高级教师职务岗位比例
聚焦突破时期	《关于大力推进城镇教师支援农村教育工作的意见》	教育部	2006	支教教师人事关系和原有工资福利待遇不变且工教龄及其任职年限连续计算;生活和交通补贴均有专项经费予以保障;高校毕业生支教期间,其待遇按照相关文件规定执行
	《国家中长期教育改革和发展规划纲要(2010—2020年)》	中共中央、国务院	2010	依法保证教师待遇,完善其医疗养老等相关社会保障政策,教师平均工资水平不低于或者高于国家公务员的平均工资水平,并逐步提高;对长期在农村基层及艰苦偏远地区的教师进行政策倾斜,提高教师任教环境水平
	《关于印发乡村教师支持计划(2015—2020年)》	国务院办公厅	2015	提高乡村教师生活待遇、统一城乡教职工编制标准、职称(职务)评聘向乡村学校倾斜、建立乡村教师荣誉制度
综合提升时期	《关于全面深化新时代教师队伍建设改革的意见》	中共中央、国务院	2018	健全中小学教师待遇保障机制及收入分配激励机制,并保证教师平均工资收入水平不低于或高于当地公务员工资收入;实施乡村教师生活补助政策;丰富精神文化生活并配备所需设施;在职称评聘等方面向乡村青年教师倾斜等
	《教师教育振兴行动计划(2018—2022年)》	教育部等五部门	2018	依法保障和提高教师的地位待遇,通过多种方式吸引优质生源报考师范专业
	《关于减轻中小学教师负担进一步营造教育教学良好环境的若干意见》	中共中央、国务院	2019	切实减轻小学教师负担,进一步营造宽松、宁静的教育教学环境和校园氛围,确保小学教师潜心教书、静心育人

续表

时期	政策名称	发文机构	发文时间	相关内容
综合提升时期	《关于加强新时代乡村教师队伍建设的意见》	教育部等六部门	2020	提高乡村教师地位待遇,让乡村教师享有应有的社会声望:提高社会地位、提高生活待遇、完善荣誉制度

二、主要内容

"国将兴,必贵师而重傅"(《荀子·大略》),尊师重教是中华民族的传统美德,也是社会文明进步的重要标志。当前,国家与社会提倡尊师重教,同时也非常重视教师的权益保障,为此从教师社会地位、教师待遇保障、乡村教师支持、民办学校教师权益保障、减轻中小学教师负担等方面保障教师权益,弘扬尊师重教传统。

(一) 教师社会地位政策

2018 年 1 月,中共中央、国务院印发的《关于全面深化新时代教师队伍建设改革的意见》,作为新中国成立以来,党中央出台的第一个专门面向教师队伍建设的里程碑式政策文件,描绘了新时代教师队伍建设的宏伟蓝图,吹响了推进教师队伍建设改革的集结号。文件中确立公办中小学教师作为国家公职人员特殊的法律地位,明确中小学教师的权利和义务,强化保障和管理。各级党委和政府要切实负起中小学教师保障责任,提升教师的政治地位、社会地位、职业地位,吸引和稳定优秀人才从教。公办中小学教师要切实履行作为国家公职人员的义务,强化国家责任、政治责任、社会责任和教育责任。

(二) 教师待遇保障政策

《关于全面深化新时代教师队伍建设改革的意见》《关于深化教育教学改革全面提高义务教育质量的意见》《中国教育现代化 2035》等文件均提到要依法保障教师的待遇。主要内容包括:健全中小学教师工资长效联动机制,核定绩效工资总量时统筹考虑当地公务员实际收入水平,确保中小学教师平均工资收入水平不低于或高于当地公务员平均工资收入水平;完善教师收入分配激励机制,有效体现教师工作量和工作绩效,绩效工资分配向班主任和特殊教育教师倾斜;实行中小学校长职级制的地区,根据实际实施相应的校长收入分配办法;制定教师优待办法,保障教师享有健康体检、旅游、住房、落户等优待政策;坚持教育投入优先保障并不断提高教师待遇。

(三) 乡村教师支持政策

《关于全面深化新时代教师队伍建设改革的意见》《乡村教师支持计划(2015—2020 年)》《中国教育现代化 2035》《关于加强新时代乡村教师队伍建设的意见》等文件体现了对乡村教师权益的保障。首先,提高乡村教师待遇。认真落实艰苦边远地区津贴等政策,全面落实集中连片特困地区乡村教师生活补助政策,依据学校艰苦边远程度实行差别化补助,鼓励有条件的地方提高补助标准,努力惠及更多乡村教师;其次,统一城乡教职工编制标准。乡村中小学教职工编制按照城市标准统一核定,其中村小学、教学点编制按照生师比和班师比相结合的方式核定;县级教育部门在核定的编制总额内,按照班额、生源等情况统筹分配各校教职工编制,并报同级机构编制部门和财政部门备案;严禁在有合格教师来源的情况下"有编不补"、长期使用临聘人员,严禁任何部门和单位以任何理由、任何形式占用或变相占用乡村中小学教职工编制。最后,职称(职务)评聘向乡村学校倾斜。各地要研究完善乡村教师职称(职务)评聘条件和程序办法,实现县域内城乡学校教师岗位结构比例总体平衡,切实向乡村教师倾斜;在培训、职称评聘、表彰奖励等方面向乡村青年教师倾斜,优化乡村青年教师发展环境,加快乡村青年教师成长步伐。坚持育人为本、德育为先,注重师德素养,注重教育教学工作业绩,注重教育教学方法,注重教育教学一线实践经历;城市中小学教师晋升高级教师职称(职务),应有在乡村学校或薄弱学校任教一年以上的经历。

(四)民办学校教师权益保障政策

《关于全面深化新时代教师队伍建设改革的意见》对民办学校教师权益的保障有所阐述,具体包括完善学校、个人、政府合理分担的民办学校教师社会保障机制,民办学校应与教师依法签订合同,按时足额支付工资,保障其福利待遇和其他合法权益,并为教师足额缴纳社会保险费和住房公积金;依法保障和落实民办学校教师在业务培训、职务聘任、教龄和工龄计算、表彰奖励、科研立项等方面享有与公办学校教师同等权利。

(五)减轻中小学教师负担政策

《关于减轻中小学教师负担进一步营造教育教学良好环境的若干意见》提出,要统筹规范督查检查评比考核事项,统筹规范社会事务进校园,统筹规范精简相关报表填写工作,统筹规范抽调借用中小学教师事宜,减轻中小学教师的负担,确保中小学教师能够潜心教学;遵循教育教学规律,聚焦教师立德树人、教书育人主责主业,坚决反对形式主义和官僚主义;坚持分类治理,从源头上查找教师负担,大幅精简文件和会议;坚持因地制宜,充分考虑区域、城乡、学段等不同特点,避免"一刀切";坚持标本兼治,严格清理规范与小学教育教学无关事项,突出重点,大力精简治标;协调好学校管理与教育教学关系,提高水平,发展专业治本;坚持共同治理,调动各级各部门、社会各界力量,形成合力,切实减轻小学教师负担,进一步营造宽松、宁静的教育教学环境和校园氛围,确保小学教师潜心教书、静心育人。

第四节 教师专业发展政策

2012 年,教育部颁布幼儿园、小学、中学三类教师专业标准;2013 年,教育部印发了《中小学教师资格考试暂行办法》;2018 年,中共中央、国务院印发了《关于全面深化新时代教师队伍建设改革的意见》,教育部等五部门联合印发了《教师教育振兴行动计划(2018—2022 年)》。这些政策可以指导广大教师、教育工作者的研究与实践,积极推进教师专业发展。同时随着时代的变迁,社会对教师的能力与素质等提出新的要求,继而推动教师的专业化进程。在教师专业化进程中,毫无疑问,教师专业标准是评价教师专业化程度高低的重要标准,是教师专业化发展的指南,也是提高教师队伍质量的重要前提。

一、政策变迁

(一)初步发展阶段(2001—2009)

从 2001 年开始,我国小学教师专业能力发展政策才进入初步发展阶段。2001 年,教育部发布了《关于首次认定教师资格工作若干问题的意见》,明确了全面实施教师资格制度的法律依据、性质、范围、认定程序、认定条件、特殊规定等。2004 年,教育部印发了《关于加快推进全国教师教育网络联盟计划,组织实施新一轮中小学教师全员培训的意见》,提出要提高广大中小学教师教育技术能力和水平,促进教师专业能力的发展。2004 年,教育部进一步印发《中小学教师教育技术能力标准(试行)》,该标准成为指导中小学教师教育技术培训与考核的基本依据。

(二)快速发展阶段(2010—2017)

2010 年,教育部、财政部开始全面实施"中小学教师国家级培训计划",简称"国培计划",是提高中小学、幼儿园教师特别是农村教师队伍整体素质的重要举措。2011 年,教育部出台《教师教育课程标准(试行)》,对教师教育课程目标与课程设置做了详细的阐释,这标志着我国教师专业发展政策进入快速发展阶段。紧接着,2011 年教育部考试中心颁布《中小学和幼儿园教师资格考试标准及大纲》,使教师资格考试规范化。2012 年,教育部颁布《小学教师专业标准(试行)》等专业标准,教师专业标准体现了先进的教育理念,对于促进教师专业发展,提高教师队伍的质量以及规范教师的教育教学行为等方面具有很强的约束和指导作用。2013 年,教育部颁布的《中小学教师资格考试暂行办法》和《中小学教师资格定期注册暂行办法》规定"参加教师资格考试合格是教师职业准入的前提条件"。这次教师资格考试最大的变化是,师范生同样需要参加考试,才能获得教师资格证。2014 年,教育部印发《中小学教师信息技术应用能力标准(试行)》,提出信息技术应用能力是信息化社会教师必备专业能力。

(三)平稳发展阶段(2018 年至今)

为贯彻落实 2018 年中共中央、国务院印发的《关于全面深化新时代教师队伍建设改革的意见》,深化中小学教师培训改革,整体提升教师队伍综合素养,建设高素质专业化创新型教师队伍。2020 年,教育部印发《中小学教师培训课程指导标准(师德修养)》《中小学教师培训课程指导标准(班级管理)》《中小学教师培训课程指导标准(专业发展)》。具体到小学教育领域而言,教育部印发《小学教育专业师范生教师职业能力标准(试行)》《关于推进师范生免试认定中小学教师资格改革的通知》,并于2023 年起实施"国优计划"。这些政策对教师职业能力培养做出了规范。

根据上述内容,我们可以将教师专业发展政策梳理为表 4-4-1。

表 4-4-1　教师专业发展相关政策

阶段	政策名称	发文机构	发文时间	相关内容
初步发展阶段	《关于首次认定教师资格工作若干问题的意见》	教育部	2001	明确了全面实施教师资格制度的法律依据、性质、范围、认定程序、认定条件、特殊规定等
	《关于加快推进全国教师教育网络联盟计划,组织实施新一轮中小学教师全员培训的意见》	教育部	2004	提出要提高广大中小学教师教育技术能力和水平,促进教师专业能力的发展
	《中小学教师教育技术能力标准(试行)》	教育部	2004	成为指导中小学教师教育技术培训与考核的基本依据
	《关于实施"中小学教师国家级培训计划"的通知》(国培计划)	教育部、财政部	2010	主要包括"中小学教师示范性培训项目""中西部农村骨干教师培训项目"
快速发展阶段	《教师教育课程标准(试行)》	教育部	2011	对教师教育课程目标与课程设置做了详细的阐释
	《中小学和幼儿园教师资格考试标准及大纲》	教育部	2011	使教师考试标准与大纲规范化
	《小学教师专业标准(试行)》	教育部	2012	体现了先进的教育理念,对于促进教师专业发展,提高教师队伍的质量以及规范教师的教育教学行为等方面具有很强的约束和指导作用
	《中小学教师资格考试暂行办法》《中小学教师资格定期注册暂行办法》	教育部	2013	教师资格考试合格是教师职业准入的前提条件
	《中小学教师信息技术应用能力标准(试行)》	教育部	2014	提出信息技术应用能力是信息化社会教师必备专业能力
平稳发展阶段	《关于全面深化新时代教师队伍建设改革的意见》	中共中央、国务院	2018	建设高素质专业化创新型教师队伍
	中小学教师培训课程指导标准(师德修养)(班级管理)(专业发展)	教育部	2020	基于中小学教师专业发展任务及实践需要,明确教师专业发展规划、专业知识学习、专业实践研修等培训项目主题,开发中小学教师专业发展水平自我诊断量表,分层分类设计培训专题课程
	《小学教育专业师范生教师职业能力标准(试行)》	教育部	2021	明确了小学教育专业的师范生教师职业基本能力
	《关于推进师范生免试认定中小学教师资格改革的通知》	教育部	2022	继续深化"放管服"改革,促进师范生就业,在高等学校师范生中开展国家中小学教师资格考试免试认定
	《关于实施国家优秀中小学教师培养计划的意见》(国优计划)	教育部	2023	国家支持以"双一流"建设高校为代表的高水平高校选拔专业成绩优秀且乐教适教的学生作为"国优计划"研究生。吸引优秀人才从教,为中小学输送一批教育情怀深厚、专业素养卓越、教学基本功扎实的优秀教师

二、主要内容

小学教师是履行小学教育教学工作职责的专业人员,需要经过严格的培养与培训,掌握系统的专业知识和专业技能。《小学教师专业标准(试行)》《教师教育课程标准(试行)》《中小学和幼儿园教师资格考试标准》等文件是国家对合格小学教师专业素质、小学教师培养与培训、从事小学教师职业提出的基本要求。

《小学教师专业标准(试行)》

(一)小学教师专业标准

《小学教师专业标准(试行)》是国家对合格小学教师专业素质的基本要求,是小学教师实施教育教学行为的基本规范,是引领小学教师专业发展的基本准则,是小学教师培养、准入、培训、考核等工作的重要依据。标准的主要维度包括:专业理念与师德、专业知识、专业能力。

(二)小学教师教育课程标准

《教师教育课程标准(试行)》指出,小学教师要引导未来教师理解小学生成长的特点与差异,学会创设富有支持性和挑战性的学习环境,满足他们的表现欲和求知欲;理解小学生的生活经验和现场资源的重要意义,学会设计和组织适宜的活动,指导和帮助他们自主、合作与探究学习,形成良好的学习习惯;理解交往对小学生发展

《教师教育课程标准(试行)》

的价值和独特性,学会组织各种集体和伙伴活动,让他们在有意义的学校生活中快乐成长。其课程目标的主要维度有:教育信念与责任、教育知识与能力、教育实践与体验;其课程设置分为儿童发展与学习、小学教育基础、小学学科教育与活动指导、心理健康与道德教育、职业道德与专业发展、教育实践。

(三)小学教师资格考试标准

为加强中小学和幼儿园教师队伍建设,提高教师队伍整体素质,完善教师资格制度,严把教师入口关,促进教师专业化,根据《教师法》《教师资格条例》《〈教师资格条例〉实施办法》,制定《中小学和幼儿园教师资格考试标准(试行)》。《中小学教师资格考试标准(试行)》是教师职业准入的国家标准,是从

《中小学和幼儿园教师资格考试标准(试行)》

事小学教师职业的最基本要求,是进行中小学教师资格考试的基本依据。其中小学教师资格考试标准的主要维度有:职业道德与基本素养、教育知识与应用、教学知识与能力。

上述三类政策内容可以概括为图4-4-1。

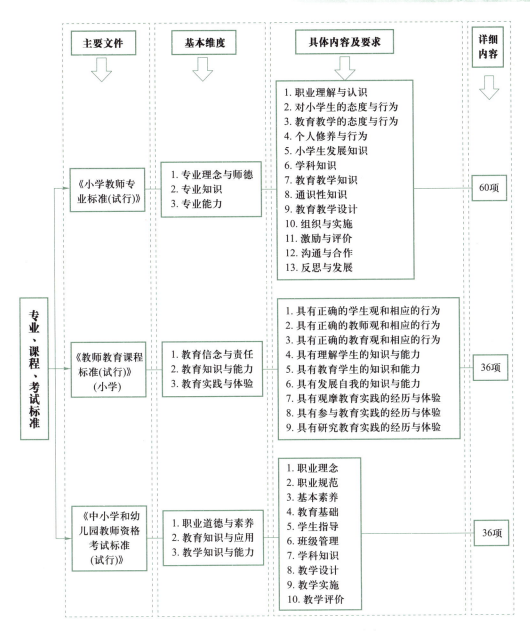

图 4-4-1   小学教师专业发展政策主要内容

理解·反思·探究

1. 简答题

(1) 小学教师政策概念包括哪几个要素?

(2) 请具体阐明《中小学教师违反职业道德行为处理办法》(2018 年修订)的具体要求。

(3) 新时代教师权益保障政策有哪些?

(4) 根据《小学教师专业标准(试行)》,小学教师应当具备哪些专业能力?

2. 材料分析题

阅读下列材料,从教师专业与能力的角度,评析刘老师对学生冲突的处理方式。

一天中午,六年级学生正在操场上打篮球。突然,小峰和小达扭打在一起,刘老师看到了这一幕,迅速走上前去,严厉地看着他俩。看到刘老师,他们停止了打斗,刘老师说:"瞧你俩刚才的样子,好像恨不得把对方吃了,打球时发生碰撞是很正常的,你们竟然大打出手,丢人不? 我现在不追究谁对谁错,只想问一句,这件事是你们自己处理呢,还是我来处理? "他们互相看了看,说:"我们自己处理。"几分钟后,他俩言归于好,并向刘老师承认了错误。

拓展阅读

[1] 劳凯声.教师职业道德规范的性质与意义[J].辽宁教育,2014(8):17-18.

[2] 劳凯声.为何要为教师职业行为设底线[N]. 中国教育报,2013-12-02(004).

[3] 余雅风,齐建立.《教师法》修订对新时代教师队伍建设的应然回应[J].中国教育学刊,2020(4):15-21.

[4] 杨卫安.乡村小学教师补充政策演变:70年回顾与展望[J].教育研究,2019,40(7):16-25.

阅读建议:阅读材料中有关教师职业行为、职业道德规范、《教师法》修订的讨论以及乡村小学教师政策的历史演变的相关内容,深化对小学教师职业的认识。

第五章

小学生政策

5

学生是学习的主体，是具有主观能动性的教育对象。教育政策的制定和实施，必须结合学生的特点，才能落地、见效。小学阶段是个体身心发育最为迅速的时期，也是养成良好行为习惯的最佳时期。围绕小学生健康成长和全面发展，科学制定小学生政策，是推动教育改革与发展的必要举措，有利于提升教育质量，维护教育公平。

- 本章导航

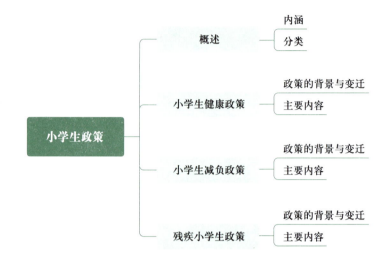

- 关键术语

小学生政策;健康政策;减负政策;残疾小学生政策

- 学习目标

1. 理解小学生政策的概念、特征和分类。
2. 理解小学生健康政策的意义、背景与变迁,掌握其主要内容。
3. 理解小学生减负政策的意义、背景与变迁,掌握其主要内容。
4. 理解残疾小学生政策的意义、背景与变迁,掌握其主要内容。

第一节　概述

正确理解小学生政策的内涵,是学习小学生政策的前提。在全面梳理小学生政策的基础上,对其进行分类,是高效的学习方式。

一、小学生政策的内涵

小学生政策,是以小学生为特定对象而制定的教育政策。小学生在成长和发展过程中遇到的身心健康问题,以及残疾小学生的成长和发展问题,是小学生政策涉及的内容。

小学教育具有基础性、强制性、普及性和公共性的特征,因此小学生政策也具有上述特征:(1) 基础性。一方面,没有小学生,就不存在小学教育,小学生政策是小学教育政策的基础;另一方面,小学时期是学生发展的基础性时期,因此小学生政策是学生政策的基本内容。(2) 强制性。小学生政策符合义务教育相关政策的规定,小学生在享受义务教育机会的同时,也要遵守相应规定,达到一定要求。(3) 普及性。小学生政策覆盖所有小学生,包含残疾小学生,保障他们依法享有平等的受教育机会。(4) 公共性。小学生政策既要满足社会的共同利益,也要满足小学生的个体利益。小学生政策关注小学生本身,在保障小学生健康成长、全面发展的基础上,完成教育的各项任务。

二、小学生政策的分类

为了学生健康、全面发展,我国出台了关于小学生的系列政策(图5-1-1)。对小学生政策进行分类,有利于学习者了解某一类政策的共同规律,进而整体把握小学生政策的要点,提升学习效率。根据这些政策的目标、内容、对象等方面的共性和差异性,我们可以将其主要归纳为三类。

(一)小学生健康政策

促进小学生健康成长,不仅是关系国家和民族未来的大事,也是小学开展教育教学活动,进行一切工作的前提和目的,还是小学生全面发展的必然要求和首要目标。小学生有了健康的体魄和心理素质,才能更高效地投入学习中。小学生健康政策关乎小学生身心健康的各个方面,主要包括体育运动、营养状况、睡眠管理、近视防控、心理健康等方面的具体政策。

(二)小学生减负政策

解决小学生负担过重的问题,不仅符合教育教学规律,有利于小学生身心健康,而且能提高小学生的学习积极性,促进其全面发展。此外,减负政策不仅减轻小学生的负担,也为家庭减轻负担,还有利于教育生态的不断改善。小学生目前承受的最大的两种负担是作业负担和校外培训负担。小学生减负政策主要围绕两个方面展开。

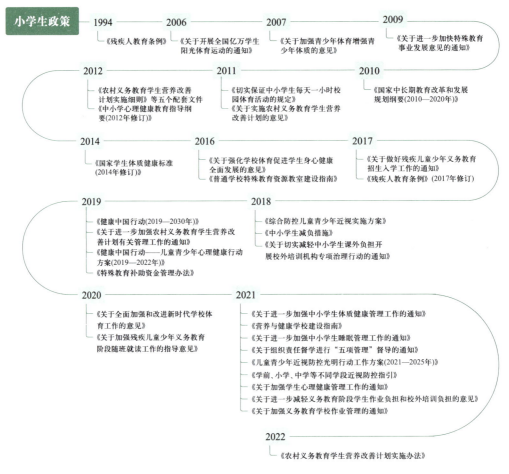

图 5-1-1　小学生系列政策

（三）残疾小学生政策

我国宪法和教育法律保护每一位公民平等的受教育权,对残疾小学生给予额外的政策保障,是教育公平的重要体现,是实现全体公民全面发展的必要举措。残疾小学生政策主要针对因个体差异在学习和生活等方面有特殊教育需求的残疾小学生,规定可以随班就读,并出台相应支持措施。

第二节　小学生健康政策

小学生的体质健康水平不仅关系到个人健康成长和幸福生活,而且关系到整个民族健康素质,关系到我国人才培养的质量。一方面,体育运动是加强爱国主义和集体主义教育、磨炼坚强意志、培养良好品德的重要途径,是促进小学生全面发展的重要方式,对小学生思想品德、智力发育、审美素养的形成有不可替代的重要作用。另一方面,小学生身心健康、体魄强健、意志坚强、充满活力,是一个民族旺盛生命力的体现,是社会文明进步的标志,是国家综合实力的重要方面,对于培育和践行社会主义核心价值观,深入贯彻党的教育方针,大力推进素质教育,培养德智体美劳全面发展的社会主义建设者和接班人,具有重要意义。

一、政策的背景与变迁

针对青少年体质健康水平下降的问题,党和国家根据对健康事业的发展规划,出台一系列小学生健康政策。

(一)青少年体质健康水平下降

近年来的体质健康监测表明,青少年体能指标持续下降,视力不良率居高不下,城市超重和肥胖青少年的比例明显增加,部分农村青少年营养状况亟待改善。

为进一步加强青少年体育、增强青少年体质,以迎接 2008 年北京奥运会为契机,2007 年 5 月 7 日,中共中央、国务院颁布《关于加强青少年体育增强青少年体质的意见》,从 3 个方面提出 20 条要求,涵盖体质健康标准、体育运动、近视防控、营养状况、睡眠管理、减轻学生过重的课业负担等多个方面,成为当前小学生健康政策的基础性文件和重要来源。

2010 年 7 月 8 日,《国家中长期教育改革和发展规划纲要(2010—2020 年)》颁布,其中第四章第八条涉及小学生健康。这是从国家教育改革与发展的高度,对小学生健康作出的规定。

(二)党和国家高度重视人民健康

为提高人民健康水平,党的十九大作出实施健康中国战略的重大决策部署。国家先后制定了《"健康中国 2030"规划纲要》《国务院关于实施健康中国行动的意见》等政策。

健康中国战略对小学生健康政策产生重大影响。2019 年 7 月 9 日,国家卫生健康委负责制定、健康中国行动推进委员会统筹推进《健康中国行动(2019—2030 年)》,要求开展十五个重大行动,其中一个重大行动为中小学健康促进行动(表 5-2-1)。此后出台的小学生健康政策,结合健康中国战略进行了深化。

表 5-2-1　健康中国行动主要指标(节选)

指标	序号	指标	基期水平	2022 年目标值	2030 年目标值	指标性质
结果性指标	59	国家学生体质健康标准达标优良率	31.8%	≥50%	≥60%	预期性
		说明:《国家学生体质健康标准》是测量学生体质健康状况和锻炼效果的评价标准,实施这一评价标准有利于促进学生积极参加体育锻炼,养成良好的锻炼习惯,提高体质健康水平。 计算方法:学年体质综合评定总分 80 分及以上学生数 / 参加评定学生总人数 ×100%。				
	60	全国儿童青少年总体近视率	—	力争每年降低 0.5 个百分点以上	新发近视率明显下降	约束性

续表

指标	序号	指标	基期水平	2022年目标值	2030年目标值	指标性质
个人和社会倡导性指标	61	中小学生每天在校外接触自然光时间1小时以上				倡导性
	62	小学生、初中生、高中生每天睡眠时间分别不少于10、9、8个小时				倡导性
	63	中小学生非学习目的使用电子屏幕产品单次不宜超过15分钟,每天累计不宜超过1小时				倡导性
	64	学校鼓励引导学生达到《国家学生体质健康标准》良好及以上水平				倡导性
政府工作指标	65	符合要求的中小学体育与健康课程开课率	—	100%		约束性
	66	中小学生每天校内体育活动时间	—	≥1小时		约束性
	67	学校眼保健操普及率	接近100%	100%		约束性
	68	寄宿制中小学校或600名学生以上的非寄宿制中小学校配备专职卫生专业技术人员,600名学生以下的非寄宿制中小学校配备专兼职保健教师或卫生专业技术人员的比例	—	≥70%	≥90%	约束性
	69	配备专兼职心理健康工作人员的中小学校比例	—	80%	90%	约束性

二、主要内容

小学生健康涉及体育运动、营养改善、睡眠管理、近视防控、心理健康等方面。小学生健康政策也从上述方面分别进行梳理。

(一)体育运动政策

学校体育是实现立德树人根本任务,提升学生综合素质的基础性工程。国家高度重视学校体育,对体育课和课外锻炼作出重要部署,对加强学校体育提出明确要求。

l. 每天运动一小时

根据教育部、国家体育总局、共青团中央2006年颁布的《关于开展全国亿万学生阳光体育运动的通知》,从2007年开始,在全国各级各类学校中广泛、深入地开展全国亿万学生阳光体育运动(以下简称"阳光体育运动"),要求配合体育课教学,保证学生平均每个学习日有一小时体育锻炼时间。

2007年中共中央、国务院颁布的《关于加强青少年体育增强青少年体质的意见》明确规定保证学生每天校园体育锻炼一小时。

为认真贯彻落实中央要求,2011年教育部印发《切实保证中小学生每天一小时校园体育活动的规定》,该文件从严格执行国家关于保证中小学生每天一小时校园体育活动规定、建立有效工作机制、健全学校体育专项督导制度、建立社会监督机制、建立科学评价机制、建立表彰奖励和问责制度六个方面提出具体要求。

2016 年,国务院办公厅在《关于强化学校体育促进学生身心健康全面发展的意见》第 6 条中强调,要强化课外锻炼,切实将学生每天一小时校园体育活动落到实处。

2019 年制定的《健康中国行动(2019—2030 年)》,将中小学生每天校内体育活动时间不少于一小时作为主要指标。

2020 年中共中央办公厅、国务院办公厅印发的《关于全面加强和改进新时代学校体育工作的意见》,以及 2021 年教育部印发的《关于进一步加强中小学生体质健康管理工作的通知》,均提高了学生每天锻炼的要求,如要求每天校内、校外各一小时体育活动时间。

2. 体质健康标准

2014 年 7 月 7 日,教育部印发《国家学生体质健康标准(2014 年修订)》。该标准从身体形态、身体机能和身体素质等方面综合评定学生的体质健康水平,是促进学生体质健康发展,激励学生积极进行身体锻炼的教育手段,是国家学生发展核心素养体系和学业质量标准的重要组成部分,是学生体质健康的个体评价标准,也是国家学校教育工作的基础性指导文件,是评价学生综合素质、评估学校工作和衡量各地教育发展的重要依据。随后出台的相关文件,均提出要对照该标准,做好学生体质健康监测。

根据《国家学生体质健康标准(2014 年修订)》,小学生的体质健康测试包括以下 3 类指标:(1) 身体形态类中的身高、体重;(2) 身体机能类中的肺活量;(3) 身体素质类中的 50 米跑、坐位体前屈、1 分钟跳绳、1 分钟仰卧起坐、50 米 ×8 往返跑。其中,身高、体重根据公式换算成体重指数(BMI),1 分钟仰卧起坐仅三至六年级的学生需要接受测试,50 米 ×8 往返跑仅五、六年级的学生需要接受测试。各单项指标都根据测试得分设置不同等级,男女生的评分标准也有所区别。体重指数(BMI)分为正常、低体重、超重、肥胖四个等级,其余测试项目均分成优秀、良好、及格、不及格四个等级。另外,还设置了 1 分钟跳绳的加分标准。

《国家学生体质健康标准(2014 年修订)》

(二) 营养改善政策

合理膳食,保持良好的营养状况,对学生的健康至关重要。国家高度重视小学营养健康管理和食品安全,以意见、指南等政策文本形式,指导小学改善学生的营养状况。《关于加强青少年体育增强青少年体质的意见》和《国家中长期教育改革和发展规划纲要(2010—2020 年)》对学生营养状况作出宏观规定。此外,国家还重视改善农村小学生营养状况,提高农村小学生健康水平。

1. 农村义务教育学生营养改善计划

由于长期以来我国城乡经济社会发展不平衡,农村中小学生营养不良问题仍然存在。以家庭经济困难学生为重点,启动实施农村义务教育学生营养改善计划,是维护社会公平、教育公平的重要举措,是提高民族素质、建设人力资源强国的必然要求,具有重大的现实意义和深远影响。

2011年11月23日,国务院办公厅发布《关于实施农村义务教育学生营养改善计划的意见》,正式启动农村义务教育学生营养改善计划。该计划包括五个方面主要内容:启动国家试点、支持地方试点、改善就餐条件、鼓励社会参与、完善补助家庭经济困难寄宿学生生活费政策。

2012年5月23日,为落实农村义务教育学生营养改善计划,教育部等十五部门联合印发《农村义务教育学生营养改善计划实施细则》等五个配套文件,该细则从管理体制和职责分工、供餐内容与模式、食堂建设和管理、食品质量与安全、资金使用与管理、监督检查和责任追究等方面作出更为细化的规定,指导各地科学有效地实施该计划。

2019年11月15日,为扎实做好贫困地区农村学生营养改善工作,教育部等五部门联合发布《关于进一步加强农村义务教育学生营养改善计划有关管理工作的通知》,该通知提出六点意见:稳妥有序开展试点、大力推进食堂供餐、强化食品安全管理、严格资金使用管理、加强营养健康教育、做好营养健康监测。

自农村义务教育学生营养改善计划启动实施以来,各地扎实推进营养改善计划各项工作,农村学生营养状况明显改善、身体素质明显提升。同时也要看到,一些地方还存在食品安全管理不严格、资金使用管理不规范、供餐质量和水平不高等问题。为此,2022年教育部等七部门印发《农村义务教育学生营养改善计划实施办法》,对管理体制、供餐管理、资金使用与管理、采购管理、营养健康监测与教育、应急事件处置、绩效管理与监督检查等进行了规范。

2. 营养与健康学校建设指南

为贯彻落实《健康中国行动(2019—2030年)》合理膳食行动等的要求,适应儿童青少年生长发育需要,推动学校营养与健康工作,规范学校营养与健康相关管理行为,2021年6月7日,国家卫生健康委、教育部、市场监管总局、体育总局联合组织制定了《营养与健康学校建设指南》,建议各地通过试点先行、以点带面,逐步在辖区全面推广营养与健康学校建设工作。

《营养与健康学校建设指南》

《营养与健康学校建设指南》共十一章四十八条,除了总则和附则外,分别从基本要求、组织管理、健康教育、食品安全、膳食营养保障、营养健康状况监测、突发公共卫生事件应急、运动保障、卫生环境建设等九个方面提出具体建议。

(三)睡眠管理政策

每天睡眠10小时,是小学生睡眠管理的基本要求。中共中央、国务院《关于加强青少年体育增强青少年体质的意见》,要求制定并落实科学规范的学生作息制度,保证小学生每天睡眠10小时。《健康中国行动(2019—2030年)》倡导小学生每天睡眠时间不少于10小时。2021年3月30日,教育部办公厅针对中小学生睡眠管理制定专门政策,出台《关于进一步加强中小学生睡眠管理工作的通知》,也要求小学生每天睡眠时间应达到 10 小时。同年 5 月 8 日,国务院教育督导委员会办公室发布《关于组织责任督学进行"五项管理"督导的通知》,将睡眠管理纳入"五项管理"工作中,并作为 2021 年责任督学的首要任务。

除了规定睡眠时间,《关于进一步加强中小学生睡眠管理工作的通知》主要从加强科学睡眠宣传教育、明确学生睡眠时间要求、统筹安排学校作息时间、防止学业过重挤占睡眠时间、合理安排学生就寝时间、指导提高学生睡眠质量、加强学生睡眠监测督导 7 个方面作出比较详细的规定。

(四)近视防控政策

近年来,由于中小学生课内外负担加重,手机、电脑等电子产品普及,以及用眼过度、用眼不卫生、缺乏体育锻炼和户外活动等因素,我国儿童青少年近视率居高不下且不断攀升,近视低龄化、重度化日益严重,已成为一个关系国家和民族未来的大问题。中共中央、国务院《关于加强青少年体育增强青少年体质的意见》第 9 条提出:帮助青少年掌握科学用眼知识和方法,降低青少年近视率;中小学教师和家长都要关注学生的用眼状况;学校每学期要对学生视力状况进行两次监测;各级政府要进一步改善农村学校的办学条件,确保照明、课桌椅达到基本标准,改善学生用眼卫生条件。

2018 年,教育部等八部门联合印发《综合防控儿童青少年近视实施方案》,提出到 2023 年,力争实现全国儿童青少年总体近视率在 2018 年的基础上每年降低 0.5 个百分点以上,近视高发省份每年降低 1 个百分点以上;到 2030 年,实现全国儿童青少年新发近视率明显下降,视力健康整体水平显著提升,小学生近视率下降到 38% 以下。《综合防控儿童青少年近视实施方案》对家庭、学校、医疗卫生机构、学生、有关部门等主体分别提出要求。家庭要增加学生户外活动和锻炼,控制学生电子产品使用,减轻儿童课外学习负担,避免儿童不良用眼行为,保障儿童睡眠和营养,做到早发现早干预;学校要减轻学生学业负担,加强考试管理,改善视觉环境,坚持眼保健操等护眼措施,强化户外体育锻炼,加强学校卫生与健康教育,科学合理使用电子产品,定期开展视力监测,加强视力健康管理,倡导科学保育保教;医疗卫生机构要建立视力档案,规范诊断治疗,加强健康教育;学生要强化健康意识,养成健康习惯;有关部门要切实履职尽责,加强指导与管理。

2021 年,教育部办公厅等十五部门印发《儿童青少年近视防控光明行动工作方案(2021—2025 年)》,确认了以上近视防控目标。此外,《健康中国行动(2019—2030 年)》提出全国儿童青少年总体近视率约束性指标,即到 2022 年力争每年降低 0.5 个百分点以上,到 2030 年新发近视率明显下降。《儿童青少年近视防控光明行动工作方案(2021—2025 年)》提出,要引导学生自觉爱眼护眼,减轻学生学业负担,强化户外活动和体育锻炼,科学规范使用电子产品,落实视力健康监测,改善学生视觉环境,提升专业指导和矫正质

《学前、小学、中学等不同学段近视防控指引》

量,加强视力健康教育。

2021年,教育部研制了《学前、小学、中学等不同学段近视防控指引》,规定小学低年级阶段,孩子需要适应环境和角色的转变,近视防控应以养成良好习惯为主,要定期密切关注视力与屈光发育情况,预防近视发生;小学高年级阶段,要注意用眼卫生,把近视防控与素质教育结合,科学防控近视发生发展。

(五)心理健康政策

为了促进儿童青少年心理健康和全面素质发展,进一步提高学生心理健康工作的针对性和有效性,国务院及相关职能部门出台多项政策。

1. 心理健康政策的目标和举措

2019年12月18日,国家卫生健康委、教育部等十二部门联合印发《健康中国行动——儿童青少年心理健康行动方案(2019—2022年)》,提出学生心理健康的一些具体目标和数据指标,提出到2022年底,实现《健康中国行动(2019—2030年)》提出的儿童青少年心理健康相关指标的阶段目标,基本建成有利于儿童青少年心理健康的社会环境,形成学校、社区、家庭、媒体、医疗卫生机构等联动的心理健康服务模式,落实儿童青少年心理行为问题和精神障碍的预防干预措施,加强重点人群心理疏导,为增进儿童青少年健康福祉,共建共享健康中国奠定重要基础。各级各类学校建立心理服务平台或依托校医等人员开展学生心理健康服务,学前教育、特殊教育机构要配备专兼职心理健康教育教师。

围绕这些目标,心理健康政策中提出诸多落实措施。《健康中国行动——儿童青少年心理健康行动方案(2019—2022年)》制定心理健康宣教行动、心理健康环境营造行动、心理健康促进行动、心理健康关爱行动、心理健康服务能力提升行动、心理健康服务体系完善行动6项具体行动;提出加强组织领导与部门协调、保障经费投入、加大科学研究、完善监测评估干预机制4个方面保障措施。教育部办公厅于2021年7月7日发布的《关于加强学生心理健康管理工作的通知》,从四个方面提出具体措施:加强源头管理,全方位提升学生心理健康素养;加强过程管理,提升及早发现能力和日常咨询辅导水平;加强结果管理,提高心理危机事件干预处置能力;加强保障管理,加大综合支撑力度。

2. 心理健康教育

小学心理健康教育,是提高小学生心理素质、促进其身心健康和谐发展的教育,

《中小学心理健康教育指导纲要(2012年修订)》

是进一步加强和改进小学德育工作、全面推进素质教育的重要组成部分。2012年12月7日,教育部印发《中小学心理健康教育指导纲要(2012年修订)》,对心理健康教育的目标、任务、主要内容、途径和方法等作出详细规定。

(1)心理健康教育的目标

心理健康教育的总目标是:提高全体学生的心理素质,培养他们积极乐观、健康

向上的心理品质,充分开发他们的心理潜能,促进学生身心和谐可持续发展,为他们健康成长和幸福生活奠定基础。

心理健康教育的具体目标是:使学生学会学习和生活,正确认识自我,提高自主自助和自我教育能力,增强调控情绪、承受挫折、适应环境的能力,培养学生健全的人格和良好的个性心理品质;对有心理困扰或心理问题的学生,进行科学有效的心理辅导,及时给予必要的危机干预,提高其心理健康水平。

(2) 心理健康教育的主要任务

心理健康教育的主要任务是:全面推进素质教育,增强学校德育工作的针对性、实效性和吸引力,开发学生的心理潜能,提高学生的心理健康水平,促进学生形成健康的心理素质,减少和避免各种不利因素对学生心理健康的影响,培养身心健康、具有社会责任感、创新精神和实践能力的社会主义建设者和接班人。

(3) 心理健康教育的主要内容

心理健康教育的总体内容是:普及心理健康知识,树立心理健康意识,了解心理调节方法,认识心理异常现象,掌握心理保健常识和技能。其重点是认识自我、学会学习、人际交往、情绪调适、升学择业以及生活和社会适应等。

心理健康教育应从不同地区的实际和不同年龄阶段学生的身心发展特点出发,做到循序渐进,设置分阶段的具体教育内容。《中小学心理健康教育指导纲要(2012年修订)》,为小学低年级、小学中年级、小学高年级分别设置了心理健康教育内容。

(4) 心理健康教育的途径和方法

学校开展心理健康教育的途径和方法包括:将心理健康教育始终贯穿教育教学全过程,开展心理健康专题教育,建立心理辅导室,密切联系家长共同实施心理健康教育,充分利用校外教育资源开展心理健康教育。

第三节　小学生减负政策

新中国成立以来,尤其是改革开放以来,减负一直是备受关注的教育问题。

一、政策的背景与变迁

进入 21 世纪,学生负担过重的问题愈发突出。学生负担来源经历由学业负担为主到学业负担与校外培训负担并重的转变过程。因此,学生减负政策也在减轻学业负担的基础上增加减轻校外培训负担。以下政策是构成当前小学生减负政策的主要内容。

2010 年出台的《国家中长期教育改革和发展规划纲要(2010—2020 年)》提出要减轻中小学生课业负担。当时的减负政策还是以减轻学生课业负担为主。伴随着减轻课业负担政策的推进,"校内减负,校外增负"的现象逐渐严重,学生在课业负担并没有真正减轻的情况下,又需要承担校外培训负担。2018 年 2 月 13 日,教育部等四部门联合发布《关于切实减轻中小学生课外负担开展校外培训机构专项治理行动的通知》，教育主管部门等开始重视减轻中小学生校外培训负担。2018 年 12 月 28 日，教育部等九部门联合发布《中小学生减负措施》。2021 年 4 月 8 日，教育部发布《关于加强义务教育学校作业管理的通知》。2021 年 7 月 24 日，中共中央办公厅、国务院办公厅发布《关于进一步减轻义务教育阶段学生作业负担和校外培训负担的意见》（以下简称《双减意见》），提出小学生减负政策的总体目标分为两个方面：在校内方面，使学校教育教学质量和服务水平进一步提升，作业布置更加科学合理，学校课后服务基本满足学生需要，学生学习更好回归校园；在校外方面，使校外培训机构培训行为全面规范，学科类校外培训各种乱象基本消除，校外培训热度逐步降温。具体目标是：一年内使学生过重作业负担和校外培训负担、家庭教育支出和家长相应精力负担有效减轻，三年内使各项负担显著减轻，教育质量进一步提高，人民群众教育满意度明显提升。上述政策规定了当前小学生减负政策的主要内容。

二、主要内容

小学生减负政策主要包括减轻作业负担的政策和减轻小学生校外培训负担的政策，以及为了实现减轻这两种负担而制定的一系列配套规定。

（一）减轻作业负担政策

减轻小学生作业负担的举措具体体现在以下三个文件中：

《中小学生减负措施》规定，学校要坚持正确办学方向，严格依照课标教学，严控书面作业总量，科学合理布置作业等。

《关于加强义务教育学校作业管理的通知》共十条具体要求，分别是把握作业育人功能、严控书面作业总量、创新作业类型方式、提高作业设计质量、加强作业完成指导、认真批改反馈作业、不给家长布置作业、严禁校外培训作业、健全作业管理机制、纳入督导考核评价。

《双减意见》则要求健全作业管理机制，分类明确作业总量，提高作业设计质量，加强作业完成指导，科学利用课余时间。

（二）减轻校外培训负担政策

减轻小学生校外培训负担的举措具体体现在以下三个文件中：

《关于切实减轻中小学生课外负担开展校外培训机构专项治理行动的通知》提出 6 项治理任务和整改要求，分别是整改安全隐患、相关证照齐全、办学资质审核、纠正不良行为、严禁入学挂钩、依法从严治教。《中小学生减负措施》从依规登记诚信经营、严禁超标培训、严格教师聘用、严禁与升学挂钩、控制培训时间五个方面来加强校外培训机构管理。《双减意见》提出从严治理，全面规范校外培训行为，并从严审批机构、规范培训服务行为、强化常态运营监管三个方面来落实。

（三）减负的配套政策

为了提升减轻作业负担和减轻校外培训负担的效果，除了对作业和校外培训直接作出规定外,国家相关部门还制定了一系列配套举措。

1. 强化家校协同

《中小学生减负措施》要求家庭树立科学育儿观念,加强家庭交流互动,增强孩子身心健康,引导孩子健康生活,从而履行教育监护责任。《双减意见》要求完善家校社协同机制,强化配套治理,提升支撑保障能力。

2. 做好课后服务

《中小学生减负措施》第二十七条规定,为做好课后服务,各地可根据课后服务的性质,采取财政补贴、收取服务性收费或代收费等方式筹措经费。《双减意见》从保证课后服务时间、提高课后服务质量、拓展课后服务渠道、做强做优免费线上学习服务、保障学校课后服务条件五个方面,来要求学校提升课后服务水平,满足学生多样化需求。

3. 提升教学质量

《中小学生减负措施》提出要克服片面评价倾向,严格活动竞赛管理,深化考试招生改革。《双减意见》则要求促进义务教育优质均衡发展,提升课堂教学质量,纳入质量评价体系等。

4. 科学稳步推进

《中小学生减负措施》要求地方各级人民政府要针对行政区域内中小学生学业负担情况完成摸底分析,并制定详细减负实施方案,抓好组织实施。《双减意见》规定扎实做好试点探索,确保治理工作稳妥推进,具体可以通过明确试点工作要求、坚决压减学科类校外培训、合理利用校内外资源、强化培训收费监管来实现。

5. 加强监督检查

《中小学生减负措施》规定要强化政府管理监督,具体包括克服片面评价倾向、加强舆论宣传引导、规范培训机构监管、广泛接受社会监督、开展减负督导检查等。《双减意见》要求全面系统做好部署、明确部门工作责任、联合开展专项治理行动、强化督促检查和宣传引导。

第四节 残疾小学生政策

残疾小学生是指在心理、生理、人体结构上,某种组织、功能丧失或者不正常,全部或者部分丧失以正常方式从事某种活动能力的小学生。残疾小学生政策是指为保障残疾小学生顺利接受教育而制定的各类政策。

我国宪法和教育法律保护每一位公民平等的受教育权,对残疾小学生给予额外的政策保障,是教育公平的重要体现,是实现全体公民全面发展的必要举措。

出台残疾小学生政策,有利于全面贯彻党的教育方针,落实立德树人根本任务,弘扬社会主义核心价值观,强化依法治教理念,更加重视关爱残疾学生,坚持尊重差异、因材施教,坚持普特融合、提升质量,实现特殊教育公平而有质量发展,保障特殊学生顺利接受系统的义务教育,促进残疾儿童少年更好地融入社会生活,奠基未来生活的基础。

一、政策的背景与变迁

残疾人事业是高尚神圣的事业,是中国特色社会主义事业的重要组成部分。残疾人事业是"四个全面"战略布局的重要内容,全面建成小康社会,残疾人一个也不能少。以下政策是构成残疾小学生政策的主要内容,它们反映了残疾小学生政策的变迁:

《残疾人教育条例》于 1994 年 8 月颁布实施。为进一步保障适龄残疾儿童少年接受义务教育的权利,教育部等八部门于 2009 年 5 月 7 日发布《关于进一步加快特殊教育事业发展意见的通知》。党的十八大以来,保障残疾人权益的法律法规和工作机制进一步完善,残疾人基本公共服务全面拓展。2016 年 1 月 20 日,教育部办公厅发布《普通学校特殊教育资源教室建设指南》;2017 年 2 月《残疾人教育条例》修订通过;2017 年 4 月 20 日,教育部办公厅和中国残联办公厅发布《关于做好残疾儿童少年义务教育招生入学工作的通知》,在此基础上,2020 年 6 月 17 日,教育部印发《关于加强残疾儿童少年义务教育阶段随班就读工作的指导意见》,就随班就读单独作出规定;2019 年 12 月 31 日,财政部、教育部联合印发《特殊教育补助资金管理办法》;2021 年 4 月 10 日,为规范和加强特殊教育补助资金管理,财政部、教育部对《特殊教育补助资金管理办法》进行了修订。

二、主要内容

残疾小学生政策主要包括基于身份特殊性的随班就读政策,以及为了保障其顺利接受义务教育衍生的各种支持政策。

(一)随班就读政策

随班就读是保障残疾儿童少年平等接受义务教育的重要途径,是提高社会文明水平的重要体现,也是残疾小学生政策的核心内容。《关于加强残疾儿童少年义务教育阶段随班就读工作的指导意见》规定摘要如下:

l. 规范评估认定

随班就读对象是具有接受普通教育能力的各类适龄残疾儿童少年。每年 4 月底前,由县级教育行政部门会同残联、街道(乡镇)组织适龄残疾儿童少年家长及其他监护人开展入学登记,对适龄残疾儿童少年入学需求进行摸底排查,全面摸清名单。5 月底前,县级教育行政部门委托县级残疾人教育专家委员会,依据有关标准对残疾儿童少年身体状况、接受教育和适应学校学习生活能力进行全面规范评估,对是否适宜随班就读提出评估意见。

2. 坚持优先原则

结合区域义务教育普通学校分布和残疾儿童少年随班就读需求情况,加强谋划、合理布局,统筹学校招生计划,确保随班就读学位,同等条件下在招生片区内就近就便优先安排残疾儿童少年入学。为更好保障随班就读质量,可以选择同一学区内较优质、条件更加完善的普通学校作为定点学校,相对集中接收残疾儿童少年入学。

3. 强化控辍保学

将随班就读残疾学生作为控辍保学联保联检机制重点工作对象,利用中小学生学籍管理信息系统加强监测,委托残疾人教育专家委员会对初次安置后确不适应的残疾儿童少年进行再评估,根据残疾人教育专家委员会的意见适当调整教育方式,切实保障具备学习能力的适龄残疾儿童少年不失学辍学。

4. 注重课程教学调适

普通学校要根据国家普通中小学课程方案、课程标准和统一教材要求,充分尊重和遵循残疾学生的身心特点和学习规律,结合每位残疾学生残疾类别和程度的实际情况,合理调整课程教学内容,科学转化教学方式,不断提高对随班就读残疾学生教育的适宜性和有效性。有条件的地方和学校要根据残疾学生的残疾类别、残疾程度,参照特殊教育学校课程方案增设特殊课程,参照使用审定后的特殊教育学校教材,并为残疾学生提供必要的教具、学具和辅具服务。

5. 培养生活劳动能力

普通学校要针对残疾学生的特性,制订个别化教育教学方案,落实"一人一案",努力为每名学生提供适合的教育。既要重视残疾学生学习必要的文化知识,更要关注开发潜能、补偿缺陷,特别是要加强公共安全教育、生活适应教育、劳动技能教育、心理健康教育和体育艺术教育,帮助其提高自主生活质量和劳动能力,培养正确的生活、劳动观念和基本职业素养,为适应社会生活及就业创业奠定基础。

6. 完善残疾学生评价制度

要健全符合随班就读残疾学生实际的综合素质评价办法,将思想品德、学业水平、身心健康、艺术素养、社会实践、科学知识以及生活技能掌握情况作为基本内容,并突出对社会适应能力培养、心理生理矫正补偿和劳动技能等方面的综合评价,避免以学科知识作为唯一的评价标准,同时将调整过的知识和能力目标作为评价依据,实施个别化评价。对于完成九年义务教育、有继续升学意愿的随班就读残疾学生,要安排参加当地初中学业水平考试或单独组织的特殊招生考试。各地教育行政部门应依据国家有关规定为随班就读残疾学生参加中考提供相应合理便利条件。

7. 加强校园文化建设

接收随班就读学生的普通学校要在做好无障碍环境建设基础上,最大限度创设促进残疾学生与普通学生相互融合的校园文化环境,严禁任何基于残疾的教育歧视,积极倡导尊重生命、包容接纳、平等友爱、互帮互助的良好校风班风,生命多样化观念、融合发展理念,办成学校鲜明的特色。对随班就读学生,班主任和任课教师要加大关爱帮扶力度,并建立学生之间的同伴互助制度,在确定品学兼优的学生轮流给予关心帮助的基础上,鼓励全班学生通过"一对一""多对一"等方式结对帮扶。鼓励

微课：随班就读政策

通过征文、演讲、主题班会、微视频等形式展示关爱帮扶优秀事迹,大力弘扬扶残济困、互帮互助等中华民族传统美德。在课堂教学中,教师要安排好随班就读残疾学生与普通学生的交流互动,创设有利于残疾学生和普通学生共同学习成长的良好课堂环境。

案例

随班就读、特教学校、送教上门   让残疾儿童少年入学难成为过去式

也许,没有什么压力比做一名残疾儿童的家长更大了。

家住深圳市的戴女士育有一个患自闭症的儿子,尽管孩子具有初步的认知能力,但和普通的学龄儿童相比,交流能力、自理能力还是有很大差别。用她的话说,儿子是她"终其一生都要背起的担子"。

今年9月,这个担子"被减轻了一半",家门口的小学愿意接收这个男孩随班就读,他可以和所有适龄儿童一起入学。得知这个消息,戴女士心头不由一松:"我知道长路漫漫,但是这有希望的一大步迈出去了,就是最大的欣慰。"

这也许是改变一个残疾儿童人生的重要一步,也是我国残疾儿童教育跨出的一大步。今年6月,教育部出台《关于加强残疾儿童少年义务教育阶段随班就读工作的指导意见》,要求残疾儿童和每一个学龄儿童一起接受"公平而有质量"的教育。

(二)支持政策

为保证残疾小学生顺利接受义务教育,国家相关部门出台一系列支持政策。主要包括以下要点:

1. 提供补助资金

《特殊教育补助资金管理办法》规定,国家为特殊教育提供补助资金,用于支持特殊教育学校改善办学条件,支持特殊教育资源中心(教室)配置必要的设施设备,支持向重度残疾学生接受义务教育提供送教上门服务等。《关于做好残疾儿童少年义务教育招生入学工作的通知》规定,按特教学校标准足额拨付随班就读和送教上门的残疾学生生均公用经费;此外,在"两免一补"的基础上,提高补助水平,确保每一名家庭经济困难的残疾儿童少年都能入学。

2. 加强特殊教育学校建设

《关于进一步加强特殊教育事业发展的意见》提出,支持中西部地区特殊教育学校建设,在人口30万以上或残疾儿童少年相对较多,尚无特殊教育学校的县,独立建设一所特殊教育学校;不足30万人口的县,在地市范围内,统筹建设一所或几

所特殊教育学校。各地要统筹规划、合理布局,坚持标准,确保质量。东部地区也要加大投入,按照本地区特殊教育规划和国家有关建设标准做好特殊教育学校建设工作。

3. 配齐特殊师资力量

《关于加强残疾儿童少年义务教育阶段随班就读工作的指导意见》提出,选派具有一定特殊教育素养、更加富有仁爱之心和责任心的优秀教师,担任残疾学生随班就读班级班主任和任课教师;选派特殊教育专业毕业或经省级教育行政部门组织的特殊教育专业培训并考核合格、具有较丰富特殊教育教学和康复训练经验的优秀教师,担任特殊教育资源教师和巡回指导教师。加大教师的配备力度,并保持教师队伍相对稳定,满足随班就读教育教学工作基本需要。鼓励各地通过政府购买服务,探索引入社工、康复师等机制,承担随班就读残疾学生照护以及康复训练、辅助教学等工作。依托"国培计划"和地方各类教师培训项目,大力开展随班就读教师培训,将特殊教育通识内容纳入教师继续教育和相关培训中,提升所有普通学校教师的特殊教育专业素养。

理解·反思·探究

1. 简答题

(1) 什么是小学生政策?小学生政策的特点有哪些?可以分为哪几类?

(2) 小学生健康政策是在什么背景下出台的?经历了怎样的变迁?体育运动政策、营养状况政策、睡眠管理政策、近视防控政策、心理健康政策的主要内容有哪些?

(3) 小学生减负政策是在什么背景下出台的?经历了怎样的变迁?减轻作业负担政策、减轻校外培训负担政策、减负的配套政策的主要内容有哪些?

(4) 残疾小学生政策的概念是什么?是在什么背景下出台的?经历了怎样的变迁?随班就读政策和支持政策的主要内容有哪些?

2. 材料分析题

阅读下面材料,回答问题:假如你是该校的一名教师,请根据小学生政策的相关规定,谈谈你的看法以及应对措施。

A省B市经济较为发达。该校学生中"小眼镜"和"小胖墩"的现象比较明显。学生们课上不好好听讲,也不认真完成老师布置的作业。许多家长选择放学后将孩子送到课外补习班,有的家长甚至帮孩子安排了近十个培训课程。

拓展阅读

〔1〕余雅风,蔡海龙,等.中国教育改革开放 40 年:政策与法律卷〔M〕.北京:北京师范大学出版社,2019.

〔2〕安至正.中小学生守则的性质与功能〔J〕.教育科学研究,2016(4):1.

〔3〕陈若华,蔡斌.校园健康指南丛书:小学生健康指南〔M〕.上海:第二军医大学出版社,2015.

〔4〕张冰,程天君.新中国成立以来学生"减负"历程的回顾与反思〔J〕.教育科学,2019,35(6):33-39.

〔5〕李拉.我国随班就读政策演进 30 年:历程、困境与对策〔J〕.中国特殊教育,2015(10):16-20.

阅读建议:阅读材料进一步理解小学生政策在保障学生权利、监督学生履行义务、促进学生全面发展等方面的重要作用。

第六章

小学课程与教学政策

6

20 世纪末,世界基础教育改革进入变革热潮,这期间的变革从课程哲学到课程目标,从课程内容到课程实施,从课程评价到课程管理都进行了全方位的重构。面对世界基础教育跨世纪的大变局,我国的课程与教学政策也发生了重大的变化。进入 21 世纪以来,我国基础教育课程与教学改革全面推进,面向未来课程与教学的中国方案逐步完善。

● 本章导航

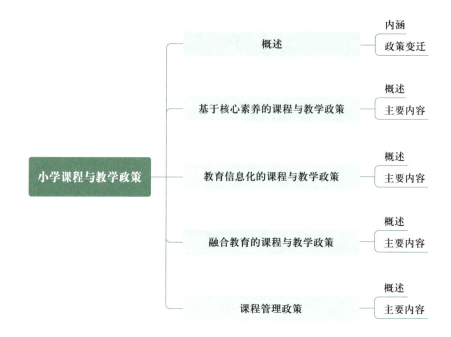

● 关键术语

课程与教学政策;核心素养;教育信息化;融合教育;课程三级管理

● 学习目标

1. 理解并掌握课程与教学政策的内涵和外延,掌握不同阶段的教育政策对课程和教学的相关要求,分析历次课程与教学改革政策对当时教育产生的影响。

2. 理解课程与教学政策的类型及基本价值取向,掌握基于核心素养的课程与教学政策、教育信息化的课程与教学政策以及融合教育的课程与教学政策的主要内容。

3. 掌握课程三级管理的不同内容,能联系实际执行新一轮基础教育课程改革政策。

第一节　概述

课程与教学是学校教育的基本工作，也是教育过程的主要环节，决定着教育的质量和结果。有效的课程与教学政策能够指引教育过程的顺利开展，促进教育健康有序地发展。课程与教学政策是课程与教学理论的重要内容，是教育实践的保证，也是理论与实践的中介。

一、课程与教学政策的内涵

对课程与教学关系的重新认识或调整，与国家推行的自上而下的课程改革、课程与教学研究的发展是分不开的。课程与教学政策是指国家教育行政部门为满足课程与教学权力的不同需要，调控课程与教学运行的目标和方向而制定的行动纲领和准则。

（一）课程政策

课程政策是指以党和政府为代表的公共权力机构为了解决课程问题，实现一定的课程目标，通过一定的程序制定的有关课程方面的行动方针、准则以及相应的行动过程，其表现形式包括课程规划、课程纲要、课程标准、课程方案、教材等文本形式以及相应的课程行动策略。[1] 课程政策的核心是课程权力的分配和再分配，主要包括：课程与教学政策制定中的参与权、课程与教学的决策权、课程与教学专业自主权、课程与教学内容的开发与设计，以及课程与教学的实施权等。

课程政策是一种有关课程问题的稳定的、连续的计划或行动的指南，通俗地说就是有关应当教什么以及作为课程开发指南的书面陈述，是教育行政当局针对目前社会需求、学生愿望及未来发展的趋势，依据国家教育宗旨与法令规章，确定课程计划，规划教学内容，调整课程结构，经由法定程序公布实施，成为行政部门或教育机构执行的准则，是从法律法规的角度确定的有关学校中应当传授什么的正式内容。

（二）教学政策

教学政策是指影响教学实施的所有政策。[2] 教学的整个环节包括教师、学生、教学工具以及教学过程中采用的教学方法等。教学政策作为一种政策具有一定的政治性、人力资源性和学术性，必须与国家的大政方针相一致，也需要与学生、教学内容、环境背景、社会发展需要、人才培养要求等相适应。我国的教学政策通常是指党和政府在某一历史时期为推动教学活动的实施与发展而制定的基本要求、行动准则、方针原则等。

在一段时间里，教学从属于教育、课程的范畴，这使教学政策也随之从属于教育政策、课程政策，以规范、计划、说明等形式出现在教育政策或课程政策中，并没有形

---

[1] 黄忠敬.课程政策［M］.上海：上海教育出版社，2010：7.

[2] BALL D L.Reflections and deflections of policy：the case of Carol Tuener［J］.Educational Evaluation and Policy Analysis，1990，12（3）：263-275.

成专门化的政策体系。

（三）课程政策与教学政策

课程与教学二者具有天然的联系，"教什么"的问题必然延伸到"怎么教"的问题，而"怎么教"的问题也必须追溯到"教什么"的问题，课程和教学既是教育活动的相互联系、交替而行的两个环节，也是由低级到高级、由量变到质变发展的两个体系，二者经历了分分合合的发展演变过程。1997年，国务院学位委员会办公室把课程论和教学论统一为"课程与教学论"，这在课程论与教学论的发展中具有划时代的意义。

2001年自我国新一轮基础教育课程改革以来，课程与教学的发展性质的关系被充分关照，以追求课程的全面创新。从课程目标观的创新、课程内容观的创新、课程结构观的创新、课程资源观的创新到课程评价观的创新，均有助于推动教学改革，课程与教学并不是割裂的孤立的存在，而是相互促进、共同发展。

课程与教学的发展伴随教育的变革和时代的发展而变化。随着课程改革的深入，必须有与之相适应的教学方法，教学方法改革才能保证课程改革的成功。因此，课程与教学政策也总是一体的。

课程与教学政策具有行为的准则性、目标的针对性、实施的程序性和内容法定性等特点。课程与教学政策是一种行动的准则，是为课程目标服务的，是按照一定的步骤、阶段与方式方法而进行的，课程与教学政策的内容是法定的，是由权力机关和行政部门制定并监督实施的。

二、政策变迁

随着课程与教学改革的深入，我国课程与教学政策变迁过程可梳理为如图6-1-1所示。

以改革开放为分水岭，课程与教学政策可以分为两大时期，即改革开放之前（1949—1977）和改革开放之后（1978年及之后）。从教育体制来看，改革开放之前政治的意识形态主导着教育的发展，对教育的影响很大，教育的自觉意识不强；改革开放后教育的本体意识和自主能力也逐渐增强。根据这两个时期课程与教学政策的不同特点，还可以细分为六个阶段，以下详述。

（一）改革开放前的课程与教学政策（1949—1977）

1. 社会主义改造阶段（1949—1956）

1949年12月23日至31日我国召开了第一次全国教育工作会议，强调要对旧教育实行"坚决改造，逐步实现"的方针，指出要"以老解放区新教育经验为基础，吸收旧教育有用经验，借助苏联经验，建设新民主主义教育"，初步建立起新中国中小学的课程体系、制度：（1）规定了中小学的课程门类，统一了课程安排和课时安排，优化了中小学课程的比例结构和衔接；（2）颁布了不少学科的新教学大纲；（3）进行教材改革。新中国成立之初主要使用旧教材，后来过渡到修改旧教材再到编写新的教材。从1951年秋季起，中小学开始使用人民教育出版社出版的、以《小学各科课程暂行标

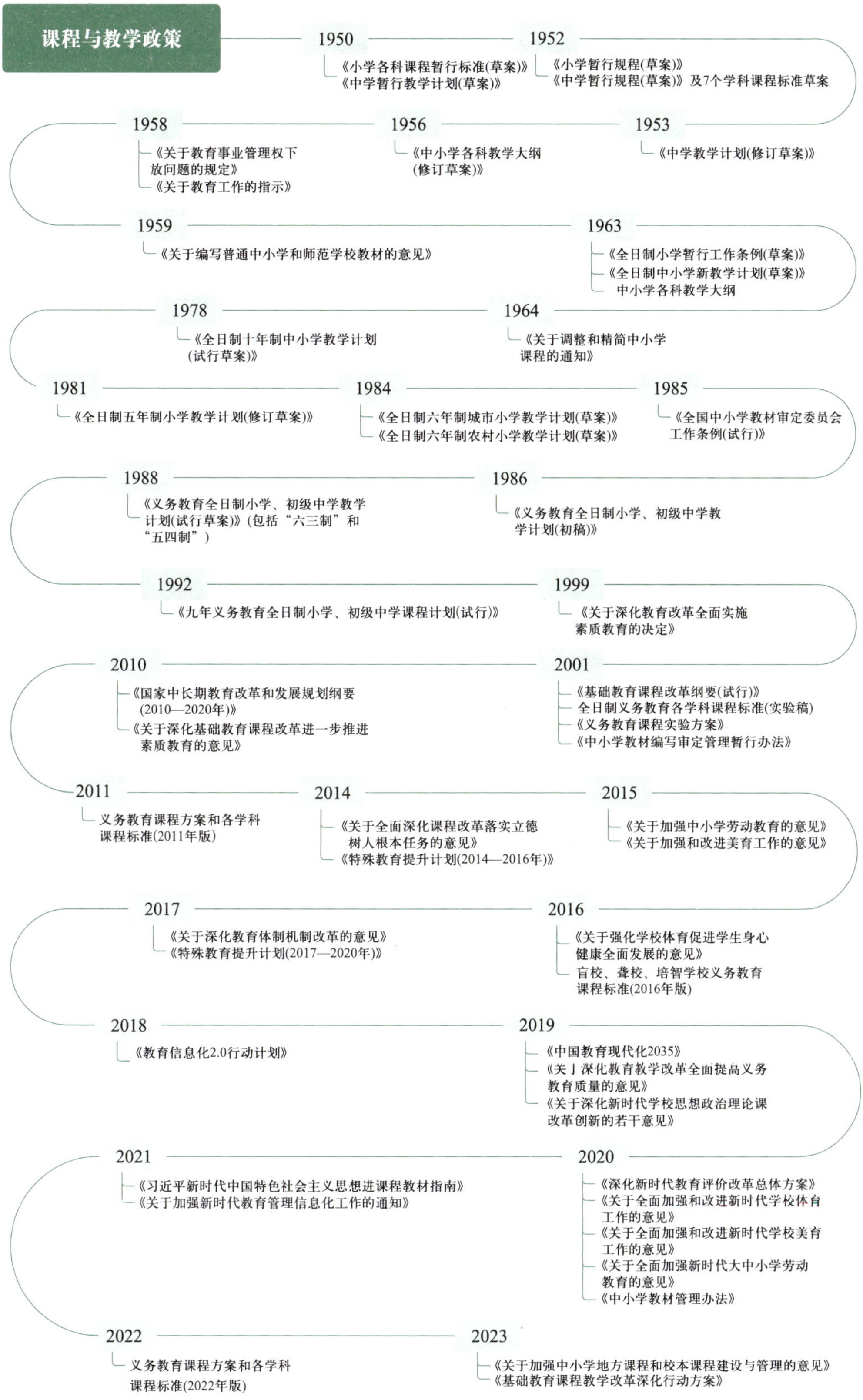

课程与教学政策

1950
《小学各科课程暂行标准(草案)》
《中学暂行教学计划(草案)》

1952
《小学暂行规程(草案)》
《中学暂行规程(草案)》及7个学科课程标准草案

1958
《关于教育事业管理权下放问题的规定》
《关于教育工作的指示》

1956
《中小学各科教学大纲(修订草案)》

1953
《中学教学计划(修订草案)》

1959
《关于编写普通中小学和师范学校教材的意见》

1963
《全日制小学暂行工作条例(草案)》
《全日制中小学新教学计划(草案)》
中小学各科教学大纲

1978
《全日制十年制中小学教学计划(试行草案)》

1964
《关于调整和精简中小学课程的通知》

1981
《全日制五年制小学教学计划(修订草案)》

1984
《全日制六年制城市小学教学计划(草案)》
《全日制六年制农村小学教学计划(草案)》

1985
《全国中小学教材审定委员会工作条例(试行)》

1988
《义务教育全日制小学、初级中学教学计划(试行草案)》(包括"六三制"和"五四制")

1986
《义务教育全日制小学、初级中学教学计划(初稿)》

1992
《九年义务教育全日制小学、初级中学课程计划(试行)》

1999
《关于深化教育改革全面实施素质教育的决定》

2010
《国家中长期教育改革和发展规划纲要(2010—2020年)》
《关于深化基础教育课程改革进一步推进素质教育的意见》

2001
《基础教育课程改革纲要(试行)》
全日制义务教育各学科课程标准(实验稿)
《义务教育课程实验方案》
《中小学教材编写审定管理暂行办法》

2011
义务教育课程方案和各学科课程标准(2011年版)

2014
《关于全面深化课程改革落实立德树人根本任务的意见》
《特殊教育提升计划(2014—2016年)》

2015
《关于加强中小学劳动教育的意见》
《关于加强和改进美育工作的意见》

2017
《关于深化教育体制机制改革的意见》
《特殊教育提升计划(2017—2020年)》

2016
《关于强化学校体育促进学生身心健康全面发展的意见》
盲校、聋校、培智学校义务教育课程标准(2016年版)

2018
《教育信息化2.0行动计划》

2019
《中国教育现代化2035》
《关于深化教育教学改革全面提高义务教育质量的意见》
《关于深化新时代学校思想政治理论课改革创新的若干意见》

2021
《习近平新时代中国特色社会主义思想进课程教材指南》
《关于加强新时代教育管理信息化工作的通知》

2020
《深化新时代教育评价改革总体方案》
《关于全面加强和改进新时代学校体育工作的意见》
《关于全面加强和改进新时代学校美育工作的意见》
《关于全面加强新时代大中小学劳动教育的意见》
《中小学教材管理办法》

2022
义务教育课程方案和各学科课程标准(2022年版)

2023
《关于加强中小学地方课程和校本课程建设与管理的意见》
《基础教育课程教学改革深化行动方案》

图 6-1-1 课程与教学政策发展轨迹图

准(草案)》和《中学暂行教学计划(草案)》为具体依据的十二年制中小学教材。为实行五年一贯制,人民教育出版社又编写出版了小学语文和算术课本。1952年公布了《小学暂行规程(草案)》、《中学暂行规程(草案)》及7个学科课程标准草案,这是第一个全面规范中小学课程的政策,明确了中小学学校教育宗旨,初步奠定了新中国中小学学校教育体系。

1956年,教育部颁布了新中国成立以来第一套比较齐全的中小学各科教学大纲——《中小学各科教学大纲(修订草案)》,人民教育出版社组织各学科专家编辑出版了第二套全国通用的中小学各科教材。

2. 社会主义建设初期（1957—1965）

1958—1960年"大跃进"时期,各地纷纷开展缩短学制的试验,教育界也批评教材存在"少慢差费"问题。1958年9月,中共中央、国务院发布了《关于教育工作的指示》。据此,全国开展了轰轰烈烈的"教育革命",在基础教育课程领域进行如下改革:下放课程管理权力;缩短学制,自编教材,自请教师;组织学生参加生产劳动,建设生产劳动课程;强化思想政治教育和对教师的思想改造。

1961—1965年为调整时期。在1961年召开的党的八届九中全会上,党中央确立了"调整、巩固、充实、提高"的方针,以纠正"教育革命"中出现的问题,并对基础教育课程作如下调整:(1) 统一管理基础教育课程。1963年3月,国家教育部颁布了《全日制小学暂行工作条例(草案)》,对小学课程实施统一管理,首次提出了"国定制"与"审定制"相结合的教材制度。(2) 制订新教学计划。1963年7月,教育部颁布了《全日制中小学新教学计划(草案)》,确立了"语文、数学"为小学核心课程,"语文、数学、外语"为中学核心课程。(3) 制订新教学大纲。1963年5月,教育部颁布了中小学各科教学大纲,重新确立了各学科的性质、任务和基本的教学内容,强调"双基"的掌握和训练。(4) 编写新教材。1961年秋季,新编十年制中小学教材开始在全国十年制的学校试用,这是人民教育出版社第三套全国通用的中小学教材;从1962年夏季开始,人民教育出版社又着手编写十二年制的中小学教材,于1963年秋季开始在全日制中小学校正式使用,这是全国通用的第四套教材。

3. "文化大革命"阶段（1966—1977）

"文化大革命"这一时期,新中国成立以来所建立起来的课程体系和制度被当作修正主义加以批判和废除。原有的中小学教材被视为资产阶级修正主义教育路线的产物而加以全盘否定,要求精简课程,建立"革命化"课程,各地"革命委员会"自定自编自审自用教材,科学文化基础知识和基本技能不再受重视。课程实施"政治化""实践化",采取"开门教学",实行"开门考试"。学校教育受到严重影响,没有正常化的教学过程。

（二）改革开放后的课程与教学政策(1978—2011)

1. 初步探索阶段（1978—1984）

从1977年"文化大革命"结束到1985年,是我国恢复教育秩序和初步探索建设有中国特色的社会主义教育的时期。1978年1月,教育部颁发了《全日制十年制中小学教学计划(试行草案)》,统一规定全日制中小学学制为十年,同时教育部组织各学科专家、学者和有丰富教学经验的教师共200多人,组织中小学教材编写工作会议,集中编写全国通用的十年制中小学教材。这套教材于1980年基本完成,其显著的特点是所有课程均为必修课程,没有选修课程。这套教材对当时教育战线完成拨乱反正,汲取历史经验教训,以及进行教学内容现代化改革,都起到了积极作用,做出了突出贡献。1981年对1978年颁布的《全日制十年制中小学教学计划(试行草案)》进行修订,颁布了《全日制五年制小学教学计划(修订草案)》。1984年,遵照邓小平同志"教育要面向现代化,面向世界,面向未来"的指示精神,以全日制五年制小学教学计划为基础,在吸收部分小学教学改革经验的基础上,教育部又颁布了《全日制六年制城市小学教学计划(草案)》和《全日制六年制农村小学教学计划(草案)》。

2. 改革探索阶段 (1985—1998)

1985年《关于教育体制改革的决定》出台,1986年《义务教育法》颁布进一步促进了课程改革。1988年,经国家教委批准,上海和浙江进行以地方层次课程决策为主的课程改革试点;1989年,国家教委批准根据不同地区的实际情况,编写多版本的教材,并在不同的地区进行实验,然后正式推广。另外,还设计了"五四"和"六三"两种学制的课程计划,以增强课程的弹性和可选择性,这样逐渐形成了"一纲多本"的局面。

进入20世纪90年代之后,我国政治、经济改革跨入了一个新的历史时期,各行各业对人才的要求也进一步提高。1992年,《九年义务教育全日制小学、初级中学课程计划(试行)》中规定了地方课程,由地方政府规定统一的课程计划与教学大纲,教材实行"一纲多本"。1993年2月,我国颁布的《中国教育改革和发展纲要》指出,中小学要从"应试教育"转向全面提高国民素质的轨道上,促进学生生动活泼地发展,鼓励中小学办出各自的特色。

3. 素质教育阶段 (1999—2011)

1999年中共中央、国务院颁布《关于深化教育改革全面实施素质教育的决定》,标志着中国教育进入素质教育时代。为贯彻落实决定精神,教育部于2001年启动面向基础教育的课程改革,出台《基础教育课程改革纲要(试行)》大力推进基础教育课程改革,调整和改革课程体系、结构、内容,构建符合素质教育要求的新的基础教育课程体系。同年,全日制义务教育各学科课程标准(实验稿)、义务教育课程实验方案颁布。2010年教育部颁布《关于深化基础教育课程改革进一步推进素质教育的意见》以进一步适应社会发展、教育改革的新要求。

我国基础教育课程改革从2001年启动,到2011年基本完成两轮改革试验,在此基础上国家提出了进一步深化课程改革的思路。

（三）新时代以来(2012年至今)

党的十八大以来,伴随着社会发展,我国基础教育课程改革目标也一直在嬗变中不断发展与完善。我国已经实现了义务教育全面普及,教育需求从"有学上"转向"上好学",教育发展对人才培养提出了新要求、新挑战,必须深化课程改革。2014 年,教育部出台了《关于全面深化课程改革落实立德树人根本任务的意见》,为人才培养模式转变和全面深化课程改革指引了方向,引导中小学教育:从单纯重视知识和技能向全面育人、综合育人转变,注重发挥学科教育的育人功能,把培育和践行社会主义核心价值观融入国民教育全过程,促进学生德智体美劳全面发展。

1. 加强思想政治教育、体育、美育、劳动教育阶段

2018 年,习近平总书记在全国教育大会上强调构建德智体美劳全面培养的教育体系。2019 年,中共中央办公厅、国务院办公厅印发了《关于深化新时代学校思想政治理论课改革创新的若干意见》,强调小学阶段重在启蒙道德情感,引导学生形成爱党、爱国、爱社会主义、爱人民、爱集体的情感,具有做社会主义建设者和接班人的美好愿望。2020 年,中共中央、国务院印发了《关于全面加强和改进新时代学校体育工作的意见》《关于全面加强和改进新时代学校美育工作的意见》《关于全面加强新时代大中小学劳动教育的意见》对体育、美育、劳动教育提出了要求:开齐开足体育,推广中华传统体育项目,逐步完善"健康知识 + 基本运动技能 + 专项运动技能"教学模式;美育课程全面开齐开足,充分挖掘和运用各学科蕴含的体现中华美育精神与民族审美特质的心灵美、礼乐美、语言美、行为美、科学美、秩序美、健康美、勤劳美、艺术美等丰富美育资源,逐步形成"艺术基础知识基本技能 + 艺术审美体验 + 艺术专项特长"的教学模式;小学劳动教育课每周不少于 1 课时,小学低年级要注重围绕劳动意识的启蒙,让学生学习日常生活自理,感知劳动乐趣,知道人人都要劳动,小学中高年级要注重围绕卫生、劳动习惯养成,让学生做好个人清洁卫生,主动分担家务,适当参加校内外公益劳动,学会与他人合作劳动,体会到劳动光荣。

2. 深化课程改革阶段

2022 年,为贯彻落实党的十八大、十九大精神,落实全国教育大会部署,全面落实立德树人根本任务,进一步深化课程改革,教育部印发《义务教育课程方案(2022 年版)》和语文等 16 个课程标准,并于 2022 年秋季学期开始执行。2022 年版课程标准,主要有以下变化:一是优化了课程内容结构。基于核心素养要求,遴选重要观念、主题内容和基础知识技能,精选、设计课程内容,优化组织形式。涉及同一内容主题的不同学科间,根据各自的性质和育人价值,做好整体规划与分工协调。设立跨学科主题学习活动,加强学科间相互关联,带动课程综合化实施,强化实践要求。二是研制了学业质量标准。依据核心素养发展水平,结合课程内容,整体刻画不同学段学生学业成就的具体表现,明确"学到什么程度",引导和帮助教师把握教学深度与广度。三是增强了指导性。各课程标准针对"内容要求"提出"学业要求""教学提示",细化了评价与考试命题建议,注重实现教、学、考的一致性,增加了教学、评价案例。党的二十大进一步强调"培养德智体美劳全面发展的社会主义建设者和接班人""发展素质教育""深化教育领域综合改革",这些要求为课程改革明确了前进的方向。

为贯彻党的二十大精神,落实立德树人根本任务,办好人民满意的教育,教育部决定推进实施"基础教育课程教学改革深化行动"。该行动于 2023 年启动,行动目标包括:通过有组织地持续推进基础教育课程教学深化改革,至 2027 年我国形成配套性的常态长效实施工作机制,培育一批深入实施新课程的典型区域和学校;总结发现一批教学方式改革成果显著、有效落实育人要求的教育教学案例;教师教学行为和学生学习方式发生深刻变化,教与学方式改革创新的氛围日益浓厚,基础教育课程教学改革形成新气象。

第二节　基于核心素养的课程与教学政策

自 20 世纪末经济合作组织发起了"核心素养的界定与选择:理论和概念基础"项目以来,核心素养已成为基础教育领域的重要指向,其本质是帮助个体实现自我,培养其成功地融入社会的正确价值观、必备品格和关键能力。

一、概述

核心素养是学生在接受相应学段的教育过程中,逐步形成的适应个人终身发展和社会发展需要的正确价值观、必备品格与关键能力。它兼具稳定性与开放性、发展性,是一个伴随终身可持续发展、与时俱进的动态优化过程,是个体能够适应未来社会、促进终身学习、实现全面发展的基本保障。

(一) 背景

1950 年 2 月,教育部召开普通中学数理化教材精简座谈会,强调要注意教材中的基础知识,但尚未提出"双基"概念。1978 年后,全日制十年制中小学教学计划、教学大纲和教材出台,中小学各科教学都强调"双基目标"教学,即基础知识与基本技能。2001 年启动的新课程改革的一个基本标准就是从"双基目标"走向"三维目标",即知识与技能、过程与方法、情感与价值观。

2001 年的课程改革聚焦于解决课程过于注重知识传授、过于强调学科本位,科目过多且缺乏整合,课程内容"繁、难、偏、旧",课程实施过程中的学生主体性不足与评价形式单一等一系列问题。此次课程改革取得初步成效,构建了具有中国特色、反映时代精神、体现素质教育理念的基础教育课程体系,各学科课程标准得到中小学教师的广泛认同。

同时,在 2001 年版课程标准的使用过程中,也发现一些内容、要求有待调整和完善。为贯彻落实《国家中长期教育改革和发展规划纲要(2010—2020 年)》,适应新时期全面实施素质教育的要求,深化基础教育课程改革,提高教育质量,教育部正式印发"义务教育语文等学科课程标准(2011 年版)",并于 2012 年秋季开始执行。

2011 年课程标准实施后,学生的素质教育取得显著成效,但也存在课程教材的系统性、适宜性不强,中小学课程目标有机衔接不够,部分学科内容交叉重复,学生的社会责任感、创新精神和实践能力较为薄弱等具体问题。为贯彻党的十八大和十八届三中全会提出的关于立德树人的任务,2014年教育部《关于全面深化课程改革落实立德树人根本任务的意见》,提出"教育部将组织研究提出各学段学生发展核心素养体系,明确学生应具备的适应终身发展和社会发展需要的必备品格和关键能力"。

依据学生发展核心素养体系,树立科学的教育质量观,进一步明确各学段、各学科具体的育人目标和任务,丰富素质教育的内涵,将核心素养融入课程的各个方面,进行整体性统筹规划,把学习内容和质量有机地结合在一起,建立以"学生核心素养"为统领的课程体系和评价标准,改革创新教育教学方法,是新时期立德树人的主要工作。

2022年4月21日教育部发布了义务教育课程方案和各学科课程标准(2022年版),再次强调了落实立德树人根本任务,并提出坚持德育为先,提升智育水平,加强体育美育,落实劳动教育,努力构建具有中国特色、世界水准的义务教育课程体系。

（二）意义

小学的课程目标从"双基"(基础知识与基本技能),到"三维目标"(知识与技能、过程与方法、情感态度与价值观),再到"核心素养"(正确价值观、必备品格、关键能力)的变化,是一个螺旋上升的过程,是从学科知识本位到"以人为本"的核心素养提升的过程,是我国基础教育从教书走向育人的重大变革。如果将落实"双基"比作课程目标的1.0版,那么三维目标是2.0版,核心素养是3.0版。

核心素养的提出对我国的基础教育课程与教学改革具有深刻的影响,进一步明确了新时代人才培养以及发展的要求。将核心素养融入课程的各个方面,进行整体性统筹规划,打破学科之间的界限,促进学科的融合,建立以核心素养为基础的课程体系,把学习内容和质量有机地结合在一起,为每个学生提供高质的教育服务和适应其个性化选择的教育机会,是课程与教学政策的终极目标。

微课:基于核心素养的课程与教学

二、主要内容

中国教育学会于2016年9月13日公布了《中国学生发展核心素养》,确定了"核心素养"的总体框架(图6-2-1)。具体包括:以培养"全面发展的人"为核心,分为文化基础、自主发展、社会参与3个方面,综合表现为人文底蕴、科学精神、学会学习、健康生活、责任担当、实践创新等6大素养,具体细化为人文积淀、人文情怀、审美情趣、理性思维、批判质疑、勇于探究、乐学善学、勤于反思、信息意识、珍爱生命、健全人格、自我管理、社会责任、国家

图6-2-1 核心素养总体框架

认同、国际理解、劳动意识、问题解决和技术运用等 18 个基本要点。[①] 各素养之间相互联系、相互补充、相互促进，在不同情境中整体发挥作用。中国学生核心素养概念的确定，标志着我国的基础教育渐趋于由传递知识转向建构知识，由技能本位转向素质本位，由学段教育转向终身教育，核心素养本位的课程与教学新体系的构建正式开始。

在课程中落实核心素养的要求，首先需要将核心素养转化为学科课程内容标准。将"核心素养"融入学科课程实际上就是用"核心素养"规约学科知识的秩序，进而明确哪些知识可以进入课程，哪些知识具有优先性，使课程内部的知识有序，也使不同学科课程形成稳定的秩序。

其次，向学生下放课程权力，提升学生个人知识的建构能力。"核心素养本位课程"需要关注学生个人知识的建构，因为"个人知识"是通过个人经验、主观理解和主体内化而得来的，因此，课程建设需要倡导教育民主，既要保证中央、地方、学校课程发展中的基本权力，又要促使课程权力向学生下放，为学生个人知识的建构提供制度环境。

再次，坚持国际化和本土化相结合的课程文化秩序。在信息化社会中，国际化与本土化共行，课程文化秩序的建立必须坚持国际化与本土化的有机结合。要在新的学校课程文化秩序中反映学生所处的时代背景以及生活需要；要在学校课程中将反映本土、本民族文化特质的文化内容放于课程秩序的首位；在内容选择与编排上要将能够彰显地域与民族的语言和风俗习惯的内容置于优先位置，使课程文化保持统一性、灵活性和多样化发展的良性秩序。

> 推荐阅读：《培养学生核心素养亟待教学转型》

（一）课程改革——通过课程改革落实核心素养

1. 改革课程体系建设，修订课程标准

新修订的课程标准将核心素养的培育均衡有效地分布于不同学科与不同学段之中，渗透于基础教育的课程目标、课程内容、课程实施以及课程评价之中，在尊重学生个性发展、持续发展与学习兴趣的基础上合理地确定课程内容与课程类别，不断促使学生形成适应时代发展需求的必备品格和关键能力，增加新时代课程标准的科学性与适切性。

2. 打破学科壁垒，促进学科融合

我国基础教育课程学科长期以来是分割并列的，既不利于学生综合运用多学科知识解决实际问题，也不契合对学生核心素养的培育。因此，应以学科融合为基点，以核心素养培育为导向，对中小学教材结构进行优化与重构。

（二）教学改革——通过教学实践落实核心素养

教师教学是基础教育课程改革成功与否的关键因素。学生发展核心素养明确了"21 世纪应该培养学生什么样的品格与能力"，可以通过引领和促进教师的专业发展，提升教师专业素养，优化教学过程，进而增强教师培育学生核心素养的能力——创造性改革教学模式，创设与核心素养培育有关的教学情境，善于挖掘和利用问题教学中

[①]　核心素养研究课题组. 中国学生发展核心素养 [J]. 中国教育学刊, 2016 (10) : 1-2.

的知识价值与能力价值,不断激发学生学习兴趣,引导学生在自主探究与合作学习中形成解决问题的创新意识和实践能力。

(三)评价改革——通过教育评价落实核心素养

核心素养的提出旨在促进学生的全面个性化发展,它不仅催生了教育评价理念的变革,同时也为科学地确定课程评价标准提供了契机。

2017年,中共中央办公厅、国务院办公厅印发《关于深化教育体制机制改革的意见》,指出要建立健全教育评价制度,建立贯通大中小幼的教育质量监测评估制度,建立标准健全、目标分层、多级评价、多元参与、学段完整的教育质量监测评估体系,健全第三方评价机制,增强评价的专业性、独立性和客观性。2019年,中共中央、国务院印发了《中国教育现代化2035》,其中提出要构建教育质量评估监测机制,建立更加科学公正的考试评价制度,建立全过程、全方位人才培养质量反馈监控体系。同年,中共中央、国务院《关于深化教育教学改革全面提高义务教育质量的意见》发布,文件指出要建立以发展素质教育为导向的科学评价体系,制定县域义务教育质量、学校办学质量和学生发展质量评价标准。

建立基于核心素养的学业质量标准,明确学生完成不同学段、不同年级、不同学科学习内容后应该达到的程度要求,把学习的内容要求和质量要求结合起来,可以有力推动核心素养的落实。在信息技术的支持下,依据综合素质评价、表现性评价等对学生进行科学评价,从参与、表现与结果多个层面测量学生的文化素养与能力结构,以保障教育质量的有效提升。

第三节　教育信息化的课程与教学政策

当代教育正呈现信息化、数字化、国际化的特点,课堂正在建构一种全新的视听世界——图文、符号、声音、文本等都将发生变革;互联网教育、网络学校、慕课教学、翻转课堂等新兴的教育教学的形态与手段,为学生的成长带来了基于信息技术文化的虚拟与真实并存的经验世界。在信息技术社会背景下教师与学生的身份、教学内容的承载方式、教学的组织形式等都将发生根本性改变。

一、概述

从我国基础教育信息化的发展历程来看,大致有三个阶段:

一是技术参与教育阶段,从20世纪90年代大致延续到2003年左右。该阶段的研究和实践领域聚焦于技术的表征形态,重点关注如何借助于技术改变学习内容的呈现方式。

二是技术变革教育阶段,大致延续到2013年左右。由于我国从2004年起启动了中小学教师教育技术能力提升工程,教育工作者开始将技术看作是变革教育的重要支持条件,从关注技术改变内容呈现形式转向关注技术改变教学形态,重点关注如何借助于技术来改变和调整教学过程,在此过程中产生了许多新的教学样式,也出现了许多重要的实践成果。

三是技术优化教育阶段,大致从 2013 年教育部启动中小学教师信息技术应用能力提升工程开始。教育工作者对于技术的关注日趋理性,技术应用参与到教育的全过程之中,更加关注如何借助于技术转变教育思维进而改进教育质量,从关注技术的教育应用转向关注技术的教育价值。

(一)背景

从 20 世纪 90 年代开始,我国陆续针对教育信息化颁布了一系列相关的政策,为中国教育信息化的发展提供保障。2000 年 10 月,教育部召开了全国中小学信息技术教育工作会议,确定以教育信息化带动教育现代化,并开通中国教育和科研计算机网(CERNET)实现中国学校间的计算机联网和信息资源共享,这成为中国教育信息化发展历程中的里程碑事件。

《国家中长期教育改革和发展纲要(2010—2020 年)》提出"到 2020 年,基本实现教育现代化,基本形成学习型社会,进入人力资源强国行列"的战略目标,并指出要高度重视信息技术对教育发展的革命性影响,在以教育信息化推动教育现代化的过程中,要充分利用优质资源和先进技术,加快教育信息基础设施建设,加强优质教育资源开发,并构建国家教育管理信息系统。2015 年,国务院印发《促进大数据发展行动纲要》,旨在全面推进我国大数据的发展和应用,并对大数据工程中的教育文化大数据做出具体界定,包括教育管理公共服务平台的建设、教育资源云服务体系的构建及教育方式的新型变革等。2017 年,国务院印发的《新一代人工智能发展规划》首次提出智能教育,同时强调利用智能技术来构建新型教育体系,加快开展智能校园建设、在线学习教育平台和教育分析系统开发以及教育环境的创设。2019 年,国务院印发《中国教育现代化 2035》,作为政策的顶层设计,以深化推进各级各类教育的普及与公平为经度,以教师队伍建设、教育信息化、教育国际化等为纬度,全方位推进教育现代化的总体目标,并努力形成全社会共同参与的教育治理新格局。

教育部于 2012 年发布的《教育信息化十年发展规划(2011—2020 年)》、2016 年发布的《教育信息化"十三五"规划》、2018 年发布的《教育信息化 2.0 行动计划》和 2021 年教育部印发的《关于加强新时代教育管理信息化工作的通知》,作为具有时代标志性的重要政策文件,从对我国教育信息化的发展做出十年部署,到对"互联网+"大环境下教育信息化的成效与问题的阶段性总结与目标厘清,再到推进教育信息化向 2.0 时代转段升级,以及提高解决系统与数据共享的服务的质量,目标不断提高,内涵不断丰富。一方面体现出教育信息化目标定位从基本的信息化环境建设,到作为教学的方法和手段的积极变化;另一方面也体现出在人工智能、大数据、区块链等新型技术的创新推动下,教育需要主动应对新技术所带来的新挑战的认知转变。[①]

---

① 王学男,赫晓单.教育治理视角下我国教育信息化建设政策与成效分析[J].基础教育参考,2021(4):7—11.

（二）意义

第一，促生新型教学模式。新技术的快速发展对规模化教育与个性化人才培养提出了新要求。根据中国互联网信息中心第 45 次《中国互联网络发展状况统计报告》，在我国有 26.9% 的网民为学生，网络及信息技术已成为学生成长的客观环境。信息技术打破了封闭的学习空间，提供了新型的教学和学习工具，链接了更加丰富多样的学习资源，为重塑传统教学模式中的关键要素提供了可能。

第二，加快智能化校园建设。通过搭建稳定的一体化平台，将学生的学习从封闭的学校拓展到家庭、社区、公共场所和工作场所等场域，并结合伴随式采集学生学习相关数据，为学生提供实时学习反馈，使学生的学习更加具备"智慧"性。在信息化时代的大背景下，加强智慧校园和智慧教室建设，优化多媒体终端和数字资源配置，统筹建设一体化智能化教学、管理与服务平台，从基本办学条件标准、资费、队伍和技术支持等方面建立长效运行维护机制，不断推进以学校为主体的教育信息化进程，以切实提升校园智能化水平。

二、主要内容

将教育信息化作为教育系统性变革的内生变量，支撑引领教育现代化发展，推动教育理念更新、模式变革、体系重构，是教育信息化发展的中国方案。《教育信息化 2.0 行动计划》是在党的十九大之后加快教育现代化、建设教育强国的重要举措。

《教育信息化 2.0 行动计划》的特征主要体现在：(1) "数据"是基础，教育相关的概念、行为及要素都要数据化；(2) "联接"是要义，教育系统内部通过数据联接，并与其他领域的外部系统实现"大联接"；(3) "开放"是策略，加强教育系统数据的开放性；(4) "智能"是驱动，通过智能技术来为教育数据赋能，达到个性化教育的目标。

其基本目标是：通过实施教育信息化 2.0 行动计划，到 2022 年基本实现"三全两高一大"的发展目标，即教学应用覆盖全体教师、学习应用覆盖全体适龄学生、数字校园建设覆盖全体学校，信息化应用水平和师生信息素养普遍提高，建成"互联网 + 教育"大平台，推动从教育专用资源向教育大资源转变、从提升师生信息技术应用能力向全面提升其信息素养转变、从融合应用向创新发展转变，努力构建"互联网 +"条件下的人才培养新模式、发展基于互联网的教育服务新模式、探索信息时代教育治理新模式。

为了完成基本目标，主要任务是从资金与硬件设施投入、软件与优质资源支持等方面进行整合。

（一）资金与硬件设施投入

一是，继续深入推进"三通两平台"，三通包括"宽带网络校校通""优质资源班班通""网络学习空间人人通"，两平台包括教育资源公共服务平台和教育管理公共服务平台。"宽带网络校校通"要实现提速增智，所有学校全部接入互联网，带宽满足信息化教学需求，无线校园和智能设备应用逐步普及。"优质资源班班通"和"网络学习空间人人通"要实现提质增效，在"课堂用、经常用、普遍用"的基础上，形成"校校用平台、班班用资源、人人用空间"。

　　二是,构建一体化的"互联网 + 教育"大平台。引入"平台 + 教育"服务模式,整合各级各类教育资源公共服务平台和支持系统,逐步实现资源平台、管理平台的互通、衔接与开放,建成国家数字教育资源公共服务体系。充分发挥市场在资源配置中的作用,融合众筹众创,实现数字资源、优秀师资、教育数据、信息红利的有效共享,助力教育服务供给模式升级和教育治理水平提升。

(二) 软件与优质教育资源支持

　　一是,持续推动信息技术与教育深度融合,促进教育信息化从融合应用向创新发展的高阶演进,信息技术和智能技术深度融入教育全过程,推动改进教学、优化管理、提升绩效。全面提升师生信息素养,推动从技术应用向能力素质拓展,使之具备良好的信息思维,适应信息社会发展的要求,应用信息技术解决教学、学习、生活中问题的能力成为必备的基本素质。

　　二是,为了实现基本目标,完成各项基本任务,将进行"八大行动":数字资源服务普及行动、网络学习空间覆盖行动、网络扶智工程攻坚行动、教育治理能力优化行动、百区千校万课引领行动、数字校园规范建设行动、智慧教育创新发展行动以及信息素养全面提升行动。

案例

教育信息化创新实践的典型样本:上海闵行区 [①]

【案例事实】

　　上海闵行区通过构建智慧学习环境、创新教学模式开展个性化教学支持服务,提高区域现代教育治理能力。具体措施包括:

　　(1) 全面加强数字校园建设

　　闵行区通过建设和利用创新实验室、数字化学科教室等学习空间促进新型教学模式的实践,并借助智能教学助手和智能学伴采集和分析学生的全过程学习数据,为学生设计个性化、定制化的学习路径。

　　(2) 学习技术进课堂

　　闵行区注重利用信息技术实现"因材施教"。主要通过基础教育阶段数字化教学全覆盖,利用"电子书包"记录学生学习的全过程、多模态数据,建立学习者画像,全面了解学生的特点,并结合学业、观察和调查等多种数据,对学生实行差异化教学,从而实现"因材施教",提升教学有效性。

　　(3) 开展个性化学习实践

　　闵行区实行学程定制化,即依托"闵智学堂平台"等教学平台,通过学生自

---

① 李冀红,万青青,陆晓静,等. 面向现代化的教育信息化发展方向与建议:《中国教育现代化2035》引发的政策思考[J]. 中国远程教育,2021(4):21–30.

主选择课程与区校推送课程相结合的方法采集学生学习的全过程数据,对学生进行特征描述和综合素质评价,为学生提供个性化的学习指导和服务,实现学程定制化。

(4) 构建教育云服务体系

闵行区结合上海教育云的整体规划,建设区域教育云服务体系,通过建设教育数据中台提高云平台的数据存储、管理和分析服务等能力,提高各类应用的响应效率。

(5) 促进教育治理现代化

闵行区采用"互联网 + 政务服务"的理念和模式对各类教育信息系统进行"云改造",实现包括教育数据、公共数据在内的各级各类数据的融通和共享,打通家校和社会之间的数据共享通道,深化各类数据的分析和应用,有效支持教育决策,提高教育监管效率,从而实现教育治理流程的优化。

【案例分析】

教育信息化 2.0 行动计划的主要任务是继续深入推进"三通两平台",实现三个方面普及应用。构建一体化的"互联网 + 教育"大平台。引入"平台 + 教育"服务模式,整合各级各类教育资源公共服务平台和支持系统,逐步实现资源平台、管理平台的互通、衔接与开放,建成国家数字教育资源公共服务体系。上海闵行区通过构建教育云平台、开发智能教学助手和智能学伴,重构学校的智慧学习环境和支持服务系统,为教师、学生、管理者、家长和市民提供匹配需求的服务供给。

第四节　融合教育的课程与教学政策

融合教育是 20 世纪最重要的教育理念之一,是全新的特殊教育理论。融合教育主张那些有特殊需要的儿童能真正地和其他正常发展的同伴一起参加学前教育、基础教育和高等教育,最大限度地发挥有特殊需要儿童的潜能。

一、概述

我国基础教育课程改革的导向是个性化教育,而融合教育关注的正是每一个学生的需要。我国随班就读被认为是融合教育的初级阶段,也是个性化教育的初级形式之一。

由基础教育课程改革的均衡性、综合性及完整性引发的普通学校教学模式的创新,促进特殊学生弹性安置,必然有利于融合教育工作的开展及逐步深化。

新课标为融合教育的教学内容、教学方法和评价改革都提供了科学依据,有利于在普通环境下为特殊学生提供有效的课程支持与教学。新课程有助于调动更多的教学资源,为有特殊教育需要的学生提供学习辅助器具和环境,并用更多的途径来帮助学生达成教育教学目标。

（一）背景

为贯彻落实党的十八大和十八届二中、三中全会精神,深入实施《国家中长期教育改革和发展纲要(2010—2020 年)》,加快推进特殊教育发展,大力提升特殊教育水平,切实保障残疾人受教育权利,教育部等七部门印发了《特殊教育提升计划(2014—2016 年)》,通过加大经费投入、加强特殊教育教师队伍建设和深化特殊教育课程教学改革等主要措施实现了全面推进全纳教育①,使每一个残疾孩子都能接受合适的教育的总体目标。

2016 年,教育部正式发布了《盲校义务教育课程标准(2016 年版)》《聋校义务教育课程标准(2016 年版)》《培智学校义务教育课程标准(2016 年版)》。盲、聋和培智三类特殊教育学校义务教育课程标准共涉及 42 门学科,其中盲校 18 门、聋校 14 门、培智学校 10 门,不仅规定了特殊教育学校义务教育体系的课程性质、目标、内容,也提出了教学、评价和实施的建议。三类特殊教育学校义务教育课程标准参照普通学校课程标准做了相应的调整与转化,既突出了课程的基础性,也呈现出融合的意图和倾向。

三类特殊教育学校义务教育课程标准还根据不同类型残疾儿童的特殊性分别研发了特色课程,强调了课程的补偿性及灵活性,如盲校定向行走、聋校沟通与交往、培智学校康复训练等。虽然从课程设计上特殊教育课程改革有融合意图,但并未脱离普通教育分科教学模式的框架。

2017 年为全面贯彻党中央、国务院关于办好特殊教育的要求,落实《国家教育事业发展"十三五"规划》《"十三五"加快残疾人小康进程规划纲要》,进一步提升特殊教育水平,教育部等七部门印发了《第二期特殊教育提升计划(2017—2020 年)》。通过完善特殊教育体系、增加特殊推荐阅读:《拥有尊严:
学生幸福的现实意蕴》教育保障能力、提高特殊教育质量,我国在 2020 年基本上实现了残疾儿童少年义务教育入学率达到 95% 以上的目标。

（二）意义

第一期特殊教育提升计划扩大了残疾人受教育机会,教育普及水平明显提高;财政投入大幅增长,保障能力持续增强;教师队伍建设和课程教材建设取得显著成效,教育质量进一步提升。

第二期特殊教育提升计划巩固了一期成果、进一步提升残疾人受教育水平的必

---

① 全纳教育(inclusive education)是 1994 年 6 月 10 日在西班牙萨拉曼卡召开的世界特殊需要教育大会上通过的一项宣言中提出的一种新的教育理念和教育过程。全纳教育作为一种教育思潮,它容纳所有学生,反对歧视排斥,促进积极参与,注重集体合作,满足不同需求,是一种没有排斥、没有歧视、没有分类的教育。"全纳教育"理念指向整个教育领域,是"融合教育"发展的方向。

然要求,是推进教育公平、实现教育现代化的重要任务,是增进残疾人家庭福祉、加快残疾人小康进程的重要举措。

我国特殊教育改革已从以往"缺陷补偿"向"潜能开发"转折,进而指向更高层次的"注重潜能开发与功能改善相结合"教学原则。今后,特殊教育将进一步遵循残疾学生的身心特点和学习发展规律,推进差异化教学和个别化教学,提高教育教学的针对性,及时调整教学观念和教学方式,合理把握教学容量和难度要求,通过多种方式开发学生潜能,将发展的可能性变为发展的现实性,促进残疾学生全面发展、更好融入社会。

当前我国特殊教育对象主要为残疾儿童少年,但是广义特殊教育的对象是所有与普通人相比存在显著差异的儿童少年,如存在注意缺陷多动障碍和学习障碍的儿童少年,他们的特殊教育需求刚刚开始显露,这些儿童接受特殊教育服务的呼声日益增强。未来我国特殊教育的发展会从更大范围上满足不同的特殊教育需求。

二、主要内容

为了保障以融合教育作为导向的特殊教育质量提升的现代化,我国的融合教育政策主要从地方支持体系、融合课程建设和师资与教育质量提升等方面进行了规定。

(一)特殊教育地方支持体系

区县建立由教育、心理、康复、社会工作等方面专家组成的残疾人教育专家委员会,健全残疾儿童入学评估机制,完善教育安置办法。建立部门间的信息交流共享机制。没有特殊教育学校的区县,依托有条件的普通学校,整合相关方面的资源建立特殊教育资源中心。各级教研机构配备专职和兼职特殊教育教研员。鼓励高等学校、教科研机构以多种形式为特殊教育提供专业服务。

(二)融合课程建设

依据盲、聋和培智三类特殊教育学校义务教育阶段课程标准,编写完成中小学各科教材。研制多重残疾、孤独症等课程指南。

推进差异教学和个别化教学,提高教育教学的针对性。加强特殊教育信息化建设和应用,重视教具、学具和康复辅助器具的开发与应用。创新随班就读教育教学与管理模式,建立全面的质量保障体系。完善特殊教育质量监测制度,探索适合残疾学生发展的考试评价体系。

(三)师资与教学质量提升

为避免特殊儿童进入普通学校以后出现"随班混读""随班就座"的现象,需要开展分类培训,加强融合教育师资队伍建设,不断提高融合教育专业水平。

第一,开展普通学校教学管理人员培训。绝大多数普通学校管理人员都没有系统接受过特殊教育专业知识技能的学习培训,因此,普通学校教学管理人员的培训首先应从更新教育理念入手,从根本上反思教育的意义和价值,重新审视自己的教育观、学生观和课程观。其次应普及相关法律法规,依法开展教育教学的管理工作。最后开展融合教育管理的相关知识和技能培训,助其从教师安排、教学资源调配等方面做出合乎需要的整体性安排,给予接纳特殊儿童随班就读的教师相应的支持和帮助。

第二,开展普通学校资源教师培训。资源教师是特殊教育和普通教育沟通的桥梁,负责对特殊儿童进行个别辅导、补救教学,为普通班教师和家长提供咨询与支持服务。培训资源教师应聚焦特殊教育专业知识和能力的提升,通过培训,资源教师应掌握融合教育的基本理论和特殊儿童评估的一般方法,会使用基本的评估工具,能协调实施全校特殊学生的转介与鉴定工作;掌握个别化教育计划的制订方法,能与普通班教师、家长一起编拟个别化教育计划,并对其执行效果进行评估;了解积极行为支持、课程调整的基本策略,能与普通班教师共同研究特殊学生的学习和行为问题。

第三,开展特殊教育巡回指导教师培训。融合教育的推进离不开特殊教育专业人员的持续跟进支持,巡回指导教师是提升融合教育实施质量的重要专业支持力量,打造一支责任心强、结构合理、专业素养深厚的特殊教育巡回指导团队是当下推进融合教育工作的迫切需求。在培训形式上,不仅要有理论学习,更要有基于问题导向的实践研修,这样才能帮助普通学校教师真正掌握开展融合教育的策略和方法,助力每一位学生的成长和发展。

第五节　课程管理政策

课程分级管理是建立在基础教育课程改革的现实需求与发展趋势的基础上,统合集中管理与分级管理的优势,努力满足国家、地方、学校及学生对课程的多样性、灵活性的需求,增强课程适应性的改革措施。建立由国家、地方、学校三级构成的课程分级管理体制是新一轮基础教育课程改革的重要目标。

一、概述

随着我国经济体制由计划经济向市场经济转变,政治体制改革也在不断走向深入——逐步建立和健全社会主义民主与法治,实现决策的科学化与民主化,从制度上保证人民能够参政、议政,加强民主监督、民主评议,建立透明、公开、公正的政治体制。教育体制改革也在不断深入,课程管理重心由中央下放到地方,再由地方下放到学校。

（一）背景

在 1985 年之前的 30 多年时间里,课程完全由国家决定,国家负责全国性课程方案的制定,课程的决策权也基本集中于教育部,课程管理模式是国家模式。

1985—2000 年,经历了第六次、第七次课程改革后,我国课程管理模式从相对僵化、一纲一本、高度集中逐步走向一纲多本,国家、地方学校三级课程管理。1985 年中共中央《关于教育体制改革的决定》对我国的教育体制进行了大力度的改革,1986 年 4 月颁布的《义务教育法》又以法律的形式规定了教育权力下放的原则,规定义务教育实行地方负责、分级管理。1992 年《九年义务教育全日制小学、初级中学课程计划（试行）》首次提出地方安排课程："地方课程由各省、自治区、直辖市教育委员会，教育厅（局）根据本地实际情况和需要制定。"1993 年颁布的《中国教育改革和发展纲要》也对教育体制改革作出了具体规定。由此，"国家 + 地方"的课程管理模式形成，地方成为课程管理的权力主体之一，拥有实际指导与开发地方课程与乡土课程的权力。

1999 年 6 月第三次全国教育工作会议之后，中共中央、国务院发布《关于深化教育改革全面推进素质教育的决定》，提出"试行国家课程、地方课程、和学校课程"。2001 年 6 月，国务院颁布《关于基础教育改革与发展的决定》指出："实行国家、地方、学校三级课程管理。"同时，教育部印发了《基础教育课程改革纲要（试行）》指出"改变课程管理过于集中的状况，实行国家、地方、学校三级课程管理，增强课程对地方、学校及学生的适应性"，这标志着国家、地方、学校三级课程管理的正式实施。

2023 年，基于三级课程二十余年的实践探索，同时为进一步激发地方和学校活力，教育部发布《关于加强中小学地方课程和校本课程建设与管理的意见》。该意见针对一些实践问题，提出"要明确地方课程的功能定位，注重涵养学生家国情怀，铸牢中华民族共同体意识，防止把地方与国家割裂开来，忘记地方文化是中华文化不可分割的一部分；要科学安排课程设置，原则上在部分年级开设，一个年级最多开设一门，防止用地方课程挤占甚至替代校本课程；要加强科学设计和专业论证，组织研制课程纲要，强化综合性、实践性，并丰富课程载体形式，特别是加强对地方课程必要性的论证，防止与国家课程内容简单重复"等要求。

（二）意义

课程管理模式由"国家模式"到"国家 + 地方"模式再到现在的"国家 + 地方 + 学校"模式，标志着我国开始步入良性的课程政策发展之路。

"三级管理"的课程政策是教育民主化、科学化原则在课程领域的具体体现。教育民主化不是简单意义上的绝对均衡，高度统一的课程对不同地区、不同学校的学生不是真正意义上的公平。三级课程体系将使学校教育课程更切合当地和学生的实际，适应社会对教育需求的多样性和复杂性，进而有效地提高教育效益。

"三级管理"的课程政策有利于课程资源的开发，促进课程多样化发展。实践表明，统一的课程计划、单一的课程结构，难以适应社会的急剧变化和科技的飞速发展，严重阻碍我国基础教育课程的发展。三级管理有利于调动各方面的积极性，吸引广大教师参与课程研究和编制工作，将提高课程资源的开发与利用的效益；在一定程度上也激活了课程编制的竞争机制，总体上有助于课程科学水平的提高。

"三级管理"的课程政策符合了世界各国基础教育改革的大趋势，有利于提高人才培养质量。三级课程管理模式改变了过去我国基础教育课程政策过分集中于国家的状况，给予地方和学校一定程度的课程自主权，力图找到三者之间的结合点，使它们相互协调、相互配合，共同参与课程决策并承担相应的责任，促进课程改革的深化发展，有助于全面推进素质教育，符合世界各国基础教育改革的大趋势。

通过课程领导与课程管理,各管理主体的课程管理意识、行为、能力都有了提升与改善,尤其是地方与学校的主体地位得到了明确的凸显,课程管理过于集中的状况得到一定改善,各级各类课程在动态中逐步调整,实现各方利益的最大化。

二、主要内容

国家课程、地方课程、校本课程最终都要落实在学校的教育教学过程中,三类课程本身是融为一体的。三类课程在课程体系中,都是基础教育课程的重要组成部分,都有各自独特的功能、作用,三者是相辅相成的。三类课程,表面上看是不同主体权力分配的问题,可以明确权限范围,实际上是对课程资源的重新组合,更应在课程资源的开发、转化和利用问题上下功夫(表6-5-1)。

表6-5-1 国家课程开发与校本课程开发的区别 [①]

项目	国家课程开发	地方课程开发	校本课程开发
课程目标	以开发全国统一的课程方案为目标	以开发具有区域性、本土化的课程方案为目标	以开发符合学生、学校或地方的特殊需要的课程方案为目标
参与人员	课程开发多是学者专家的权力	由省级行政部门组织专家、教师及其他有关人员参与	所有的课程利害关系人士均有参与课程开发的权力,因此,学校成员与校外人士均可参与课程开发

(一)国家课程开发及管理

国家课程是国家教育权力机构依据培养目标,着眼于学生发展的基本要求和共同的质量标准,组织编制的全国统一执行的课程。它体现统一性、基础性、发展性,体现国家的意志,是目前整个基础教育课程的主体部分。

教育部总体规划基础教育课程,制订基础教育课程管理政策,确定国家课程门类和课时,制订国家课程标准,积极试行新的课程评价制度。

(二)地方课程开发及管理

各级地方教育行政部门要依据国家课程政策、本省实施国家课程的计划和指导意见,结合本地区实际,确定国家课程比例的上下限,以及不同学段、年级的具体课时,确定7—9年级选择综合课程,还是选择分科课程,或者是选择综合与分科相结合,以此来编制本地实施国家课程的方案。

地方要提高课程实施水平,结合本地区、本学校的具体情况,对国家课程的实施、操作进行调整、充实和完善,提出富有本地、本校特色的具体操作要求和规定,对国家课程进行"二度开发"。地方教育行政部门要建立基础教育教学质量监控制度,从实施过程和实施结果两个方面开展对国家课程实施水平的评估。从本地区基础教育发展的不平衡性出发,对提高国家课程的实施和管理水平,分类、分层、分步提出要求,

① 徐玉珍.校本课程与国家课程开发关系评析[J].教育科学研究,2002(5):16-18.

逐步实施到位。

省级教育行政部门依据国家课程管理政策和本地区实际,制订本省(自治区、直辖市)实施国家课程的计划,规划地方课程,报教育部备案并组织实施。经教育部批准,省级教育行政部门可单独制订本省(自治区、直辖市)范围内使用的课程计划和课程标准。

地方课程的主要特点是区域性、本土化。地方课程可直接反映地方社会、经济、文化发展的需求与特色,有效增强课程的地方适应性。根据地方的实际,确定地方课程所占的课时比重,充分利用、合理安排这些空间,将国家课程的实施与本地课程资源的利用、开发有机结合。

地方课程的设置应完整地包含课程目标、课程标准、课程内容、课程实施办法、课程评价、课程管理等方面的要求。要防止规划、开发中的盲目性、随意性、简单化倾向。

地方课程的评价要探索多种生动活泼的评价方式。地方教育行政部门要加强对地方课程实施的管理,尤其要重视课程的评价和检查,做到地方课程的规划与开发、管理与实施之间的相互衔接、相互配套、落实到位。

（三）校本课程开发及管理

学校在执行国家课程和地方课程的同时,应视当地社会、经济发展的具体情况,结合本校的传统和优势、学生的兴趣和需要,开发或选用适合本校的课程。其目的是培养学生的兴趣和需要,形成和发扬学校的传统和优势,其特点是灵活多样。各级教育行政部门要对课程的实施和开发进行指导和监督,学校有责任反映在实施国家课程和地方课程中所遇到的问题。

校本课程的指导与管理以市、县教育行政部门为主,要用足、用好校本课程的规定课时,课程可以集中使用,也可以分散使用,但不能随意挤占和挪用。地方教育行政部门要组织教研、科研、高校等机构的专家学者和社会各方面的力量,为建设校本课程提供理论、技术、信息和培训等方面的服务;要提供理论指导,使校本课程的建设符合课程发展的趋势和基本规律,既规范化、科学化,又体现时代性和创造性;要提供技术扶持,使校本课程开发与实施的目标、程序与策略,合理、简明、有效;要提供信息咨询,及时传递国内外课程改革的信息,拓宽学校课程改革的视野;要提供师资培训,增强和提高教师的校本课程开发意识和能力,提高课程实施和操作水平。

（四）教材管理

从新中国成立至 1984 年,我国采用的是"一纲一本"的国定制教材。1958 年,中共中央和国务院发布了《关于教育事业管理权下放问题的规定》,在一定程度上打破了"一纲一本"的教材制度,但是由于缺乏统一化的管理,造成各地区教材知识形式化、系统性差、脱离实际等问题,并未真正实现"多纲多本"的教材制度。1959 年颁布的《关于编写普通中小学和师范学校教材的意见》对 1958 年教材编写权力下放的做法进行了反思,认为通用教材有必要收归教育部。1985 年至 1986 年,《全国中小学教材审定委员会工作条例(试行)》的颁布、全国中小学教材审定委员会的成立,标志着我国正式确立了编审分离的教材制度。2001 年《中小学教材编写审定管理暂行办法》对中小学教材审定委员会及有关部门的审定工作作出了明确规定。目前该文件已废止。

新时代以来国家出台了系列规范、指导教材建设的有关政策。2015 年，国家新闻出版广电总局、教育部、国家发展改革委还针对教辅材料，制定了《中小学教辅材料管理办法》。2017 年，国家相继成立教材局和教材委员会，把教材建设和管理推上了更高的层级。[①] 为贯彻党中央、国务院关于加强和改进新形势下大中小学教材建设的意见，加强党对教材工作的全面领导，建立健全教材管理制度，提升教材管理科学化规范化水平，2020 年教育部印发《中小学教材管理办法》，2021 年，为进一步加强民族地区中小学少数民族文字教材管理，切实提高教材建设水平，确保教材坚持正确的政治方向，体现社会主义核心价值观，铸牢中华民族共同体意识，培养德智体美劳全面发展的社会主义建设者和接班人，教育部印发《中小学少数民族文字教材管理办法》；2021 年，为扎实推进习近平新时代中国特色社会主义思想进课程教材，落实立德树人根本任务，国家教材委制定的《习近平新时代中国特色社会主义思想进课程教材指南》指出，小学阶段的教材重在启蒙引导，在幼小心灵里埋下爱党爱国爱社会主义的种子。2022 年，党的二十大明确强调要"加强教材建设和管理"。

《中小学教材管理办法》根据新形势、新要求加强了国家统筹、全过程管理、审核把关，提高教材编写门槛。思想政治（道德与法治）、语文、历史课程教材，其他意识形态属性较强的教材，以及涉及国家主权、安全以及民族、宗教等内容的教材，实行国家统一编写、统一审核、统一使用。该办法明确管理职责，规定各级教育部门和学校的相应职责任务；突出政治方向和价值导向，在教材编审用各环节加强政治把关；实行中小学教材审定制度，细化标准和程序，规定"凡编必审""凡选必审"，未经审定的教材，不得出版、选用；明确义务教育学校不得选用境外教材；从政治、专业、品德等对主编和编写人员提出了比较高的要求；健全激励保障措施，明确监督检查责任和问责情形；明确校本课程由学校开发，要立足学校特色教学资源，以多种呈现方式服务学生个性化学习需求，原则上不编写出版教材。

理解·反思·探究

1. **简答题**

(1) 简述新中国课程与教学政策的演变过程。

(2) 什么是学生的"核心素养"？试述 2001 年以来的三次课程政策的变化。

(3) 教育信息化政策对教学改革有什么影响？

---

① 柯政. 改革开放 40 年教材制度改革的成就与挑战[J]. 中国教育学刊,2018(6):1-8.

(4) 融合教育的有关政策,主要涉及哪些问题?

(5) 课程管理政策涉及哪几个方面?

2. 材料分析题

阅读下面材料,从教育改革与课程改革的视角分析:

(1) 课程改革需要学校、教师和教育管理部门做出哪些改变?

(2) 学校应如何做好学校课程整体规划、学校学科发展指导方案和单元规划方案?

国家课程方案的学校课程转化①

2022 年新修订的义务教育课程方案和课程标准引起了社会各界的广泛关注。国家课程方案只有转化成学校的规划以及教师的行为,才能真正作用在学生身上。事实上,国家课程方案的课程转化不仅是课程方案具体化的过程,还是课程形态发生改变但课程理念不变的过程。在这个过程中,国家课程方案是政策,是指导学校课程转化的基础依据与根本出发点,学校课程规划、教师领悟以及实施的课程等都要体现国家课程方案的总体要求。因此,转化国家课程新方案,学校应做好三个规划,即学校课程整体规划、学校学科发展指导方案和单元规划方案。

拓展阅读

[1] 林崇德.21 世纪学生发展核心素养研究[M].北京:北京师范大学出版社,2016.

[2] 黄敬忠.课程政策[M].上海:上海教育出版社,2010.

[3] 王学男,赫晓丹.教育治理视角下我国教育信息化政策与成效分析[J].基础教育参考,2021(4):7-11.

阅读建议:阅读《21 世纪学生发展核心素养研究》第三、四章,结合课程与教学政策,思考如何在教育教学中培养学生的核心素养;详细阅读《课程政策》第二、三、四章,结合现行课程与教学政策,分析其历史背景、价值取向和权力分配;阅读文献,了解分析教育政策效果的思路。

---

① 崔允漷,郭华,吕立杰,等.义务教育课程改革的目标、标准与实践向度(笔谈):《义务教育课程方案和课程标准(2022 年版)》解读[J].现代教育管理,2022(9):6-19.

下　篇
教育法律

第七章

教育法总论

7

依法治教是我国教育事业发展的基本要求,已作为推进我国教育现代化进程的一项基本原则写入《中国教育现代化 2035》中。对于我国小学教师而言,只有学习掌握基本的教育法学知识,不断提升自身的法治意识,培养尊重权利的法治思维,才能成长为一名知法、守法、懂法的现代小学教师。这不仅有利于保障学校、教师和学生各主体的合法权益,也有利于促进学生的全面发展和教师的专业发展。

● 本章导航

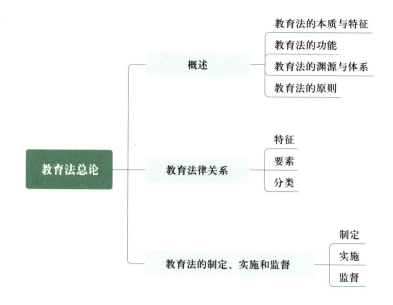

● 关键术语

　　教育法;教育法的体系;教育法律关系;权利与义务;教育法的制定、实施和监督;教育督导

● 学习目标

　　1. 正确理解教育法的本质及其特征,熟知教育法的功能和原则,掌握当前我国教育法的体系。

　　2. 正确理解教育法律关系的概念,了解教育法律关系的构成要素,能够运用教育法律关系的性质和构成要素对实践中的教育法律问题进行分析。

　　3. 理解并掌握教育法制定、实施和监督等教育法治的不同环节。

第一节 概述

教育法是一个复杂、特殊的社会规范系统。教育法作为现代法治国家法律体系的重要组成部分,具有不同于其他上层建筑的特征。同时,作为专门规范教育领域权利与义务关系的法律规范,教育法又具有特殊的原则和表现形式,并形成内部协调、稳定的体系。

一、教育法的本质与特征

教育法作为专门调整教育活动的一种法律规范,有其自身的本质属性。

(一)教育法的本质

第一,教育法是由国家制定或认可的。制定和认可是国家创制法律的两种基本形式。法的制定是指专门的国家机关制定、修改和废止法律的活动,是我国法律创制的主要途径;认可是指赋予已有的行为规范、习俗、习惯等以法律效力。教育法是国家的权力机关在法定的权限范围内,依照法定的程序制定或认可的。

第二,教育法是一种行为规范。行为规范即人们在社会生活中必须遵循的行为规则或行为模式,主要通过规范人的行为来调整一个社会中人与人之间的关系。教育法是调整教育领域不同主体间权利与义务关系的行为规范,通过确立不同主体的权利与义务,保证教育的实施。

第三,教育法是以国家强制力保障实施的行为规范。行为规范包括道德规范、宗教规范、法律规范等。教育法是以国家强制力保障实施的法律规范,这也是教育法不同于其他行为规范的重要特点。教育法具有国家强制性,是以国家强制机构(包括警察、法院、监狱等)通过强制措施作为后盾的。

(二)教育法的特征

教育法作为涉及教育与法律两大学科领域,专门调整教育法律关系的法律部门,不仅具有法律的一般特性,还具有特殊性。

1. 规范性

教育法是一种社会规范,是调整教育领域不同主体行为的法律规范的总称。法律规范是社会规范的一种,它是通过国家的权力调整人们社会关系的比较定型的、基本行为准则。为了实现党和国家的教育方针,教育法规定了教育法律关系的主体,在一定情况下必须作出某种行为或必须不作出某种行为,即教育法律关系的主体应当享有什么样的权利或应当承担什么样的义务,从而为人们的行为提供了模式、标准和方向。

2. 强制性

教育法具有国家意志性,它以法律的形式调整教育关系,以国家强制力保障教育法的执行,因而具有强制性。教育是培养人的社会活动,教育活动本身很少具有强制性,而经过法律规定的教育制度、教育内容与措施等,就具有了强制性的特点。这种强制性主要体现为靠国家暴力机关、权力机关、政府机关强制性地保障教育活动顺利实施和教育目的有效实现。教育法的强制性是针对权利和义务的双方主体而言的，它要求政府及其教育行政机关、学校、教师、学生遵守法律，对违反教育法的行为，都须追究法律责任。

3. 教育性

法律具有对人意识影响的普遍教育作用。教育法的教育性是主要的、直接的。这种教育性主要是指通过确立法定的权利与义务关系，指导、规范人们的行为；通过协调、评价他人的行为，奖励有功者，惩罚违法犯罪者；通过各种行为结果的法律评价，人们可以预测行为结果，从而树立守法观念。教育法与其他以追究违法者的法律责任为目的法律不同，教育法本身带有明显的育人特点。

教育法的调整对象是一个国家为了实现教育目的在开展活动过程中所产生的各种社会关系。教育法所确认的人们在教育方面的权利与义务，无不是为了培养人，实现教育目的。

4. 超前性

教育立法从内容上、形式上具有适度的超前性。从我国实际情况来看，教育法的超前性也是与我国的教育发展实际相联系的。我国幅员辽阔，人口众多，经济和社会发展的不平衡，造成了东西部地区、城市与农村地区在教育发展上的不均衡，这也使教育法的内容和目标与教育法的具体实施之间有一定的差距。教育法的超前性可以保证教育法的相对稳定，进一步增强教育法的效力。

5. 客观规律性

法律具有长期稳定性的特点，这就要求教育立法必须结合不同领域的客观规律，把握其发展方向。教育立法的原则之一就是遵循教育的客观规律。教育法与其他法律一样，是上层建筑的组成部分，是一定社会或统治阶级意志的体现。但它不是随心所欲的，必须遵从教育规律的客观要求。教育立法本身就是通过客观的立法规律，总结立法经验、比较各种立法方案，进行立法价值选择的严肃的、科学的工作。

现代教育区别于以往任何一种教育的一个特征就是教育教学活动的日益复杂化和有序化。现代社会的发展对人才数量和质量有了更高的要求，同时也对人才培养更加规范化，逐渐形成现代社会特有的教育制度。这种制度要求打破传统的学校体系，与社会的人才需求结构相适应，把学校纵横联系统一协调起来，建立统一的教学计划、教学大纲、教材和教学质量标准，形成一个幼儿、青少年、成人教育贯通，学校、社会、家庭密切配合的一体化教育体系。教育法的任务是通过对教育进行规范化，保障教育体系的良性运转，保证教育目的的实现，它所确认的教育法律制度以及教育法律关系主体的每一项权利与义务，都必然受教育发展客观规律的影响。

二、教育法的功能

教育法的功能即教育法能够干什么。它往往指教育法已经产生或将会产生的结果。教育法具有规范功能和社会功能。

（一）规范功能

"法律是肯定的、明确的、普遍的规范"。[①] 法律是一种调整人们行为的规范,这种规范旨在对人们的意志、行为发生影响,对人们的行为起到规范作用。教育法的规范功能是指教育法通过规范不同主体的行为,确立和调整权利与义务关系,从而为人们提供标准和模式的作用。教育法的规范功能主要表现在以下方面:

1. 引领功能

教育法通过规定人们在教育上的权利与义务,来指引人们的行为。现代教育是指由政府向社会成员提供,可以为每个社会成员消费的最基本的教育服务的总称。它是从多种观点出发,有目的、有计划地加以组织和运筹的,目的是实现广大国民的教育福利。[②] 因此,教育法应当具有普遍的引领作用,政府、教育行政机关、学校、教师、学生及其家长、社会有关组织等都应受到教育法的约束,在享有权利的同时履行应尽的义务。

2. 标准功能

教育法具有判断、衡量人们行为是否有效、是否合法的作用,通过这种判断、衡量和评价,能够有效地影响人们的价值观、是非标准,从而成为一种行为标准和尺度。教育法是关于教育的行为标准,教育主体的行为是以教育法律规范为准绳的。并且,教育法的这种标准功能适用于所有的人,是一种普遍的标准和尺度。教育法律关系主体的一切活动都必须合乎教育法的规定,否则可能承担相应的法律责任。

3. 预测功能

教育法具有使人们根据教育法的规定预先知晓或估计到某种行为会产生什么样的后果的作用。现代教育活动是一种复杂的社会活动,如果没有一定普遍适用的规范为人们预测自己行为的后果,就难以保证教育的有序进行。教育法的预测功能可以使人们预先对自己的教育活动和教育行为做出计划和安排,从而减少教育活动和行为的偶然性和盲目性,提高效率。

4. 强制功能

教育法依靠国家强制力推行,并制裁教育违法行为,促使人们依法行使权利,履行义务,从而使教育活动有序化。教育法规定的法律责任有:(1) 行政责任,如警告、宣告无效、没收、取消资格、停止招生、行政拘留等;(2) 民事责任,如停止侵害、排除妨碍、消除危险、返还原物、赔偿损失、支付违约金等;(3) 刑事制裁,如管制、拘役、有期徒刑、无期徒刑、死刑等以及附加刑。

5. 教育功能

一方面,教育法通过把国家或社会对教育行为的基本要求转化为普遍的、固定的

[①] 马克思恩格斯全集:第一卷[M].北京:人民出版社,1995:71.

[②] 筑波大学教育学研究会.现代教育学基础[M].钟启泉,译.上海:上海教育出版社,2003:664-665.

教育行为规范,影响人们的思想、意识,对人们进行教育法治教育。另一方面,教育法通过对违法者的制裁和对合法行为的褒扬而影响教育法律关系主体预测某种行为可能产生的肯定或否定性后果,对人们进行教育法治教育。教育法的教育功能,有利于提高公民的教育法律意识、权利和义务观念、责任感等。

(二) 社会功能

任何法律部门均以承载着一定的社会功能而存在。正是由于多元的法律部门分别承载不同的社会功能,具有不同的作用,才有整个社会的组织化和整体社会活动的有序化。教育法的社会功能是指教育法作为专门调整教育活动的社会规范,为实现国家和社会一定的教育目的、保障和促进教育事业发展而发挥的作用。教育法的社会功能表现在以下几方面:

1. 确认和保障教育的性质和发展方向, 保障教育目的的实现

教育的性质和方向是教育工作的首要问题,也是教育法首先明确的问题。《教育法》第五条明确规定了我国的教育方针:"教育必须为社会主义现代化建设服务、为人民服务,必须与生产劳动和社会实践相结合,培养德智体美劳全面发展的社会主义事业建设者和接班人。"该规定明确指出,我国的教育是社会主义性质的。教育法的社会作用,首先表现在确认和保障教育的社会主义性质和方向。

1982 年《宪法》,以根本大法的形式把发展文化教育事业和提高全民族的科学文化水平作为我国的一项基本国策确定下来,从而加强了法律在保障和促进教育发展中的地位和作用。为了贯彻落实这一国策,我国加强了教育立法工作,先后颁布了一系列教育法律法规。至今为止,全国人民代表大会及其常务委员会已经制定了 9 部有关教育的法律,国务院根据实施法律的需要以及教育行政的要求,制定了一批教育行政法规,各地有权制定地方性法规的人民代表大会也制定了大量有关教育的地方性法规。其目的就在于通过教育法来保障教育的性质和发展方向,保障教育目的的实现。

2. 建立教育教学活动的法律支撑体系, 促进教育的有序发展

现代教育的发展以及教育教学活动的有序开展,需要强有力的法律支撑体系来保障。教育法从以下方面,建立教育事业发展和教育教学活动的法律支撑体系:(1) 教育事业发展计划的法律规范。从教育事业发展计划的管理及其动态运行的角度看,主要由编制、审批、执行和监督等环节构成。(2) 教育经费管理的法律规范。在教育事业的规模发展中,国家教育财政支出占有十分重要的比例。因此,对教育经费的调控成为国家教育职能的重要内容。有关教育经费的取得、分配、保障,经费管理的原则和使用方式,教育经费效能的发挥均属于法律手段的调节范围。(3) 学校教育教学工作管理的法律规范。主要包括学校课程计划的编定和实施;教材的编写、审定和使用;学生的学籍与纪律管理;学校招生、选拔工作的管理;学位及相关证书授予工作的管理;教师教育与管理;等等。

3. 规范教育行政权力, 推进教育法治

任何国家要对教育进行有序的、科学的管理,就都必须把国家的行政管理工作置

于牢固的法治化基础之上。教育法规定了政府及其教育行政部门在教育管理方面的职权和法律责任,以保证教育行政按客观规律办事,确认政府及其教育行政机关的职权与权力界限,对不履行义务和违反禁止性规定的行为予以法律制裁,促使教育法律关系主体按照教育规律办事,从而提高教育管理的公正与效率。

现代教育的一个重要特点就是教育活动的日益复杂化和有序化。为了保证学校教育目标、方向的正确以及教育教学活动的连续性和稳定性,在教育发展规划的制定,教育经费的筹措、管理,教育方针、学校制度的规定,教育课程、计划的编制,教材的编写、审定,入学、升学、毕业工作,学位授予,学校教学设施的标准,班级制标准,教师身份、工作条件、工资、职称以及教师编制及培养等领域,法律的规范作用和调节作用都在不断加强。

4. 维护教育公平,保障平等受教育权利

受教育机会平等,包括受教育的权利和拥有相应的条件这两个方面的平等。它是平等受教育权的最低限度要求。它禁止依据不合理的标准对人进行分类,再依据不同分类提供不同的教育机会,或者给予某些人受教育的优惠,或者对某些人不提供受教育的机会。教育法保障公民受教育的权利和拥有相应的条件的平等,要求所有的公民不分民族、种族、性别、年龄、财产状况、信仰等都有平等受教育的权利,并以法律形式要求国家尽可能提供足够的教育资源,以保证公民享有平等的受教育条件。

受教育权是宪法规定的公民的基本权利。但宪法解释机构没有对公民受教育权进行权威性解释。单从权利的结构来看,受教育权应由三个部分组成:(1) 公民积极行为接受教育的权利;(2) 请求相对方如政府、学校或监护人履行义务以提供教育机会和条件的权利;(3) 义务人不履行义务时,受教育者诉诸法律要求保护的权利。受教育权作为公民的基本权利,国家有义务保障公民的受教育权从法定权利真正地转化为现实权利。

三、教育法的渊源与体系

在一个国家的法律体系中,不同的法律部门有其特殊的调整对象,不同的调整对象有不同的矛盾运动。因而,解决不同领域矛盾的法律规范具有各自特定的内容和表现形式。

(一) 教育法的渊源

法律渊源,英语为 sources of law。19 世纪,英国著名分析法学家奥斯丁把"法律渊源"理解为法律规范的效力根源。在他之后,另外两名英国法学家克拉克和波洛克,又进一步把"法的内容的来源"与"法的内容的认识手段及材料"(即法的内容的表现形式)加以区别,并把后者命名为 forms of law,即法的形式。虽然人们从不同的意义来理解"法律渊源"这一概念,但在法学著作中,人们一般都从形式意义上来使用"法律渊源"这一概念,即"法律渊源"指的是根据法律效力的来源不同而形成的法律类别。我国教育法的主要渊源包括以下几类:

I. 宪法

宪法是国家的总章程,具有最高的法律效力,任何教育法律、法规等都不得与之相抵触,一切立法的依据。宪法中的教育条文所规定的基本原则,是制定教育法律、法规的依据。

我国《宪法》由全国人民代表大会(即国家最高权力机关)制定,所有法律、法规都为贯彻宪法服务,并不得与宪法相违背,否则归于无效。宪法作为教育法的渊源,是规定我国教育法的基本指导思想、教育立法的基本原则和教育教学活动的基本法律规范。

2. 法律

这里所说的法律,是指由国家最高权力机关及其常设机构所制定的规范性文件,即狭义的法律。法律的效力仅次于宪法,可分为基本法律和基本法律以外的法律,具有同等的效力。

基本法律是全国人民代表大会制定和发布的,通常是规定和调整某一方面带根本性、普遍性的法律。《宪法》第六十二条规定,全国人民代表大会有权"制定和修改刑事、民事、国家机构和其它的基本法律"。《刑法》《民法典》《行政诉讼法》《民事诉讼法》《国家赔偿法》《教育法》等都是基本法律。

基本法律以外的法律是由全国人民代表大会常务委员会制定和发布的,通常是规定和调整对象范围较窄、内容较为具体的一类法律。《宪法》第六十七条规定,全国人民代表大会常务委员会有权"制定和修改除应当由全国人民代表大会制定的法律以外的其它法律。"在教育领域如《教师法》《职业教育法》《学位条例》《高等教育法》《民办教育促进法》《义务教育法》等,都是由全国人民代表大会常务委员会通过的,属于基本法律以外的法律。《义务教育法》虽然是由六届人大四次会议通过,但就其调整的对象和所规定的内容看,属于基本法律以外的法律。

3. 行政法规

它是为实施教育法律或依据教育法律的授权,由国家最高行政机关,即国务院制定的规范性文件,是针对某一类教育事务作出的规范,一般有条例、规定、办法或细则三种。

《宪法》第八十九条规定了国务院有权"根据宪法和法律,规定行政措施,制定行政法规,发布决定和命令"。这是国家行政机关依据国家宪法和法律的规定行使职权的依据。根据此规定,国务院有权根据需要并在自己的职权范围内制定和发布各种行政法规和其他规范性文件。行政法规的效力仅次于宪法和法律。行政法规一般有两种发布方式:一是由国务院直接发布,如《残疾人教育条例》(1994 年 8 月 23 日发布)、《教师资格条例》(1995 年 12 月 12 日发布)都是由国务院直接发布的;二是经国务院批准、由国务院的某个部门发布,如是 1992 年 2 月 29 日,《学校体育工作条例》《学校卫生工作条例》《幼儿园管理条例》等就是经国务院批准、由国家教委(教育部)发布的。

4. 地方性法规

地方性法规是指省、自治区、直辖市的人民代表大会,省、自治区的人民政府所在地的市和国务院批准的较大的市的人民代表大会所制定的规范性文件,只在本行政区域内有效。地方性法规根据本行政区域的具体情况和实际需要制订,前提是不得同宪法、法律和行政法规相抵触。如全国绝大多数省份制定的关于义务教育的条例、办法,都是由其人民代表大会常务委员会通过的,属于地方性法规。

《宪法》第一百条规定:"省、直辖市的人民代表大会和它们的常务委员会,在不同宪法、法律、行政法规相抵触的前提下,可以制定地方性法规,报全国人民代表大会常务委员会备案。设区的市的人民代表大会和它们的常务委员会,在不同宪法、法律、行政法规和本省、自治区的地方性法规相抵触的前提下,可以依照法律规定制定地方性法规,报本省、自治区人民代表大会常务委员会批准后施行。"

5. 自治条例和单行条例

民族自治地方(自治区、自治州、自治县)的人民代表大会有权根据当地民族的政治、经济和文化的特点,对法律和行政法规的规定作出变通规定,制定自治条例和单行条例,但不得违背法律和行政法规的基本原则,不得对宪法和民族区域自治法的规定以及其他有关法律、行政法规专门就民族自治地方所作的规定作出变通规定。

6. 部门规章

《宪法》第九十条规定,国务院"各部、各委员会根据法律和国务院的行政法规、决定、命令,在本部门的权限内,发布命令、指示和规章"。《地方各级人民代表大会和各级人民政府组织法》第七十四条第(一)款规定:"省、自治区、直辖市以及省、自治区的人民政府所在地和经国务院批准的较大的市的人民政府,还可以根据法律和国务院的行政法规,制定规章。"根据这两个规定,国务院各部、各委员会有权发布命令、指示和规章。部门规章的内容不得与宪法、法律及行政法规相抵触。

(二)我国教育法的体系

教育法体系,是指由不同阶段、不同形式、不同性质的教育法律、法规等组成,遵循共同的原则形成的,有机结合、协调统一的法律规范的系统。教育法的目标是规范教育领域各主体之间的关系,保证不同阶段、不同形式、不同性质的教育的协调发展,以形成一个合理的、符合社会发展需要的现代教育的生态结构。

为了建立一个适应社会需要和发展的教育系统,依照基本原则,科学制定教育法并形成能够有效规范不同主体的权利与义务、积极促进教育事业发展的教育法体系具有重要的意义。第二次世界大战结束后,各国都意识到教育对国家和社会经济发展的重要意义,开始大力发展教育事业。我国自1978年以来工作重点转移,开始加强民主和法制建设,大大促进了教育立法的开展。1982年《宪法》有关教育的规定,为教育法的制定和教育法体系的建立、完善提供了宪法依据。为落实教育优先发展的战略,我国教育立法全面展开。

我国的教育法律体系,根据制定机关的不同和法律形式的不同,可以划分为不同的层次;根据法律规范内容的不同,可以划分为不同的部门。具体地说,我国目前的教育法体系由纵向的 5 个层次构成(如图 7-1-1)。①

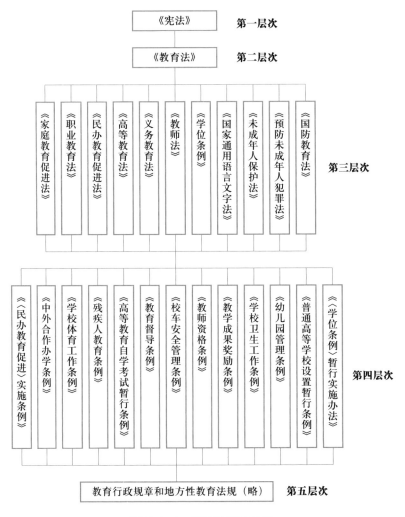

图 7-1-1 我国教育法体系

I. 宪法

宪法是第一层次。宪法具有最高的法律效力,任何教育法律、法规等都不得与之相抵触。宪法是制定其他法律法规的依据。宪法中的教育条文所规定的基本原则,是制定教育法律法规的依据。我国现行《宪法》是第五届全国人民代表大会第五次会议于 1982 年 12 月 4 日通过的,其修正案于 2018 年 3 月 11 日第十三届全国人民代表大会第一次会议通过,它是规定我国教育法的基本指导思想、教育立法的基本原则和教育教学活动的基本法律规范。

---

① 因与学校教育管理密切相关,本书教育法律体系图谱将《未成年人保护法》《预防未成年人犯罪法》《家庭教育促进法》《国防教育法》纳入。

2. 教育基本法律

教育基本法律是第二层次。它是由国家最高立法机关全国人民代表大会根据立法程序、依据宪法制定的，调整教育内外部关系的教育总法，可以说是教育法律体系的母法，在教育法律体系中的地位仅次于宪法。从 1984 年开始，每年召开的全国人民代表大会、全国政协会议上，都有不少代表、委员提出议案、提案或建议，呼吁尽快制定教育基本法，该项工作被列入重要议事日程。1985 年，国家教委组织力量着手教育法的起草工作。1994 年 6 月，党中央、国务院召开了第二次全国教育工作会议，对《教育法（草案）》进行了广泛的讨论。经过近十年的广泛调查，在总结我国教育发展的经验教训，借鉴国外教育法治经验的基础上，12 易其稿，《教育法》于 1995 年 3 月第八届全国人民代表大会第三次会议获准通过，自 1995 年 9 月 1 日起施行，并于 2009 年、2015 年、2021 年进行了修正。它规定了我国教育的基本性质、地位、任务、基本原则、基本教育制度等，是协调教育部门内部以及教育部门与其他社会部门之间关系的基本准则，也是制定其他教育法律、法规的依据。《教育法》的实施，标志着我国教育法治建设进入新的发展时期，对于保障教育在国民经济和社会发展中的战略地位，落实国家优先发展教育的重大决策，促进教育改革与发展，具有重大的现实意义和深远的历史意义。

3. 教育单行法律

教育单行法律是第三层次。它是由国家最高立法机关的常设机构全国人民代表大会常务委员会根据宪法和教育基本法律制定的，规范和调整某一类或某一级教育关系的教育法律。到目前为止，我国已制定并公布实施的教育单行法律有以下几种：

1980 年 2 月，第五届全国人民代表大会常务委员会第十三次会议通过了《学位条例》，自 1981 年 1 月 1 日起施行并于 2004 年进行修正。这是新中国成立以来由国家最高权力机关制定的第一部教育法律，是调整高等教育机构对本科教育和研究生教育有关学位授予工作中产生的法律关系的单行法律。《学位条例》的实施，使中国的高等教育体系得以完善。1981 年 5 月，国务院制定并公布了《学位条例暂行实施办法》。目前，《学位条例》的修订工作正在进行当中，《学位法草案（征求意见稿）》已于 2021 年 3 月公开征求意见。

1986 年 4 月，第六届全国人民代表大会第四次会议通过了《义务教育法》，1986 年 7 月 1 日起施行。它以法律的形式规定国家实施九年义务教育，是调整实施普通小学教育、普通初级中学教育而产生的各种法律关系的单行法律。这一法律对提高中华民族素质，推进社会主义现代化建设，加强教育法制都有重要的影响。1986 年 9 月，国务院办公厅转发了国家教委、国家计委、财政部和劳动人事部《关于实施〈义务教育法〉若干问题的意见》，1992 年 3 月，《中华人民共和国义务教育法实施细则》颁布。此后，《义务教育法》在 2006 年进行修订，并分别在 2015 年和 2018 年进行修正。

1993 年 10 月，第八届全国人民代表大会常务委员会第四次会议通过了《教师法》，自 1994 年 1 月 1 日起施行。《教师法》是调整教师在教育教学活动中形成的社

推荐观看：聚焦《教师法》修订

会关系的单行法律。这部法律明确了教师在我国社会主义现代化建设中的重要地位,对教师的权利与义务、任职资格、职务评定、评价考核、培训和待遇等作了较为全面的规定,是我国教师队伍建设走向规范化、法制化的根本保障。国务院于 1993 年 11 月发布了《关于贯彻实施〈中华人民共和国教师法〉若干问题的通知》。此后,《教师法》在 2009 年进行过局部修正,现已被列入全国人民代表大会常务委员会修法计划并于 2021 年公开征求《教师法(修订草案)(征求意见稿)》意见。

1996 年 5 月,第八届全国人民代表大会常务委员会第十九次会议通过了《职业教育法》,自 1996 年 9 月 1 日起施行。《职业教育法》是以实施职业教育涉及的社会关系为调整范围的单行法律。在我国,职业教育包括各级各类职业学校教育和各种形式的职业培训,这部法律对职业教育的地位和作用、体系结构、方针原则、办学职责、管理体制和经费等都作了原则性的规范,对于职业教育的发展与改革,各种专业人员的培养具有重要意义。为更好地应对时代发展,《职业教育法》于 2022 年 4 月 20 日第十三届全国人民代表大会常务委员会第三十四次会议修订。

1993 年,国家教委将起草《高等教育法》列为教育法律、法规起草工作总体规划的重点项目,由教育专家、法律专家和教育行政管理人员组成的起草小组和咨询小组通过调研,于 1995 年形成《高等教育法草案(征求意见稿)》。经过广泛征求意见和认真修改,形成了提交国务院常务会议审议的草案,并于 1997 年 6 月 4 日国务院第 57 次常务会议讨论通过。经第八届全国人大常委会第 26 次会议进行第二次审议、第九届全国人大常委会第二次会议进行第三次审议,最后于 1998 年 8 月 29 日在第九届人民代表大会常务委员会第四次会议上通过。我国高等教育包括专科教育、本科教育和研究生教育等不同层次,《高等教育法》对高等教育基本制度,高校的设立、组织和活动,高校的教师、学生和其他工作者的地位,高等教育投入和条件保障等作了较为全面的规定,是以高等教育内外部关系为调整对象的单行法律。此后,《高等教育法》分别在 2015 年和 2018 年进行修正。

2002 年 12 月,第九届全国人民代表大会常务委员会第三十一次会议通过了《民办教育促进法》,自 2003 年 9 月 1 日起施行;1997 年 7 月 31 日国务院颁布的《社会力量办学条例》同时废止。《民办教育促进法》共 10 章 68 条,包括总则、设立、学校的组织与活动、教师与受教育者、学校资产与财务管理、管理与监督、扶持与奖励、变更与终止、法律责任、附则,是调整社会力量办学过程中形成的法律关系的单行法律。我国各种社会力量举办的教育机构已经有了很大发展,基本形成了从幼儿园到高等学校不同级类的、通过市场进行运作的教育体系。《民办教育促进法》是我国改革开放 20 多年来民办教育实践经验的高度概括和总结,也是我国第一部规范民办教育和促进民办教育事业发展的法律文件,对于民办教育在发展进程不断出现的新情况、新问题,运用法律手段解决矛盾、规范教育行为,更好地促进民办教育事业顺利、健康地发展,有着现实性和指导意义。此后,《民办教育促进法》分别在 2013 年、2016 年和

2018年进行了修正。

4. 教育行政法规

教育行政法规是第四层次。这是为实施教育法律或依据教育法律的授权,由国家最高行政机关,即国务院制定的规范性文件。它是针对某一类教育事务作出的规范,一般有条例、规定、办法或细则三种。国务院根据宪法和教育法律,对新中国成立以来制定的数百个教育行政法规进行了清理,目前,生效实施的有13个教育行政法规,如《中外合作办学条例》《教师资格条例》《幼儿园管理条例》《教学成果奖励条例》等。

5. 教育行政规章和地方性教育法规

教育行政规章和地方性教育法规是第五层次。教育行政规章是国务院各部、各委,省、自治区、直辖市以及省、自治区、人民政府所在地和经国务院批准的较大的市的人民政府,根据法律、国务院的教育行政法规,在自身权限内发布的有关教育的规范性文件。教育行政规章包括国家教育部制定的教育行政规章和地方政府制定的规范性文件。

地方性教育法规是各省、自治区、直辖市的人大及其常委会,为贯彻国家的教育法律,根据本地区的实际情况和需要制定的适用于本地区的有关教育的条例、规定、实施办法、补充规定等。依立法目的和依据的不同,地方性教育法规可以划分为执行性、补充性的地方性教育法规和自治性的地方教育法规,这些教育法规只在本行政区域内有效。由于地方性教育法规具有操作性强的特点,现已成为教育法规不可缺少的重要组成部分。

我国的教育法律体系,根据制定机关的不同和法律形式的不同,可以划分为不同的层次;根据法律规范内容的不同,可以划分为不同的类别。具体地说,我国目前的教育法体系由纵向5个层次构成,不但体现在宪法和教育基本法、教育单行法、行政法规、部门规章和地方性教育法规中,包含了法律体系的各个层面,同时也涉及教育的各个领域,初步形成了一个具有不同法律地位和效力、自上而下多层次的、具有中国特色的教育法体系框架。目前,我国的教育立法经过40多年的探索和发展取得了前所未有的成就,有力地保障和推动了教育事业的改革和发展。但是,由于我国教育立法起步较晚,教育法体系仍不够完善,教育立法工作仍存在问题和不足。一方面,教育领域某些急需调整的重要内容没有列入立法范围,一些重要的教育法律、法规没有适时制定。另一方面,从教育法的立法质量来看,存在条文过于简单概括、操作性不强、法规规章名称混乱、内容冲突或重复等问题。必须从依法治国、科教兴国的高度来重视和完善教育立法,加强教育立法的理论研究,发挥教育立法在保障和促进教育改革与教育发展中的应有作用。

目前,一系列法律、法规及规章已列入我国的立法规划,包括:已有的教育法律的修订,如《教师法》《学位条例》,以及行政法规如《民办教育促进法实施条例》;即将制定的法律《学前教育法》《教育经费投入法》《终身教育法》《成人教育法》《少数民族教育条例》《学制条例》《教师职务条例》《继续教育条例》《捐资助学条例》《教师教育条例》《教职工代表大会条例》《学校基本建设条例》《学校及其他教育机构登记注册办法》等。这些教育法律规范的修订和制定,必将进一步完善我国的教育法律体系。

四、教育法的原则

教育法的原则是指教育法律体系中所有法律、法规应当维护和遵循的总原则,也是依法治教、完善教育法制的基本准则,教育法的原则贯穿全部教育法体系,是制定教育法的出发点和基本依据。教育法的原则是我国教育法本质的表现,反映了我国教育制度的根本特征,体现于我国宪法和教育法的有关规定中。其原则可以归纳为如下几个方面。

(一)坚持教育为社会主义建设服务的基本方向,保证各级各类教育事业协调发展

坚持教育的社会主义方向,是我国教育事业发展必须长期坚持的一项宪法性原则。《宪法》第十九条规定"国家发展社会主义的教育事业"。《教育法》第三条规定:"国家坚持中国共产党的领导,坚持以马克思列宁主义、毛泽东思想、邓小平理论、'三个代表'重要思想、科学发展观、习近平新时代中国特色社会主义思想为指导,遵循宪法确定的基本原则,发展社会主义的教育事业。"

我国教育是社会主义教育,是社会主义建设的重要组成部分。教育必须为社会主义建设服务,社会主义建设必须依靠教育。坚持教育的这一基本方向,保证各级各类教育事业协调发展,为我国经济和社会发展培养各级各类人才,是我国教育立法首先必须遵循的。

(二)坚持德智体美劳全面发展的教育方针,保障公民平等的受教育权利

培养学生全面发展和保障公民的受教育权利,是得到我国宪法确认的两项基本的内容。其着眼点都在于提高整个民族的素质。

教育法的目的应与教育的目的相一致。《宪法》第四十六条第二款规定:"国家培养青年、少年、儿童在品德、智力、体质等方面全面发展。"《教育法》第五条规定:"教育必须为社会主义现代化建设服务、为人民服务,必须与生产劳动和社会实践相结合,培养德智体美劳全面发展的社会主义建设者和接班人。"

教育的民主性原则,既要求人人有平等的受教育机会,也要求教育法律关系主体在享受教育法上的权利时,应当履行教育法上的义务。《宪法》第四十六条第一款规定:"中华人民共和国公民有受教育的权利和义务。"《教育法》第九条规定:"中华人民共和国公民有受教育的权利和义务。公民不分民族、种族、性别、职业、财产状况、宗教信仰等,依法享有平等的受教育机会。"保障公民平等的受教育机会,就应做到让受教育者在受教育的起点上即入学方面机会平等,受教育的过程上即就学过程平等以及受教育的终点上即学业成就方面机会平等。

（三）确立不同主体的责任，维护教育的公共性原则

《教育法》第八条关于"教育活动必须符合国家和社会公共利益"的规定，体现了我国教育法所应维护的教育的公共性原则。教育的公共性体现了教育直接使个人受益、间接使社会受益的功效。

第一，要求举办教育要向国家和人民负责，通过立法保证教育投入，维护教育的发展。《宪法》第十九条规定："国家发展社会主义的教育事业，提高全国人民的科学文化水平。国家举办各种学校，普及初等义务教育，发展中等教育、职业教育和高等教育，并且发展学前教育。国家发展各种教育设施，扫除文盲，对工人、农民、国家工作人员和其他劳动者进行政治、文化、科学、技术、业务的教育，鼓励自学成才。"第二，要求学校在实施教育的过程中不得违反公共利益。根据《教育法》第二十六条的规定，"以财政性经费、捐赠资产举办或者参与举办的学校及其他教育机构不得设立为营利性组织。"不以营利为目的，不是学校不可以收费或办学经费有盈余。通过办学所得来的资金可用于学校发展基金、教职员工福利、改善办学条件等；但用于举办者的分红、非教育教学目的的再投资等行为，以及明显超过培养成本的高收费行为都是违反《教育法》规定的。第三，要求政府及其教育行政机关在法定授权范围内依法行政，不得侵犯学校的自主权。教育工作有其自身的特点和规律，对教育工作的法律调整符合教育工作的特点和规律，就能起到促进教育事业发展的积极作用；反之，则会对教育工作起消极的甚至阻碍的作用。因此，需要通过立法，调动和发挥各级各类学校的积极性和主动性，保障各级各类教育工作的自主权，使之能主动适应经济和社会发展的多方面的人才需要。

第二节　教育法律关系

法律关系是法律规范在指引人们的社会行为、调整社会关系的过程中所形成的人们之间的权利和义务关系。[①] 法律关系被古罗马法称为"法锁"，是人们将法律具体运用于具体事实、事件进行分析的重要概念和范式，是教育法学中的重要内容。学习法律关系分类，目的是让学生了解基于性质不同和主体不同而形成的法律上的权利与义务关系。法律关系将规范化、一般化的法律权利和义务进一步具体化和明确化，是法律调整社会的唯一途径和方式。

一、教育法律关系的特征

教育法律关系是教育法对由教育活动而产生的各种社会关系予以调整后形成的人与人之间的权利、义务关系。教育法律关系作为一种特殊法律性质的法律关系，具有四个方面的特征。

---

① 张文显.法学基本范畴研究[M].北京：中国政法大学出版社，1993：160.

第一，教育法律关系是以教育法律规范为前提而产生的社会关系。教育法律规范没有规定、未加规范的，就不是教育法律关系。

第二，教育法律关系是以主体之间法律上的权利与义务关系表现出来的社会关系。教育法律规范作为人们实施教育教学、发展教育事业的行为准则，为人们的权利与义务设定了一种可能性。而在法律关系中人们的权利与义务则是具体的，指向特定的人、事或行为。

第三，教育法律关系是体现意志性的特种社会关系。一方面，教育法律关系是根据教育法律规范有目的、有意识地建立的，必然像法律规范一样体现国家在教育上的目的与意志。另一方面，有些教育法律关系的产生，要通过法律关系参加者的个人意志表示一致（如学校与教师聘任合同的达成、政府与学校合作培养项目的实施等）才能产生。因此，每一具体的教育法律关系的产生、变更和消灭都带有某种意志性。

第四，教育法律关系是由国家强制力保证的社会关系。教育法律关系以法定的权利与义务为内容，当有人侵犯权利主体的权益或不履行法定义务时，所受到的制裁就是国家强制力的表现。即使人们之间自行协商解决各种纠纷，也是以国家的强制力为后盾的。

二、教育法律关系的要素

教育法律关系包括三个要素：教育法律关系主体、教育法律关系客体与教育法律关系内容。

（一）教育法律关系主体

教育法律关系主体是指教育法律关系的参加者，即在教育法律关系中一定权利的享有者和一定义务的承担者。在每一种具体的教育法律关系中，主体的多少各不相同，但大体上都归属于相对应的双方：一方是权利的享有者，称为权利人；另一方是义务的承担者，称为义务人。在我国，教育法律关系的主体包括以下几类：

政府及其教育行政机关。政府及其教育行政机关通过教育行政行为行使权力，并承担义务。在此，政府及其教育行政机关是教育法律关系中最重要的主体，政府及其教育行政机关的存在及其教育行政职能的行使，是教育法律关系产生的重要前提条件。

机构和组织（法人），主要包括三类：一是学校与其他教育机构，二是企事业单位，三是社会团体。这些机构和组织主体，具备法人条件的可以称为"法人"。学校与其他教育机构是教育法律关系的核心。企事业单位和社会团体在一定条件下可以成为教育法律关系的主体。如企事业单位委托办学或者合作办学时就同教育有关单位以及教育主管单位之间形成教育法律关系，并成为一方当事人；社会团体根据国家有关法律规定，在向政府主管部门申请办学时，二者之间也可以形成教育法律关系，并成为该法律关系的一方当事人。

公民（自然人）。这里的公民指中国公民，也指居住在中国境内或在境内活动的外国公民和无国籍人。如教师和其他教育工作者、受教育者、家长和其他公民个人等。公民在依法参与各项教育、教学和科研活动时,就会与政府及其教育行政机关或者教学科研机构之间发生享有教育权利和承担义务的教育法律关系,并成为该教育法律关系的主体,即一方当事人。

(二) 教育法律关系客体

教育法律关系客体是指权利和义务所指向的对象,又称权利客体、义务客体或权义客体。教育法律关系的客体是将教育法律关系主体之间的权利与义务联系在一起的中介,没有教育法律关系的客体作为中介,就不可能形成教育法律关系。在现代社会中,教育法律关系的客体主要包括如下几类:

物。教育法律意义上的物是指教育法律关系主体支配的、在教育活动中所需要的客观实体。它可以是活动物,也可以是不可活动物。其中活动物包括学校的资金、教学仪器设备、教材等;不可活动物包括学校的场地、场馆、房屋及其他建筑设施等。

行为。在法律关系客体的意义上,行为指的是教育法律关系主体所指向的作为或不作为。主要包括:(1) 教育行政机关的行政行为,即行政机关为实现国家对教育事业的行政管理权而依法实施的,直接或间接产生行政法律后果的行为,如通知行为、批准与拒绝行为、许可行为、免除行为、处罚行为及委托给学校或其他教育机构具体颁发学历证书的授权行为等。(2) 学校和其他教育机构的管理行为,包括制订章程和内部管理规范的行为;具体组织教学科研活动行为;决定给予违纪教育者或受教育者一定的教育纪律处分,接受被处分者申诉的行为;决定给予工作出色、成绩优秀的教育者或受教育者一定奖励的行为;对修业期满,符合国家学历水平要求的受教育者发给毕业证书或学位证书的行为;对符合本教育机构自行规定的学业水平要求的受教育者发给教育机构的结业证书行为;其他内部管理行为。(3) 教育者与受教育者之间的教育教学行为。教学行为是维系教育关系最基本的行为,是教育法律关系赖以存在的重要条件。此外,还有学生家长、各种社会组织参与、支持教育活动的各种行为。

智力成果。作为客体的智力成果指的是人们在智力活动中所创造的精神财富,主要包括:涵盖各种教材、著作在内的精神产品和智力成果,各种具有独创性的教案、教法、教具等的发明。

人身利益。包括人格利益和身份利益,是人格权和身份权的客体。如教师、学生和学校的姓名或名称,以及作为公民的学生、教师的肖像、荣誉、名誉、健康、生命等。

(三) 教育法律关系内容

法律关系的内容,是指法律关系主体享有的权利和必须履行的义务。一般来说,权利是指法律对权利人以某种相对自由的作为或者不作为的方式来获得一定利益的许可和保障。在法治国家,任何人的权利都要经由法律来规定。经法律所确认的权利,任何组织和个人都不得侵犯和非法剥夺。所谓义务,是指国家法律对义务人应作为和不应作为的约束或者规范。义务意味着义务人必须履行的一定的法定责任。凡是法定义务,必须履行,不得放弃。

权利与义务是密不可分的。如果某人具有了某种权利,那么同时也就意味着另外一个人(或一些人)承担相应的法律义务。反之,某人产生了法律义务,也就意味着另外一个人(或一些人)产生了权利,两者共同构成了法律关系内容的两个不可分割的方面,共同说明一个法律关系的性质和类别[①]。没有无义务的权利,也没有无权利的义务。义务作为一种法律设定的行为模式与权利具有最大的相关性。即义务规则应是针对某一权利并为保证这种权利实现而设定的。如果一种行为与权利没有相关性,

权利的五个要素

法律就不能强行为之设定义务。权利与义务也是互补的、对应的。在一些情况下承担义务,在另一些情况下必然享有相应的权利。权利与义务的互补、对应关系并不意味着两者的均等。[②]

教育法律关系的内容,是指教育法律关系主体在依法成立的法律关系中享有的某种权利和应承担的某种必须履行的义务。教育法律关系主体所享有的权利,即教育法律规范所规定的法律关系主体可以作为的行为或可以不作为的行为,它由教育法律确认、设定,并为教育法律所保护。教育法律关系主体应承担的某种必须履行的义务,即教育法律规范所规定的法律关系主体必须做出一定行为或不做出一定行为的约束,它以教育法律规定为前提,不履行义务的人将受到国家强制力的制裁。[③]

如前所述,教育法律关系是基于人们的教育活动所形成的人与人之间的权利与义务关系,因此,它必然涉及两类重要的主体,即教育者与受教育者。显然,这二者的权利与义务是教育法律关系的核心内容。值得注意的是,在教育实践中,教育者的权利与义务具有一致性。如国家有对公民实施教育的权利,而这种权利同样也是一种义务,因为国家这种权利必须以作为为目的,换言之,国家有权利同样也有义务通过举办学校、管理学校为公民提供教育机会。同样,受教育者有权利也有义务接受一定年限的国民教育。因此,就其体现社会内容的重要性而言,教育法律关系的内容突出表现为两个方面,即教育权利与受教育权利。

三、教育法律关系的分类

我国教育法律关系的分类主要有两种形式,一种是根据法律关系的性质进行划分,另一种是根据法律关系的主体进行划分。

(一)从法律关系的性质划分

从教育法律关系的性质划分,教育法律关系可以分为两类:一类是纵向型的教育法律关系,一般也称为教育行政法律关系或教育行政关系;另一类是横向型的法律关

---

① 王勇飞,张启富.中国法理纵论[M].北京:中国政法大学出版社,1996:381.
② 王人博,程燎原.法治论[M].济南:山东人民出版社,1992:174-175.
③ 褚宏启.教育法制基础[M].北京:北京师范大学出版社,2002:52-53.

系,一般也称为教育民事法律关系或教育民事关系。① 教育行政法律关系和教育民事法律关系是教育领域中普遍存在的两类法律关系。

1. 教育行政法律关系

教育行政法律关系是国家行政机关在行使其教育行政职权过程中发生的关系。这一关系反映的是国家与教育的纵向关系,其实质是国家如何领导、组织和管理教育活动。其特点为:(1) 法律关系主体处于不平等的地位。教育行政管理关系中的上级机关与下级机关,政府及其教育行政部门与学校等主体之间在法律地位上有管理与被管理、命令与服从、监督与被监督诸方面的差别。(2) 法律主体之间的权利与义务具有强制性,既不能随意转让,也不能任意放弃。如国家通过制定大政方针和培养目标、规划教育事业的发展规模、拨放教育经费以及对学校工作进行评估、督导等措施来调控、指导学校工作;教师在党和国家教育方针和学校章程规定下实施教学等。在这种教育法律关系中,行使教育职权的主体可通过单方面的意思要求相对人服从。当然,作为培养人的社会活动,学校教育活动有其自身的客观规律性,尤其是随着学校办学自主权的扩大与教师专业化的推进,教育行政法律关系的特征也出现了一些微妙的变化。如在国家宏观政策的指导下,学校成为独立办学的实体,教师在科研与教学也有了更多的自主权。这些特征都需要我们在具体问题中进行具体分析。

2. 教育民事法律关系

教育民事法律关系是指教育法律关系主体之间在平等基础上所发生的财产关系和人身关系,包括教育领域的契约关系和人身利益关系。契约关系是在共同意思表示的基础上建立起来的,各个平等主体之间在教育教学活动中所引起的财产所有和财产流转是这类关系的基本内容。这类民事法律关系涉及面颇广,例如财产、土地、学校环境、人才培养合同、智力成果转让、毕业生有偿分配乃至学校创收中所涉及的权益,都会产生民事所有和流转上的必然联系。当然,其中相当一部分社会关系应当由民法加以确认和调整,因而不属于教育法的调节范围。但也有一些具有明显教育特征的民事关系,不属于民法的调整范围。在我国,这类关系伴随着近年来教育体制改革的发展而日益突出。例如,由于扩大了学校的办学自主权,高等学校和职业技术教育学校在国家政策、法令、计划的指导下,有权在计划外接受委托培养学生和招收自费生;有权与外单位合作,建立教学、科研、生产联合体。在办学体制上,除了国家办学外,鼓励集体、个人和其他社会力量办学;提倡各单位自办、联办或与教育部门合办各种职业技术学校;在高等教育方面,除了原有的办学体制外,积极倡导部门、地方之间的联合办学。在新的体制下出现的关系和矛盾中,各主体之间一般并不具有行政隶属关系,因而构成了一类特殊的具有民事性质的契约关系。为了维护学校的合法权益,巩固和发展社会主义教育,仅依靠民法调整是不够的。教育领域的人身利益关系涉及学生、教师的人身非财产权利,包括人格权和身份权两大类。学校等主体不

---

① 劳凯声.教育法学[M].沈阳:辽宁大学出版社,2000:37-38.

得侵犯,并积极保护。教育民事法律关系对学校传统办学理念和管理方式产生了冲击。一是学校的管理权并不是概括性的支配权、命令权,如学校对学生的人身权并没有概括性的支配权,学生也没有一定要全部接受的义务。二是学校并非在所有场合都以行政主体的角色出现,很多时候是以民事主体的角色出现的。如学生和学校在后勤服务上存在平等的合同关系,学生因缴纳学费享有作为消费者的权利,在这种情况下,学校和学生之间是平等的民事法律关系。

当然,上述分类仍然是相对的,两类教育法律关系在教育活动中常常会同时发生或相互交织在一起,注意二者的区别有利于教育法的正确实施。

(二)从法律关系的主体划分

从法律关系的主体看,教育法调整的基本法律关系主要有学校与政府的法律关系、学校与教师的法律关系、学校与学生的法律关系、学校与社会的法律关系等。

1. 学校与政府的法律关系

学校与政府之间的法律关系主要表现为政府依法对各级各类学校进行行政管理、行政干预和施加行政影响而形成的行政法律关系。在此法律关系中,学校处于服从的地位,必须履行法律规定的义务,完成政府行政命令所规定的任务。同时,学校依法享有法律规定的自主办学权利并可对政府行使监督权。作为一种行政法律关系,这一关系的主体、权利和义务都是由行政法律规范预先确定的,当事人没有自由选择的余地。政府在与学校发生关系时以国家的名义出现并行使法律规定的职权,在学校不履行规定的义务时,政府可以强制其履行,而政府不履行职责,学校只能请求其履行或通过向有关国家机关提出申诉或诉讼等方式解决。因此,学校与政府的关系具有不对等性,政府作为关系的一方,占据着主导的地位,政府采取的与学校有关的行政行为,都不可避免地会对学校产生直接的权威性的促进、帮助或限制、制约作用。

2. 学校与教师的法律关系

根据《教师法》的规定,我国学校与教师的法律关系不是雇佣关系,而是聘任关系。中共中央、国务院《关于全面深化新时代教师队伍建设改革的意见》,提出确立公办中小学教师作为国家公职人员的特殊法律地位。不同法律身份的教师与学校之间的关系虽不同,但都需签订聘用合同。在学校内部,学校与教师之间的关系就学校行政管理的性质而言,是一种由权责分配所决定的聘用关系。在这一关系中,二者所处的地位是不对等的。学校在其法定权限内,可以决定教师的聘用和解聘、向教师布置任务、监督和评价教师的工作。教师在任用期内享有教育自由权以及作为教师应享有的其他权利。对于校方侵害教师权利的行为,教师可以提起申诉,亦可通过其他法律救济途径加以解决。为了完成学校工作的共同目标,学校必须对教育教学过程进行有效的指挥和协调,必须有职责明确的组织分工和工作上的同心协力与合作。因此,教师在履职时不容许各行其是,必须无可争辩地服从学校的管理。同时,经过20世纪末的教育体制改革,我国确立了公办学校教师事业单位专业技术人员的法律身份。由于教师是具有较高文化程度和专业技能的社会群体,教学工作在很大程度上依赖教师个体主动性的发挥。因此,学校对教师应进行科学管理,根据教师劳动个体化程度较高的特点,给予教师一定的自主权,实行教学民主与学术民主,发挥教师的主动性和创造性。教师还可以根据学校民主管理的原则,通过教职工代表大会行使民主权利,参与学校管理。

3. 学校与学生的法律关系

学校与学生的关系,既是教育与被教育的关系,又是管理被管理的关系。学校对学生的管理,目的在于使学生形成良好的学习习惯、生活习惯和行为习惯,具有基本的自理能力、自治能力和独立生活能力,同时,也使学校形成良好的教学环境、正常的教学工作秩序,使学生在学校中能愉快学习,健康成长。因此,对学生的管理在一定意义上可以认为是一种教育。学生管理必须有利于每个学生的全面发展,必须具有教育性。为此,学校对学生的管理必须做到有管有放、有宽有严,必须体现民主、平等的精神,重在培养与疏导。

管理者与被管理者之间权利与义务的划分,构成学校与学生之间的法律关系。在现代社会,由于教育的社会化,父母对儿童的管理和教育职能在很大程度上被国家所取代,即由国家授权的学校来代行管理和教育的"父母权利"。当然,父母对子女的管教仍然是得到法律保障的一种权利,因此学校与学生的法律关系经常表现为学校与家长之间的法律关系。学校有权要求学生家长按法定的义务送子女进学校学习,有权要求学生遵守学校纪律和秩序、按时完成学业,有权对学生进行奖励和教育惩戒等。同时,学校也负有保障学生健康和安全的责任,禁止对学生进行体罚和人格侮辱。学生及其家长也有权按照法律规定要求学校提供符合健康和发展标准的教育条件,保障学生的身心健康。

学生在学校除了享有一个公民应享有的基本权利和自由,按照教育法的规定还享有免费学习、选择学校、领取课本、使用教学和物质手段、享受助学金和奖学金、参加学校社团、参与学校管理等作为受教育者的权利。在享有权利的同时,学生也应履行一定的义务,遵守学校规章制度,接受学校和教师的教育和管理。

案例

小学生因顽皮被勒令退学惹争议 [1]

【案例事实】

2007年11月2日,乌鲁木齐市某中学小学部8岁学生东东(化名)被学校勒令退学。理由是:东东经常在桌子上跑,用铅笔扎同学,用掰断的带尖刺的尺子划同学的脸和脖子,用剪刀剪烂同学的校服,在不到一个月的时间里就发生了16起这样的事件。虽然学校对其进行了耐心的教育,但都不起作用。由于

① 八岁顽皮学生被勒令退学引起风波[N]. 中国教育报,2007-11-11(01).

其行为影响到其他同学，家长们纷纷表示不满，要求学校解决好东东的问题，否则就调班、转学。学校认为，东东是个"天不怕地不怕"的"调皮"学生，无论是同学、任课老师、班主任，还是其他学生的家长都对其无可奈何，学校面临着其他家长带来的越来越大的压力。在多次教育无效的情况下，学校作出了勒令东东退学的决定，并专门召开座谈会，邀请媒体记者旁听，宣布"勒令退学"的决定。

2007年11月5日，乌鲁木齐市教育局专门就此事召开工作会，并前往区教育局和该校调研，作出了该校"做法违反了《义务教育法》的规定，应立即予以纠正，并确保该学生受教育的权利，确保学生正常就读"的决定。

【案例分析】

在本案中，法律关系的主体涉及某中学(校长、班主任)、乌鲁木齐市教育局和区教育局、东东(及其监护人)、其他学生(及其监护人)。

其中，乌鲁木齐市教育局和区教育局与某中学之间构成教育行政法律关系。乌鲁木齐市教育局和区教育局对学校具有管理、监督职责，对于学校的违法行为有权依法予以纠正、处理。《义务教育法》第二十七条规定："对违反学校管理制度的学生，学校应当予以批评教育，不得开除。"据此规定，乌鲁木齐市教育局和区教育局有权作出行政处理决定。

为完成教育任务、维护教育秩序，某中学与学生东东之间构成教育行政法律关系。对违反学校管理规定的学生，学校有权力也有义务对其进行批评教育，也可以依照《中小学教育惩戒规则(试行)》对其进行教育惩戒，使学生认识错误，纠正思想上、行为上的偏差。但学校的教育惩戒不能违反法律规定，还要符合该年龄阶段学生的认知能力和接受能力。

作为公民和学生，东东进入学校学习应遵守法律法规、学校秩序和纪律，不得侵害其他学生的生命健康权。基于公民基本权利的保护，东东与其他学生之间构成人身权保护的民事法律关系。如果东东的行为对其他学生造成人身伤害，其监护人应承担对其他学生造成的损害赔偿民事法律责任。如果学校、教师放任其行为，未尽到法定管理义务，有过错的，也可能承担民事法律责任。

4. 学校与社会的法律关系

学校作为一种具有特定目的的社会组织，与社会存在着广泛的联系。学校与企事业单位、集体经济组织、社会团体、公民个人之间，既有相互协作、相互支援的关系，又存在复杂的财产所有和财产流转上的关系。在这些关系中，学校及其他教育机构是以独立的民事主体的资格参与其中的，学校与其他社会组织之间形成民事法律关系。这就在客观上要求国家用法律确认学校相对独立的法律地位，规定学校与企事业单位、集体经济组织、社会团体、公民之间的权利与义务关系，保护学校的合法权益,促进教育事业的顺利发展。在现阶段,我国学校与社会各种组织和个人之间关系的法律调整,最突出地反映在所有权关系、相邻权关系和合同关系上。

以国家及国有企事业单位举办的学校为例,在国家及国有企事业单位举办的学校中,国家是学校财产的唯一的和统一的所有人。但是国家各级行政机关对其所辖范围内的学校财产,一般并不直接进行经营,而是根据国家财产经营管理的需要将其所辖的财产分别交由各个学校进行经营管理。国家通过计划的和经济的、行政的、法律的手段对学校进行宏观管理、检查、指导和调节,学校则在国家授权范围内行使占有、使用和处分权。因此,学校对国家财产的占有、使用权是从属于国家所有权的一种相对独立的权利。学校财产是国家的财产,是保证教学、科研、生产顺利进行和学生、教职工学习、生活的物质条件,保护学校财产的国家所有权和学校使用权是我国各个法律部门的共同任务。

相邻权关系是基于相邻的事实而产生的所有人或占有人之间,对各自所有或占有的土地、建筑及其与土地有关的财产行使占有、使用、收益、处分权时所发生的权利与义务关系。相邻权关系本质上是对所有人或使用人在对其财产行使占有、使用权时,必须履行不影响他人行使权利的义务,同时也享有要求他人给自己行使权利以便利的权利。

在学校与社会关系中还有一类重要的关系,即合同关系。学校为了维持正常运行与良性发展,越来越多地作为民事主体参与市场活动,与其他社会组织的合作与交易日益广泛和深入。合同作为联系学校与其他社会组织的桥梁和纽带,发挥着不可替代的作用。学校与其他社会主体、公民之间的合同关系依法成立后即受到《民法典》相关内容的保护。为了促进合同高效、快捷地订立,保障合同安全圆满地履行,确保合同关系良性发展,学校与其他社会主体、公民都应当遵守合同原则,遵循相关的法律规范与基本的原则,调整交易关系,严格依法办事,从而维护交易秩序,实现各方利益。

第三节　教育法的制定、实施和监督

教育法调控的范围非常广,几乎包括了教育领域的各个方面,是一个宏大的法治工程,包括一系列重要的法律环节。缺少了任何一个环节,国家的教育事业都不可能有秩序地运转。教育法的目标是巩固和发展我国的教育事业,因此,必须通过法治,对教育领域内各部门以及教育部门与社会其他部门之间的相互关系进行明确的规定,确保科学立法、严格执法、公正司法、全民守法,以形成一个合理的、符合经济和社会发展需要的、人民大众满意的教育系统。同时要建立完善的法律监督机制,保证教育事业协调发展。

一、教育法的制定

法律制定,通常又称为立法,是国家机关依据法定权限和程序,制定、修改和废止法律和法规的活动。教育法的制定是国家法律制定活动的一部分,它是由专门的机构和一套制度所构成的国家立法体制来实现的。因此,要建立完善的法律制度,首先要从完善的立法体制开始。

（一）立法权限

立法体制包括立法权限的划分、立法权的行使、立法机关的设置等方面,其中最主要的是立法权限的划分。一个国家采用哪种立法体制,并不取决于人们的主观意志,而是取决于一系列客观因素。如国家性质、国家的结构形式、特殊的国情、法律的文化基础等因素都会影响国家立法体制的形式。

根据我国宪法,立法权属于人民,人民通过自己选举产生的代表组成立法机关行使立法权。新中国成立后的历次宪法都明确规定了立法权属于人民,人民通过人民代表大会行使这一权力的原则。但是,任何一个国家的具体立法工作,都还有一个权限的划分问题。在不同性质的国家或同一国家的不同时期,立法权限的划分不尽相同,并不存在统一的、固定不变的模式。为了更有效地通过法律体现国家意志,必须明确划分在国家机关体系中,各国家机关制定和颁布的具有不同效力的规范性文件的权限。

l. 全国人民代表大会及其常务委员会立法的权限

根据宪法规定,全国人民代表大会及其常务委员会共同行使国家立法权。在具体的立法权限划分上,由于它们之间在性质上和地位上的差异,又有不同的分工和侧重。

全国人民代表大会的立法权限是:修改宪法;制定和修改刑事、民事、国家机构的和其他的基本法律;改变或撤销全国人民代表大会常务委员会不适当的决定(参见《宪法》第六十二条)。全国人民代表大会通过以上形式来行使国家立法权,这种立法权是最高的,是法制统一的基本保证。

全国人民代表大会常务委员会的立法权限是:制定和修改除应由全国人民代表大会制定的法律以外的其他法律;在全国人民代表大会闭会期间,对全国人民代表大会制定的基本法律进行部分补充和修改,但是不得同该法律的基本原则相抵触;撤销国务院制定的同宪法、法律相抵触的行政法规、决定和命令;撤销省、自治区、直辖市国家权力机关制定的同宪法、法律和行政法规相抵触的地方性法规和决议(参见《宪法》第六十七条)。

2. 国务院及其所属部委制定行政法规和规章的权限

我国的最高行政机关是中华人民共和国国务院,又称中央人民政府。它是国家最高权力机关的执行机关,其主要职责是通过行政立法和其他行政措施,保证最高国家权力机关的各项决定、决议、法律得以贯彻执行。因此,根据宪法和法律,制定行政法规是国务院的重要职权之一(参见《宪法》第八十九条)。行政法规是我国社会主义法治的一个重要的组成部分,是关于国家行政管理及其事务的各种法律规范的总称,其法律效力仅次于宪法和法律,除全国人民代表大会及其常务委员会以外,其他任何机关都无权予以改变或者撤销。

除了国务院有权制定行政法规外,国务院的各部和各委员会根据法律和国务院的行政法规、决定、命令,可以在本部门的权限内发布命令、指示和规章(参见《宪法》第八十九条)。

3. 地方人民代表大会及其常务委员会制定地方性法规的权限

根据宪法规定,地方各级人民代表大会在本行政区域内,有权依照法律规定的权限,通过和发布决议(参见《宪法》第九十九条)。省、直辖市的人民代表大会及其常务委员会,在不同宪法、法律、行政法规相抵触的前提下,可以制定地方性法规,报全国人民代表大会常务委员会备案。(参见《宪法》第一百条)。民族自治地方的人民代表大会有权依照当地民族的政治、经济和文化的特点,制定自治条例和单行条例,报全国人民代表大会常务委员会批准后生效。自治州、自治县的自治条例和单行条例报省或自治区的人民代表大会常务委员会批准后生效,并报全国人民代表大会常务委员会备案(参见《宪法》第一百一十六条),以保证国家法制的统一。

地方性法规是由省级人民代表大会及其常务委员会制定和颁布的、在本行政区域内适用的、具有法律效力的规范性文件的总称。宪法关于地方性法规的规定,是我国立法体制的一项重要改革。由于我国各地政治、经济、文化发展很不平衡,差异性很大,规定这样的体制有利于各地因地制宜,发挥主动性、积极性,协调整个国家的建设。

有权制定地方性法规的,除了省级人民代表大会及其常务委员会外,省、自治区人民政府所在地的市和经国务院批准的较大的市的人民代表大会及其常务委员会,根据本市的具体情况和实际需要,在不同宪法、法律行政法规和本省、自治区的地方性法规相抵触的前提下,可以制定地方性法规,报省、自治区的人民代表大会常务委员会批准后施行,并由省、自治区的人民代表大会常务委员会报全国人民代表大会常务委员会和国务院备案。这一规定见于1986年12月2日第六届全国人民代表大会第十八次会议通过的《关于修改〈中华人民共和国地方各级人民代表大会和地方各级人民政府组织法〉的决定》。这一规定赋予了较大城市制定地方性法规的权力,是我国立法体制改革的新成果,它对进一步发挥地方的积极性,及时解决地方在社会主义现代化建设进程中所发生的具体问题具有十分重要的意义。

4. 地方各级国家行政机关制定行政规章的权限

根据宪法规定,县级以上地方各级人民政府依照法律规定的权限,有权发布决定和命令(参见《宪法》第一百零七条)。其中,省、自治区、直辖市以及省、自治区的人民政府所在地的市和经国务院批准的较大的市的人民政府,还可以根据法律和国务院的行政法规,制定行政规章和其他规范性文件。这一规定有利于在中央的统一领导下,充分发挥各地行政机关的积极性,实行依法行政,提高行政效率。

以上是我国立法体制中的权限划分结构,其基本特点是中央和地方适当分权,授权地方各级国家权力机关及其常设机关和地方各级国家行政机关,在其职权范围内,根据宪法、法律和行政法规制定、颁布具有不同效力的规范性文件,这与我国国家性质和多民族单一制的社会主义国家结构这一具体国情是相适应的。我国教育法的制定就是在这一立法体制下实现的。在现行的教育法律法规中,属于全国人民代表大会及其常务委员会制定的基本法律和基本法律以外的法律有《教育法》《学位条例》《义务教育法》《教师法》《职业教育法》《高等教育法》《民办教育促进法》《家庭教育促进法》等。此外还有一批国务院制定的行政法规与规范性文件和国务院各部、委制定的有关教育的行政规章,以及数量繁多的地方性法规和规章。可以说,我国的教育立法在改革开放 40 多年来取得了很大的进展。

（二）立法程序

法律制定的程序又称立法程序,是指国家机关在制定、修改或废止法律规范的活动中,必须履行的法定步骤。因此立法程序就是规定立法权行使的程序,也是一种程序法。在我国,立法程序被规定在《宪法》和《全国人民代表大会组织法》中。

一切法律、法规在其公布生效之前,都必须经过具有法定权力的机关讨论通过,不同的法律、法规,由于其制定机关不同,法律制定的法定程序是不同的,但一般包括四个步骤:法律议案的提出、法律草案的审议、法律的通过和法律的公布。

1. 法律议案的提出

法律议案的提出是指享有立法提案权的机关和人员向法律制定机关提出关于法律制定、修改或废止的提案或建议。提出法律议案是一种法定权力,它与起草法律案不同。起草法律案的单位或个人不一定有提案权,例如,有些法律是由国务院有关主管部门起草的,但该法律案必须以国务院为提案人向全国人民代表大会常务委员会提出。根据我国宪法和有关法律的规定,具有向各级人民代表大会及其常务委员会提出法律议案的职权的机关和人员有:各级人民代表大会的代表,各级国家权力机关的主席团、常设机关和各种委员会,各级国家行政机关,国家最高司法机关和军事机关。

以上机关和人员在提出制定、修改和废止法律的议案和建议后,首先由各专设法制机关对法律草案的内容、技术以及法理等方面进行审查,并须经广泛征求意见,反复讨论、审议,最后形成提交法律制定机关审议、讨论的正式草案。

2. 法律草案的审议

审议法律草案是指法律制定机关对列入议程的法律草案正式进行审查和讨论。一般来说,法律、法规的决定通过要采用会议的形式。在我国,决定通过法律、法规的权力机关主要是人民代表大会及其常务委员会,行政机关是国务院全体会议和常务会议,各部、各委员会的部务会议和委员会会议,地方人民政府的全体会议。向全国人民代表大会提出的法律草案一般要先经常务委员会审议后才提交全国人民代表大会审议。在审议期间还要由法律委员会根据代表审议提出的意见进行审议并提出报告,再由主席团决定提交大会审议,由大会决定是否通过。向全国人民代表大会常务委员会提出的法律草案,一般采取初步审议和再次审议两个步骤,然后由其会议决定是否通过。这样做的目的在于保证有充分时间对法律草案进行周到细致的讨论并听取各方面意见,避免仓促通过。

3. 法律的通过

法律的通过是指法律制定机关对法律草案经过讨论并进行表决后,表示正式同意。由此法律草案便成为法律,因此,这一步骤是整个立法程序中最重要和最有决定意义的阶段。

为了加强通过的法律的稳定性和权威性,法律的通过须经法律制定机关代表中的一定法定人数的赞成。通常,普通法律须经全国人大代表的过半数通过;宪法须经全国人大代表的三分之二以上的多数通过;全国人大常委会审议的法律案和其他议案,由常委会全体组成人员的过半数通过;地方各级人民代表大会通过规范性文件,以全体代表的过半数通过。

4. 法律的公布

法律的公布是指法律制定机关将通过的法律用一定的形式予以正式公布。一般是由法定负责人以命令的形式,正式公报发布。这是立法程序的最后一环,法律被通过以后,如果没有按照法定程序和方式通知公民和国家机关,那么这一法律就不会有法律效力,就不可能在现实生活中得以实施。因为法律是人人必须遵守和执行的行为规范,只有予以公布,才能使社会普遍周知。

根据《立法法》的规定,全国人民代表大会及其常务委员会通过的法律由国家主席签署主席令予以公布;省、自治区、直辖市人民代表大会制定的地方性法规由大会主席团发布公告予以公布;省、自治区、直辖市人民代表大会常务委员会制定的地方性法规由常务委员会发布公告予以公布;较大的市的人民代表大会及其常务委员会制定的地方性法规报经批准后,由较大的市的人民代表大会常务委员会发布公告予以公布;自治条例和单行条例报经批准后,分别由自治区、自治州、自治县的人民代表大会常务委员会发布公告予以公布。

二、教育法的实施

法律的实施,是指国家机关及其工作人员以及社会组织和公民在自己的实际活动中使法律规范得到实现。因此法律实施的过程就是法律在现实社会生活中的具体运用、贯彻和实现的过程,就是将法律中所设定的权利与义务关系转化为现实生活中的权利与义务关系,并进而将体现在法律中的国家意志转化为人们的行为的过程。但是,法律作为一种意志,它本身并不能自动转化和自我实施。"徒法不足以自行",法律在社会生活中的实现,必须采用一定的方式。

一般来说,法律规范可以分为禁止性规范、义务性规范和授权性规范。禁止性规范禁止人们作出一定的行为,要求人们抑制一定的行为。义务性规范责成人们承担一定的积极行为。授权性规范授予人们可以作出某种行为或要求他人作出或不作出某种行为的能力。以上三类法律规范在社会生活中实现的方式尽管不同,但一般来说,人们可以独立地遵守、执行和运用法律,而不须通过专门的国家机关来实现这些法律规范。然而,法律规范的实现还可以有另外的方式,这就是通过专门的国家机关的特定活动,使法律规范在社会生活中得到实现。由此,法律的实施可以有两种方式,即法律的适用和法律的遵守。

(一)法律的适用

法律的适用是法律实施的一种基本方式。广义的法律的适用包括国家权力机关、国家行政机关和国家司法机关及其公职人员依照法定权限和程序,将法律运用于具体的人或组织的专门活动。狭义的法律的适用则专指国家司法机关依照法定的职权和程序,运用法律处理各种案件的专门活动。不管是广义的还是狭义的理解,法律的适用都是指国家机关及其公职人员以国家的名义实施法律规范的活动。因此,法律的适用同一般的国家机关遵守法律、执行法律、运用法律不同。

教育法的适用是由国家权力机关、行政机关、公安机关、检察机关和审判机关来实现的,但教育法更多地牵涉依法行使其管辖权的国家行政机关。教育法由专门的国家机关适用,一般包括以下几种情况。

在公民、社会组织和一般的国家机关在行使法律规定的权利和义务需要取得有专门权限的国家机关支持的情况下,必须由有专门权限的国家机关来适用法律。例如,公民有参加高等教育自学考试的权利,但如果没有高等教育自学考试机构来主持、负责这项工作,确定开考专业、统筹安排考试、建立考籍管理档案等,那么公民就不可能实际地取得通过自学考试成才的权利。

当公民、社会团体和一般的国家机关在相互关系中发生纠纷或争议,不可能自己解决时,必须由有专门权限的国家机关来适用法律。例如,《义务教育法实施细则》规定,当事人对行政处罚决定不服的,可以依照法律、法规的规定申请复议。当事人对复议决定不服的,可以依照法律、法规的规定向人民法院提起诉讼。当事人在规定的期限内不申请复议,也不向人民法院提起诉讼,又不履行处罚决定的,由作出处罚决定的机关申请人民法院强制执行,或者依法强制执行。在这里,行政复议机构、法院以及作出处罚决定的国家行政机关都属于有专门权限的国家机关。

当公民、社会团体和一般的国家机关在其活动中存在违法行为时,必须由有专门权限的国家机关来适用法律,对违法行为进行制裁。教育法所规定的法律责任主要是行政法律责任,法律制裁也主要是行政处罚。这些都是由行政机关来实现的。但如果违法行为同时涉及民事范围或触犯了刑律,那么除了由行政机关追究行政责任外,还要由法院追究民事法律责任和刑事法律责任。

以上几个方面说明,法律的适用是一种特殊的国家管理活动形式。适用法律的机关要以法律规范为根据来采取措施。因此,为了维护公民、社会团体、国家机关各个方面的权益,正确地、有效地适用法律就是法律适用机关及其公职人员的基本职责。

(二)法律的遵守

遵守法律是法律实施的另一种基本形式。它是指公民、社会团体和国家机关都按照法律规定的要求去行为,它们的活动都是合法的行为,而不是违法的行为。

遵守法律是针对一切组织和个人而言的,我国宪法对守法的主体作了明确规定。《宪法》第五条规定:"一切国家机关和武装力量、各政党和各社会团体、各企业事业组织都必须遵守宪法和法律。一切违反宪法和法律的行为,必须予以追究。"《宪法》第三十三条规定:"任何公民享有宪法和法律规定的权利,同时必须履行宪法和法律规定的义务。"第五十三条规定:"中华人民共和国公民必须遵守宪法和法律,保守国家秘密,爱护公共财产,遵守劳动纪律,遵守公共秩序,尊重社会公德。"从《宪法》的规定来看,守法的主体包括两个方面:一是一切国家机关、武装力量,政党和社会团体、企事业组织。特别是国家机关及其公职人员,他们承担着各种社会公共事务,以贯彻执行国家统一意志和利益为原则,因此严格守法、执法是对国家机关及其公职人员的基本要求;二是所有公民,即一切社会关系的参加者自觉遵守法律,贯彻法律,维护法律的尊严,发挥法律的威力,就能有效保证法律的实施。

从守法的内容来看,这里所说的法是广义的法。包括宪法、各部门法和组成各部门法的法律、条例、规定、规则、实施细则,等等。守法,首先应当遵守宪法和法律。宪法是国家的根本大法,是治国的总章程。它规定了国家的根本性质和根本任务,具有最高的法律效力和法律地位。法律是依据宪法制定的二级大法,是对某一社会关系基本制度和基本任务的确认。宪法和法律都是由最高权力机关制定的,因此,守法首先必须遵守宪法和法律。其次,守法还要求遵守所有符合宪法和法律的其他国家机关制定的一切法规和其他规范性文件,如国务院的行政法规、决议、命令、规章;省、自治区、直辖市人民代表大会制定的地方性法规,地方各级人民政府发布的决议、命令等。这些法规和规范性文件都是依据宪法和法律,根据本地区、本部门的具体情况,为实施宪法和法律的需要而制定的,因此也应当遵守。

三、教育法的监督

为了保证教育法的实施,必须加强对法律实施的监督,这是推进教育法治的必要一环。我国已经初步形成了一个通过国家法律制度的制定和运用,来制约和督促社会各个方面执法守法的法律监督体制。这一监督体制包括权力机关的法律监督和工作监督,司法机关的司法监督,行政机关的行政监督,以及执政党的监督和人民群众的社会监督等方面。需要指出的是,教育督导也对教育法的实施具有监督作用。

法律监督有广义和狭义两种理解。广义的法律监督是指所有的国家机关、社会组织和公民对各种法律活动的合法性进行的监察和督促,二者都以法律实施及人们行为的合法性为监督的基本内容。狭义的法律监督是指有关国家机关依照法定职权和程序,对立法、执法和司法活动的合法性进行的监察和督促。我国已经建立起一套法律监督体系,法律监督主要包括以下几种类型。

(一)权力机关的法律监督和工作监督

在我国,国家的一切权力属于人民,人民行使国家权力的机关是全国人民代表大会和地方各级人民代表大会。国家行政机关、审判机关和检察机关由国家权力机关产生,对它负责,受它监督。国家权力机关的监督作用首先表现在对其所制定和颁布的宪法、法律、地方性法规、自治条例和单行条例的实施情况进行监督。全国人民代表大会及其常务委员会可以依照宪法规定,追究一切违宪行为。全国人民代表大会可以改变或撤销全国人民代表大会常务委员会的不适当的决定。全国人民代表大会常务委员会可以撤销国务院制定的同宪法和法律相抵触的行政法规、决定和命令,撤销省、自治区、直辖市国家权力机关制定的同宪法、法律和行政法规相抵触的地方性法规和决议。县级以上人民代表大会可以改变或撤销本级人民代表大会常务委员会的不适当的决议,撤销本级人民政府的决定和命令。县级以上人民代表大会常务委员会可以撤销下一级人民代表大会及其常务委员会的不适当的决议,撤销本级人民政府的不适当的决定和命令。这样一个制约的机制使法律的遵守得到了有效的监督。此外,国家权力机关还可以就某项法律、法规的实施情况在自己所辖范围内进行检查。此外,如全国人民代表大会组织专项教育法检查组,对省、自治区、直辖市实施教育法的情况进行检查,这也是权力机关职权范围内的一种法律监督。

权力机关的监督作用还表现在它对行政机关、审判机关和检察机关的工作监督。这些机关对同级人民代表大会及其常务委员会负责并报告工作。国家权力机关还可以通过人民代表行使质询权和视察工作,对这些国家机构进行监督;对重大的问题,还可组织调查委员会进行调查处理。

（二）司法机关的司法监督

司法机关的司法监督主要包括检察机关对公安机关、法院等司法机关的司法监督和法院对行政机关的司法监督两个方面。对于教育法来说,主要是后者。对行政机关的司法监督是指法院依法对特定行政机关及其公职人员的特定行政行为是否违法、越权、侵权、失职、不当进行审理和判决。随着国家普遍强化政府职能的进程,国家行政管理的范围和种类也愈来愈广泛,由此也带来了日益增多的行政纠纷和日益复杂的行政法律关系,因此建立行政诉讼制度已成为历史的需要。我国于1982年开始建立行政诉讼制度,人民法院可以受理法律规定可以起诉的行政案件。特别是1990年10月1日生效实施的《行政诉讼法》全面统一地规定了我国的行政诉讼制度,这就使法院的受案范围除了民事案件和刑事案件外,还包括行政诉讼案件,从而扩大了司法机关对教育行政管理的监督职能。根据《行政诉讼法》的规定,行政机关的具体行政行为属于行政诉讼的范围,这就对行政机关采取行政措施提出了严格的法律要求。教育行政机关作出的行政决定,凡涉及公民、法人和其他组织的人身权、财产权的,如规定各种学校收费、印发学历证书、取消考试资格等,都应与有关的法规的规定一致,否则在行政诉讼中将处于被动地位。

（三）行政机关的行政监督

行政机关的行政监督包括上下级行政机关的相互监督和特设的行政监察机关对行政的监督。行政系统上下级机关之间的监督表现为国务院有权改变或撤销各部委发布的不适当的命令、指示和规章,改变或撤销地方各级国家行政机关的不适当的决定和命令。县级以上地方各级人民政府有权改变或撤销所属各工作部门和下级人民政府的不适当的决定。行政监督另外一个重要方面是国家行政监察机关对国家行政机关及其公职人员执行法律、法规和政策的情况以及违反政纪的行为的监察。国家行政监察机关有检查权、调查权、建议权,并有一定的行政处分权。

(四)执政党监督和社会监督

执政党监督是一种来自中国共产党的监督。根据宪法的规定,执政党对国家管理活动进行监督是保证中国共产党的领导地位的重要方式。执政党监督是通过批评与自我批评的组织生活形式、党的党规党纪的制约、党的组织监督系统来实现的。

社会监督是各种社会组织、社会团体、公民个人对国家管理活动所进行的一种监督形式,主要通过批评、建议、检举、控告和申诉等方式来进行。这种监督对教育法的实施也具有重要的保证作用。

(五)教育督导

在教育系统内,还有一种特殊的对教育工作的行政监督,这就是督导制度,为保证教育法律、法规、规章和国家教育方针、政策的贯彻执行,实施素质教育,提高教育质量,促进教育公平,推动教育事业科学发展,我国制定了《教育督导条例》,自 2012 年 10 月 1 日起施行。根据规定,教育督导职权由国务院教育督导机构行使,县级以上地方人民政府设教育督导机构。教育督导的主要任务是对下级人民政府的教育工作、对下级教育行政部门和学校的工作进行监督、检查、评估、指导,保证国家有关教育的方针、政策、法规的贯彻执行和教育目标的实现。教育督导可分为综合督导、专项督导和经常性检查,由教育督导机构根据本级人民政府、教育行政部门或上级督导机构的决定实施。督导机构和督导人员根据国家有关的方针、政策、法规进行督导,并具有以下职权:列席被督导单位的有关会议;要求被督导单位提供与督导事项有关的文件并汇报工作;对被督导单位进行现场调查。总之,教育督导制度的建立,使教育法的行政监督有法可依,日臻完善。

《教育督导条例》

理解·反思·探究

1. 简答题

(1) 什么是教育法?教育法具有哪些特征?

(2) 简述我国的教育法体系。

(3) 什么是教育法律关系?其构成要素是怎样的?

(4) 教育法律关系有哪些类别?

(5) 我国有关教育法制定的立法权限如何划分？立法程序包括什么？

(6) 教育法的实施有哪些方式？教育法的监督有哪些途径？

2. 材料分析题

《教育督导问责办法》2021年9月1日起正式实施，这是新中国历史上首次出台的教育督导问责文件，标志着督导的权威性、有效性从制度上真正确立起来。从教育法实施与监督视角来分析《教育督导问责办法》与教育法之间的关系。

拓展阅读

[1] 劳凯声,蒋建华.教育政策与法律概论[M].北京:北京师范大学出版社,2015.

[2] 余雅风.新编教育法[M].上海:华东师范大学出版社,2008.

[3] 余雅风.公共性:学校制度变革的基本价值[J].教育研究,2005(4):22-24.

阅读建议:详细阅读《教育政策与法律概论》(第一章教育政策与法律概说、第三章教育法的制定与实施)、《新编教育法》(第一章教育法总论)和上述文献,系统性理解教育法并区分教育法与教育政策的区别。

第八章

小学学校法律制度

8

学校是小学生学习、成长和教师从事教育教学工作的重要场域,更是整个教育事业的基础阶段。我国制定和出台了《教育法》《义务教育法》《未成年人保护法》《民办教育促进法》等法律、法规,为小学的正常运转提供了法律依据和制度保障。作为一名未来的小学教师,掌握小学的权利与义务,了解小学设立的条件与程序,熟知小学的组织和内部管理制度,对于今后成为一名合格的教师、顺利开展教育教学工作有着重要的现实意义。

● 本章导航

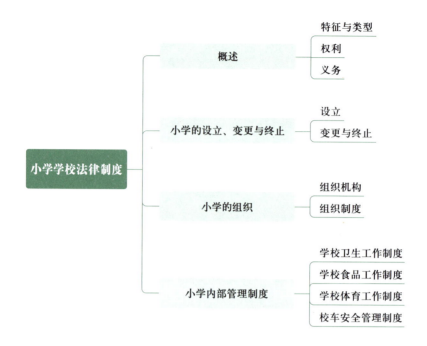

● 关键术语

学校权利;学校义务;小学的设立;小学的组织机构;党组织领导的校长负责制;教代会制度;校务公开制度;学校卫生工作制度;学校食品工作制度;学校体育工作制度;校车安全管理制度

● 学习目标

1. 正确理解小学的特征,掌握公办小学和民办小学的分类,运用小学权利与义务知识分析现实问题。

2. 正确理解小学的设立、变更与终止的条件和程序要求,掌握民办小学设立、变更与终止的特殊规定。

3. 正确理解小学的内部组织机构设置,掌握校长的权利和职责能运用组织制度相关知识进行学校管理。

4. 正确理解小学内部管理制度,掌握学校卫生、食品、体育工作制度和校车安全管理制度的规定,运用相关规定分析小学内部管理问题。

第一节 概述

学校作为培养人的专门场所,自产生至今已有数千年的历史。进入大工业生产时代,普及的、社会化的现代学校制度出现,西方国家通过法律规范逐渐加强对学校教育的掌控,学校法律制度开始在世界范围内快速发展。[①]

根据《教育法》第十七条的规定,我国实行"学前教育、初等教育、中等教育、高等教育"的学校教育制度。每一个教育阶段,根据教育对象和培养目标的不同而设立不同类型的学校,主要包括幼儿园、小学、初级中学、高级中学或完全中学、各类中等专业学校、职业学校、普通高等学校等。其中,小学指由政府、企业事业组织、社会团体、其他社会组织及公民个人依法举办的对儿童实施普通初等教育的机构。小学的修业年限为 6 年或 5 年。

小学作为实施义务教育的学校,呈现出一定特征,可依据一定标准分为不同类型;小学依法享有《教育法》《民法典》等规定的合法权利并应履行相应义务。正确把握小学的特征与类型,深入理解小学的权利和义务,对于保障和规范小学履行法定职责,保护教师、学生的合法权益,促进小学的正常运转具有重要意义。

一、小学的特征与类型

小学作为整个学校教育的基础部分,既具有一般学校的基本特征,又由于其义务教育属性而有一定特殊性,呈现出不同于其他学段学校的特征。与此同时,我国小学具有各种各样的形态,依据不同标准可划分为不同类型。

(一)小学的特征

小学既具有学校的一般特征,如职能的专门性、组织的严密性、作用的全面性、内容的系统性、手段的有效性和形式的稳定性;又具有义务教育的强制性、免费性和普及性特征。由于小学主要面向 6~12 岁的儿童传授基本的文化知识和基础的社会生活技能,小学的基础性、强制性、普及性和公共性特征尤为突出。

l. 基础性

小学的基础性主要体现在教育发展和个人发展过程中的基础作用上。从教育发展层面来看,小学属于初等教育阶段,是学生接受正式学历教育的初始阶段,具有为高一级学校打基础的作用。小学教育对整个教育的发展具有奠基性意义。从个人发展层面来看,在小学阶段,儿童正处于身心快速发展时期,这一时期所接受的教育直接影响他们未来的发展。小学只有充分贯彻德、智、体、美、劳全面发展的方针,落实素质教育的要求,才能为培养各级各类人才打基础,从而使年轻一代成长为具有健康的体魄、高尚的社会道德品质、科学精神与创新能力的社会主义建设者和接班人。

[①] 劳凯声.教育法论[M].南京:江苏教育出版社,1993:3.

2. 强制性

义务教育的强制性,是指义务教育是按照法律规定,由国家强制力保证实施的教育法律制度。任何违反《义务教育法》,阻碍或者破坏义务教育实施的行为,都要受到法律的制裁。我国实行九年义务教育制度,小学作为义务教育的基础阶段,具有突出的强制性。对于每个适龄儿童来说,接受小学教育不仅是受教育者享有的平等的受教育权利,也是必须履行的义务。同时,义务教育也是国家的义务,《义务教育法》第五条明确规定了国家、家庭、学校和社会组织等主体保障儿童接受义务教育的职责和义务。强制性是小学教育最本质的特征。

3. 普及性

义务教育的普及性,指所有适龄儿童、少年,除依照法律规定办理缓学或免学手续的以外,都必须入学完成规定年限的教育。小学教育是普及性教育,是每个公民都有权利也应接受的教育。小学的普及是实现社会公平的基础。《义务教育法》第六条规定,政府应促进义务教育均衡发展、保障有特殊需求的儿童接受义务教育,确保小学教育得到全面普及。普及义务教育是使个体发展与社会发展相统一的基本保障,小学是实施义务教育的重要主体之一。

4. 公共性

教育的公共性是指教育涉及社会公众、公共经费以及社会资源的使用,影响社会成员共同的必要利益,其共同消费和利用的可能性开放给全体成员,其结果为全体社会成员得以共享的性质。现代学校教育、社会教育具有显著的公共性。[1] 小学具有公共性,学校即使是"民办"的,也不是"个人"的,而是属于国民教育的范畴。小学的公共性具体表现为:小学教育与宗教相分离,使小学教育成为社会性的公共事业;国家制定义务教育发展规划,举办小学必须按照国家规定的教学计划、教学大纲进行教育教学活动,并使用经国家有关主管部门审定的教材,教育活动必须符合国家和社会公共利益,不得以营利为目的;实施义务教育的小学和教师具有公共和公务性质,对国家和社会负责,对全体国民负责;国家对实施义务教育的学校进行有效管理和监督,无论是公办小学还是民办小学,都必须接受国家的管理与监督。

(二) 小学的类型

依据不同的划分标准,小学可分为不同的类型。基于我国城乡二元制的社会结构和行政区划,按照学校所在区域进行划分,小学可分为城市小学和农村小学。城市小学和农村小学在硬件设施上差别不大,但师资力量等软实力上的不均衡仍较为突出。按照学校举办者的性质和资金来源进行划分,我国小学分为公办小学和民办小学。

1. 公办小学

公办小学指由国家设置、公共财政维持、为社会不特定人群提供初等教育的专门机构。公办小学的举办者为国家,具体包括国家权力机关、国家行政机关及其所属各

---

① 余雅风. 公共性:学校制度变革的基本价值[J]. 教育研究,2005(4):22-24.

部门、国家军事机关及其所属部门、国家审判机关和国家检察机关等国家机构。这些国家机构利用财政性经费举办和运行公办小学,所谓财政性经费包括财政拨款、依法取得并应当上缴国库或者财政专户的财政性资金。公办小学主要由政府管理,面向全体学生提供平等的受教育机会,是公共教育的主要承担者,是现代社会教育普及与发展的重要力量。

2. 民办小学

民办小学指国家机构以外的社会组织或者个人利用非国家财政性经费,经主管机关批准登记注册的面向社会举办的实施正规初等教育的机构。民办小学的举办者为国家机构以外的社会组织或者个人,办学资金来源为非国家财政办学经费。需要注意的是,法律禁止在中国境内设立的外商投资企业以及外方为实际控制人的社会组织举办、参与举办或者实际控制实施义务教育的民办小学。同时,《民办教育促进法》规定我国实施民办教育分类管理法律制度,民办小学作为义务教育阶段的学校,必须登记为非营利性民办学校,不得举办营利性民办学校。

二、小学的权利

权利是国家法律对权利人以某种相对自由的作为或者不作为的方式来获得一定利益的许可和保障。义务是国家法律对义务人应作为和不应作为的约束或者规范。小学作为依法成立的实施教育教学活动的一种专门性社会组织,既享有《教育法》规定的开展教育活动的权利、《民法典》规定的民事权利,同时应履行相关法律规定的义务。

(一)《教育法》规定的权利

根据《教育法》的规定,包括小学在内的学校及其他教育机构享有九项基本权利。

1. 按照章程自主管理

章程是指学校为保证正常运行,制定的有关学校性质、办学宗旨、办学规模、主要任务、组织机构、教师和学生管理、财务管理的纲领性文件。学校一经批准设立或登记注册,其章程对本校的活动便具有确定的规范性,学校按照章程自主管理机构内部活动的权利即为法律所确认。学校应根据章程确立办学宗旨、管理体制、主要任务等重要事项和重大原则,制定具体的管理规章和发展规划,自主地进行管理决策,并建立和完善管理系统,组织实施管理活动。

2. 组织实施教育教学活动

教育教学是学校最基本、最主要的活动。全面组织实施教育教学活动必须有法律的确认。学校有权根据小学宗旨和任务,依据国家教育主管部门有关教育计划、课程等方面的规定,决定和实施自己的教学计划,决定具体课时和教学进度,组织教学评比、教学研究,对学生进行考试、考核等。

3. 招收学生和其他受教育者

学校是为社会公众提供教育服务的,这种服务必须通过招收学生才能实现。招生权是学校所具有的特殊的法定权利。学校有权依据国家招生法律、法规和主管部门的招生管理规定,根据自己的办学宗旨、培养目标、规格、任务、办学条件和能力,制定本校具体的招生办法,发布招生广告,决定招生的具体数量,决定录取或不录取等。

4. 对受教育者进行学籍管理,实施奖励或者处分

学校与受教育者之间的关系既是教育与受教育的关系,又是管理与被管理的关系。学校根据主管部门的学籍管理规定,有权针对受教育者制定有关入学与报名注册、考试与成绩、纪律与考勤、休学与复学、转学等管理办法,实施学籍管理活动。同时,学校有权根据国家有关学生奖励、处分的规定,结合本校的实际,制定具体的奖励与处分办法,并对受教育者实施奖励和处分。

5. 对受教育者颁发相应的学业证书

学业证书是对受教育者学习经历、知识水平、专业技能等的证明,是国家承认的具有法定效力的文件。学校一经批准设立,就具有了依法颁发学业证书的权利,对经考核成绩合格的受教育者,按其类别,颁发毕业证书、结业证书或肄业证书等。

6. 聘任教师及其他职工,实施奖励或者处分

学校有权根据国家有关教师和其他教职工管理的法规、规章和主管部门的规定,从本校的办学条件、能力和实际编制情况出发,自主决定聘任、解聘教师和其他职工;有权制定本校教师和其他人员聘任办法,签订和依约解除聘任合同;有权对教职员工实施奖励和处分及其他具体管理活动。

7. 管理、使用本单位的设施和经费

场地、教室、宿舍、教学设备与设施、办学经费以及其他有关财产是学校开展教学活动的基本物质保障,学校有权自主管理和使用。学校对其占有的场地、教室、宿舍、教学设备与设施等、办学经费以及其他有关财产享有财产管理和使用权,必要时可对其所占有的财产进行处置或获得一定收益。但这项权利在行使时须有一定限制,否则会损害公共利益,影响正常教育活动,或造成国有资产流失。

8. 拒绝任何组织和个人对教育教学活动的非法干涉

为了维护学校的正常教育教学秩序,必须有效制止来自任何方面的非法干涉。这种非法干涉在现实生活中有多种形式,如强占校舍和场地、侵犯师生的人身安全、随意要求停课、对学校乱摊派等。学校对来自行政机关、企业事业组织、社会团体及个人等任何方面的非法干涉教育教学活动的行为有权予以拒绝。

9. 法律、法规规定的其他权利

学校其他合法权益亦受法律保护,任何组织或个人侵犯学校的合法权益,造成损失、损害时,将承担相应的法律责任。国家保护学校的合法权益不受侵犯。

(二)《民法典》规定的权利

《民法典》规定了民事主体依法享有的合法权益。学校作为民事主体,依法享有名称权、名誉权和荣誉权,以及财产权、物权、债权、知识产权等民事权利。同时,民办学校对举办者投入民办学校的资产、国有资产、受赠的财产以及办学积累,享有法人财产权,以及对学校资产的依法管理和使用权利。

案例

枣庄市某小学与山东某置业有限公司公益事业捐赠合同纠纷案

【案例事实】

2015年8月17日,原告(枣庄市某小学)作为甲方与被告(山东某置业有限公司)作为乙方签订《捐赠协议书》约定:……在区财政紧张的情况下,乙方愿为甲方一期工程捐赠部分工程款物。双方经充分友好协商,达成以下协议,供遵照执行:一、甲方拟在原小学现址新建教学楼一座,乙方愿为甲方一期工程建设捐赠钢筋折合款、工程材料等,共计赠予折合款约260万元。甲方为乙方开具捐资证明,所捐赠资产甲方登记造册,全部纳入固定资产账目,并上报区国资委。二、甲方在接收乙方捐赠后,同意接收乙方所建某小区居民的适龄儿童就读。三、乙方自施工之日起须按工程进度提前供料……支付的款项和捐赠材料时间为2015年10月,由甲方同承建方商定3天内将所需材料报告给乙方,乙方3天内提供相关材料。四、本协议书经双方签字或盖章生效,如需变更应由双方协商一致后另行签订书面变更协议。除非符合法定情形,任何一方不得擅自单方予以解除,否则应承担相应的违约责任。五、乙方按合同约定支付捐赠款项或等价的材料,本协议为不可撤销的赠与协议。

合同签订后,被告向原告捐赠了价值447 680元的建筑材料及200 000元的人民币后,剩余1 952 320元捐赠款物不再给付原告,为此原告诉至本院。

法院判决被告于本判决生效之日起十日内给付原告捐赠款1 952 320元。

【案例分析】

根据《教育法》第三十二条规定:"学校及其他教育机构在民事活动中依法享有民事权利,承担民事责任。"原告具备民事法人资格,其与被告间的捐赠协议属于合法有效合同,合同双方当事人均应按照合同约定履行。《民法典》第六百六十条规定:"具有救灾、扶贫、助残等公益、道德义务性质的赠与合同,赠与人不交付赠与的财产的,受赠人可以要求交付。"本案被告的捐赠能缓解教育资源紧张情况,是公益性捐赠,该协议属于公益性捐赠合同,且协议第五条约定:本协议为不可撤销的赠与协议。故原告作为民事法人,依法享有要求被告人履行捐赠合同的合法权利。

(来源:北大法宝-【法宝引证码】CLI.C.317508020)

三、小学的义务

权利与义务是相互依存的,享有权利,一般就相应地要承担某种义务;或者一方享有的权利,他方就要履行义务。同时,作为社会组织的小学还应履行《教育法》《民法典》《未成年人保护法》等其他法律规定的义务。

（一）《教育法》规定的义务

同学校的教育权利相对应，《教育法》第三十条规定了学校应履行的六项义务。

I. 遵守法律、法规

我国《宪法》第五条规定："一切国家机关和武装力量、各政党和各社会团体、各企业事业组织都必须遵守宪法和法律。一切违反宪法和法律的行为，必须予以追究。任何组织或者个人都不得有超越宪法和法律的特权。"学校作为实施教育教学活动、培养各类人才的社会组织，必须履行这一义务。这里所说的法律，包括宪法、全国人民代表大会及其常务委员会制定的法律、国务院制定的行政法规以及省级人民代表大会制定的地方性法规。作为履行义务的主体，学校不仅应履行教育法律、法规中明确的特定义务，还应履行一般社会组织所应承担的法定义务。

2. 贯彻国家的教育方针，执行国家教育教学标准，保证教育教学质量

现代教育活动是一种高度专门化的活动，是体现社会整体利益和整体意志的社会事业。国家作为社会整体利益和整体意志的代表，以法律的形式规定须共同遵循的教育方针和教育教学标准。学校在组织实施教育教学活动的过程中，应保证贯彻国家的教育方针和教育教学标准，实施素质教育，提高教育质量，努力为社会主义现代化建设培养德智体美劳全面发展的社会主义建设者和接班人。

3. 维护受教育者、教师及其他职工的合法权益

学校不得侵犯受教育者、教师及其他职工的合法权益，如不得克扣、拖欠教职工工资，不得拒绝符合入学条件的受教育者入学等。同时，当本校以外的社会组织和个人侵犯了本校受教育者、教师及其他职工的合法权益时，学校有义务以合法方式，积极协助有关单位查处违法行为人，维护本校成员的合法权益。

4. 以适当方式为受教育者及其监护人了解受教育者的学业成绩及其他有关情况提供便利

受教育者及其监护人享有对受教育者自身的学业成绩及其他情况的知情权，这是实现公民平等的受教育权和在学业成绩和品行上获得公正评价权利的必要前提之一，必须予以法律保护。学校不得拒绝受教育者及其监护人了解学业成绩和其他在校情况等的请求，还应提供便利条件、使用适当方式帮助受教育者及其监护人行使这项知情权。学校不得侵犯受教育者的隐私权、名誉权等合法权益，不得损害受教育者的身心健康。

5. 遵照国家有关规定收取费用并公开收费项目

学校是公益性机构，公民依法享有受教育权利，同时应按所入学校的不同性质依照有关规定缴纳一定费用。学校应当按照中央和地方各级政府及其有关部门的收费规定，确定收取学杂费的具体标准，不得巧立名目，乱收费用，甚至把办学当作牟利的工具。同时，收费项目应向社会公开，接受家长和社会各界的监督，维护办学机构的公益性质。公办小学不收学费、杂费。

6. 依法接受监督

为了保证新时代社会主义教育事业的发展方向,贯彻国家的教育方针,执行国家教育教学标准,学校必须接受来自权力机关、行政机关、司法机关的监督,以及来自执政党的监督和社会监督。学校对于以上各种形式的监督,应当积极予以配合,不得拒绝,更不得妨碍监督检查工作的正常进行。

以上有关学校的义务规定,对于学校端正办学思想、规范办学行为、保护社会公益、提高教育质量,有着重要意义。学校不履行这些法定义务的,根据《教育法》等的规定,应承担相应的法律责任。

(二)《民法典》《未成年人保护法》规定的义务

根据《民法典》的规定,作为非营利法人的学校在民事活动中应依照法律规定或者按照当事人约定,履行民事义务。同时,《未成年人保护法》要求学校履行保护未成年学生的生存权、发展权、受保护权、参与权等的法定义务,积极承担未成年学生保护的职责。

第二节 小学的设立、变更与终止

小学是依法实施初等教育的专门机构。我国《教育法》、《义务教育法》、《民办教育促进法》《民办教育促进法实施条例》(以下简称《实施条例》)等对小学的设立、变更与终止的条件和程序进行了规定。

一、小学的设立

《教育法》第二十七、二十八条规定了学校的设立条件与程序。《民办教育促进法》及其《实施条例》还对民办小学的设立作出了更加具体的规定。

(一)小学设立的条件

《教育法》第二十七条规定,"设立学校及其他教育机构,必须具备下列基本条件:有组织机构和章程;有合格的教师;有符合规定标准的教学场所及设施、设备等;有必备的办学资金和稳定的经费来源。"小学设立的基本条件包括组织管理、师资队伍、硬件设施、资金经费等四个方面。

l. 基市条件

(1)有组织机构和章程

组织机构和章程是小学存在的必要前提。小学的组织机构,是指小学将人力、物力和智力等按一定的形式和结构,为实现共同的目标和任务组合起来而开展教育教学活动的社会单位。[1] 小学组织机构必须权责

微课:小学的"基本法"——章程

---

[1] 黄厚明.教育法学[M].南昌:江西高校出版社.2014:104.

《公办中小学章程范本》

清晰、分工明确,以保证机构的正常运转。小学章程是指依据国家法律、法规和教育行政规章制定的,对办学宗旨、内部管理体制以及学校财产、财务等学校的重大问题做出的规定,是小学实施自我管理的依据。[①] 要求小学制定章程,是建立现代学校教育制度,加强对小学的监督、管理,实行依法治校,建立自主发展、自我约束运行机制的重要保证。

(2) 有合格的教师

小学一般由管理人员、教师、教学辅助人员构成,其中教师是履行教育教学职责的专业人员,承担教书育人、培养社会主义事业建设者和接班人、提高民族素质的使命。小学教师必须由合乎一定资格,并经主管机关认定的人员组成。申请设立的小学应当通过聘任专、兼职教师,建立一支数量和质量都合格的教师队伍。

(3) 有符合规定标准的教学场所及设施、设备等

从事教育教学活动要有办学必备的物质条件,包括教学场所及设施、设备等。小学的校舍规划面积定额、教室和课桌椅的具体要求,每班班额,学生活动场地、住宿生的食宿条件、厕所等必要的生活设施的具体要求,教学仪器设备、体育设施、图书资料的配备标准等,均应符合国家规定的标准。其中教学场所及设施、设备等物质条件可以是自有的,也可以通过租赁、借用等方式取得校舍、场地、教学设施、设备等的使用权,但必须符合教学要求,并有合法的合同文件。

(4) 有必备的办学资金和稳定的经费来源

小学一经设立,除了必要的教学场所及设施、设备等,设施、设备的消耗、更新,人员的工薪、福利等,都需要流动资金以保证教育教学活动的正常运转,因此必备的办学资金和稳定的经费来源是小学设立和运行的必要条件之一。在申请设立小学时,必须有明确、稳定的教育经费来源说明,提交收、支预算。举办者应保证通过合法渠道筹集到设立小学必需的启动资金和运转资金,应保证机构设立后有稳定的经费来源。

2. 民办小学设立的特殊条件

依据《民办教育促进法》及其《实施条例》的规定,民办小学的设立应当符合以下四个要求:

(1) 设立民办小学要符合当地义务教育发展的需要

各级人民政府应当将民办小学纳入国民经济和社会发展规划,与本地区公办小学统筹考虑,合理布局,符合当地义务教育发展规划。在考虑当地教育需求因素时,既要考虑当前的需要,也要着眼于未来的教育目标。

(2) 民办小学应当具备法人条件

当举办主体是社会组织时,要求该组织具有法人资格。当举办主体为自然人时,

---

① 劳凯声,蒋建华.教育政策与法律概论[M].北京:北京师范大学出版社.2015:240.

要求该举办者具有政治权利和完全民事行为能力。

国家机构以外的社会组织或者个人可以单独或联合举办民办学校,并应签订联合办学协议,明确合作方式、各方权利义务和争议解决方式等。

但在中国境内设立的外商投资企业以及外方为实际控制人的社会组织不得举办、参与举办或者实际控制民办小学。

(3) 举办者应当有良好的信用状况和资金支持

举办民办学校的社会组织或者个人应当有良好的信用状况。出资形式可以用货币出资,也可以用实物、建设用地使用权、知识产权等可以用货币估价并可以依法转让的非货币财产作价出资。但是,法律、行政法规规定不得作为出资的财产除外。

举办民办小学,应当按时、足额履行出资义务。民办学校存续期间,举办者不得抽逃出资,不得挪用办学经费。

(4) 民办小学章程应当规定的主要事项

由于民办小学具有举办者和资金来源的特殊性,《实施条例》明确了民办小学章程应当规定的主要事项:第一,学校的名称、住所、办学地址、法人属性;第二,举办者的权利与义务,举办者变更、权益转让的办法;第三,办学宗旨、发展定位、层次、类型、规模、形式等;第四,学校开办资金、注册资本,资产的来源、性质等;第五,理事会、董事会或者其他形式决策机构和监督机构的产生方法、人员构成、任期、议事规则等;第六,学校党组织负责人或者代表进入学校决策机构和监督机构的程序;第七,学校的法定代表人;第八,学校自行终止的事由,剩余资产处置的办法与程序;第九,章程修改程序。

(二) 小学设立的程序

《教育法》第二十八条规定:"学校及其他教育机构的设立、变更和终止,应当按照国家有关规定办理审核、批准、注册或者备案手续。"也就是说,小学的设立,除具备法律规定的一般实体要件外,还要符合程序性规定,才能取得合法地位。《民办教育促进法》就民办学校的设立程序进行了具体规定。

1. 基本程序

小学的设立主要实行审批制度,审批程序一般包括审核、批准和登记等环节。主管机关根据设置标准和审批办法,不仅要审核小学的设置是否符合法律规定的基本条件和有关设置标准,也要审核论证其是否符合本地区的教育事业发展规划,从而决定是否准予办学。[①] 经审批的小学才具有合法性。由于我国教育管理体制规定小学的设立规划和审批主要由地方负责,各地方情况不同,审批程序也不完全相同。在一般情况下,小学的设立由县、县级市、市辖区人民政府教育行政部门审批。

2. 民办小学设立的特殊程序

《民办教育促进法》规定了民办学校设立的具体程序,即筹设阶段和申请正式设

---

① 阮成武. 小学教育政策与法规[M]. 北京:高等教育出版社,2006:206.

立阶段。这里我们专讲民办小学的问题。在民办小学的筹设阶段,举办者应向审批机关提交下列材料。(1) 申办报告,内容应当主要包括:举办者、培养目标、办学规模、办学层次、办学形式、办学条件、内部管理体制、经费筹措与管理使用等;(2) 举办者的姓名、住址或者名称、地址;(3) 资产来源、资金数额及有效证明文件,并载明产权;(4) 属捐赠性质的校产须提交捐赠协议,载明捐赠人的姓名、所捐资产的数额、用途和管理方法及相关有效证明文件。

审批机关应自受理筹设申请之日起三十日内以书面形式作出是否同意的决定,同意的发给筹设批准书;不同意的,应当说明理由。筹设期不得超过三年,超过的应重新申报。

在民办小学申请正式设立阶段,举办者应向审批机关提交下列材料:(1) 筹设批准书;(2) 筹设情况报告;(3) 学校章程、首届学校理事会、董事会或者其他决策机构组成人员名单;(4) 学校资产的有效证明文件;(5) 校长、教师、财会人员的资格证明文件。与此同时,具备办学条件,达到设置标准的,举办者可以直接申请正式设立,并提交《民办教育促进法》"第十三条和第十五条(三)(四)(五)项规定的材料"。

审批机关应当自受理之日起三个月内以书面形式作出是否批准的决定,并送达申请人。同时,审批机关应对正式批准设立的民办小学发给办学许可证;对不批准正式设立的,应当说明理由。

民办小学在取得办学许可证后,还应依照有关的法律、行政法规到登记机关进行登记。由于民办小学属于非营利性民办学校,符合《民办非企业单位登记管理暂行条例》等有关规定的到民政部门登记为民办非企业单位,符合《事业单位登记管理暂行条例》等有关规定的到事业单位登记管理机关登记为事业单位。

二、小学的变更与终止

与小学的设立审批制度相一致,小学的变更或终止同样须经过审批机关的批准,才能进行变更或终止办学。小学应严格依照《教育法》等的规定进行变更或终止的审批和登记。民办小学还应遵守《民办教育促进法》及其《实施条例》中的具体规定。

(一) 小学的变更

学校的变更主要指学校法人登记事项发生的变化,包括学校的分立与合并,学校举办者的变更及学校的名称、层次、类别的变更。

1. 公办小学的变更

公办小学发生变更时,应依法经原批准设立机关同意,并到有关机关办理变更登记。

2. 民办小学的变更

民办小学发生变更时,由学校理事会或者董事会报审批机关批准。

(1) 民办小学的分立与合并

分立指把一所民办小学分成两所以上的民办小学,包括两种情况,一是原有的民办小学还存在,但从中分立出了新的学校,产生了新的法人,而不是设立分校;二是原有民办小学终止了,新设立了两所及两所以上的新的民办小学。合并指两所以上的民办小学合并为一所民办小学,分为吸收合并和新设合并。其中,吸收合并是指一所民办学校归并到另一所民办小学中去,参加合并的两所民办小学有一所不存在了,另一所继续存在。新设合并是指两所及两所以上的民办小学合并为一所新的民办小学,参加合并的所有民办小学消失,新的民办小学产生。

民办小学分立或者合并后,如果原有民办小学消失了,则新的民办小学要承担原民办小学应当承担的义务和责任。为保证民办小学在分立或合并中财产的完整交接和办学责任的顺利延续,法律明确规定民办小学的分立、合并应当进行财务清算。民办小学在分立、合并后要妥善安置原在校学生,不能因学校的变更而使学生利益受到损害。同时,民办小学的分立、合并要由学校理事会或者董事会报审批机关批准后才能进行。[①]

(2)民办小学举办者的变更

民办小学举办者在学校成立后不能抽回自己办学时投入的资本,但可以将其拥有的学校出资者权益转让给他人,也就发生了学校举办者变更的问题。同时,举办者变更还包括新出资者的加入或由原出资者因死亡等原因导致举办者变更的情形。举办者变更首先须由举办者提出,进行财务清算,并经学校理事会或者董事会同意,再报审批机关核准。

(3)民办小学名称、层次、类别的变更

民办小学的名称、层次和类别是学校的人身性要素,这些要素的集合彰显了学校独一无二的人格,使之区别于其他学校。[②]民办小学名称、层次和类别的变更,首先要由学校理事会或者董事会形成变更的决议,然后报审批机关批准。

(二)小学的终止

l. 公办小学

学校的终止主要出现在民办学校中,这是因为公办学校即便出现办学违规行为,由于公办学校终止办学存在着很大的退出壁垒,因此往往以撤换校长为结果,政府一般不会采取严厉的行为终止公办学校的办学资格。

2. 民办小学

民办小学的终止指民办小学丧失民事主体资格,其民事权利能力和民事行为能力终止。《民办教育促进法》及其《实施条例》对民办小学的终止作出了规定。

(1)民办小学终止的情形

《民办教育促进法》列举了民办学校应当终止的三种情形。民办小学有下列情形之一的,应当终止办学。

---

① 劳凯声,蒋建华.教育政策与法律概论[M].北京:北京师范大学出版社,2015:259.
② 劳凯声,蒋建华.教育政策与法律概论[M].北京:北京师范大学出版社,2015:260.

　　一是根据学校章程规定要求终止,并经审批机关批准的。民办学校的章程中应包括学校的终止条件。例如,有的民办小学在章程中设定了办学期限,当期限已满,举办者不再申请办学。应注意的是,民办小学属于社会公益事业,其教育教学活动涉及社会公共利益和学生的权益,因而其终止需要经过审批机关批准。

　　二是被吊销办学许可证的。这是指民办小学因违反法律、法规的规定而被终止的情况。《民办教育促进法》规定,民办小学出现擅自分立等八种情况,情节严重的,可以被吊销办学许可证。

　　三是因资不抵债无法继续办学的。当民办小学出现客观上没有足够的资产来清偿债务,致使小学无法维持正常运转时,人民法院可根据债权人或债务人的申请,依法宣告其终止。民办小学经人民法院宣告终止后,应当停止教育教学活动。

　　在上述三种情形中,第一种属于自行终止,后两种属于强制终止。另外,为了最大限度地保护受教育者的合法权益,法律规定了民办小学在终止时有妥善安置在校学生的责任;审批机关应当协助小学安排学生继续就学,从而尽可能减少因小学终止而对学生受教育权产生的不利影响。

　　(2) 民办小学财务清算与财产清偿

　　民办小学终止须依法进行财务清算。民办小学自己要求终止的,由民办小学组织清算;被审批机关依法撤销的,由审批机关组织清算;因资不抵债无法继续办学而被终止的,由人民法院组织清算。

　　财务清算后小学财产的清偿顺序为:(1) 应退受教育者学费、杂费和其他费用;(2) 应发教职工的工资及应缴纳的社会保险费用;(3) 偿还其他债务。

　　由于民办小学属于非营利性学校,故清偿上述债务后的剩余财产应继续用于其他非营利性学校办学。

　　(3) 民办小学的注销登记

　　民办小学财务清算结束后还需要向登记机关申请注销登记。伴随着注销登记,审批机关也要收回办学许可证,并销毁印章。经过上述程序,民办小学才正式在法律上被消除。

案例

任丘市某小学、任丘市教育体育局行政批准案

【案例事实】

　　原告任丘市某小学是经被告任丘市教育体育局批准成立的民办小学。2013 年 12 月 18 日,原告向被告任丘市教育体育局递交了《任丘市 × × 小学因资不抵债终止办学申请书》。2013 年 12 月 28 日,被告任丘市教育体育局根据《民办教育促进法》及《河北省民办教育条例》等法律、法规,给出批字〔2013〕2 号《关于任丘市 × × 小学终止办学申请的批复》:一、同意任丘市 × ×

小学终止办学申请。二、在学校终止办学时,要求任丘市××小学:(1)配合教育行政部门做好学生统计工作,维护好学校正常教学秩序,保障师生的安全。(2)妥善安置学生继续就学。(3)应退学生学费、杂费和其他费用;发放教职工的工资,缴纳社会保险费;偿还其他债务。原告任丘市××小学称此批复被告任丘市教育体育局未送达给原告。原告任丘市××小学得知此批复后不服,向该院提起行政诉讼,要求予以撤销。

【法院判决】

一、撤销被告任丘市教育体育局作出的任教体批〔2013〕2号批复。二、责令被告任丘市教育体育局于本判决书生效之日起60日内重新作出行政行为。

【案例分析】

《民办教育促进法》第五十八条规定,民办学校终止时,应当依法进行财务清算。民办学校自己要求终止的,由民办学校组织清算;被审批机关依法撤销的,由审批机关组织清算;因资不抵债无法继续办学而被终止的,由人民法院组织清算。本案系任丘市某小学申请终止办学,根据上条规定,任丘市教育体育局无组织清算的法定职责,因此该小学要求任丘市教育体育局承担清算责任没有法律依据。

(来源:北大法宝 -【法宝引证码】CLI.C.10114769)

第三节　小学的组织

学校以教学为其主要活动,以培养各级各类人才为其主要职能,严密的组织机构设置和内部领导体制是确保小学内部管理有效运行的基本前提和体制保障。《教育法》第三十一条规定:"学校及其他教育机构的举办者按照国家有关规定,确定其所举办的学校或者其他教育机构的管理体制。"高效、科学的小学组织机构设置是小学正常运转的基本前提,校长负责制、教代会制度、校务公开制度则是小学组织制度的重要内容。

一、组织机构

依照《教育法》第二十七条的规定,设立学校及其他教育机构,必须有组织机构。《小学管理规程》规定,小学可依据规模内设分管教导(总务)等工作的机构或人员,协助校长做好有关工作(规模较大的学校还可设年级组)。小学一般设有如下机构和人员。

教导处,是组织管理学校教学事务和学生思想工作的机构,具体领导各科教研组和年级组、班主任工作;领导体育室、卫生室、图书馆、实验室、电化教研组工作;掌管学籍、教学档案、成绩统计;开展安排作息时间、编制课程表、组织学生课外活动等教育行政工作。有些学校将教导处分设为教务处和学生处,另设德育主任一职,分管班级管理和学生思想教育工作。

总务处,是组织管理后勤服务的工作机构,负责经费的安排使用、物资的供应和保管、校舍的建筑修缮、设备的维修保养等工作,宗旨是为教学服务,为师生服务。总务处设主任、内勤、外勤、会计、出纳等职位。

教研组,虽然不是一级行政组织,但也行使一定的行政职能。教研组组长不仅要组织教育方针、教学大纲的学习和本学科的教学研究,也要检查本学科的教学进程,组织本学科教师的进修,帮助教师提高业务水平与教学能力,组织与本学科有关的学生开展课外活动,了解本学科备课、布置作业、命题考试的情况,负有了解和反映情况、评价和研究提高的责任。

年级组,是同一年级的班主任和任课教师的集体组织。其任务是了解同年级学生的德智体美劳等方面的全面发展状况,沟通班主任之间、教师之间的关系,统一认识和步调,提高教育质量。[①]

《民办教育促进法》要求民办学校设立学校理事会、董事会或者其他形式的决策机构并建立相应的监督机制。学校理事会或者董事会由举办者或者其代表、校长、教职工代表等人员组成。其中三分之一以上的理事或者董事应当具有五年以上教育教学经验。学校理事会或者董事会由五人以上组成,设理事长或者董事长一人。理事长、理事或者董事长、董事名单报审批机关备案。学校理事会或者董事会行使下列职权:(1) 聘任和解聘校长;(2) 修改学校章程和制定学校的规章制度;(3) 制定发展规划,批准年度工作计划;(4) 筹集办学经费,审核预算、决算;(5) 决定教职工的编制定额和工资标准;(6) 决定学校的分立、合并、终止;(7) 决定其他重大事项。

二、组织制度

校长是小学的行政负责人,教代会和工会是教师参与学校管理的依托,校务公开则是强化管理和监督的重要手段。小学应建立、健全党组织领导的校长负责制、教代会制度和校务公开制度等基本组织制度。

(一)党组织领导的校长负责制

小学校长是履行学校领导与管理工作职责的专业人员。党组织领导的校长负责制是我国小学管理体制的重要内容。

为全面贯彻新时代党的组织路线和党的教育方针,坚持和加强党对中小学校的全面领导,2022 年中共中央办公厅印发了《关于建立中小学校党组织领导的校长负责制的意见(试行)》。该意见指出,要充分发挥中小学校党组织领导作用、支持和保证校长行使职权、建立健全议事决策制度、完善协调运行机制、加强组织领导。

《教育法》第三十一条规定:"学校及其他教育机构的校长或者主要行政负责人必

---

① 阮成武. 小学教育政策与法规[M]. 北京:高等教育出版社,2006:212.

须由具有中华人民共和国国籍、在中国境内定居、并具备国家规定任职条件的公民担任,其任免按照国家有关规定办理。学校的教学及其他行政管理,由校长负责。"《义务教育法》第二十六条规定学校实行校长负责制。《小学管理规程》第八条规定:"小学实行校长负责制,校长全面负责学校行政工作。农村地区可视情况实行中心小学校长负责制。"校长是学校管理的最高负责人,全面负责学校的教育、教学和行政工作,是学校的法定代表人。

《小学管理规程》第三十三条要求小学校长加强教育政策法规、教育理论的学习,加强自身修养,提高管理水平,依法对学校实施管理;规定了小学校长的如下四项职责:(1) 贯彻执行国家的教育方针,执行教育法令法规和教育行政部门的指示、规定,遵循教育规律,提高教育质量;(2) 制定学校的发展规划和学年学期工作计划,并认真组织实施;(3) 遵循国家有关法律和政策,注重教职工队伍建设,依靠教职工办好学校,并维护其合法权益;(4) 发挥学校教育的主导作用,努力促进学校教育、家庭教育、社会教育的协调一致,互相配合,形成良好的育人环境。

《民办教育促进法》第二十五条规定,民办学校校长负责学校的教育教学和行政管理工作,行使下列职权:(1) 执行学校理事会、董事会或者其他形式决策机构的决定;(2) 实施发展规划,拟订年度工作计划、财务预算和学校规章制度;(3) 聘任和解聘学校工作人员,实施奖惩;(4) 组织教育教学、科学研究活动,保证教育教学质量;(5) 负责学校日常管理工作;(6) 学校理事会、董事会或者其他形式决策机构的其他授权。

(二) 教代会制度

《教育法》第三十一条规定:"学校及其他教育机构应当按照国家有关规定,通过以教师为主体的教职工代表大会等组织形式,保障教职工参与民主管理和监督。"以教师为主体的教职工代表大会是教职工依法参与学校管理活动、行使民主管理和监督权利的法定组织形式,是学校内部组织体制的重要组成部分。教职工代表大会简称教代会,《学校教职工代表大会规定》于 2011 年颁布,规定了教代会的职权和工作机构等。

1. 教代会

教代会的主要职责如下:(1) 听取学校章程草案的制定和修订情况报告,提出修改意见和建议;(2) 听取学校发展规划、教职工队伍建设、教育教学改革、校园建设以及其他重大改革和重大问题解决方案的报告,提出意见和建议;(3) 听取学校年度工作、财务工作、工会工作报告以及其他专项工作报告,提出意见和建议;(4) 讨论通过学校提出的与教职工利益直接相关的福利、校内分配实施方案以及相应的教职工聘任、考核、奖惩办法;(5) 审议学校上一届(次)教职工代表大会提案的办理情况报告;(6) 按照有关工作规定和安排评议学校领导干部;(7) 通过多种方式对学校工作提出意见和建议,监督学校章程、规章制度和决策的落实,提出整改意见和建议;(8) 讨论法律、法规、规章、规定的以及学校与学校工会商定的其他事项。

2. 学校工会

学校工会是教代会的工作机构。在教代会闭会期间,学校工会一般是教代会的常务委员会,协助学校定期召开教代会。学校工会承担以下与教职工代表大会相关的工作职责:(1) 做好教职工代表大会的筹备工作和会务工作,组织选举教职工代表大会代表,征集和整理提案,提出会议议题、方案和主席团建议人选;(2) 教职工代表大会闭会期间,组织传达贯彻教职工代表大会精神,督促检查教职工代表大会决议的落实,组织各代表团(组)及专门委员会(工作小组)的活动,主持召开教职工代表团(组)长、专门委员会(工作小组)负责人联席会议;(3) 组织教职工代表大会代表的培训,接受和处理教职工代表大会代表的建议和申诉;(4) 就学校民主管理工作向学校党组织汇报,与学校沟通;(5) 完成教职工代表大会委托的其他任务。

(三) 校务公开制度

校务公开指涉及学校重大决策、财务经费的运作、教职工切身利益、干部廉洁自律等重大问题,通过教职工代表大会这一基本载体和其他形式,在法律和有关教代会条例规定的范围内适时、规范地向教职员工公布基层民主政治建设的一种制度。[①] 校务公开是一种基层民主制度,目的在于加强民主管理、民主参与、民主监督,增强工作透明度,使校务工作直接接受广大教职工和人民群众的监督,它对于扩大基层民主、加强学校科学管理、推进党风廉政建设等方面都有重要意义。

校务公开的内容既包括对外公开,又包括内部公开。一方面,要依法通过校务公开、教育收费公示等制度规范学校的招生、收费行为,民办小学还应定期向社会公开办学条件、教育质量等有关信息。另一方面,要以教代会为基本形式和基本载体,把全面推行校务公开和加强教代会制度结合起来,向全体教职工明确内部校务公开的

推荐阅读:《银川市中小学校务公开实施办法(试行)(节选)》

内容、形式、主要途径、程序、时间和范围。校务公开的方法和途径有教代会、教职工大会、公开栏、座谈会和定期报告等,同时可以增加现代化的网络公开方式,开辟校务公开网站,以接受来自各方面的监督。[②]

第四节　小学内部管理制度

卫生、安全的校园环境,营养、健康的食品,科学、合理的体育活动,安全有序的校车管理是确保学生健康成长和全面发展的基础。多部法律、法规要求小学建立健全卫生、食品、体育、校车安全管理等工作制度,加强内部基础管理制度,确保学校的正常运转。

---

① 关鸿羽. 现代中小学教育管理理论与实践[M]. 北京:教育科学出版社,2003:269.

② 罗志华. 校务公开的运行机制及其完善[J]. 教学与管理,2008(1):13-15.

一、学校卫生工作制度

学校卫生是学校教育发展的产物,也是国家为学生提供的公共卫生服务。为促进学生的健康发展,根据《学校卫生工作条例》和《中小学卫生保健机构工作规程》的规定,小学应建立健全学校卫生工作制度。学校卫生工作制度,指学校通过建立、健全卫生管理制度,强化学校卫生管理措施,来提高学生健康水平的工作制度。

学校卫生工作的主要任务是:监测学生健康状况;对学生进行健康教育,培养学生良好的卫生习惯;改善学校卫生环境和教学卫生条件;加强对传染病、学生常见病的预防和治疗。

学校建立、健全卫生工作制度包括如下主要内容:设立卫生管理机构,配备专职卫生技术人员。小学应根据实际情况设立卫生室等卫生保健机构。城市普通小学、农村中心小学设卫生室,按学生人数六百比一的比例配备专职卫生技术人员;学生人数不足六百人的学校,可以配备专职或者兼职保健教师,开展学校卫生工作。学校卫生技术人员的专业技术职称考核、评定,按照卫生、教育行政部门制定的考核标准和办法,由教育行政部门组织实施。学校卫生技术人员按照国家有关规定,享受卫生保健津贴。

学校应提高学生的身心健康水平。小学应当合理安排学生的学习时间,学生每日学习时间(包括自习)不超过六小时。学校教学建筑等应符合国家有关标准,校舍建设应符合国家卫生标准并取得当地卫生行政部门的许可。学校应当按照有关规定为学生设置厕所和洗手设施。寄宿制学校应当为学生提供相应的洗漱、洗澡等卫生设施。学校应当为学生提供充足的符合卫生标准的饮用水。学校体育场地和器材应当符合卫生和安全要求。运动项目和运动强度应当适合学生的生理承受能力和体质健康状况,防止发生伤害事故。学校应当根据学生的年龄,组织学生参加适当的劳动,并对参加劳动的学生进行安全教育,提供必要的安全和卫生防护措施。此外,小学须开设健康教育课,加强对学生的健康教育。

学校应建立学校卫生工作机制。学校应当建立卫生制度,加强对学生个人卫生、环境卫生以及教室、宿舍卫生的管理;应当建立学生健康管理制度,根据条件定期对学生进行体格检查,建立学生体质健康卡片,纳入学生档案;应当认真贯彻执行食品卫生法律、法规,加强饮食卫生管理,办好学生膳食,加强营养指导。此外,学校还应当配备可以处理一般伤病事故的医疗用品。

二、学校食品工作制度

食品安全直接关系在校集中用餐学生和教职工的身体安全和健康。集中用餐包括通过食堂供餐,以及外购食品(包括从供餐单位订餐)集中向学生和教职工提供食品等形式。根据《食品安全法》《反食品浪费法》《教育法》《食品安全法实施条例》《学校食品安全与营养健康管理规定》等对学校食品安全管理问题的规定和要求,学校应建立健全食品工作制度。学校食品工作制度,主要包括集中用餐学校建立的食品安全和营养健康管理制度,旨在保障学生和教职工在校用餐的食品安全与营养健康。

学校食品安全实行校长负责制。学校应建立健全并落实有关食品安全管理制度和工作要求,定期组织开展食品安全隐患排查。

根据供餐形式加强学校食品管理。有集中用餐食堂的学校,应当认真遵守和贯彻执行食品卫生法律、法规和食品安全标准,加强饮食卫生管理;对用餐人员数量、结构进行监测、分析和评估,加强学校食堂餐饮服务管理。学校从供餐单位订餐的,应从取得食品生产经营许可的企业订购,并按照要求对订购的食品进行查验,办好学生膳食,加强营养指导;建立健全引进和退出机制,择优选择。

建立集中用餐的管理制度。一是建立集中用餐陪餐制度。每餐由学校相关负责人与学生共同用餐,做好配餐记录,发现问题并及时解决;有条件的小学还应建立家长陪餐制度。二是配备专(兼)职食品安全管理人员和营养健康管理人员。小学应建立并落实集中用餐岗位责任制度,明确食品安全与营养健康管理相关责任,加强相关工作人员管理。三是建立集中用餐信息公开制度。小学应利用公共信息平台等方式及时向师生家长公开食品进货来源、供餐单位等信息,组织师生家长代表参与食品安全与营养健康的管理和监督。四是建立集中用餐食品安全应急管理和突发事故报告制度。小学应建立健全制度,并制定食品安全事故处置方案。

加强食品安全相关宣传教育。一是加强反食品浪费专题教育。小学应当开展题教育活动,将厉行节约、反对浪费纳入教育教学内容,通过学习实践、体验劳动等形式,培养学生形成勤俭节约、珍惜粮食的习惯,并建立防止食品浪费的监督检查机制。二是应加强食品安全与营养健康教育。在全国食品安全宣传周等重要时间节点开展相关科学知识普及和宣传教育活动,将食品安全与营养健康相关知识纳入健康教育教学内容,通过主题班会、课外实践等形式开展经常性宣传教育活动。

三、学校体育工作制度

学校体育是全面贯彻党的教育方针的重要方面,也是促进学生身心健康成长的必要途径。国家教委、国家体委于1990年发布实施了《学校体育工作条例》,该条例于2017年进行了修订,对学校体育工作提出了具体要求。

学校体育工作的基本任务包括:增进学生身心健康、增强学生体质;使学生掌握体育基本知识,培养学生体育运动能力和习惯;提高学生运动技术水平,为国家培养体育后备人才;对学生进行品德教育,增强组织纪律性,培养学生的勇敢、顽强、进取精神。同时,学校开展体育工作应坚持普及与提高相结合、体育锻炼与安全卫生相结合的原则,积极开展多种形式的强身健体活动,重视继承和发扬民族传统体育,注意吸取国外学校体育的有益经验,积极开展体育科学研究工作。

学校体育工作包括学校的体育课教学、课外体育活动、课余体育训练和体育竞赛。其一,小学必须开设体育课,体育课是学生毕业、升学考试科目。其二,小学应当每天安排课间操,每周安排 3 次以上课外体育活动,保证学生每天有 1 小时体育活动的时间(含体育课)。其三,小学应当在体育课教学和课外体育活动的基础上,开展多种形式的课余体育训练,学校体育竞赛贯彻小型多样、单项分散、基层为主、勤俭节约的原则,每学年至少举行一次以田径项目为主的全校性运动会。

体育教师应当热爱学校体育工作,具有良好的思想品德、文化素养,掌握体育教育的理论和教学方法。小学应当按照教学计划中体育课授课时数所占的比例和开展课余体育活动的需要配备体育教师。同时,各级教育行政部门和学校应当有计划地安排体育教师参加进修培训。

四、校车安全管理制度

校车是随着我国城镇化进程和教育体制改革的推进而出现的,运送学生上下学的便利工具。在市场需求不断增加的背景下,学校和市场主动供应校车服务,为大部分学生和家长提供了便利。但是,校车安全事故频频多发,不利于我国未成年儿童健康地成长。2012 年颁布施行的《校车安全管理条例》和 2020 年修订的《未成年人保护法》对学校的校车安全管理职责作出了具体和明确的规定。

校车是依法取得使用许可,用于接送接受义务教育的学生上下学的 7 座以上的载客汽车。学校应依法建立健全校车安全管理制度,保障乘坐校车学生的人身安全。校车安全管理工作的具体要求如下:

遵守校车安全使用标准和条件。校车必须投保机动车承运人责任保险以及机动车强制责任保险。校车应配备逃生锤、干粉灭火器、急救箱等安全设备。安全设备应当放置在便于取用的位置,确保性能良好、有效适用。学校还应注意教育学生不得随便动用校车内的安全设备,避免引发不必要的事故。

建立校车安全管理制度。首先,学校应履行对校车驾驶人进行安全教育的义务,定期对校车驾驶人进行安全教育。其次,学校应签订校车服务协议,规定校车事故的责任承担问题,校车投保责任险种和责任限额的保险费承担或分摊问题,以及校车驾驶人必须服从学校管理的规定。最后,学校应与学生监护人签订乘坐校车协议,明确学生监护人接送学生的时间与地点,指定接送人及联系方式,监护人未按规定的时间、地点接送学生应承担的责任等问题。

指派随车照管人员。首先学校要加强随车照管人员的教育和管理。学校应定期对随车照管人员进行安全教育,组织他们学习交通安全法律法规、应急处置和应急救援知识等。其次明确随车照管人员的职责,如带领学生横穿道路、清点并核实乘车学生、在停靠点与学生监护人安全交接,以及遇有校车故障或者其他问题时,随车照管人员不得离开校车等。

加强校车安全乘坐教育,对教师、学生及其监护人进行交通安全教育,向学生讲解校车安全乘坐知识和校车安全事故应急处理技能,并定期组织校车安全事故应急处理演练,培养学生校车安全事故应急处理技能。同时加强与交通和公安部门的协作,相互配合,广泛展开安全教育活动,利用多种宣传方式培养自觉抵制违法行为的意识。①

理解·反思·探究

1. 简答题

(1) 小学享有哪些基本权利,须履行哪些义务?

(2) 什么是校长负责制? 校长有哪些法定职责?

(3) 学校卫生、食品、体育工作制度和校车安全管理制度的具体要求有哪些?

2. 材料分析题

阅读下面材料,从小学权利与义务的角度,对 A 小学的做法进行评价。

张某是 A 小学六年级的学生。因张某在校期间长期故意扰乱课堂秩序、欺负同学,经老师多次教育、惩戒、劝导后均无改善,A 小学以张某屡次违反校规为由,要求张某家长尽快为其办理转校,且在办理转校手续期间不得到校就读。

拓展阅读

[1] 劳凯声,余雅风.教育法学[M].沈阳:辽宁大学出版社,2020.

[2] 余雅风.新编教育法[M].上海:华东师范大学出版社,2008.

[3] 余雅风,徐冬鸣.善治视阈中的美国校车管理制度及启示[J].社会科学战线,2015(12):231-238.

阅读建议:可重点阅读前述文章与著作中关于学校法律制度的部分,进一步丰富对小学学校法律制度,特别是小学的权利与义务、小学的组织,以及小学内部管理制度等重点内容的把握和理解。在阅读过程中可绘制知识树,并形成读书笔记,从而加深对小学学校法律制度的系统了解。

---

① 郑晓飞.校车安全管理研究[D].辽宁:辽宁大学,2012.

第九章

小学教师法律制度

9

教师是人类社会最古老的职业之一,肩负着培养国家公民的重任。我国古代思想家荀子曰:"国将兴,必贵师而重傅。"(《荀子·大略》)新中国成立后,我国政府在提高教师经济、社会地位方面做了诸多努力,特别是1993年《教师法》的颁布,确立了教师的专业人员身份,规定了教师的权利义务、资格任用、待遇奖励及法律责任等重要内容,标志着我国教师职业管理开始走上法治化道路。目前,《教师法》正在修订中。教师法律制度的建立与发展,对于加强小学教师队伍建设、完善小学教育管理体制、保障小学教师权益、规范小学教师职责发挥了重要作用。

- 本章导航

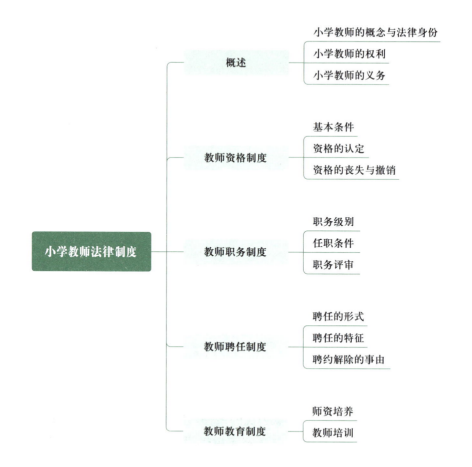

- 关键术语

法律身份;教师权利;教师义务;教师资格;教师职务;教师聘任

- 学习目标

1. 正确理解小学教师的职业性质和法律身份,能够运用教师权利与义务的知识对实践中的教育法律问题进行分析。

2. 掌握教师资格制度、教师职务制度、教师聘任制度的主要内容。

3. 了解教师教育制度的有关要求。

第一节 概述

把握小学教师法律制度,应当从小学教师的法律身份入手。作为教育法律关系的一个核心概念,教师的法律身份是构建教师与政府机构、学校、学生之间权利与义务关系的法理基础,直接关涉教师的职业属性、资格任用、执业权责、工资待遇、权利救济等多方面问题。只有明确教师的法律身份,才能明确教师的权利与义务。

一、小学教师的概念与法律身份

小学教师的法律身份,体现了小学教师概念和职业地位的法律界定,也是小学教师享有权利(职权)、承担义务(职责)的法理依据。

(一)小学教师的概念

"师者,所以传道、授业、解惑也。"(韩愈《师说》)广义上,给予他人知识或技能的人可被认为是教师。狭义的教师是指具有教师教育教学专业资格证书的、在教育机构履行教育教学职责的专业人员。

不同的国家、地区或组织,在不同的历史时期,对教师职业的概念有不同的理解。一种观点认为教师是专业人员。如,联合国教科文组织 1966 年通过的《关于教师地位的建议》提出,教师的工作是具有专业性的。一方面,教师必须具有一定的知识与技能,是其他执业者不可轻易替代的;另一方面,教师所提供的服务是社会不可缺少的,且具有专业自主性。第二种观点认为教师是国家公务人员。国家肩负兴办教育的责任,提供教育方面的公共服务,教师受国家委托,执行国家公务,按照国家制定的教育目标开展工作。如,在德国西部各州的公办小学,其学校教师通常为受雇于各州政府的公务员。第三种观点认为教师是圣职人员。如,在日本,人们也将教师职业视为天职,同牧师、僧侣一样,是神赋予的职业。[①] 第四种观点认为教师是普通劳动者或雇员。如,美国地方教育当局对辖区内的公办小学教师拥有任用权,通过与教师签订合约的方式,形成雇佣关系。[②]

在我国,《教师法》第三条规定:"教师是履行教育教学职责的专业人员,承担教书育人,培养社会主义事业建设者和接班人、提高民族素质的使命。"《教师法》第十条规定:"国家实行教师资格制度。中国公民凡遵守宪法和法律,热爱教育事业,具有良好的思想品德,具备本法规定的学历或者经国家教师资格考试合格,有教育教学能力,经认定合格的,可以取得教师资格。"

由上可知,我国小学教师的概念包含四个方面的特征要素:一是具备法律所规定的小学教师执业资格;

《科学认识教师职业特性,构建教师职业法律制度》

---

① 陈鹏,祁占勇.教育法学的理论与实践[M].北京:中国社会科学出版社,2006:298.
② 陈鹏,李莹.国家特殊公职人员:公办中小学教师法律地位的新定位[J].教育研究,2020(12):142.

二是具备教育教学能力;三是履行教育教学的专业职责;四是任职于小学或初等教育机构。

(二) 小学教师法律身份

《教师法》从法律层面确认了教师职业的专业属性,这是教师法律身份定位的基础。从世界范围来看,不同国家、不同类型的学校,教师的法律身份不尽相同,主要有国家公务员、公务雇员和雇员三种类型。(1) 德国、法国、日本等大陆法系国家,通常将公立小学教师规定为国家公务员。教师由政府任用,其身份、待遇与公务员无差别。(2) 英国、美国等英美法系国家,一般将公立小学教师规定为公务雇员。教师由地方政府以签订合约的方式雇用。公务雇员兼有公务员和雇员的双重法律身份,因而该类教师与聘任方之间具有雇佣和公务员的双重法律关系。(3) 私立学校的教师以及一些公立学校的教师一般为雇员。教师由学校聘任,教师与学校之间遵守民事法则,属于雇佣的关系,教师为雇员。

在我国,教师的法律身份为"履行教育教学职责的专业人员",强调的是教师的专业人员身份。近年来,随着教育事业发展深入推进,教育领域矛盾问题不断涌现,中小学教师队伍建设引起党和国家高度重视,其中,教师职业的法律定位成为关注的焦点之一。2018 年中共中央、国务院《关于全面深化新时代教师队伍建设改革的意见》明确提出:"确立公办中小学教师作为国家公职人员特殊的法律地位……。"不同于民办学校和其他教育阶段的教师,公办中小学教师还要切实履行国家公共教育服务的职责,其从事国家公务的职业属性被进一步强化。

将公办中小学教师的法律身份界定为国家公职人员,意味着公办中小学教师的权利与义务要进行相应调整。在尊重和保障教师职业专业性的同时,公办中小学教师职业的公共属性,要通过其对国家公职的履行来体现。与此同时,公办中小学教师作为国家公职人员,其政治、经济、社会地位也应得到相应的提升,尤其是义务教育阶段教师的薪资待遇、社会保障等问题等,均应得到解决。[1]

《教师的法律地位研究》

二、小学教师的权利

小学教师的权利既包括法律规定的作为与不作为的自由,也包含利益的获取与保障,即法律规定中的待遇。小学教师的权利可以分为因教育教学需要而产生的专业权利及因其职业身份产生的职业保障。

(一) 专业权利

根据《教师法》第七条的规定,我国教师享有以下权利:(1) 进行教育教学活动,开展教育教学改革和实验;(2) 从事科学研究、学术交流,参加专业的学术团体,在学

---

① 陈鹏. 重新确立教师的法律地位是《教师法》修订的核心问题[J]. 中国教育学刊,2020(4):1.

术活动中充分发表意见;(3) 指导学生的学习和发展,评定学生的品行和学业成绩;(4) 按时获取工资报酬,享受国家规定的福利待遇以及寒暑假期的带薪休假;(5) 对学校教育教学、管理工作和教育行政部门的工作提出意见和建议,通过教职工代表大会或者其他形式,参与学校的民主管理;(6) 参加进修或者其他方式的培训。

为确保教师顺利完成教学任务、行使其专业权利,各级人民政府、教育行政部门、有关部门、学校和其他教育机构,应当履行以下职责:(1) 提供符合国家安全标准的教育教学设施和设备;(2) 提供必需的图书、资料及其他教育教学用品;(3) 对教师在教育教学、科学研究中的创造性工作给以鼓励和帮助;(4) 支持教师制止有害于学生的行为或者其他侵犯学生合法权益的行为(《教师法》第九条)。此外,2020 年教育部发布了《中小学教育惩戒规则(试行)》,明确小学教师有权基于教育目的,通过管理、训导或以规定方式对学生的错误行为予以纠正。

（二）职业保障

作为教师的职业保障,待遇是教师权益的重要内容。《教师法》第七条规定教师有权"按时获取工资报酬,享受国家规定的福利待遇以及寒暑假期的带薪休假"。第六章专门规定了教师职业的待遇保障,包括工资水平、津贴补贴、住房医疗、退休退职待遇等。具体包括以下内容:(1) 教师的平均工资水平应当不低于或者高于国家公务员的平均工资水平,并逐步提高。建立正常晋级增薪制度,具体办法由国务院规定。(2) 中小学教师和职业学校教师享受教龄津贴和其他津贴,具体办法由国务院教育行政部门会同有关部门制定。(3) 地方各级人民政府对教师以及具有中专以上学历的毕业生到少数民族地区和边远贫困地区从事教育教学工作的,应当予以补贴。(4) 地方各级人民政府和国务院有关部门,对城市教师住房的建设、租赁、出售实行优先、优惠。县、乡两级人民政府应当为农村中小学教师解决住房提供方便。(5) 教师的医疗同当地国家公务员享受同等的待遇;定期对教师进行身体健康检查,并因地制宜安排教师进行休养。医疗机构应当对当地教师的医疗提供方便。(6) 教师退休或者退职后,享受国家规定的退休或者退职待遇。县级以上地方人民政府可以适当提高长期从事教育教学工作的中小学退休教师的退休金比例。(7) 各级人民政府应当采取措施,改善国家补助、集体支付工资的中小学教师的待遇,逐步做到在工资收入上与国家支付工资的教师同工同酬,具体办法由地方各级人民政府根据本地区的实际情况规定。

此外,《义务教育法》第三十一条也规定了相应的中小学教师职业保障,包括:各级人民政府保障教师工资福利和社会保险待遇,改善教师工作和生活条件;完善农村教师工资经费保障机制。教师的平均工资水平应当不低于当地公务员的平均工资水平。特殊教育教师享有特殊岗位补助津贴。在民族地区和边远贫困地区工作的教师享有艰苦贫困地区补助津贴。

2009 年教育部制定了《中小学班主任工作规定》,明确提出班主任工作量按当地教师标准课时工作量的一半计入教师基本工作量。各地要合理安排班主任的课时工作量,确保班主任做好班级管理工作(第十四条);班主任津贴纳入绩效工资管理。在绩效工资分配中要向班主任倾斜。对于班主任承担超课时工作量的,以超课时补贴发放班主任津贴(第十五条)。

案例

有了超长寒暑假,不再享受年休假 [①]

【案例事实】

张女士从 2011 年 8 月起在某高中担任英语老师。她主张自己从 2012 年开始就应该享受带薪年休假,每年 5 天,但是直到 2016 年离职,张女士从未休过年休假,学校也没有支付过年休假工资。因此张女士诉至法院,要求学校支付自 2012 年至 2016 年未休带薪年休假的工资。

在审理过程中,双方均认可张女士每年均有带薪的寒暑假,其中寒假为 4 周,暑假为 7 周,因此法院认为张女士每年已享受的寒暑假天数已经远超过其主张的未休年休假天数,故驳回了张女士要求支付未休年休假工资的诉讼请求。

【案例分析】

《教师法》第七条规定教师有权"享受国家规定的福利待遇以及寒暑假期的带薪休假"。值得注意的是,2007 年国务院通过的《职工带薪年休假条例》第四条规定,如果已经享受了寒暑假,且假期时间超过当年应休年休假天数的,将不再享受带薪年休假的福利了。

考勤管理不正规,加班事实难证明 [②]

【案例事实】

翟女士于 2015 年 7 月入职某教育集团,担任教师,约定每月工资 5 000 元。由于课程安排紧凑,还要进行第二天的课前准备,因此翟女士几乎每天都要加班,且每周要工作 6 天。因为学校一直没有支付过加班费,翟女士向法院提起诉讼。该教育集团辩称学校每天早晨 8:00 上班,下午 4:00 学生放学后教师就可以下班,不存在加班的情形。

在劳动争议中,如果劳动者请求用人单位支付加班费的,需要对加班事实的存在承担举证责任。但翟女士称学校并没有严格的考勤要求和制度,也无法提交能够证明自己加班的有力证据,因此法院未能支持翟女士加班费的诉讼请求。

[①] 汪洋.灵魂工程师都有哪些烦恼事[N].人民法院报,2017-09-11(6).
[②] 汪洋.灵魂工程师都有哪些烦恼事[N].人民法院报,2017-09-11(6).

【案例分析】

教师的工作存在特殊性,除了为学生上课,还包括课前的备课和课下的学生辅导、作业批改。许多学校,尤其是民办教育机构对教师的考核存在不统一、不规范的现象,有的仅要求教师在上课时出勤即可,有的则要求教师要坐班备课;有的允许教师寒暑假休息,有的却要求教师寒暑假开班教学,但多数教育机构并未将其相关的考勤制度制定成册,仅仅是口头告知。在实践中,有些教育机构虽然安排了教师加班,但因为缺乏相应的加班记录或考勤记录,教师在诉讼中无法提供记载加班事实的相关证明,在主张加班费时面临举证困难的情况。

三、小学教师的义务

教师义务即教师职责,小学教师的义务主要分为以下三个方面:

(一)教育教学义务

作为履行教育教学职责的专业人员,我国教师应当依法履行以下义务(《教师法》第八条):(1)遵守宪法、法律和职业道德,为人师表;(2)贯彻国家的教育方针,遵守规章制度,执行学校的教学计划,履行教师聘约,完成教育教学工作任务;(3)对学生进行宪法所确定的基本原则的教育和爱国主义、民族团结的教育,法制教育以及思想品德、文化、科学技术教育,组织、带领学生开展有益的社会活动;(4)关心、爱护全体学生,尊重学生人格,促进学生在品德、智力、体质等方面全面发展;(5)制止有害于学生的行为或者其他侵犯学生合法权益的行为,批评和抵制有害于学生健康成长的现象;(6)不断提高思想政治觉悟和教育教学业务水平。

《义务教育法》还规定:(1)教师要"履行法律规定的义务,应当为人师表,忠诚于人民的教育事业"(第二十八条);(2)教师在教育教学中应当平等对待学生,关注学生的个体差异,因材施教,促进学生的充分发展(第二十九条)。

(二)教育管理义务

I. 禁止忽视与侵害学生

我国《未成年人保护法》第二十七条规定:"学校、幼儿园的教职员工应当尊重未成年人人格尊严,不得对未成年人实施体罚、变相体罚或者其他侮辱人格尊严的行为。"《教师法》第八条、《义务教育法》第二十九条分别规定了教师尊重、保护学生权利,平等对待学生、因材施教的积极义务。同时,《义务教育法》明确规定了教师应当尊重学生的人格,不得歧视学生,不得对学生实施体罚、变相体罚或者其他侮辱人格尊严的行为,不得侵犯学生合法权益。实践中,为防止教师以教育管理为名,对学生实施暴力或虐待,2020年教育部发布的《中小学教育惩戒规则(试行)》第十二条专门规定了八类严

 微课:正确识别小学教师侵害学生的行为

《儿童保护与安全保障》

禁教师实施的行为,包括:(1) 以击打、刺扎等方式直接造成身体痛苦的体罚;(2) 超过正常限度的罚站、反复抄写,强制做不适的动作或者姿势,以及刻意孤立等间接伤害身体、心理的变相体罚;(3) 辱骂或者以歧视性、侮辱性的言行侵犯学生人格尊严;(4) 因个人或者少数人违规违纪行为而惩罚全体学生;(5) 因学业成绩而教育惩戒学生;(6) 因个人情绪、好恶实施或者选择性实施教育惩戒;(7) 指派学生对其他学生实施教育惩戒;(8) 其他侵害学生权利的行为。

2. 积极保护学生权益

我国是联合国《儿童权利公约》(以下简称《公约》)的缔约国,对实施《公约》负有国际法律义务。《公约》第三条规定,"关于儿童的一切行动,不论是由公私社会福利机构、法院、行政当局或立法机构执行,均应以儿童的最大利益为一种首要考虑。缔约国承担确保儿童享有其幸福所必需的保护和照料,考虑到……任何对其负有法律责任的个人的权利和义务,并为此采取一切适当的立法和行政措施"。据此,任何从事与儿童相关工作的个人和机构,都负有保护儿童最大利益的法律义务。

《教师法》第八条第四款规定,教师负有"关心、爱护全体学生,尊重学生人格,促进学生在品德、智力、体质等方面全面发展"的义务。同时,第五款规定教师有责任"制止有害于学生的行为或者其他侵犯学生合法权益的行为,批评和抵制有害于学生健康成长的现象"。

《未成年人保护法》第四条也明确规定,处理涉及未成年人事项,应当符合下列要求:(1) 给予未成年人特殊、优先保护;(2) 尊重未成年人人格尊严;(3) 保护未成年人隐私权和个人信息;(4) 适应未成年人身心健康发展的规律和特点;(5) 听取未成年人的意见;(6) 保护与教育相结合。同样,该项原则性条款适用于所有机构和个人,包括国家行政部门、教育机构,也包括父母、其他监护人、照顾者、教师及在教育培训、保育、儿童服务机构工作的任何个人。

当教师履行职务时,其行为不仅代表个人,更代表学校。教师的职务行为是法人承担替代责任的决定性因素。因而,教师的行为应当遵守《未成年人保护法》第三章有关学校保护的所有规定。

3. 班主任职责

依据 2009 年教育部发布的《中小学班主任工作规定》,班主任的职责包括:(1) 全面了解班级内每一个学生,深入分析学生思想、心理、学习、生活状况。关心爱护全体学生,平等对待每一个学生,尊重学生人格。采取多种方式与学生沟通,有针对性地进行思想道德教育,促进学生德智体美全面发展。(第八条)(2) 认真做好班级的日常管理工作,维护班级良好秩序,培养学生的规则意识、责任意识和集体荣誉感,营造民主和谐、团结互助、健康向上的集体氛围。指导班委会和团队工作。(第九条)(3) 组织、指导开展班会、团队会(日)、文体娱乐、社会实践、春(秋)游等形式多样的班级活动,注重调动学生的积极性和主动性,并做好安全防护工作。(第十条)(4)组织做好学生的综合素质评价工作,指导学生认真记载成长记录,实事求是地评定学生操行,向学校提出奖惩建议。(第十一条)(5)经常与任课教师和其他教职员工沟通,主动与学生家长、学生所在社区联系,努力形成教育合力。(第十二条)

(三)遵守职业道德规范的义务

教师有义务遵守职业伦理与道德规范。为进一步明确教师的职责义务、规范教师的职业行为,教育部印发了《中小学教师职业道德规范(2008年修订)》,内容大致分为爱国守法、爱岗敬业、关爱学生、教书育人、为人师表、终身学习六个方面。

为将教师职业道德规范落实到位,教育部进而印发了《中小学教师违反职业道德行为处理办法(2018年修订)》,明确禁止以下十种违反职业道德的教师行为:(1)在教育教学活动中及其他场合有损害党中央权威、违背党的路线方针政策的言行;(2)损害国家利益、社会公共利益,或违背社会公序良俗;(3)通过课堂、论坛、讲座、信息网络及其他渠道发表、转发错误观点,或编造散布虚假信息、不良信息;(4)违反教学纪律,敷衍教学,或擅自从事影响教育教学本职工作的兼职兼薪行为;(5)歧视、侮辱学生,虐待、伤害学生;(6)在教育教学活动中遇突发事件、面临危险时,不顾学生安危,擅离职守,自行逃离;(7)与学生发生不正当关系,有任何形式的猥亵、性骚扰行为;(8)在招生、考试、推优、保送及绩效考核、岗位聘用、职称评聘、评优评奖等工作中徇私舞弊、弄虚作假;(9)索要、收受学生及家长财物或参加由学生及家长付费的宴请、旅游、娱乐休闲等活动,向学生推销图书报刊、教辅材料、社会保险或利用家长资源谋取私利;(10)组织、参与有偿补课,或为校外培训机构和他人介绍生源、提供相关信息。

第二节 教师资格制度

教师资格制度是国家对教师实施的一种特定的职业许可制度,亦称"教师资格证书制度"或"教师证书制度"。自20世纪80年代中期,我国政府开始以立法的形式规范各级各类学校教师的任职资格。1986年《义务教育法》第一次以法律的形式确定了教师资格的国家标准,是我国教师资格制度的历史性突破。《义务教育法》第三十条规定:"教师应当取得国家规定的教师资格。"《教师法》第十条第一款也规定:"国家实行教师资格制度。"

一、基本条件

1995国务院颁布实施的《教师资格条例》第四条规定,我国教师资格分为七类,其中包括小学教师资格。取得教师资格的公民,可以在本级及其以下等级的各类学校和其他教育机构担任教师。

《教师法》《教师资格条例》和2000年教育部颁布的《〈教师资格条例〉实施办法》

均涉及获得教师资格的条件,依据特别法优先于普通法的法律适用原则,教师的资格条件应优先依据《〈教师资格条例〉实施办法》第六条至第八条的规定。我国公民取得教师资格,应具备以下基本条件:

(1) 遵守宪法和法律,热爱教育事业,履行《教师法》规定的义务,遵守教师职业道德。(第六条)

(2) 具备《教师法》规定的相应学历。(第七条)

(3) 具备承担教育教学工作所必须的基本素质和能力,具体测试办法和标准由省级教育行政部门制定。(第八条第一款)

(4) 普通话水平应当达到国家语言文字工作委员会颁布的《普通话水平测试等级标准》二级乙等以上标准。少数方言复杂地区的普通话水平应当达到三级甲等以上标准;使用汉语和当地民族语言教学的少数民族自治地区的普通话水平,由省级人民政府教育行政部门规定标准。(第八条第二款)

(5) 有良好的身体素质和心理素质,无传染性疾病,无精神病史,适应教育教学工作的需要,在教师资格认定机构指定的县级以上医院体检合格。(第八条第三款)

二、教师资格的认定

我国教师资格并不自动取得,申请人必须经过法定程序和法定机构的认可才能取得教师资格。

(一)认定机构

教师资格的认定机构是指依法负责认定教师资格的行政机构或依法委托的教育机构。依据《教师资格条例》第十三条的规定,小学教师资格由申请人户籍所在地或者申请人任教学校所在地的县级人民政府教育行政部门认定。

(二)认定程序

I. 提出申请

依据《教师资格条例》第十四条、第十五条,《〈教师资格条例〉实施办法》第十二条至第十七条以及《教育部关于取消一批证明事项的通知》,申请认定教师资格者应当在规定时间向教师资格认定机构或者依法接受委托的高等学校提交申请表和相关证明材料,包括:(1) 教育行政部门或者受委托的高等学校指定的医院出具的体格检查证明,其中必须包含"传染病""精神病史"项目;申请认定小学教师资格应参照《中等师范学校招生体检标准》的有关规定执行;(2) 思想品德方面的《个人承诺书》。政府部门负责核查申请人提交的无犯罪记录证明材料。申请人提交的证明或者材料不全的,教育行政部门应当及时通知申请人于受理期限终止前补齐。

各级各类学校师范教育类专业毕业生可以持毕业证书,向任教学校所在地或户籍所在地教师资格认定机构申请直接认定相应的教师资格,并无需缴纳认定费用。

2. 资格审查

教育行政部门或者受委托的高等学校在接到公民的教师资格认定申请后,应当对申请人的条件进行审查;对符合认定条件的,应当在受理期限终止之日起 30 日内颁发相应的教师资格证书;对不符合认定条件的,应当在受理期限终止之日起 30 日内将认定结论通知本人。非师范院校毕业或者教师资格考试合格的公民申请认定幼儿园、小学或者其他教师资格的,应当进行面试和试讲,考察其教育教学能力;根据实际情况和需要,教育行政部门或者受委托的高等学校可以要求申请人补修教育学、心理学等课程。(《教师资格条例》第十六条)

教师资格认定是教育行政机关的行政许可行为。申请人如对教育行政机关的认定行为不服,可申请行政复议或提起行政诉讼。

3. 颁发证书

教师资格申请经认定合格后,由教育行政部门颁发国务院教育行政部门统一印制的教师资格证书。教师资格证书在全国范围内适用。

三、教师资格的丧失与撤销

(一)资格的丧失

《教师法》第十四条规定:"受到剥夺政治权利或者故意犯罪受到有期徒刑以上刑事处罚的,不能取得教师资格;已经取得教师资格的,丧失教师资格。"丧失教师资格的,不能重新取得教师资格。

(二)资格的撤销

《教师资格条例》第十九条规定,弄虚作假、骗取教师资格的;品行不良、侮辱学生,影响恶劣的,由县级以上人民政府教育行政部门撤销其教师资格。被撤销教师资格的,自撤销之日起 5 年内不得重新申请认定教师资格,其教师资格证书由县级以上人民政府教育行政部门收缴。

(三)资格考试作弊的处罚

推荐阅读:《我国"教师资格考试"政策解读》

《教师资格条例》第二十条规定,参加教师资格考试有作弊行为的,其考试成绩作废,三年内不得再次参加教师资格考试。

第三节 教师职务制度

教师职务制度是国家对教师岗位设置、各级岗位任职条件以及取得该岗位职务程序等方面规定的总称。《教育法》第三十五条、《教师法》第十六条、《义务教育法》第三十条均规定了我国实施教师职务制度。

一、职务级别

《义务教育法》第三十条规定:"国家建立统一的义务教育教师职务制度。教师职务分为初级职务、中级职务和高级职务。"国家教委于 1986 年发布的《小学教师职务试行条例》(本部分简称《条例》)第二条规定小学教师职务是根据学校的教育教学工作需要设置的工作岗位。小学教师职务设:小学高级教师、小学一级教师、小学二级教师、小学三级教师。各级教师职务有定额。小学高级教师为高级职务,小学一级教师为中级职务,小学二级教师和小学三级教师为初级职务。

随着小学人事制度改革的深入推进、教师队伍结构的不断优化,现行的小学教师职务职称制度等级设置已不能满足现实需求。为落实《国家中长期人才发展规划纲要(2010—2020年)》和《国家中长期教育改革和发展规划纲要(2010—2020年)》的要求,2015年人力资源和社会保障部、教育部联合发布了《关于深化中小学教师职称制度改革的指导意见》(本部分简称《意见》),对深化中小学教师职称制度改革提出指导意见:

改革原中学和小学教师相互独立的职称(职务)体系。教师职务分为初级职务、中级职务和高级职务。原中学教师职务系列与小学教师职务系列统一并入新设置的中小学教师职称(职务)系列。

统一职称(职务)等级和名称。初级设员级和助理级;高级设副高级和正高级。员级、助理级、中级、副高级和正高级职称(职务)名称依次为三级教师、二级教师、一级教师、高级教师和正高级教师。

统一后的小学教师职称(职务)与原小学教师专业技术职务的对应关系是:原小学中聘任的中学高级教师对应高级教师;原小学高级教师对应一级教师;原小学一级教师对应二级教师;原小学二级、三级教师对应三级教师。

统一后的小学教师职称(职务)分别与事业单位专业技术岗位等级相对应:正高级教师对应专业技术岗位一至四级,高级教师对应专业技术岗位五至七级,一级教师对应专业技术岗位八至十级,二级教师对应专业技术岗位十一至十二级,三级教师对应专业技术岗位十三级。

二、任职条件

《条例》专列第三章(第八条至第十五条)对小学教师任职条件做出规定。随着我国教师队伍专业素质的提升,教师职业标准的不断完善,实践中,各级教师的任职条件已经发生很大变化。2015年人社部发布了《中小学教师水平评价基本标准条件》,为小学教师任职条件制定了新的标准:(1) 拥护党的领导,胸怀祖国,热爱人民,遵守宪法和法律,贯彻党和国家的教育方针,忠诚于人民教育事业,具有良好的思想政治素质和职业道德,牢固树立爱与责任的意识,爱岗敬业,关爱学生,为人师表,教书育人。(2) 具备相应的教师资格及专业知识和教育教学能力,在教育教学一线任教,切实履行教师岗位职责和义务。(3) 身心健康。

除应达到上述标准条件,小学教师评聘各级别职称(职务),还应分别具备以下条件:

l. 正高级教师

(1) 具有崇高的职业理想和坚定的职业信念;长期工作在教育教学第一线,为促进青少年学生健康成长发挥了指导者和引路人的作用,出色地完成班主任、辅导员等

工作任务,教书育人成果突出;

(2) 深入系统地掌握所教学科课程体系和专业知识,教育教学业绩卓著,教学艺术精湛,形成独到的教学风格;

(3) 具有主持和指导教育教学研究的能力,在教育思想、课程改革、教学方法等方面取得创造性成果,并广泛运用于教学实践,在实施素质教育中,发挥了示范和引领作用;

(4) 在指导、培养一级、二级、三级教师方面做出突出贡献,在本教学领域享有较高的知名度,是同行公认的教育教学专家;

(5) 一般应具有大学本科及以上学历,并在高级教师岗位任教 5 年以上。

2. 高级教师

(1) 根据所教学段学生的年龄特征和思想实际,能有效进行思想道德教育,积极引导学生健康成长,比较出色地完成班主任、辅导员等工作,教书育人成果比较突出;

(2) 具有所教学科坚实的理论基础、专业知识和专业技能,教学经验丰富,教学业绩显著,形成一定的教学特色;

(3) 具有指导与开展教育教学研究的能力,在课程改革、教学方法等方面取得显著的成果,在素质教育创新实践中取得比较突出的成绩;

(4) 胜任教育教学带头人工作,在指导、培养二级、三级教师方面发挥了重要作用,取得了明显成效;

(5) 具备博士学位,并在一级教师岗位任教 2 年以上;或者具备硕士学位、学士学位、大学本科毕业学历,并在一级教师岗位任教 5 年以上;或者具备大学专科毕业学历,并在小学、初中一级教师岗位任教 5 年以上。城镇中小学教师原则上要有 1 年以上在薄弱学校或农村学校任教经历。

3. 一级教师

(1) 具有正确教育学生的能力,能根据所教学段学生的年龄特征和思想实际,进行思想道德教育,有比较丰富的班主任、辅导员工作经验,并较好地完成任务;

(2) 对所教学科具有比较扎实的基础理论和专业知识,独立掌握所教学科的课程标准、教材、教学原则和教学方法,教学经验比较丰富,有较好的专业知识技能,并结合教学开展课外活动,开发学生的智力和能力,教学效果好;

(3) 具有一定的组织和开展教育教学研究的能力,并承担一定的教学研究任务,在素质教育创新实践中积累了一定经验;

(4) 在培养、指导三级教师提高业务水平和教育教学能力方面做出一定成绩;

(5) 具备博士学位;或者具备硕士学位,并在二级教师岗位任教 2 年以上;或者具备学士学位或者大学本科毕业学历,并在二级教师岗位任教 4 年以上;或者具备大学专科毕业学历,并在小学、初中二级教师岗位任教 4 年以上;或者具备中等师范学校毕业学历,并在小学二级教师岗位任教 5 年以上。

4. 二级教师

(1) 比较熟练地掌握教育学生的原则和方法,能够胜任班主任、辅导员工作,教育效果较好;

(2) 掌握教育学、心理学和教学法的基础理论知识,具有所教学科必备的专业知识,能够独立掌握所教学科的教学大纲、教材、正确传授知识和技能,教学效果较好;

(3) 掌握教育教学研究方法,积极开展教育教学研究和创新实践;

(4) 具备硕士学位;或者具备学士学位或者大学本科毕业学历,见习 1 年期满并考核合格;或者具备大学专科毕业学历,并在小学、初中三级教师岗位任教 2 年以上;或者具备中等师范学校毕业学历,并在小学三级教师岗位任教 3 年以上。

5. 三级教师

(1) 基本掌握教育学生的原则和方法,能够正确教育和引导学生;

(2) 具有教育学、心理学和教学法的基础知识,基本掌握所教学科的专业知识和教材教法,能够完成所教学科的教学工作;

(3) 具备大学专科毕业学历,并在小学、初中教育教学岗位见习 1 年期满并考核合格;或者具备中等师范学校毕业学历,并在小学教育教学岗位见习 1 年期满并考核合格。

三、教师职务评审

教师职务的国家主管部门是中华人民共和国教育部。其前身国家教育委员会于 1986 年制定发布了《小学教师职务试行条例》《关于中小学教师职务试行条例的实施意见》等文件,主要内容包括职务的名称、级别、适用范围、各级专业技术职务的合理结构比例、岗位职责、任职条件、任期、评审和聘任办法、审批权限等。教育部指导全国教师职务评审工作并制定有关具体政策。国务院各部委、省、自治区、直辖市教师职务任职资格的评审工作,由各部委、省、自治区、直辖市的教育委员会、教育厅(司局)负责。其主要职责是,根据教育部制定的教师职务试行条例,结合当地实际情况,制定有关具体细则,并组织教师职务评聘工作实施。

小学教师职务由各级教师职务评审委员会评审。评审委员会由同级教育行政部门的官员、学校校长、教师和专家组成。其中,教师和专家的人数不得少于三分之二,中青年教师、专家应占一定比例。各级评审委员会设主任一人,副主任一至三人,委员若干人。各级评审委员会可根据需要,设立若干学科评审小组协助评审委员会工作。学校可以设评审小组,由学校领导与教师组成。其中教师人数不得少于三分之二,中青年教师应占一定比例。各级评审委员会和评审小组成员,须具有较高的业务水平,品行端正。每一任期为二至三年,根据工作需要可连任。学校评审小组成员由教师推荐,校务委员或学校领导集体讨论确定,报县级教育行政部门批准。各级评审委员会为常设机构,下设办公室,由专职人员负责日常工作。各级评审委员会在评审教师任职条件时,出席人数不少于全体委员的三分之二。评审意见采取无记名投票的方式表决,并经全体委员半数以上同意方可通过。[①]

2015年《意见》发布后,人力资源社会保障部、教育部联合成立改革领导小组,统一领导改革工作。领导小组下设办公室,具体负责改革的组织实施。教师职务评审与管理方面的改革包括以下主要内容:

创新评价机制。一是建立健全同行专家评审制度,注重遴选高水平的教育教学专家和经验丰富的一线教师担任评审委员;一是创新评价方式,如采取说课讲课、面试答辩、专家评议等多种评价方式,对小学教师的业绩、能力进行有效评价,在水平评价中全面推行评价结果公示制度等。

完善评聘程序。为确保评教师职务职称聘程序公正规范,评聘工作按照个人申报、考核推荐、专家评审、学校聘用的基本流程进行。(1)个人申报。小学教师竞聘相应岗位,要按照不低于国家和当地制定的评价标准条件,按规定程序向聘用学校提出申报。(2)考核推荐。学校对参加竞聘的教师,要结合其任现职以来各学年度的考核情况,通过多种方式进行全面考核。根据考核结果,经集体研究,由学校在核定的教师岗位结构比例内按照一定比例差额推荐拟聘人选参加评审。(3)专家评审。由同行专家组成的评委会,按照评价标准和办法,对学校推荐的拟聘人选进行专业技术水平评价。评审结果经公示后,由人力资源社会保障部门审核确认。(4)学校聘用。小学根据聘用制度的有关规定,将通过评审的教师聘用到相应岗位。

值得注意的是,对改革前已经取得小学教师专业技术职务任职资格,但未被聘用到相应岗位的人员,原有资格依然有效,聘用到相应岗位时,不再需要经过评委会评审。各地区要结合实际制定具体办法,对这部分人员择优聘用时,给予适当倾斜。此外,乡村学校任教(含城镇学校教师交流、支教)3年以上、经考核表现突出并符合具体评价标准条件的教师,同等条件下优先评聘。

与事业单位岗位聘用制度的衔接。一方面,小学教师职务职称评审是教师岗位聘用的重要依据和关键环节,小学教师岗位出现空缺,教师可以跨校评聘。公办小学教师的聘用和待遇,应按照事业单位岗位管理制度和收入分配制度管理和规范。另一方面,小学教师职称评审,在核定的岗位结构比例内进行。小学教师竞聘上一职称等级的岗位,由学校在岗位结构比例内按照一定比例差额推荐符合条件的教师参加职称评审,并按照有关规定将通过职称评审的教师聘用到相应教师岗位。人力资源社会保障部门、教育行政部门应及时兑现受聘教师的工资待遇。

推荐阅读:《中小学教师职称制度改革特征与现状分析》

第四节 教师聘任制度

教师聘任制度是聘任双方在平等自愿的基础上,由学校或教育行政部门根据教

① 陈鹏,祁占勇.教育法学的理论与实践[M].北京:中国社会科学出版社,2006:321-322.

育教学岗位设置,聘请有相应资格的教师担任教师职务的一项教师任用制度。教师聘任制度是国际上较为普遍的做法,它有益于促进教育人才的流动,保持教师队伍的活力。我国《教育法》《教师法》均规定,国家实施教师聘任制度。

一、聘任的形式

教师任用在不同国家和地区不尽相同,有的国家和地区实行派任制,有的国家和地区实行聘任制,还有的国家和地区则兼而有之。比较典型的,英国和美国实行聘任制,中小学教师由地方学区或教育当局聘任,高等学校教师由学校聘任。德国、法国、日本主要由国家或地方政府任用教师,既有派任制,也有聘任制。[①] 我国《教师法》第十七条规定:"学校和其他教育机构应当逐步实行教师聘任制。教师的聘任应当遵循双方地位平等的原则,由学校和教师签订聘任合同,明确规定双方的权利、义务和责任。"

在实践中,我国的教师聘任存在不同的方式,包括学校与教师签订聘任合同,教育行政机关与教师签订聘任合同,教育行政机关、学校分别与教师签订聘任合同等多种类型。《教师法》虽规定了实施教师聘任制度,但对教师身份、类别等基本问题尚未理顺,不同类别教师聘任的类型、条件等尚处于不健全的状态,相应的管理制度难以有效合理实施。很多学校虽与教师签订聘任合同,但有流于形式之嫌,诸多纷扰,亟待解决。一般来讲,公办小学人事编制教师与用人单位之间的聘任关系主要依据行政法律、法规调整,包括 2014 年国务院通过的《事业单位人事管理条例》[②]、2002 年人事部颁布的《关于在事业单位试行人员聘用制度的意见》等。民办小学教师、公办小学临聘制教师与用人单位之间的聘任关系主要依据民事法律调整,包括《劳动法》《劳动合同法》等。

教师聘任制的形式按照聘任主体实施的行为不同,分为招聘、续聘、解聘、辞聘。(1) 招聘:用人单位面向社会公开、择优选择具备相应教师资格的应聘人员。在通常情况下,用人单位经人事或人力资源部门批准后,将所需人员的任职条件、职责及工资待遇等以招聘启事的形式提出,并对应聘者进行审查和考核,符合条件者予以聘任。招聘、受聘双方签订聘任合同,明确双方的权利、义务与责任。聘任合同一经签订生效,即具有法律效力。(2) 续聘:聘任期满后,聘任单位与教师继续签订聘用合同。续聘合同可以与上期聘任合同内容相同,也可根据实际情况做出变更。(3) 解聘:用人单位出于某种原因不再继续聘任教师,双方解除聘任关系。(4) 辞聘:受聘教师主动请求用人单位解除聘用合同的行为。

二、聘任的特征
教师的聘任具有以下特征:

---

① 陈鹏,祁占勇.教育法学的理论与实践[M].北京:中国社会科学出版社,2006:214.
② 适用于事业单位人事编制教师。

一是聘任双方遵循地位平等原则,自愿签订聘任合同。理论上,教师聘任既要符合教育法规定,也要遵守民法、劳动法、合同法等国家法律、法规的约束,但聘任制的基础是民事法律原则。其最为显著的特征就是,聘任双方遵循平等原则,自愿签订聘任合同。除依据《劳动法》(第十六条至第三十五条)、《劳动合同法》(第七条至第二十八条)、《事业单位人事管理条例》(第十二条至第十九条)的规定订立聘用合同外,经双方当事人协商一致,可以在聘用合同中约定其他事项。

二是教师聘约应依法履行。一方面,聘任合同的订立、履行、争议处理须遵守《教师法》《义务教育法》《中小学教师违反职业道德行为处理办法》等教育行政法律、法规的规定,也须遵守《劳动法》《劳动合同法》等民事法律规定。人事编制教师依据《事业单位人事管理条例》第十四条的规定,在本单位连续工作满 10 年且距法定退休年龄不足 10 年,提出订立聘用至退休的合同的,所在单位应当与其订立聘用至退休的合同。另一方面,聘任合同一旦生效,便具有法律效力,聘任双方应严格依据合同内容依法履行各自的义务与职责,行使各自的权利。通常,学校有权对受聘教师的师德师风、业务水平、工作绩效进行考核,并以此作为升职、奖励的重要依据。同时,学校负有责任保障教师的教育教学不受干扰,也负有义务确保教师的劳动权利、薪资津贴、福利待遇等符合我国法律规定,并严格按照聘用合同的约定履约。教师负有义务遵守学校的规章制度,依照聘用合同的约定完成教学任务和相关工作。同时,教师有权依照法律规定,享受参与学校事务决策、在职进修、教学自主、进修休假等权利。任一方违反合同规定,应承担相应的法律责任。依据《劳动合同法》第三十五条、第九十六的规定,民办小学与教师、公办小学与临聘制教师,经协商一致,可以变更劳动合同约定的内容。变更劳动合同,应当采用书面形式。

三是教师聘任应遵守法定程序。招聘单位应根据工作需要设置专业技术岗位,在定编定岗的基础上确定职务结构,并与受聘教师签订聘任合同。依据 2014 年《事业单位人事管理条例》第九条、第十条的规定,公办小学公开招聘人事编制的教师应按照以下程序进行:(1) 制定公开招聘方案;(2) 公布招聘岗位、资格条件等招聘信息;(3) 审查应聘人员资格条件;(4) 考试、考察;(5) 体检;(6) 公示拟聘人员名单;(7) 签订聘用合同,办理聘用手续。公办小学内部产生事业编制岗位人选,需要竞聘上岗的,应按照下列程序进行:(1) 制定竞聘上岗方案;(2) 在本单位公布竞聘岗位、资格条件、聘期等信息;(3) 审查竞聘人员资格条件;(4) 考评;(5) 在本单位公示拟聘人员名单;(6) 办理聘任手续。

四是聘任合同条款应符合法定标准。一方面,教师的聘任合同内容应符合教育行政法律、法规的相关规定,如教师的权利义务、薪资福利、考核培训、人事争议处理、师德标准与违纪处分等应符合《教师法》《义务教育法》《事业单位人事管理条例》《中小学教师违反职业道德行为处理办法》等法律法规的规定。另一方面,聘任合同的具体条款须符合《劳动法》《劳动合同法》规定的标准。《劳动法》第十九条规定,聘任合同应当以书面形式订立,并具备以下条款:(1) 合同期限;(2) 工作内容;(3) 劳动保护和劳动条件;(4) 劳动报酬;(5) 劳动纪律;(6) 劳动合同终止的条件;(7) 违反劳动合同的责任。

合同条款的具体内容应包括:(1) 用人单位的名称、住所和法定代表人或者主要负责人;(2) 受聘教师的姓名、住址和居民身份证或者其他有效身份证件号码;(3) 劳动合同期限;(4) 工作内容和工作地点;(5) 工作时间和休息休假;(6) 劳动报酬;(7) 社会保险;(8) 劳动保护、劳动条件和职业危害防护;(9) 法律、法规规定应当纳入劳动合同的其他事项。(参照《劳动合同法》第十七条)

此外,依据 2002 年人事部《关于在事业单位试行人员聘用制度的意见》,公办小学的聘用合同必须包括下列条款:(1) 聘用合同期限;(2) 岗位及其职责要求;(3) 岗位纪律;(4) 岗位工作条件;(5) 工资待遇;(6) 聘用合同变更和终止的条件;(7) 违反聘用合同的责任。

《探寻权力与契约的最佳契合——对公立中小学教师聘任合同的再思考》

上述法律、规范性文件均规定,合同除前面规定的必备条款外,当事人可以协商约定其他事项,如培训、保守秘密、继续教育、知识产权保护、补充保险和福利待遇等。

三、聘约解除的事由

人事编制教师在聘期间,非《教师法》《事业单位人事管理条例》《中小学教师违反职业道德行为处理办法》等相关法律规定的情形,聘任双方不得无故解除聘约。民办小学教师、公办小学临聘制教师与用人单位还可依据《劳动合同法》第三十六条至第五十条的规定解除和终止聘用关系。

聘约解除一般分两种情况:一是解聘与开除,一是辞聘。

(一) 解聘与开除

用人单位对教师做出开除或解聘决定,主要依据《教师法》第三十七条的规定,包括:(1) 故意不完成教育教学任务给教育教学工作造成损失的;(2) 体罚学生,经教育不改的;(3) 品行不良、侮辱学生,影响恶劣的。教师存在《中小学教师违反职业道德行为处理办法》第四条规定的行为(详见本章第一节有关内容),依据第五条、第六条规定,经学校及学校主管教育部门调查核实,做出开除处分或解聘处理的决定。公办学校教师由所在学校提出建议,学校主管教育部门决定并报同级人事部门备案。民办学校教师或者未纳入事业编制管理的教师由所在学校决定并解除其聘任合同,报主管教育部门备案(第七条第三款)。

除上述适用于所有类别教师开除、解聘的法定事由外,不同类别教师开除、解聘的事由,还应依据不同的法律规定。

I. 开除及其限制

依据《事业单位人事管理条例》第十五条、第十六条的规定,开除公办小学事业编制教师的事由还应包括:(1) 教师连续旷工超过 15 个工作日,或者 1 年内累计旷工超过 30 个工作日的,用人单位可以解除聘用合同。(2) 教师年度考核不合格且不同意调整工作岗位,或者连续两年年度考核不合格的,用人单位提前 30 日书面通知,可以解除聘用合同。

依据《关于在事业单位试行人员聘用制度的意见》规定,事业编制教师有下列情形之一的,聘用单位不得解除聘用合同:(1) 受聘人员患病或者负伤,在规定的医疗期内的;(2) 女职工在孕期、产期和哺乳期内的;(3) 因工负伤,治疗终结后经劳动能力鉴定机构鉴定为 1 至 4 级丧失劳动能力的;(4) 患职业病以及现有医疗条件下难以治愈的严重疾病或者精神病的;(5) 受聘人员正在接受纪律审查尚未作出结论的;(6) 属于国家规定的不得解除聘用合同的其他情形的。

2. 解聘及其限制

依据《劳动合同法》第九十六条的规定,公办小学与临聘制教师解除或者终止劳动合同,法律、行政法规或者国务院另有规定的,依照其规定;未作规定的,依照《劳动合同法》有关规定执行。

民办小学教师的解聘,还应依据《劳动合同法》的相关规定。《劳动合同法》第三十九条至第四十一条,分别规定了用人单位单方解除劳动合同的三种情况:一是过失性辞退;二是无过失性辞退;三是经济性强制裁员。

《劳动合同法》第三十九条规定了过失性辞退的法定事由。劳动者有下列情形之一的,用人单位可以单方解除劳动合同:(1) 在试用期间被证明不符合录用条件的;(2) 严重违反用人单位的规章制度的;(3) 严重失职,营私舞弊,给用人单位造成重大损害的;(4) 劳动者同时与其他用人单位建立劳动关系,对完成本单位的工作任务造成严重影响,或者经用人单位提出,拒不改正的;(5) 因本法第二十六条第一款第一项规定的情形致使劳动合同无效的;(6) 被依法追究刑事责任的。

《劳动合同法》第四十条规定了无过失性辞退的法定事由。对于以下情形,用人单位提前三十日以书面形式通知劳动者本人或者额外支付劳动者一个月工资后,可以解除劳动合同:(1) 劳动者患病或者非因工负伤,在规定的医疗期满后不能从事原工作,也不能从事由用人单位另行安排的工作的;(2) 劳动者不能胜任工作,经过培训或者调整工作岗位,仍不能胜任工作的;(3) 劳动合同订立时所依据的客观情况发生重大变化,致使劳动合同无法履行,经用人单位与劳动者协商,未能就变更劳动合同内容达成协议的。

《劳动合同法》还规定了经济型强制裁员的情形,第四十一条规定有下列情形之一,需要裁减人员二十人以上或者裁减不足二十人,但占企业职工总数百分之十以上的,用人单位提前三十日向工会或者全体职工说明情况,听取工会或者职工的意见后,裁减人员方案经向劳动行政部门报告,可以裁减人员:(1) 依照企业破产法规定进行重整的;(2) 生产经营发生严重困难的;(3) 企业转产、重大技术革新或者经营方式调整,经变更劳动合同后,仍需裁减人员的;(4) 其他因劳动合同订立时所依据的客观经济情况发生重大变化,致使劳动合同无法履行的。裁减人员时,应当优先留用下列人员:(1) 与本单位订立较长期限的固定期限劳动合同的;(2) 与本单位订立无固定期限劳动合同的;(3) 家庭无其他就业人员,有需要扶养的老人或者未成年人的。用人单位依照本条第一款规定裁减人员,在六个月内重新招用人员的,应当通知被裁减的人员,并在同等条件下优先招用被裁减的人员。

用人单位做出开除、解聘决定应遵守以下限制:

依据《劳动合同法》第四十二条规定,教师有下列情形之一的,用人单位不得解除劳动合同:(1) 从事接触职业病危害作业且未进行离岗前职业健康检查,或者疑似职业病病人在诊断或者医学观察期间的;(2) 在本单位患职业病或者因工负伤并被确认丧失或者部分丧失劳动能力的;(3) 患病或者非因工负伤,在规定的医疗期内的;(4) 女职工在孕期、产期、哺乳期的;(5) 在本单位连续工作满十五年,且距法定退休年龄不足五年的;(6) 法律、行政法规规定的其他情形。

（二）辞聘

教师主动辞聘的应依据《劳动合同法》第三十七条、第三十八条的规定,提前三十日以书面形式通知用人单位,可以解除劳动合同。教师在试用期内提前三日通知用人单位,可以解除劳动合同。用人单位有下列情形之一的,教师可以解除劳动合同:(1) 未按照劳动合同约定提供劳动保护或者劳动条件的;(2) 未及时足额支付劳动报酬的;(3) 未依法为劳动者缴纳社会保险费的;(4) 用人单位的规章制度违反法律、法规的规定,损害劳动者权益的;(5) 符合《劳动合同法》第二十六条第一款规定的情形致使劳动合同无效的;(6) 法律、行政法规规定劳动者可以解除劳动合同的其他情形。用人单位以暴力、威胁或者非法限制人身自由的手段强迫劳动者劳动的,或者用人单位违章指挥、强令冒险作业危及劳动者人身安全的,劳动者可以立即解除劳动合同,不需事先告知用人单位。

事业单位教师提前 30 日书面通知单位,可以解除聘用合同。但是,双方对解除聘用合同另有约定的除外。此外,依据《关于在事业单位试行人员聘用制度的意见》,受聘于事业单位的教师有下列情形之一的,可以随时单方面解除聘用合同:(1) 在试用期内的;(2) 考入普通高等院校的;(3) 被录用或者选调到国家机关工作的;(4) 依法服兵役的。除上述情形外,受聘人员提出解除聘用合同未能与聘用单位协商一致的,受聘人员应当坚持正常工作,继续履行聘用合同;6 个月后再次提出解除聘用合同仍未能与聘用单位协商一致的,即可单方面解除聘用合同。

第五节　教师教育制度

教师教育分为教师职前教育和教师在职教育两个方面。前者即师资培养,后者即教师培训。

一、师资培养

师资培养,也称教师储备或师资培育。我国目前尚未制定关于师资培养的专门法律,《教师法》第十八条规定:各级人民政府和有关部门应当办好师范教育,并采取措施,鼓励优秀青年进入各级师范学校学习。非师范学校应当承担培养和培训中小学教师的任务。

依据《教师法》第十八条,我们可知,师资培育机构包括师范学校与非师范学校。师范学校作为传统的师资培养的机构,包括幼儿师范学校、中等师范学校、专科师范学校以及高等师范院校。随着师资培养的多元化与开放性特征日趋显著,综合性大学逐渐参与到师资培养工作中,并成为一种趋势。为保证师资培养的专业性与质量水准,一些国家和地区制定了相应的流程和标准,综合性大学通过相应的标准审核后,才具备开展师资培训工作的资质。

关于师资培养的课程目标与内容,我国教育部于 2011 年制定发布了《教师教育课程标准(试行)》,为小学教师职前教育课程的目标与设置提供指导建议(表 9-5-1 和表 9-5-2)。

表 9-5-1　小学职前教师教育课程目标

目标领域	目标	基本要求	
1. 教育信念与责任	1.1 具有正确的学生观和相应的行为	1.1.1	理解小学阶段在人生发展中的独特地位和价值,认识生动活泼的小学生活对小学生发展的意义。
		1.1.2	尊重学生学习和发展的权利,保护学生的学习兴趣和自信心。
		1.1.3	尊重学生的个体差异,相信学生具有发展的潜力,乐于为学生创造发展的条件和机会。
	1.2 具有正确的教师观和相应的行为	1.2.1	理解教师是学生学习的促进者,相信教师工作的意义在于创造条件帮助学生快乐成长。
		1.2.2	了解小学教师的职业特点和专业要求,自觉提高自身的科学和人文素养,形成终身学习的意愿。
		1.2.3	了解教师的权利和责任,遵守教师职业道德。
	1.3 具有正确的教育观和相应的行为	1.3.1	理解教育对学生成长、教师专业发展和社会进步的重要意义,相信教育充满了创造的乐趣,愿意从事小学教育事业。
		1.3.2	了解学校教育的历史、现状和发展趋势,认同素质教育理念,理解并参与教育改革。
		1.3.3	形成正确的教育质量观,对与学校教育相关的现象进行专业思考与判断。
2. 教育知识与能力	2.1 具有理解学生的知识与能力	2.1.1	了解儿童发展的主要理论和儿童研究的最新成果。
		2.1.2	了解儿童身心发展的一般规律和影响因素,熟悉小学生年龄特征和个体发展的差异性。
		2.1.3	了解小学生的认知发展、学习方式的特点及影响因素,熟悉小学生建构知识、获得技能的过程。
		2.1.4	了解小学生品德和行为习惯形成的过程,了解小学生的交往特点,理解同伴交往对小学生发展的影响。
		2.1.5	掌握观察、谈话、倾听、作品分析等方法,理解小学生学习和发展的需要。
		2.1.6	了解我国教育的政策法规,熟悉关于儿童权利的内容以及维护儿童合法权益的途径。

续表

目标领域	目标	基本要求
2. 教育知识与能力	2.2 具有教育学生的知识与能力	2.2.1 了解小学教育的培养目标,熟悉至少两门学科的课程标准,学会依据课程标准制定教学目标或活动目标。 2.2.2 熟悉至少两门学科的教学内容与方法,学会联系小学生的生活经验组织教学活动,将教学内容转化为对小学生有意义的学习活动。 2.2.3 了解学科整合在小学教育中的价值,了解与小学生学习内容相关的各种课程资源,学会设计综合性主题活动,创造跨学科的学习机会。 2.2.4 了解课堂组织与管理的知识,学会创设支持性与挑战性的学习环境,激发学生的学习兴趣。 2.2.5 了解课堂评价的理论与技术,学会通过评价改进教学与促进学生学习。 2.2.6 了解课程开发的知识,学会开发校本课程,设计、实施和指导简单的课外、校外活动。 2.2.7 了解班队管理的基本方法,学会引导小学生进行自我管理和形成集体观念。 2.2.8 了解小学生心理健康教育的基本知识,学会诊断和解决小学生常见学习问题和行为问题。 2.2.9 掌握教师所必需的语言技能、沟通与合作技能、运用现代教育技术的技能。
	2.3 具有发展自我的知识与能力	2.3.1 了解教师专业素养的核心内容,明确自身专业发展的重点。 2.3.2 了解教师专业发展的阶段与途径,熟悉教师专业发展规划的一般方法,学会理解与分享优秀教师的成功经验。 2.3.3 了解教师专业发展的影响因素,学会利用以课程学习为主的各种机会积累发展经验。
3. 教育实践与体验	3.1 具有观摩教育实践的经历与体验	3.1.1 结合相关课程学习,观摩小学课堂教学,了解课堂教学的规范与过程。 3.1.2 深入班级,了解小学生群体活动的状况以及小学班级管理、班队活动的内容和要求,获得与小学生直接交往的体验。 3.1.3 密切联系小学,了解小学的教育与管理实践,获得对小学工作内容和运作过程的感性认识。
	3.2 具有参与教育实践的经历与体验	3.2.1 在有指导的情况下,根据小学生的特点和教学目标设计与实施教学方案,经历1-2门课程的教学活动。 3.2.2 在有指导的情况下,参与指导学习、管理班级和组织班队活动,获得与家庭、社区联系的经历。 3.2.3 参与各种教研活动,获得与其他教师直接对话或交流的机会。
	3.3 具有研究教育实践的经历与体验	3.3.1 在日常学习和实践过程中积累所学所思所想,形成问题意识和一定的解决问题能力。 3.3.2 了解研究教育实践的一般方法,经历和体验制订计划、开展活动、完成报告、分享结果的过程。 3.3.3 参与各种类型的科研活动,获得科学地研究学生的经历与体验。

表 9-5-2　小学职前教师教育课程设置

学习领域	建议模块
1. 儿童发展与学习	儿童发展;小学生认知与学习等
2. 小学教育基础	教育哲学;课程设计与评价;有效教学;学校教育发展;班级管理;学校组织与管理;教育政策法规等
3. 小学学科教育与活动指导	小学学科课程标准与教材研究;小学学科教学设计;小学跨学科教育;小学综合实践活动等
4. 心理健康与道德教育	小学生心理辅导
5. 职业道德与专业发展	教师职业道德;教育研究方法;教师专业发展;现代教育技术应用;教师语言;书写技能等
6. 教育实践	教育见习;教育实习

　　师资水平在很大程度上决定了教育质量,对学生发展具有重要影响,所以我们需要打造高素质师资队伍。《教师法》第十八条规定师范学校学生享受专业奖学金,就是为了给予未来的教师足够的财政资助,使其专心求学。[①] 此外,《教师法》第二十一条还规定:"各级人民政府应当采取措施,为少数民族地区和边远贫困地区培养、培训教师。"在具体实施上,《义务教育法》第三十三条规定:"国务院和地方各级人民政府鼓励和支持城市学校教师和高等学校毕业生到农村地区、民族地区从事义务教育工作。国家鼓励高等学校毕业生以志愿者的方式到农村地区、民族地区缺乏教师的学校任教。县级人民政府教育行政部门依法认定其教师资格,其任教时间计入工龄。"与此相配套,教育部出台了高等师范院校师范生免费的政策,这些措施均体现了国家对师资培养的重视与支持。

> 推荐阅读:周钧,朱旭东《我国教师教育专业设置研究》

二、教师培训

　　不同于师资培养,教师培训的对象为在职教师,其目标是提升教师的教育质量、教学内容与技术。现代社会知识瞬息万变,教师需要通过不断学习,才能更新知识,掌握与时俱进的课程信息与教学技术,更好地履行教育教学职责,因此,教师培训是很多国家、地区法律的重要内容。我国《教师法》第七条明确了在职进修与培训是教师的法定权利。

　　教师培训主要涉及三个方面的内容:一是培训机构;二是培训条件与保障;三是培训内容。(1) 关于培训机构,教师培训机构通常比教师培养机构的数量与种类多,除了师范学校和综合性高校外,各级各类教师进修学校和教育学院也为教师提供教师培训服务。(2) 关于培训条件与保障,一是要提供经费保障,遵守教师培训免费的原则,各级政府的财政预算应有专门经费用于教师培训;一是要提供时间保

---

① 申素平.教育法学:原理、规范与应用[M].北京:教育科学出版社,2009:210.

障,教师培训的形式以在职进修为主,因而保障教师的进修培训时间尤为重要。[①]关于培训内容,在职教师培训课程要满足教师专业发展的多样化需求,为教师加深专业理解、解决实际问题、提升自身经验提供支持与协助。在职教师培训的课程分为学历教育课程与非学历教育课程。学历教育课程方案的制定应以 2011 年教育部《教师教育课程标准(试行)》为依据,结合教师教育机构自身的培养目标、学习者的工作需求设置;非学历教育课程方案的制定要针对教师在不同发展阶段的特殊需求,提供灵活多样、新颖实用的内容,为教师持续而有效的专业学习提供有力支持。

理解 · 反思 · 探究

1. 简答题

(1) 小学教师的法律身份是什么?

(2) 小学教师享有哪些权利? 应当履行哪些义务?

(3) 什么是教师资格? 小学教师的资格条件与认定程序是什么?

(4) 小学教师职务都有哪些? 小学各级教师的任职条件是怎样的? 小学教师职务管理与评审制度是怎样的?

(5) 教师聘任的特征是什么? 我国教师聘任的形式有哪些? 聘约解除包括哪些情形,分别适用哪些法律条款?

2. 材料分析题

阅读下面材料,从教师权利与义务的角度,对徐老师的做法进行评价。

班主任徐老师上课前发现部分学生未完成家庭作业,要求这部分学生完成作业后,再进教室上课。

拓展阅读

[1] 余雅风,劳凯声.科学认识教师职业特性,构建教师职业法律制度[J].教育研究,2015(12):36-42.

[2] 余雅风,王祈然.教师的法律地位研究[J].华东师范大学学报(教育科学版),2021(1):49-58.

[3] 陈鹏,李莹.国家特殊公职人员:公办中小学教师法律地位的新定位[J].教育研究,2020(12):141-149.

[①] 申素平.教育法学:原理、规范与应用[M].北京:教育科学出版社,2009:210-211.

［4］陈鹏,祁占勇.教育法学的理论与实践[M].北京:中国社会科学出版社,2006.

阅读建议:读者自主择选1～2篇论文或著作中关于教师法律地位、教师管理制度方面的内容进行精读,通过分析、比较、演绎等方法,归纳重点,形成读书笔记。

第十章

10

小学生法律制度

小学生法律制度是保障小学生权利、依法实施义务教育、维持小学教育正常秩序运转的重要法律基础,在推进学生管理法治化进程中发挥重要作用。

- 本章导航

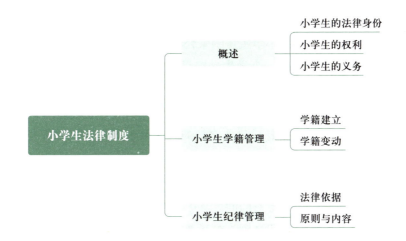

- 关键术语

小学生的法律身份;小学生的权利;小学生的义务;学籍管理;纪律管理

- 学习目标

1. 理解小学生的法律身份、权利与义务之间的关系,掌握小学生的多重法律身份,知道不同法律身份下小学生所享有的权利和应当履行的义务。

2. 理解学生管理包含多种形式,掌握学籍管理制度的基本规则和纪律管理的基本原则,在实践中熟练运用纪律管理的原则与规范。

第一节　概述

小学生是在依法成立或法律认可的小学按规定取得学籍并接受小学教育的公民。这一概念包括三层含义:小学生是国家公民;小学生是在依法成立或法律认可的小学中按规定取得学籍的公民;小学生是接受小学教育的公民。根据《义务教育法》和《教育法》的规定,国家向所有适龄儿童提供义务教育,包含家庭经济困难的儿童、残疾儿童和有违法犯罪行为的儿童等,不分性别、民族、种族、家庭财产状况、宗教信仰等。凡年满六周岁的儿童,其父母或者其他法定监护人应当送其入学接受并完成义务教育。

小学生法律制度包括小学生法律地位、权利保护、小学生义务、学生管理等多项内容,涉及小学生学习生活的方方面面。其中,小学生的法律身份和基于其法律身份产生的权利、义务是与小学生切身相关的基础内容。

一、小学生的法律身份

个体在具体的社会关系中的不同角色和不同地位决定了个体具有多种法律身份。在教育领域,小学生也具有多重法律身份:其一,小学生是国家公民;其二,小学生是国家公民中的未成年人;其三,小学生是未成年公民且是正在接受小学教育的受教育者。作为国家公民,小学生享有宪法和法律赋予公民的基本权利;作为未成年人,小学生是国家、社会、学校、家庭等多主体共同保护的对象,享有法律保障的未成年人的一系列权利;作为受教育者,小学生既是小学实行教育和管理的对象,同时又是教育活动的参与者,具有独立的人格,是教育法律关系中的重要主体。

基于不同的法律身份,小学生具有多种法律地位。小学生的法律地位,是指小学生以其权利能力和行为能力在具体法律关系中取得的一种主体资格,通过小学生的法律身份,以及小学生在不同法律关系中享有的权利与应履行的义务来体现。小学生的法律地位因其不同的法律身份而具有不同的内容和特点。

(一) 公民

小学生作为一般社会关系中的公民,享有《宪法》赋予公民的基本权利及其他法律所赋予公民的一系列经济、文化权利,同时应当履行宪法和法律规定的义务。小学生作为社会的一员,与普通公民享有法律规定的同等权利,承担法律规定的义务,不受性别、民族、种族、家庭出身、宗教信仰、教育程度、财产状况诸因素的限制。

(二) 未成年人

基于小学生在年龄上的特殊性,除国家公民外,小学生还具有"未成年人"这一特殊法律身份。《义务教育法》第十一条规定,"凡年满六周岁的儿童,其父母或者其他法定监护人应当送其入学接受并完成义务教育;条件不具备的地区的儿童,可以推迟到七周岁。适龄儿童、少年因身体状况需要延缓入学或者休学的,其父母或者其他法定监护人应当提出申请,由当地乡镇人民政府或者县级人民政府教育行政部门批准。"即在一般情况下(除因身体状况等特殊因素需要延缓入学或休学的),小学生的年龄通常在 6—13 岁。《民法典》第十七条规定,"不满十八周岁的自然人为未成年人",小学生属于未成年人的范畴,依法享有未成年人权利,承担未成年人义务。除《宪法》规定的公民基本权利与义务外,《民法典》《未成年人保护法》《预防未成年人犯罪法》等法律还对未成年人权利与义务进行了具体规定。其中,不满八周岁的未成年人为无民事行为能力人;八周岁以上的未成年人为限制民事行为能力人;未满十八周岁的未成年人具有民事权利能力,享有未成年人权利。

(三) 受教育者

小学生作为学校实施教育和管理的对象,在教育法律关系中居于主体地位,依法享有受教育权利,履行受教育义务。根据《教育法》第四十三、四十四条规定,受教育者享有参与教育教学活动,获得奖、贷、助学金,获得相应证书,对学校和教师的侵权行为及决定提出申诉或诉讼等权利,并要履行遵纪守法、努力学习等义务。

二、小学生的权利

明确小学生权利,是保障依法接受教育,促进小学生健康成长,维护小学生权益的基本前提。基于小学生的多种法律身份,小学生享有公民权利、未成年人权利、学生权利等多种法定权利。

微课：小学生的权利

(一)《宪法》《民法典》等法律中规定的公民权利

从小学生的法律身份来看,小学生首先是国家公民,未成年人和受教育者是基于其年龄和社会关系产生的特殊法律身份。作为国家公民,小学生享有《宪法》规定的公民基本权利《民法典》规定的民事权利及其他法律规定的一系列政治、经济、文化、社会权利。

《宪法》规定的公民基本权利是每一位公民享有的基本人权,不分民族、种族、性别、职业、家庭出身、宗教信仰、教育程度、财产状况、居住期限。公民基本权利主要包括以下内容:第一,平等权。中华人民共和国公民在法律面前一律平等。第二,政治权利和自由,包括言论、出版、集会、结社、游行、示威的自由。[1] 第三,宗教信仰自由。任何国家机关、社会团体和个人不得强制公民信仰宗教或者不信仰宗教,不得歧视信仰宗教的公民和不信仰宗教的公民。第四,人身与人格权,包括人身自由不受侵犯,人格尊严不受侵犯,住宅不受侵犯,通信自由和通信秘密受法律保护。第五,监督权,即我国公民对国家机关及其工作人员有批评、建议、申诉、控告、检举并依法取得赔偿的权利。第六,社会经济权利,包括劳动权利,劳动者休息权利,退休人员生活保障权利,因疾病、残疾或丧失劳动能力时从国家和社会获得社会保障与物质帮助的权利。[2]

---

[1] 由于小学生是未成年人,选举权与被选举权不适用于小学生。

[2]《宪法》中规定的公民社会经济权利还包括退休人员生活保障权利和因年老从国家和社会获得社会保障与物质帮助的权利,由于不符合未成年人的实际情况,不在正文中列出。

第七,社会文化权利和自由,包括受教育权利,进行科研、文艺创作和其他文化活动的自由。第八,妇女保护权,女童在政治的、经济的、文化的、社会的和家庭的生活等各方面享有和男童同等的权利。第九,家庭和儿童受国家保护,父母有抚养教育未成年子女的义务,禁止虐待儿童。第十,华侨正当的权利和利益、归侨和侨眷合法的权利和利益受国家保护。

在民事法律范围中,尽管《民法典》根据未成年人的年龄划分对未成年人民事行为能力进行了区分,但这种区分本质上仍是为了保障未成年人的权利,未成年人的民事权利同成年人没有区别。《民法典》第十四条规定,"自然人的民事权利能力一律平等"。民事权利包括生命权、身体权、健康权、姓名权、肖像权、名誉权、荣誉权、隐私权、财产权、物权、债权、知识产权、继承权、股权、约定的权利等。除此之外,法律还对未成年人的民事利益进行了适当的特殊保护,如《民法典》第十九条规定,八周岁以上的未成年人(限制民事行为能力人),可以独立实施纯获利益的民事法律行为或者与其年龄、智力相适应的民事法律行为。在教育教学法律关系之外,小学生也作为民事权利主体与学校建立起相应的民事法律关系。在民事法律关系中,小学生与学校的法律地位是平等的,学生与学校应依据双方的协议享有权利并履行义务。小学生作为教育服务的消费者,有权根据自己的需求和意向在合法、合规的范围内选择学校,要求学校提供其承诺的教育及相关服务。同样,小学有权在法律规定的范围内,根据学校制度为学生提供有一定自主性的教育及相关服务。

(二)《儿童权利公约》《未成年人法》中规定的未成年人权利

未成年人具有身心发展不成熟、不完善等特点,需要国家法律为其提供特殊保护。

从世界范围来看,对儿童提供特殊保护,包括法律上的适当保护已成世界共识。《儿童权利公约》明确了包括生存与健康权利、身份权利、社会文化权利、发展权利、参与和表达权利等一系列基本人权在内的数十种儿童权利,这些权利不因儿童或其父母或法定监护人的种族、肤色、性别、语言、宗教、政治或其他见解、民族、族裔或社会出身、财产、伤残、出生或其他身份而有任何差别。

我国专门保障未成年人权利的法律包括《未成年人保护法》和《预防未成年人犯罪法》。

《未成年人保护法》第三条规定:"国家保障未成年人的生存权、发展权、受保护权、参与权等权利。"为切实保障未成年人权益,我国法律为未成年人提供多项保护,包括家庭保护、学校保护、社会保护、网络保护、政府保护、司法保护等多个维度。

第一,家庭保护。依据《宪法》《教育法》《义务教育法》《未成年人保护法》《预防未成年人犯罪法》等法律的规定,未成年人的父母或其他监护人应当尊重并保证未成年人受教育的权利,对未成年人承担监护职责,培养未成年人良好品行,对未成年人不良行为依法进行制止并加强管教。未成年人的父母或者其他监护人应当学习家庭教育知识,接受家庭教育指导,创造良好、和睦、文明的家庭环境。

第二,学校保护。根据《教育法》规定,学校应当做好学生安全教育,加强日常安全管理,建设安全校园,建立安全管理制度、校车安全管理制度、学生欺凌防控工作制度和预防性侵害、性骚扰未成年人工作制度;不断提高教育教学质量,依据未成年人身心发展规律实施教育,促进未成年人全面、健康发展。《义务教育学校管理标准》规定,义务教育学校承担保障学生平等权益、促进学生全面发展的管理职责,包括维护学生平等入学权利,建立控辍保学工作机制,满足需要关注的学生的需求,提升学生道德品质,帮助学生学会学习等多项管理任务。《未成年人学校保护规定》也在征求意见当中,为加强未成年人学校保护提供更加充分的法律依据。

案例

黄某某诉广州市某小学、广东省某旅行社等人身损害赔偿纠纷案

【案例事实】

2006 年 4 月 3 日,被告某小学与被告某旅行社签订《广东省国内旅行组团合同》,约定该小学 1 890 人(学生)参加旅行社的"宝桑园春季桑果节一日游"。

原告黄某某是被告某小学的学生。2006 年 4 月 4 日,该小学通知全校学生家长这次春游活动,校内广播对该次春游活动进行安全教育,强调安全注意事项。

春游活动中,因宝桑园景区也提供导游服务,该旅行社的导游没有跟到每个班,而是在整个园区内进行巡视、监督和协调,该小学的教师也自由活动。春游活动期间,宝桑园景区发放了风筝。活动结束时,原告黄某某按照教师的要求准备排队,突然,一个风筝飞来插入原告左眼,致使原告左眼受伤。

原告黄某某受伤后,被告立即将原告送往南方医院住院治疗。该院诊断结论为:左眼角膜穿孔伤。住院期间,原告接受了左眼角膜清创缝合术。同年 5 月 23 日,原告前往中山大学附属眼科医院住院治疗,该院出院诊断结论为:眼球穿孔伤。经司法鉴定,原告伤情构成八级伤残。

【案例分析】

根据《未成年人保护法》第二十二条、最高人民法院《关于审理人身损害赔偿案件适用法律若干问题的解释》第七条、教育部制定的《学生伤害处理办法》第九条的规定,学校等教育机构组织学生参加校外活动,对学生仍然负有管理和保护的义务。该小学与旅行社签订合同,约定在活动期间由旅行社负责对学生的管理、保护,并不导致校外活动性质的变化,亦不因此减轻或免除教育机构管理、保护学生的法定义务。该小学在校外活动中未尽法定义务,造成学生伤害事故,应当依法承担责任。

(来源:北大法宝 -【法宝引证码】CLI.C.306562)

第三,社会保护。未成年人不仅仅生活在学校、家庭当中,而是生活在整个社会当中。因此,保护未成年人权利,还应当多方面、多层次建设未成年人社会保护机制。从《义务教育法》《未成年人保护法》《预防未成年人犯罪法》等法律中的表述来看,未成年人社会保护的主体包括人民团体、企业事业单位、社会组织以及其他组织和个人。如共产主义青年团、妇女联合会、工会、残疾人联合会、关心下一代工作委员会、青年联合会、学生联合会、少年先锋队、律师协会等组织,爱国主义教育基地、图书馆、青少年宫、儿童活动中心、儿童之家、博物馆、纪念馆、科技馆、展览馆、美术馆、文化馆、社区公益性互联网上网服务中心等场所,未成年犯管教所、社区矫正机构、专门学校、法律援助机构等单位。

第四,网络保护。随着技术发展,直播软件、社交软件、网络游戏、网络音视频等多种形式的网络产品充斥于学生生活。对于身心发展尚未完善的未成年人,其时间管理、钱财管理、自我控制等方面都较为薄弱,容易受到诱惑,引发未成年人身心健康与个人发展问题。基于这一现状,2020年最新修订的《未成年人保护法》增设网络保护专章,多方面回应了当前在未成年人网络使用中面临的种种具有严重危害性的问题,包括未成年人网络欺凌、网络沉迷、网络信息保护、可能影响未成年人身心健康的网络信息等,对当下未成年人的网络使用进行了立法保护。

第五,政府保护。《教育法》《义务教育法》《未成年人保护法》《预防未成年人犯罪法》等多部涉及未成年人保护的法律,从不同角度、多种事项上强化了政府职责,形成了多方面、有层次的政府保护责任分配制度。以各级人民政府及教育行政部门为主体,统筹、协调、督促和指导相关部门(包括公安机关、卫生健康部门、民政部门、税务机关、财政部门、文化和旅游部门、市场监督管理部门、网信部门、新闻出版部门、电影及广播电视部门、司法行政部门等)依法行使自身职权,开展未成年人保护工作。主要职责包括开展、指导并监督与未成年人保护相关的安全、犯罪预防、生命、法治、网络、卫生保健与营养等教育;为义务教育、未成年人保护工作、预防未成年人犯罪工作提供政策支持和经费保障;对学校、家庭与社会各界依法履行未成年人保护职责的支持、监督与检查义务;建设和改善适合未成年人的活动场所和设施,为未成年人提供卫生保健服务等。

第六,司法保护。由于未成年人具有身心发展尚未成熟的特点,在处理未成年人相关案件时,司法机关应当以此为考量,重点保护未成年人的隐私权、发展权,注重对未成年人的保护、干预和教育,基于未成年人的不成熟性予以其合法、适当的关照。根据《未成年人保护法》、《预防未成年人犯罪法》和《监狱法》相关规定,公安机关、人民检察院、人民法院、司法行政部门、监狱、未成年犯管教所和社区矫正机构,应当依法履行职责,保障未成年人合法权益。对未成年人的司法保护可以分为对所有未成年人的一般保护和对特殊身份下的未成年人的特殊保护,特殊身份下的未成年人可以分为被侵害的

未成年人各类保护相关法律条款

未成年人的保护和对违法犯罪的未成年人的保护。

（三）教育法规定的学生权利

小学生作为受教育者,依法享有受教育权利。《宪法》第四十六条规定:"中华人民共和国公民有受教育的权利和义务。"依据《教育法》第四十三条规定,受教育者享有下列权利。

第一,参加教育教学计划安排的各种活动,使用教育教学设施、设备、图书资料的权利。教育教学活动是学生在学校接受教育最直接、最常见的方式,包括教师的日常授课、课外活动、社会实践等。根据《教育法》第二十九条、第三十条规定,学校有权组织实施教育教学活动,有义务保证教育教学质量。对小学生来说,参与学校教育教学活动是接受义务教育的主要形式,既是权利,又是义务。这一权利是保障学生参加学习、接受教育、享有实质性的受教育权的前提和基础,也是学生受教育权的直接体现。除教育教学活动外,学校的教育教学设施设备及图书资料,也属于学校提供的教育教学服务的一部分。一方面,学生参与学校计划安排的教育教学活动时,时常需要使用学校的教育教学设施设备。如学生上课需要在学校教室、实验室、机房、体育场馆或学校操场等学校设施中进行,需要使用桌椅板凳、多媒体、黑板、实验器材、实验材料、电脑、体育器材等教学设备。另一方面,学生在学校教育教学活动之外,为提升自身素养、实现自我发展,可能有自发的学习、探索的需求,需要学校的支持。如学生在课后使用操场进行体育锻炼,在图书馆借阅自己需要或感兴趣的图书,在教室与同学讨论、自习,等等。

第二,按照国家有关规定获得奖学金、贷学金、助学金的权利。这项权利是为学生能够持续接受教育、不断求学提供的法律支持,为学生提供完成学业的物质保障,避免希望接受教育的公民因经费不足的问题丧失教育机会。助学金制度与小学生较为相关,奖学金、贷学金主要适用于普通高等学校和中等专业学校学生。这主要有以下几方面原因:第一,奖学金制度主要目的在于激励学生、鼓励报考,而接受义务教育作为学生的法定义务,不应当以经费鼓励作为入学动力。第二,贷学金制度是国家为帮助确有经济困难、无力解决在校期间生活费用的部分大中专学生而实行的无息贷款的办法,主要用于支持经济困难的学生进一步接受自费教育。对于小学生来说,义务教育已全面纳入国家经费保障范围,义务教育经费由国务院和地方各级人民政府予以保障,小学生不需要缴纳学费、杂费,对贷学金的需求相对较低。第三,对于家庭经济困难的适龄儿童,尽管不需要缴纳学费、杂费,其在购买教材、寄宿生活等方面可能仍有压力,需要助学金作为学习的物质保障。

第三,在学业成绩和品行上获得公正评价,完成规定的学业后获得相应的学业证书、学位证书的权利。这一权利可以分成两点:一是获得学业和个人的公正评价;二是获得学业证书。对小学生来说,获得公正评价对于其自身发展具有重要教育意义。根据埃里克森的人生发展八阶段理论,人的自我意识发展持续一生,分为八个阶段。每个阶段能否顺利度过是由环境决定的。处于学龄期的儿童(7—12岁)面对的主要冲突是勤奋和自卑。如果他们能顺利地完成学习课程,他们就会获得勤奋感,在今后的独立生活和承担工作任务中充满信心。反之,就会产生自卑。根据皮亚杰的道德发展阶段理论,6—8岁的儿童处于道德上的"权威阶段",对外在权威表现出绝对尊重与顺从,把权威确定的规则看作绝对的、不可更改的,在评价自己与他人的行为时完全以权威的态度为依据。根据柯尔伯格的道德发展阶段理论,9—12岁的儿童多处于习俗水平,包括寻求认可(或好孩子)定向阶段和维护权威或秩序的道德定向阶段,主要表现为寻求他人的认可、重视他人的评价,服从权威。换句话说,对于小学生来说,学校、教师作为权威者,其评价具有绝对性、权威性。如果小学生在这个阶段收到了关于其学业或品行上不公正的负面评价,这种评价对于小学生的自我评价具有绝对的、不可更改的影响,很有可能打击小学生的自信,导致自卑的形成。第二点,对于小学生来说,获得学业证书既有心理上的认可、肯定,又有未来发展的实际意义。一方面,学业证书是对6年小学学习和生活的总结与认证,具有标志性和仪式感。另一方面,因毕业证书、结业证书、肄业证书具有不同的含义,所以获得何种类型的学业证书对小学生未来继续求学或进入社会工作都可能存在潜在影响。

第四,对学校给予的处分不服向有关部门提出申诉,对学校、教师侵犯其人身权、财产权等合法权益,提出申诉或者依法提起诉讼的权利。这项权利是公民申诉权和诉讼权在小学生身上的具体体现。第一,申诉。申诉分为诉讼上的司法申诉和非诉讼上的行政申诉。前者向司法部门提出,后者向主管行政部门提出。本学校和教师的申诉属于非诉讼上的行政申诉。第二,诉讼。诉讼权是公民的一项基本权利,包括民事诉讼权、刑事诉讼权和行政诉讼权。

第五,《教育法》规定学生除享有上述权利外,还享有法律、法规所规定的其他权利。此处"法律、法规"主要包括以下几类:第一类是教育法律、法规,如《义务教育法》《小学管理规程》《义务教育学校管理规则》等;第二类是与未成年人高度相关的法律、法规,如《未成年人保护法》《预防未成年人犯罪法》等;第三类是包含涉及未成年人或学生权利的相关条款的法律、法规,如《宪法》《民法典》《刑法》《监狱法》《劳动法》等。

《教育法》中明确的各项学生权利与小学生在校的日常学习生活最具相关性,是对学生受教育权的进一步细化,明确了学生在教育教学各种场景和事项中应有的系列权利,为学生教学生活中可能面临的各种侵权行为提供更加充分的法律依据。

三、小学生的义务

权利与义务相辅相成,相互一致,不可分离。对于小学生来说,作为公民、未成年人、受教育者,既享有法律赋予的权利,也需要履行法律规定的义务。

(一)《宪法》《民法典》中规定的公民义务

作为国家公民,小学生应当履行《宪法》规定的公民基本义务、《民法典》规定的民事义务及其他法律、法规规定的相关义务。

公民的基本义务是以《宪法》的形式确认的。就国家主体而言,公民义务亦即国家权利,是国家主体的权利主张,是宪法规定的公民必须履行的法律责任。我国宪法规定的公民的基本义务有:第一,维护国家统一和全国各民族团结的义务。第二,遵守宪法和法律,保守国家秘密,爱护公共财产,遵守劳动纪律,遵守公共秩序,尊重社会公德。第三,维护祖国的安全、荣誉和利益的义务。第四,保卫祖国、抵抗侵略,依照法律服兵役和参加民兵组织。第五,依照法律纳税的义务。第六,劳动的义务。第七,受教育的义务。第八,不得损害国家的、社会的、集体的利益和其他公民的合法的自由和权利。①

民事义务分为法定的义务与约定的义务。除《民法典》中明确规定的义务外,依法订立的合同还会产生约定的义务。在学生与学校的民事法律关系中,就存在约定的义务,具体义务的内容根据约定的内容有所不同。需要注意的是,在理解未成年人承担民事义务的情况时,还要考虑未成年人的民事行为能力。成年人为完全民事行为能力人,可以独立实施民事法律行为。八周岁以上的未成年人为限制民事行为能力人,实施民事法律行为由其法定代理人代理或者经其法定代理人同意、追认;但是,可以独立实施纯获利益的民事法律行为或者与其年龄、智力相适应的民事法律行为。不满八周岁的未成年人为无民事行为能力人,由其法定代理人代理实施民事法律行为。

案例

厉某某诉盛某、盛某某、王某某、某小学责任纠纷案

【案例事实】

2012 年 11 月 20 日下午课间休息期间,厉某某与同班同学盛某玩耍时,因其脚不慎绊倒盛某,双方发生轻微厮打。上课后,厉某某回到座位,但盛某走上前将其脸部划伤。原告厉某某诉至法院,要求被告盛某赔偿原告医疗费、营养费、护理费、交通费、鉴定费、精神损害抚慰金等合计 20 000 元,其中由盛某及其法定代理人盛某某、王某某承担赔偿总额的 80%,被告某小学承担赔偿总额的 20%。

【案例分析】

学生在教育教学、体育锻炼过程中因同学而受到人身损害的案件,在教育机构责任纠纷案件中占很大比例。在处理时,如何合理判定各方的责任,是该类案件的难点。

本案结合加害人的因素,对学校的责任承担分别实行过错推定及过错责任原则,合理地处理了纠纷,保护了未成年人的利益。

(来源:北大法宝-【法宝引证码】CLI.C.61837969)

---

① 公民的基本义务还包括夫妻双方实行计划生育的义务,父母抚养教育未成年子女的义务,成年子女赡养扶助父母的义务,由于不符合小学生的法律身份,正文中不做陈述。

(二) 未成年人法律规定的未成年人义务

作为未成年人,小学生在接受特殊保护的同时,也应当履行相应义务。《预防未成年人犯罪法》明确了未成年人不良行为及严重不良行为的内涵,对有不良行为及严重不良行为的未成年人应当接受的矫治教育措施进行了规范,明确了未成年人作出各种不良行为及违法犯罪行为应当承担的法律责任。

不利于未成年人健康成长的行为包括:①吸烟、饮酒;②多次旷课、逃学;③无故夜不归宿、离家出走;④沉迷网络;⑤与社会上具有不良习性的人交往,组织或者参加实施不良行为的团伙;⑥进入法律法规规定未成年人不宜进入的场所;⑦参与赌博、变相赌博,或者参加封建迷信、邪教等活动;⑧阅览、观看或者收听宣扬淫秽、色情、暴力、恐怖、极端等内容的读物、音像制品或者网络信息等;⑨其他不利于未成年人身心健康成长的不良行为。

对于未成年人的这些不良行为,未成年人的父母或者其他监护人应当及时制止并加强管教;公安机关、居民委员会、村民委员会应当及时制止,并督促其父母或者其他监护人依法履行监护职责;学校应当加强管理教育,不得歧视;对拒不改正或者情节严重的,学校可以根据情况予以处分或者采取以下管理教育措施:①予以训导;②要求遵守特定的行为规范;③要求参加特定的专题教育;④要求参加校内服务活动;⑤要求接受社会工作者或者其他专业人员的心理辅导和行为干预;⑥其他适当的管理教育措施。

未成年人实施的严重不良行为,是指未成年人实施的有刑法规定、因不满法定刑事责任年龄不予刑事处罚的行为,以及严重危害社会的下列行为:①结伙斗殴,追逐、拦截他人,强拿硬要或者任意损毁、占用公私财物等寻衅滋事行为;②非法携带枪支、弹药或者弩、匕首等国家规定的管制器具;③殴打、辱骂、恐吓,或者故意伤害他人身体;④盗窃、哄抢、抢夺或者故意损毁公私财物;⑤传播淫秽的读物、音像制品或者信息等;⑥卖淫、嫖娼,或者进行淫秽表演;⑦吸食、注射毒品,或者向他人提供毒品;⑧参与赌博赌资较大;⑨其他严重危害社会的行为。

对于未成年人的这些严重不良行为,公安机关应当及时制止,依法调查处理,并可以责令其父母或者其他监护人消除或者减轻违法后果,采取措施严加管教。同时,可以根据具体情况,采取以下矫治教育措施:①予以训诫;②责令赔礼道歉、赔偿损失;③责令具结悔过;④责令定期报告活动情况;⑤责令遵守特定的行为规范,不得实施特定行为、接触特定人员或者进入特定场所;⑥责令接受心理辅导、行为矫治;⑦责令参加社会服务活动;⑧责令接受社会观护,由社会组织、有关机构在适当场所对未成年人进行教育、监督和管束;⑨其他适当的矫治教育措施。

(三) 教育法规定的学生义务

小学生作为受教育者,在依法享有受教育权利的同时应当履行相应义务。《教育法》第四十四条规定,受教育者应当履行下列义务。

第一,遵守法律、法规。这是全体公民都应当履行的基本义务,是法治社会应当具备的法治素养。这里的"法律、法规"包括宪法、其他法律、行政法规和依据法律、法规制定的行政规章。首先要遵守《宪法》。《宪法》是我国的根本大法,是国家社会组织和公民一切活动的最高准则,学生必须遵守。除了遵守宪法外,学生还要遵守教育法律、法规与规章。此外,国家教育行政部门单独或联合其他部委制定的教育行政规章,地方立法机关或政府部门制定的地方性教育法规、规章,也都对学生的义务作出了细化性规定。作为重要的教育法律关系主体,学生应当"知法、懂法、守法、用法"。

第二,遵守学生行为规范,尊敬师长,养成良好的思想品德和行为习惯。教育是培养人的活动,通过促进人的个性、社会性发展,实现社会的进步与发展;通过塑造行为习惯和价值观念,人在教育中逐渐发展成型。教育应当坚持立德树人,坚持弘扬中华优秀传统文化,培养尊敬师长、具有良好思想品德的建设者和接班人。

第三,努力学习,完成规定的学习任务。学习科学文化知识,完成规定的学业,是学生的首要任务。一方面,对于义务教育阶段的小学生来说,这种义务是强迫的,具有强制性。履行完成学业的义务是小学生享有获得学业证书及学位证书的权利的前提。另一方面,学习是学生获得成长的重要途径。尤其是对于身心发展尚未成熟的小学生,通过学习获取更多的知识,探索世界,有助于实现自身的成长,是个人接受教育的意义所在。

第四,遵守所在学校或其他教育机构的管理制度。这一义务的必要性体现在两个方面。一是学校管理制度是国家教育管理制度的重要组成部分,从广义上说,它是国家法律、法规的具体化。遵守学校的管理制度与遵守国家的法律、法规,在本质上是一致的,学生作为教育活动主体之一,有义务对学校管理制度加以遵守和服从。二是学生遵守学校管理制度,是学校能够统一管理学生,对学生实施教育的前提。这一义务与小学生权利具有共生性。小学生在对学校主张学生权利的同时,必须履行遵守学校管理制度的义务。学校保护小学生的义务和管理小学生的权利具有一致性。

第二节　小学生学籍管理

学籍是指公民作为某所学校学生的身份。学籍管理涵盖学生从注册入校到毕业离校的全过程,与学生受教育权有直接的关系。根据《教育法》第二十九规定,学校对受教育者进行学籍管理。学籍既是学生身份的记录与证明,又是学校和教育管理部门了解、掌握学生基本情况的重要方式,为学生管理工作的研究、决策提供重要依据,对学生个人、学校、教育管理部门都具有重要意义。

2013年7月,教育部印发《中小学生学籍管理办法》(以下简称《办法》),规定从当年9月秋季入学开始,施行新中国有史以来第一个全国统一的中小学生学籍制度,标志着全国统一的学籍信息管理制度正式建立。2014年1月,教育部建成全国中小学生学籍信息管理系统(以下简称电子学籍系统),各类学籍业务均纳入系统管理。

我国学生学籍管理采用信息化方式,实行分级负责、省级统筹、属地管理、学校实施的管理体制。国务院教育行政部门宏观指导各地学生学籍管理工作,负责组织建设电子学籍系统,制订相关技术标准和实施办法。省级教育行政部门统筹本行政区域内学生学籍管理工作,制订本省(区、市)学籍管理实施细则,指导、监督、检查本行政区域内各地和学校学生学籍管理工作;按照国家要求建设电子学籍系统运行环境和学生数据库,确保正常运行和数据交换;作为学籍主管部门指导其直管学校的学籍管理工作并应用电子学籍系统进行相应管理。地(市)级教育行政部门负责指导、督促县级教育行政部门认真落实国家和本省(区、市)关于学生学籍管理的各项规定和要求;作为学籍主管部门指导其直管学校的学籍管理工作并应用电子学籍系统进行相应管理。县级教育行政部门具体负责本行政区域内学校的学生学籍管理工作;应用电子学籍系统进行相应管理;督促学校做好学生学籍的日常管理工作。学校负责学籍信息收集、汇总、校验、上报,应用电子学籍系统开展日常学籍管理工作,确保信息真实、准确、完整。

依据《办法》,中小学生学籍管理主要涉及学籍建立、学籍变动。

一、学籍建立

获得学籍是每个小学生的权利,批准入学后,小学生都具有学籍。学生初次办理入学注册手续后,学校应为其采集录入学籍信息,建立学籍档案,通过电子学籍系统申请学籍号。学籍主管部门应通过电子学籍系统及时核准学生学籍。学籍号以学生居民身份证号为基础生成,一人一号,终身不变。学籍号具体生成规则由国务院教育行政部门另行制订。同时,逐步推行包含学生学籍信息的免费学生卡。学校不得以虚假信息建立学生学籍,不得重复建立学籍。学籍主管部门和学校应利用电子学籍系统进行查重。学籍管理实行"籍随人走"。学校不接收未按规定办理转学手续的学生入学。残疾程度较重、无法进入学校学习的学生,由承担送教上门的学校建立学籍。学校应当从学生入学之日起1个月内为其建立学籍档案。

学生学籍分为电子档案和纸质档案。电子档案纳入电子学籍系统管理,纸质档案由学校学籍管理员负责管理。电子档案是学籍管理的重要趋势,同时也应保留必要的纸质档案。学生学籍档案内容包括:①学籍基础信息及信息变动情况;②学籍信息证明材料(户籍证明、转学申请、休学申请等);③综合素质发展报告(含学业考试信息、体育运动技能与艺术特长、参加社区服务和社会实践情况等);④体质健康测试及健康体检信息、预防接种信息等;⑤在校期间的获奖信息;⑥享受资助信息;⑦省级教育行政部门规定的其他信息和材料。学籍基础信息表由国务院教育行政部门统一制订。

二、学籍变动

各学段各类学籍变动的具体条件和要求由省级教育行政部门根据国家法律、法规和当地实际统筹制定。正常升级学生的学籍信息更新,由电子学籍系统完成。

学籍变动一般包括修改学生基础信息、学籍转接、学籍保留、学籍注销几种情况。

小学生修改学生基础信息,应当由学生父母或其他监护人提出,凭《居民户口簿》或其他证明文件向学校提出申请,并附《居民户口簿》复印件或其他证明复印件,由学校核准变更学籍信息,并报学籍主管部门核准。

学籍转接是最常见的学籍变动方式,小学生常见的应用情境包括学生转学、学生升学、学校合并与撤销等。学生转学或升学的,学籍档案应当转至转入学校或升入学校。转出学校或毕业学校应保留电子档案备份,同时保留必要的纸质档案复印件。转入学校应通过电子学籍系统启动学籍转接手续,转出学校及双方学校学籍主管部门予以核办。转入、转出学校和双方学校学籍主管部门应当分别在 10 个工作日内完成学生学籍转接。学生办理学籍转接手续后,转出学校应及时转出学籍档案,并在 1 个月内办结,转入学校应当以收到的学籍档案为基础为学生接续档案。其中,特教学校学生转入普通学校随班就读,或普通学校随班就读残疾学生转入特教学校就读的,其学籍可以转入新学校,也可保留在原学校;进入工读学校就读的学生,其学籍是否转入工读学校,由原学校与学生的父母或其他监护人商定。省(区、市)直管学校、设区的市直管学校学生的转入转出情况,由学校每学期书面告知所在地县(区)教育行政部门。学校合并的,其学籍档案移交并入的学校管理。学校撤销的,其学籍档案移交县级教育行政部门指定的单位管理。

学籍保留主要应用于学生休学、学生出境就读、学生辍学的情况。学生休学的,由父母或其他监护人提出书面申请,学校审核同意后,通过电子学籍系统报学籍主管部门登记,休学期间由学校为学生保留学籍。复学时,由学校办理相关手续。学生到境外就读的,应当凭有效证件到现就读学校办理相关手续。回到境内后仍接受基础教育的,应接续原来的学籍档案。小学生辍学的,学校应将学生辍学情况依法及时书面上报当地乡镇人民政府、县级教育行政部门和学籍主管部门,在义务教育年限内为其保留学籍,并利用电子学籍系统进行管理。义务教育阶段外来务工人员随迁子女小学辍学的,就读学校的学籍主管部门应于每学期末将学生学籍档案转交其户籍所在地县(区)教育行政部门。

学籍注销主要应用于学生死亡的情况。学生死亡,学校应当凭相关证明在 10 个工作日内通过电子学籍系统报学籍主管部门注销其学籍。

学生学籍信息发生变化,当学籍进行转接或学生毕业(结业、肄业)时,学校应及时维护电子学籍系统中的有关信息,并将证明材料归入学生学籍档案。学籍主管部门应及时对学生学籍变动信息进行更新。

除上述国家统一规定外,根据《小学管理规程》第十七条规定,"小学学籍管理的具体办法由省级教育行政部门制定",各省学籍管理办法各有不同。

第三节　小学生纪律管理

纪律管理是学校依据学校规章制度对学生在校行为施加外部控制与规则的活动,主要对小学生在校的日常生活进行管理,既是对学生良好行为习惯、内在自制与自律的培养,又是维护学校教育秩序的重要途径。纪律管理以尊重和保护学生利益、促进学生自我管理为重点,目的在于构建管理育人长效机制,实现管理效果与教育效果的统一。

一、学校进行纪律管理的法律依据

纪律管理作为学生管理的重要组成部分,在塑造学生个人行为、维护学校教育教学秩序等方面发挥重要作用。纪律管理是法律赋予学校的权利,是学生应当履行的义务,但同时也应当注意限度,以保障小学生权利不受侵犯,最大限度地实现纪律管理的教育目的。明确学校纪律管理的法律依据,有助于为学校制定管理制度、执行管理规则提供指导与支持,有利于学校在合理、合法的范围内,助力小学生良好行为习惯和自律品质的养成。

(一) 法律中的相关规定

根据《教育法》第二十九条规定,学校有权根据章程进行自主管理,对受教育者实施奖励和处分。根据第四十四条规定,受教育者应当遵守所在学校的管理制度。《未成年人保护法》第二十五条规定,学校应当健全学生行为规范,培养未成年学生遵纪守法的良好行为习惯。以上法律规定赋予了学校进行纪律管理的权利,明确了学生遵守纪律的义务。但是,如果不对学校纪律管理的边界进行限制,很容易出现学校管理制度和管理行为侵犯小学生权利的情况。基于此,相关法律还对学校可以给出的处分进行了限制。

首先,开除不适用于小学生。根据《义务教育法》第二十七条规定,对违反学校管理制度的学生,学校应当予以批评教育,不得开除。这一点在《未成年人保护法》第二十八条中再次强调,要求学校保障未成年学生受教育的权利,不得违反国家规定开除、变相开除未成年学生。其次,法律还对学校可以进行的管理教育措施进行了列举。《预防未成年人犯罪法》第三十一条规定,对有不良行为且拒不改正或情节严重的未成年学生,学校可以根据情况予以处分或者采取以下管理教育措施:①予以训导;②要求遵守特定的行为规范;③要求参加特定的专题教育;④要求参加校内服务活动;⑤要求接受社会工作者或者其他专业人员的心理辅导和行为干预;⑥其他适当的管理教育措施。再次,法律对学校应对校园欺凌的管理方式作出了专门规定。《未成年人保护法》第三十九条规定,学校对学生欺凌行为应当立即制止,通知实施欺凌和被欺凌未成年学生的父母或者其他监护人参与欺凌行为的认定和处理。对实施欺凌的未成年学生,学校应当根据欺凌行为的性质和程度,依法加强管教。

（二）法规、部门规章中的相关规定

除法律中明确的纪律管理限制外，法规和部门规章中以法律规定为依据，进一步细化了相关规定，对学校纪律管理制度进行了规范。

第一，法规、规章对纪律管理的目的进行了初步说明。根据《小学管理规程》第六条的规定，小学培养的目标包括遵守社会公德的意识、集体意识和文明行为习惯，良好的意志、品格，自我管理、分辨是非的能力。达到这样的教育目的是学校进行纪律管理的出发点。

第二，法规、规章对纪律管理的处置方式也进行了限制。如，《小学管理规程》第十五条再次强调了法律规定的"禁止开除学生"。《未成年人学校保护规定（征求意见稿）》进一步细化了对义务教育阶段学校禁止剥夺学生受教育权的规定。第十一条规定，义务教育学校不得以长期停课、劝退等方式，剥夺学生受教育权，不得开除或者变相开除学生。

第三，部分法规、规章针对纪律管理的处置方式进行了举例，如《小学管理规程》第十五条规定，小学对品学兼优的学生应予表彰，对犯有错误的学生应予批评教育，对极少数错误较严重的学生可分别给予警告、严重警告和记过处分。

第四，法规、规章中要求学校制定合理、合法、程序完备的校纪校规，向学生及其家长公开，并按照要求报学校主管部门备案。这一规定来自《未成年人学校保护规定（征求意见稿）》第十七条，是对《教育法》中"根据章程进行自主管理"的补充，明确学校管理的章程应当合理合法，公开透明，在学生知情的前提下实施。

第五，法规、规章中还针对一些具体的纪律管理事项进行了规范，如对校园欺凌行为的纪律管理、对手机使用的纪律管理等。《未成年人学校保护规定（征求意见稿）》第二十六条规定，学校应当禁止学生携带手机等智能终端产品进入学校或者在校园内使用，对经允许带入的，应当统一管理，禁止带入课堂。第三十四条规定，学校接到教职工关于学生欺凌的报告或者学生、家长举报投诉的，应当立即开展调查，认为可能构成欺凌的，应当及时提交学生欺凌治理委员会认定和处置。通知实施双方学生家长参与欺凌行为的认定和处理。认定构成欺凌的，应当对实施欺凌行为的学生作出教育惩戒或者纪律处分。

二、纪律管理的原则与内容

学校虽有对学生进行纪律管理的法律依据，但在对学生进行纪律管理时，仍然要遵循相应的原则，包含必要的、固定的内容，对学生各类行为进行合理、合法、充分、全面的管理，从而实现对学生良好行为习惯的塑造，维护学校教育教学秩序。

（一）纪律管理的原则

纪律管理对小学生行为塑造、品行培养具有重要意义，是维护学校教育教学秩序，保障教育活动顺利开展的重要管理手段。但任何权力都具有一定的扩张性，容易超越其自身的界限和被滥用，从而造成对权力的侵蚀。纪律管理不能随意进行，为了保障教育效果最大化、保障学生合法权益不受侵害,需要遵循以下原则。

1. 合法性原则

这一原则要求学校实施纪律管理必须依据法律进行,不得与法律相抵触。这里所说的法律指的是广义的法律规范,包括法律、行政法规、地方性法规、行政规章、自治条例和单行条例等。一方面,只有依据法律规定制定的学校纪律管理制度才具有合法性、可行性,否则,该纪律管理制度很有可能侵犯学生权利,不具有法律效力,学生不需要遵守违法的学校纪律管理制度。另一方面,学校在依照其纪律管理制度实施纪律管理时,也应当注意采取合法的手段,注意不能侵犯学生的权利。

2. 教育性原则

学校作为教育教学的机构、场所,其一切活动的最终指向应当是实施教育、培养人才。因此,学校的一切活动都应当遵循教育性原则。从纪律管理的目的来看,无论是塑造学生良好的习惯、品质,还是维护学校教育教学秩序,最终指向都是人的成长,是教育结果的最大化,而绝不是扩大学校的权力。因此,在进行纪律管理的时候,一定要注意依据教育规律,充分考虑学生身心发展规律与特点,可以运用多种教育理论与原则,如学生管理宽严结合原则、发挥学生的主动性实施自我管理的原则、启发与教育并重的原则、反复教育的原则等,以教育目的为最重要考量。

3. 正当程序原则

这一原则要求学校在实施纪律管理时必须遵循正当法律程序,以及学校管理制度中规定的合法的实施程序,包括事先公开规则、提前告知学生、向学生说明行为的理由和依据,听取学生的陈述、申辩等,以保证所做出的决定公开、公正、公平。

4. 比例原则

比例原则指的是在权力的行使中,其目的和所采取的手段必须符合一定的比例。比例原则包含三个次要的原则,即妥当性原则、必要性原则和均衡原则。妥当性原则是指行为必须是为了实现合乎法律要求的目标,并且是有助于实现特定目标的正确行为。这一原则强调目的与手段的合法与正确性。必要性原则即最小侵害原则,是指在符合妥当性原则后,在所有能够达到行为目的的方式中,必须选择最小侵害的方法。均衡原则是指即行为造成的损害或不利影响,不得超过其所追求的目的所包含的公共利益。具体到实践中,就是学校实施的处分、惩罚应当与学生的过错程度一致。

（二）小学生应当遵循的行为规范

纪律管理主要是为了塑造小学生的行为,帮助小学生养成良好的行为习惯,并逐渐形成自律的良好品质。小学生应当遵循什么样的行为规范,应当培养哪些良好的行为习惯,目前《中小学生守则》,为学校制定纪律管理制度提供指导与参考,是国家对小学生作出的基本道德行为规定,也是对中小学生日常行为的最基本要求。学校对小学生的日常行为管理,应当依据上述规定,同时参照地方教育行政部门制定的《小学生日常行为规范》,结合学校实际情况制定具有可操作性的学校纪律管理制度并实施。

《中小学生守则》

1. 爱党爱国爱人民。了解党史国情,珍视国家荣誉,热爱祖国,热爱人民,热爱中国共产党。

2. 好学多问肯钻研。上课专心听讲,积极发表见解,乐于科学探索,养成阅读习惯。

3. 勤劳笃行乐奉献。自己事自己做,主动分担家务,参与劳动实践,热心志愿服务。

4. 明礼守法讲美德。遵守国法校纪,自觉礼让排队,保持公共卫生,爱护公共财物。

5. 孝亲尊师善待人。孝父母敬师长,爱集体助同学,虚心接受批评,学会合作共处。

6. 诚实守信有担当。保持言行一致,不说谎不作弊,借东西及时还,做到知错就改。

7. 自强自律健身心。坚持锻炼身体,乐观开朗向上,不吸烟不喝酒,文明绿色上网。

8. 珍爱生命保安全。红灯停绿灯行,防溺水不玩火,会自护懂求救,坚决远离毒品。

9. 勤俭节约护家园。不比吃喝穿戴,爱惜花草树木,节粮节水节电,低碳环保生活。

理解·反思·探究

1. 简答题

(1) 小学生都有哪些法律身份?

(2) 小学生都享有哪些权利? 不同权利与法律身份的对应关系是什么?

(3) 小学生应当履行哪些义务?

(4) 学籍管理的内容有哪些?

(5) 纪律管理应当坚持的原则有哪些?

2. 材料分析题

阅读下面材料,分析材料中涉及哪些小学生权利。

小明和小红是一对孪生兄妹,生长在一个贫困的山村。村里很多人家认为送孩子上学不如帮家里干活,不愿意送孩子上学。两个孩子6岁时,爸爸只想送小明上学,认为小红是女孩子,读书没有用。但在妈妈的争取下,小明、小红俩都顺利入学。小红天资聪颖,在老师的指导下,制作了一个可以帮助父亲收粮食的工具,并申请了专利。小明则因此长时间比较沉闷。妈妈担心小明,偷偷看了小明的日记,小明发现后很生气,和妈妈大吵一架,爸爸生气地对小明动了手。小明被打伤,送去医院缝针。

拓展阅读

[1] 褚宏启.中小学生权利的法律保护[J].中国教育学刊,2000(4):50-53.

[2] 余雅风,张颖.论教育惩戒权的法律边界[J].新疆师范大学学报(哲学社会科学版),2019(6):96-102.

[3] 陈东升.中小学生学籍管理制度建设及其信息化探索[J].教育研究,2015(9):78-83.

阅读建议:阅读教育惩戒、学籍管理以及权利保护等相关内容,并结合本章所学,深化对小学生的认识。

第十一章

11

小学教育教学法律制度

全面推进依法治教对我国教育事业发展意义重大。教育教学是小学阶段的主要工作内容,也是实现小学育人目标的根本途径。对小学教师而言,依法开展教育教学工作就是要做到依法执教,这不仅是小学教育教学工作开展的基本要求,也是贯彻教育方针、规范小学教育教学工作、实现学生全面发展的重要保障。

● 本章导航

● 关键术语

小学教育教学法律制度;小学教育教学活动的原则;小学教育教学活动的类型;小学教育教学活动的具体要求

● 学习目标

1. 正确理解小学教育教学法律制度的概念,认识小学教育教学法律制度的主要特征及不同分类。

2. 基本掌握我国小学教育教学法律制度的主要内容,正确把握小学教育教学活动的原则、类型和具体要求,能够与教育实践活动有效结合,做到依法执教。

第一节 概述

依法办学和依法执教,就是要求学校和教师依据相应的法律、法规履行教书育人的职责;要求学校和教师在教育教学活动中严格按照《宪法》和教育法律、法规以及其他相关法律、法规的规定,使自己的教育教学活动法治化。为此,熟悉小学教育教学法律制度的概念与特征、分类,有助于帮助小学教师清楚认识小学教育教学法律制度并熟悉了解与自身教育教学活动相关的规范要求,对于保障和规范学校、教师依法依规开展教育教学工作,尊重学生的合法权益和人格尊严,促进学生德、智、体、美、劳全面发展具有重要意义。

小学教育教学是小学教育阶段的重要工作内容,通过法律制度来对其加以规范和管理是小学教育教学法律制度的重要职能。明确小学教育教学概念与特征,有助于帮助学习者深入了解学习相关内容。

一、小学教育教学法律制度的概念

要明确一个概念,通常要厘清它的内涵和外延。由于"小学教育教学法律制度"这一概念尚没有成熟的定义,这里将基于教育教学和教育法律两大重要概念基础来阐明其定义,从而增进大家对小学教育教学法律制度的理解。

首先是教育和教学的定义。《教育大辞典》认为:"教育是传递社会生活经验并培养人的社会活动。通常认为:广义的教育,泛指影响人们知识、技能、身心健康、思想品德的形成和发展的各种活动。狭义的教育,主要指学校教育,即根据一定的社会要求和受教育者的发展需要,有目的、有计划、有组织地对受教育者施加影响,以培养一定社会(或阶级)所需要的人的活动。"[1]事实上,教育的本质就是一项培养人的活动,是由学校、教师共同施行的以发展受教育者的身心为直接目标的社会活动。目前,《教育法》明确规定我国的教育目的是要"培养德智体美劳全面发展的社会主义建设者和接班人"。教学是指教师教学生学的活动,是学生在教师指导下,掌握文化科学知识和技能,发展能力,增强体质,形成思想品德的教育活动。[2]教学作为教育活动中的重要组成内容,通常被认为是教育目标实现的主要途径。对此,我们可以认为,教育和教学之间是"大"教育"小"教学的涵括关系,学校、教师主要通过教学活动的开展来教育学生,促进学生实现德、智、体、美、劳全面发展。

然后是教育法律的定义。在本书第一、七章,读者已经学习了教育法的基本知识,广义的教育法是指由国家权力机关依照法定的权限和程序制定或认可的,以国家强制力保证实施的有关教育的法律规范的总和。广义的教育法既包括国家各级权力机关制定的法律、法规,也包括国家各级行政机关制定和发布的命令、决定、条例、规定、

---

[1] 顾明远.教育大辞典:增订合编本 上[M].上海:上海教育出版社,1988:725.
[2] 王本陆.课程与教学论[M].北京:高等教育出版社,2004:145-146.

办法、指示和规章等规范性文件。狭义的教育法则专指由全国人民代表大会制定的《教育法》。[①]

结合上文有关教育教学和教育法律的概念内涵分析,我们可以尝试将小学教育教学法律制度定义为:对小学学校和小学教师的教育教学活动加以规范的一系列法律、法规、规章等规范性文件的总称。

在依法治教背景之下,学习小学教育教学法律制度相关知识,对于促进学校依法办学、教师依法执教、保障学生受教育权和促进学生全面发展具有重要意义。一方面,小学教育教学法律制度为小学教师的教育教学活动开展提供了明确的方向指引和行动规范。各项法律、法规通过明确主体的权利和义务,通过规定可以如何做、应当如何做以及禁止如何做等行为要求,规范了学校和教师的教育教学活动,并明确了如果不履行义务或违反禁止性规定的行为将会受到相应的惩罚和制裁。另一方面,小学教育教学法律制度间接保障学生受教育权,实现学生的全面发展。受教育权是宪法规定的公民的基本权利。小学教育教学法律制度通过法律形式保障学生受教育权从法定权利向现实权利的转化。与此同时,小学教育教学法律制度作为小学阶段关于教师教育教学工作的针对性法律、法规的综合,其内容直接指向学生德、智、体、美、劳等教育活动,促进学生的全面发展。

二、小学教育教学法律制度的特征

小学教育教学法律制度主要通过法律、法规的手段来对小学教育教学加以规范和管理,其不仅具有法律制度的一般性,同时还具有自身的特殊性。

1. 规范性

法律、法规是社会规范的一种,是通过国家权力来调整人们社会关系的比较定型的基本行为准则。为了实现国家或一定的统治阶级的意志和教育目标,教育法规定了教育法律关系的主体在一定情况下必须作出某种行为或必须不作出某种行为,即教育法律关系的主体应当享有什么样的权利,或应当承担什么样的义务,从而为人们的教育行为提供一个模式、标准和方向。

小学教育教学法律制度则通过相应的法律规定来确定小学阶段的学校和教师在教育教学过程中的权利和义务关系,从而为小学阶段的教育教学活动提供相应的规范和标准。当学校和教师在教育教学过程中违反相应的法律规定或不履行其法定义务时,必将受到应有的制裁,相应的国家机关可以强制其履行。与此同时,当其法定权利遭受损害或威胁时,可以请求国家干预,采取强制措施来保障权利的实现和教育目标的达成。

2. 强制性

教育法以法律的手段调整教育关系,以国家的强制力保障执行,因而具有强制

---

① 余雅凤. 新编教育法[M]. 上海:华东师范大学出版社,2008:2.

性。这种强制性主要依靠国家行政机关、权力机关、暴力机关来强制性地保障教育活动的顺利实施和教育目的的有效实现。对小学教育教学法律制度而言,它通过强制教育教学过程中的主要主体(如学校、教师和学生)遵守法律,要求学校和教师依法依规开展教育教学活动,做到依法办学、依法执教。对于任何违反法律规定者,必须依法追究法律责任,使其受到法律制裁。

3. 教育性

教育性是小学教育教学法律制度的根本特征之一,它不仅具有法律一般意义上的教育性,同时还具有教育法律自身特殊的教育性。

一方面,法律具有对人意识影响的普遍教育作用。这种教育作用主要是通过确立法定的权利义务关系,指导、规范人们的行为,通过协调、评价他人的行为,奖励有功,惩罚违法犯罪行为,使人们可以从对各种行为结果的法律评价中预测个人的行为结果,从而树立起守法观念。小学教育教学法律制度作为整个法律体系中的组成部分,同样具有相应的教育性特征。

另一方面,小学教育教学法律制度作为教育法律,其自身就具有明显的育人特征。在小学阶段,对学校、教师的教育教学行为以及具体环节和措施加以规范,有利于教育目的的实现,从而最终实现学生的全面发展。

4. 客观规律性

教育活动作为一项社会活动,具有自身的客观规律。随着教育活动的日益复杂化和有序化,如何通过法律制度来保障教育目标的实现已成为当前教育立法的关键所在。正因如此,教育立法的原则之一就是要正确地认识和把握教育规律,以保证自身的科学性,从而实现教育活动的规范、有序和正义。

在小学教育教学活动当中,教师的教以及学生的学都具有自身特点和潜在客观规律。一方面,小学教育教学活动必然遵循一般性的教育教学规律,这是小学教育教学法律制度在制定过程中需要加以考虑和遵循的。另一方面,学校阶段的教育教学还具有自身的特殊性。由于小学生的生活阅历较浅,身心发展、文化知识、道德品质均处于发展初期,小学教育教学法律制度的制定同样需要考虑小学生发展阶段的差异性和特殊性。从而保障教育活动的有序和有效,最终保障教育目的的实现。

三、小学教育教学法律制度的分类

自改革开放以来,我国教育法制建设工作取得了伟大成就,形成了由教育基本法、教育单行法律、教育行政法规、地方性教育法规、政府规章所组成的教育法律体系。它们通常由不同的国家机关制定或认可,具有不同的法律效力和适用范围。根据法律、法规内容的不同,目前我国已颁布且有效的小学教育教学法律制度分为两类:

第一类,总体性法律、法规。此类法律、法规并不专门针对小学教育教学活动制定,通常对我国教育活动的根本性质、发展方向、教育目的、教育教学等基本内容加以规范,是我国小学教育教学活动必须遵守的基本要求。此类法律、法规主要有《教育法》《教师法》《义务教育法》《未成年人保护法》等。比如,《义务教育法》第三十五条规定:"学校和教师按照确定的教育教学内容和课程设置开展教育教学活动,保证达到国家规定的基本质量要求。"

第二类,具体性法律、法规。此类法律、法规是在总体性法律、法规的指导下制定的,涉及小学教育教学活动的不同方面,如德智体美劳,涉及教育教学工作的不同方面,如性质、实施以及保障等。具体性规范主要有《中小学幼儿园安全管理办法》《学校卫生工作条例》《小学管理规程》《学校体育工作条例》《学校艺术教育工作规程》等。比如,《小学管理规程》是首部专门针对我国小学教育教学活动加以规范管理的规定,也是我国小学内部管理规范化进程中的重要举措。它把小学管理工作纳入法制化轨道,为科学管理小学教育奠定了坚实的法律基础,对于小学教育教学活动的开展更具针对性和适用性。

第二节　小学教育教学法律制度的内容

《小学管理规程》

本节内容将分别从小学教育教学活动的原则、类型和具体要求等方面来介绍我国小学教育教学法律制度的内容。

一、小学教育教学活动的原则

随着社会的进步和教育自身的发展,社会和国家的教育价值观、质量观和发展观均已发生了深刻的变化,培养德智体美劳全面发展的社会主义建设者和接班人是我国教育事业的重要目标。在教育实践中,我国小学教育教学法律制度明确了小学教育教学活动应该遵守的基本原则。

(一)促进小学生全面发展

小学阶段作为个体终身学习发展的基础阶段,是促进个体知识增长、道德发展、能力培养的重要奠基阶段。对于学校和小学教师而言,开展教育教学活动的就是要为学生的全面发展打好基础,帮助每一位学生发展成为一个完整的人、全面的人。

首先,我国小学教育教学法律制度明确规定了小学教育教学活动的根本目的就是要促进学生的全面发展。《义务教育法》第三十四条规定:"教育教学工作应当符合教育规律和学生身心发展特点,面向全体学生,教书育人,将德育、智育、体育、美育等有机统一在教育教学活动中,注重培养学生独立思考能力、创新能力和实践能力,促进学生全面发展。"

此外,为实现学生的全面发展,小学教育教学活动还需要坚持有教无类、因材施教、发挥学生主体性、激发学生兴趣等原则。如《小学管理规程》第二十四条规定:"小学教学要面向全体学生,坚持因材施教的原则,充分发挥学生的主体作用;要重视基础知识教学和基本技能训练,激发学习兴趣,培养正确的学习方法、学习习惯。"

（二）保障小学生安全

教育教学实践中,保障学生安全是实现小学生全面发展的基本条件,也是学校和教师必须要承担的基本义务。为切实有效地保障小学生安全,我国小学教育教学法律制度规定了小学校和教师在教育教学活动中所应承担的职责和义务。

第一,禁止性规定。此类规定明确了小学校和教师在教育教学活动中禁止实施的行为,能够有效避免学生安全受到威胁。（1）教育教学环境安全。例如《未成年人保护法》第三十五条规定:"学校、幼儿园不得在危及未成年人人身安全、身心健康的校舍和其他设施、场所中进行教育教学活动。"（2）教育教学活动内容安全。例如《中小学幼儿园安全管理办法》第三十三条规定:"学校不得组织学生参加抢险等应当由专业人员或者成人从事的活动,不得组织学生参与制作烟花爆竹、有毒化学品等具有危险性的活动,不得组织学生参加商业性活动。"

第二,义务性规定。此类规定则明确了小学校和教师在教育教学过程中应该实施的行为,以保障学生安全。（1）教育教学活动计划安排。例如《中小学幼儿园安全管理办法》第二十八条规定:"学校在日常的教育教学活动中应当遵循教学规范,落实安全管理要求,合理预见、积极防范可能发生的风险。学校组织学生参加的集体劳动、教学实习或者社会实践活动,应当符合学生的心理、生理特点和身体健康状况。"（2）教育教学活动实施。例如《学校卫生工作条例》第十条规定:"学校体育场地和器材应当符合卫生和安全要求。运动项目和运动强度应当适合学生的生理承受能力和体质健康状况,防止发生伤害事故。"

总之,学校应当加强日常教育教学活动的安全管理,教师应该严格遵循有关规定安排小学生参加适宜的劳动、体育运动或者其他活动。学校或教师组织教育教学活动时,还应当对小学生进行相应的安全教育,并在可预见的范围内采取必要的安全措施。[①]

（三）尊重、爱护学生

由于小学生具有身心发展不够成熟、权利意识比较薄弱等特点,学校和教师不仅要传道授业,还应热爱学生,了解学生,尊重学生的人格和基本权利。这既是国家对小学教师的职业道德要求,更是法律规定的小学教师应当履行的基本义务。如《教师法》第八条规定:"关心、爱护全体学生,尊重学生人格,促进学生在品德、智力、体质等方面全面发展。"

在教育教学活动中,教师应尊重小学生的平等受教育权,避免因为个人偏见而区别对待学生。例如《未成年人学校保护规定》第十一条规定:"学校应当尊重和保护学生的受教育权利,保障学生平等使用教育教学设施设备、参加教育教学计划安排的各种活动,并在学业成绩和品行上获得公正评价。"

---

① 劳凯声. 学校安全与学校对未成年学生安全保障义务[J]. 中国教育学刊. 2013(06):1—10.

此外,小学校和教师教育教学过程中应以正面教育为主,关心爱护学生,禁止体罚或变相体罚。《小学管理规程》第二十三条规定:"小学对学生应以正面教育为主,肯定成绩和进步,指出缺点和不足,不得讽刺挖苦、粗暴压服,严禁体罚和变相体罚。"与此同时,《未成年人保护法》专门强调了教师禁止对学生实施体罚、变相体罚或其他侮辱人格尊严行为,其中第二十七条规定:"学校、幼儿园的教职员工应当尊重未成年人人格尊严,不得对未成年人实施体罚、变相体罚或者其他侮辱人格尊严的行为。"

二、小学教育教学活动的类型

开展小学教育教学活动的根本目的就是要促进小学生的全面发展。《教育法》第五条指出,我国教育事业的根本目标是"培养德智体美劳全面发展的社会主义建设者和接班人"。《义务教育法》亦强调:"将德育、智育、体育、美育等有机统一在教育教学活动中,注重培养学生独立思考能力、创新能力和实践能力,促进学生全面发展。"与此同时,《小学管理规程》第十九条也进一步规定,"小学在教育教学工作中,要充分发挥学科课和活动课的整体功能,对学生进行德育、智育、体育、美育和劳动教育,为学生全面发展奠定基础"。

由上可知,我国小学教育教学法律制度规定了小学教育教学活动的类型,主要包括德育、智育、体育、美育、劳动教育以及其他课外(校外)活动等。

（一）小学德育

小学德育即学校对小学生进行思想品德教育。它是社会主义精神文明建设的奠基工程,是我国学校社会主义性质的一个标志,属于共产主义思想道德教育体系。它贯穿于学校教育教学工作的全过程和学生日常生活的各个方面,渗透在智育、体育、美育和劳动教育之中,在小学教育中居重要地位。例如,《义务教育法》第三十六条规定,"学校应当把德育放在首位,寓德育于教育教学之中,开展与学生年龄相适应

《中小学德育工作指南》

的社会实践活动,形成学校、家庭、社会相互配合的思想道德教育体系,促进学生养成良好的思想品德和行为习惯。"除此之外,《小学管理规程》也进一步明确了小学德育工作的首要地位,提出:"小学要将德育工作摆在重要位置。"

值得一提的是,2017年教育部颁布的《中小学德育工作指南》、2022年颁布的《义务教育道德与法治课程标准(2022年版)》,虽不属于教育法范畴,但对小学生德育、小学道德与法治课程的目标、内容和实施途径进行了明确的规定,对于规范和指导小学德育具有重要意义。

（二）小学智育

智育是通过师生交往活动,有计划、有组织并系统地向学生传递科学文化知识和技能,发展学生的智能,提升学生的核心素养,培养学生的创新精神和实践能力的活

动,[①]一直以来,智育都是学校教育教学工作的重中之重。对学生进行智育的主要目标是,使学生获得基础知识和基本技能、发展智力、培养实践能力和创新精神等。[②]小学智育的内容主要包括语言课程、数学课程、科学课程,以及其他学科、课内外活动、综合实践活动中包含的智育内容的成分。

在有关智育目标上,《教育法》第六条要求增强受教育者的创新精神和实践能力,《义务教育法》第三条指出,"义务教育必须贯彻国家的教育方针,实施素质教育,提高教育质量,使适龄儿童、少年在品德、智力、体质等方面全面发展",第三十四条特别强调要"注重培养学生独立思考能力、创新能力和实践能力"。在有关智育内容选择上,《教育法》第七条要求"继承和弘扬中华优秀传统文化、革命文化、社会主义先进文化,吸收人类文明发展的一切优秀成果"。《义务教育法》第三十八条要求教材"内容力求精简精选必备的基础知识、基本技能"。

此外,教育部于 2022 年颁布了义务教育课程方案和各学科课程标准,这些课程标准虽然不属于法律探讨的范畴,却也是学校进行智育的基本依据。各课程标准基于义务教育培养目标,将教育方针具体化为本课程应着力培养的核心素养,体现正确价值观、必备品格和关键能力的培养要求,为教育教学指明方向。

（三）小学体育

体育是小学教育教学活动中的重要内容,科学、有效、安全地开展体育教育教学对于提高当代小学生身体素质、促进小学生身心健康和全面发展至关重要。但在教育实践当中,我国教育传统具有"重智育轻体育"特征,更为看重文化知识的学习,相对而言,较为轻视身体素质的锻炼。对此,《小学管理规程》强调小学要重视体育工作,并规定:"学校应严格执行国家颁布的有关学校体育工作的法规,通过体育课及其他形式的体育活动增强学生体质。学校应保证学生每天有一小时的体育活动时间。"

除此之外,颁布于 1990 年并在 2017 年修订的《学校体育工作条例》则对小学体育教育教学活动进行了完整、系统的规定,为学校体育教育教学工作的开展提供了明确具体的行动纲领。(1) 体育课教学。首先,学校应当根据教育行政部门的规定,组织实施体育课教学活动。小学各年级都必须开设体育课程。其次,体育课教学应遵循学生身心发展规律,教学内容应当符合教学大纲(课程标准)要求,符合学生年龄、性别特点和所在地区地理、气候条件。体育课的教学形式应当灵活多样,不断改进教学方法,改善教学条件,提高教学质量。最后,体育课是学生毕业、升学考试科目。学生因病、残免修体育课或者免除体育课考试的,必须持医院证明,经学校体育教研室(组)审核同意,并报学校教务部门备案,记入学生健康档案。(2) 课外体育活动。首先,开展课外体育活动应当从实际情况出发,因地制宜,生动活泼。小学每天应当安排课间操,每周安排 3 次以上课外体育活动,保证学生每天有 1 小时体育活动的时间

---

① 《教育学原理》编写组 . 教育学原理［M］. 北京:高等教育出版社,2019:166.
② 《教育学原理》编写组 . 教育学原理［M］. 北京:高等教育出版社,2019:168-169.

微课：小学教育教学法律制度的实践案例分析

(含体育课)。其次,学校应当在学生中认真推行国家体育锻炼标准的达标活动和等级运动员制度。学校可根据条件有计划地组织学生远足、野营和举办夏(冬)令营等多种形式的体育活动。(3) 课余体育训练与竞赛。首先,学校应当在体育课教学和课外体育活动的基础上,开展多种形式的课余体育训练,提高学生的运动技术水平。其次,学校体育竞赛贯彻小型多样、单项分散、基层为主、勤俭节约的原则。学校每学年至少举行一次以田径项目为主的全校性运动会。

案例

泰安 S 校与张某、李某健康权纠纷上诉案

【案例事实】

原告张某与被告李某均是泰安 S 校 2012 级 4 班的学生,被告李某某是李某的父亲 S 校也为被告之一。2015 年 12 月 15 日上午,泰安 S 校 2012 级 4 班的学生在该校操场上体育课,体育老师安排男生自行练习篮球运球,随后到女生队列对女生进行排球测试,其间,原告张某与被告李某在打篮球时发生了碰撞,导致原告倒地受伤。

【法院判决】

一审判决如下:原告张某与被告李某对损害的发生均具有一定过错,因此双方均应对原告的损害后果承担相应的责任,但李某并无伤害张某的故意,故其二人在本案中应承担同等责任。学校对于限制民事行为能力人负有教育、管理职责,被告泰安 S 校在体育课期间,虽安排体育教师进行了教学活动,但该体育教师当时正在指导女生进行排球测试,无暇对男生进行的篮球练习进行指导和监督,亦无法维持男生的体育活动秩序,在学生之间即将发生碰撞危险时未能及时发现和制止,故对于原告损害后果的发生,被告泰安 S 校亦有过错,因此也应承担一定的责任。

泰安 S 校不服一审判决,向当地中级人民法院提起上诉。二审法院认为,上诉人不存在过错。理由是:体育锻炼能够增进学生身心健康,增强学生体质,根据《学校体育工作条例》规定,学校应当根据教育行政部门的规定,组织实施体育课教学活动。普通中小学校、农业中学、职业中学、中等专业学校各年级和普通高等学校的一、二年级必须开设体育课。上诉人 S 校依照条例规定开设体育课,并在体育课上按照教学大纲(课程标准)要求教授篮球运动,属正常教学活动,并无过错。综上,一审法院认定损害事实及损失数额正确,认定责任适用法律不当,本院予以纠正。

【案例分析】

本案中,法院判定 S 校不存在过错。《学校体育工作条例》规定,学校体育课教学应当根据教育行政部门的规定,组织实施体育课教学活动。与此同时,体育课教学应当遵循学生身心发展的规律,教学内容应当符合教学大纲的要求,符合学生年龄、性别特点和所在地区地理、气候条件。在本案中,S 校依法依规开展体育课教学,属于正常教学活动,不存在过错行为。

(来源:北大法宝 -【法宝引证码】CLI.C.10525770)

此外,《关于全面加强和改进新时代学校体育工作的意见》和《义务教育体育与健康课程标准(2022 年版)》虽然都是政策层面的要求,却是新时代以来指导体育教学的重要文件,同样值得关注。

(四) 小学美育

美育是审美教育,也是情操教育和心灵教育。在小学实践中,开展好美育工作不仅能提升小学生的审美素养,还能潜移默化地影响学生的情感、趣味、气质、胸襟,激励人的精神,温润人的心灵。为切实有效保障小学美育工作的开展,《小学管理规程》对小学美育工

《学校艺术教育
工作规程》

作提出了具体要求,其第二十九条规定:"小学应上好音乐、美术课,其他学科也要从本学科特点出发,发挥美育功能。美育要结合学生日常生活,提出服饰、仪表、语言、行为等审美要求,培养健康的审美情趣。"

作为审美教育或情感教育的学校艺术教育,是学校实施美育的最重要形式和最有效途径。2002 年颁布的《学校艺术教育工作规程》对我国学校艺术教育发展意义重大,其对我国艺术教育工作进行了系统、详细的规定,为各级各类学校艺术教育工作的开展提供了坚实的制度保障,有利于提升学生的艺术修养和审美素质,切实保障了素质教育的施行。

《学校艺术教育工作规程》明确了小学艺术教育的主要形式包含三类:艺术类课程教学,课外、校外艺术教育活动,校园文化艺术环境建设。(1) 艺术类课程教学。首先,在课程开设上,应该加强小学艺术类课程教育,按照国家规定开齐开足艺术课程。其次,课程教学上,小学开设的艺术课程应当按照国家或者授权的省级教育行政部门颁布的课程标准进行教学,教学中应使用经国家或者授权的省级教育行政部门审定通过的教材。最后,在课程评价上,小学艺术类课程应列入期末考查和毕业考核的项目。(2) 课外、校外艺术教育活动。一方面,在学校内部,学校应当面向全体学生组织艺术社团或者艺术活动小组,并要求每个学生至少要参加一项艺术活动。此外,还要求学校每年应当根据自身条件,举办经常性、综合性、多样性的艺术活动,与艺术课程教学相结合,扩展和丰富学校艺术教育的内容和形式,并结合重大节日庆典活动对学

生进行爱国主义和集体主义教育。另一方面,在学校外部,学校应当充分利用社会艺术教育资源,补充和完善艺术教育活动内容,促进艺术教育活动质量和水平的提高,推动校园文化艺术环境建设。与此同时,严禁任何部门和学校组织学生参与各种商业性艺术活动或者商业性的庆典活动。(3) 校园文化艺术环境建设。学校应当为学生创造良好的校园文化艺术环境。校园的广播、演出、展览、展示以及校园的整体设计应当有利于营造健康、高雅的学校文化艺术氛围,有利于对学生进行审美教育。禁止在校园内进行文化艺术产品的推销活动。

此外,2020 年和 2022 年颁布的《关于全面加强和改进新时代学校美育工作的意见》和《义务教育艺术课程标准(2022 年版)》,虽然也是政策文件,但同样值得关注的。意见指出,要开齐开足上好美育课;加强美育与德育、智育、体育、劳动教育相融合,充分挖掘各学科所蕴含的丰富美育资源;完善学段衔接,完善美育课程设置,强调学校美育课程要以艺术课程为主体,包括音乐、美术、书法、舞蹈、戏剧、戏曲、影视等课程,分学段有侧重地规划美育课程设置,相互呼应、有效配合,构建大中小幼相互衔接的美育课程体系;凸显艺术学科价值与特点等要求。艺术课程标准对课程理念、课程目标、核心素养等提出了明确要求。

(五) 劳动教育

作为全面发展教育的重要组成部分,劳动教育是以促进学生形成劳动价值观(即确立正确的劳动观点、积极的劳动态度,热爱劳动和劳动人民等)和养成劳动素养(有一定劳动知识与技能、形成良好的劳动习惯等)为目的的教育活动。[①] 劳动教育是中国特色社会主义教育制度的重要内容,对于培养社会主义建设者和接班人具有重要战略意义。为保证小学劳动教育的有效开展,《小学管理规程》第三十条规定:"小学应加强对学生的劳动教育,培养学生爱劳动、爱劳动人民、珍惜劳动成果的思想,培养从事自我服务、家务劳动、公益劳动和简单生产劳动的能力,养成劳动习惯。"

在号召加强小学生劳动教育的同时,相关法律制度也对小学劳动教育开展提出了具体要求。第一,劳动教育应与学生年龄相适应,劳动强度应适当。例如《未成年人保护法》第三十一条要求:"学校应当组织未成年学生参加与其年龄相适应的日常生活劳动、生产劳动和服务性劳动,帮助未成年学生掌握必要的劳动知识和技能,养成良好的劳动习惯。"第二,劳动教育中要保证学生安全。例如《学校卫生工作条例》第十一条规定:"学校应当根据学生的年龄,组织学生参加适当的劳动,并对参加劳动的学生,进行安全教育,提供必要的安全和卫生防护措施。普通中小学校组织学生参加劳动,不得让学生接触有毒有害物质或者从事不安全工种的作业,不得让学生参加夜班劳动。"

---

① 檀传宝. 劳动教育的概念理解:如何认识劳动教育概念的基本内涵与基本特征[J]. 中国教育学刊. 2019(02):82—84.

除上述法律条款,在政策层面以下两个文件对劳动教育同样具有重要指导作用。2020年中共中央、国务院颁布《关于全面加强新时代大中小学劳动教育的意见》,意见指出小学劳动教育课每周不少于1课时,学校要对学生每天课外劳动时间作出规定。小学每学年设劳动周,也是在课外集中安排。2022年我国新增《义务教育劳动教育课程标准(2022年版)》,随着课程标准的稳步落实,劳动课已成为各中小学不可缺少的独立课程之一。

(六) 课外活动和校外活动

作为小学生课堂教育和校内活动的重要补充,课外活动和校外活动能够丰富学生经验、培养学生兴趣特长,促进学生书本知识与实践经验的相互转化,对于真正实现学生的全面发展具有不可忽视的作用。对此,小学教育教学法律制度除了针对"五育"教育教学活动进行了规定以外,还专门针对小学生的课外和校外活动进行了规定。例如,《义务教育法》第三十七条明确规定:"学校应当保证学生的课外活动时间,组织开展文化娱乐等课外活动。"《小学管理规程》第三十一条也规定:"小学应加强学生课外、校外活动指导,注意与学生家庭、少年宫(家、站)和青少年科技馆(站)等校外活动机构联系,开展有益的活动,安排好学生的课余生活。学校组织学生参加竞赛、评奖活动,要遵照教育行政部门的有关规定执行。"

此外,其他相关法律也规定了小学课外活动和校外活动应与其他教育内容相结合。例如《国防教育法》第十四条规定:"小学和初级中学应当将国防教育的内容纳入有关课程,将课堂教学与课外活动相结合,对学生进行国防教育。有条件的小学和初级中学可以组织学生开展以国防教育为主题的少年军校活动。小学和初级中学可以根据需要聘请校外辅导员,协助学校开展多种形式的国防教育活动。"

三、小学教育教学活动的具体要求

在小学教育教学活动的具体实施过程中,我国小学教育教学法律制度还针对小学教育教学的语言文字、内容和方法、教材教辅、时间安排、课后作业以及学生评价等内容进行了具体的规定。

(一) 语言文字

小学教育教学活动应使用汉语言文字。《国家通用语言文字法》第十条规定,学校及其他教育机构以普通话和规范汉字为基本的教育教学用语用字。《教育法》第十二条规定,国家通用语言文字为学校及其他教育机构的基本教育教学语言文字,学校及其他教育机构应当使用国家通用语言文字进行教育教学。民族自治地方以少数民族学生为主的学校及其他教育机构,从实际出发,使用国家通用语言文字和本民族或者当地民族通用的语言文字实施双语教育。国家采取措施为少数民族学生为主的学校及其他教育机构实施双语教育提供条件和支持。

(二) 内容和方法

教育教学内容上,小学教育教学的内容应该达到国家规定的基本要求。为切实保障小学教育教学工作的科学有序开展,小学教育教学法律制度对小学教育教学的内容及课程设置进行了规定。《义务教育法》第三十五条规定:"学校和教师按照确定的教育教学内容和课程设置开展教育教学活动,保证达到国家规定的基本质量要求。"《小学管理规程》第三章第十九条则进一步指出:"小学应按照国家或省级教育行政部门发布的课程计划、教学大纲进行教育教学工作。"其中,对于学校自主开发的校本课程,《未成年人学校保护规定》要求:"学校开发的校本课程或者引进的课程应当经过科学论证,并报主管教育行政部门备案。"

此外,小学教育教学还应积极融合其他教学内容,包括健康教育、安全教育、科普活动等。如《学校卫生工作条例》第十三条规定:"学校应当把健康教育纳入教学计划。普通中小学必须开设健康教育课。"《中小学幼儿园安全管理办法》第三十八条规定:"学校应当按照国家课程标准和地方课程设置要求,将安全教育纳入教学内容,对学生开展安全教育,培养学生的安全意识,提高学生的自我防护能力。"《科学技术普及法》第十四条规定:"各类学校及其他教育机构,应当把科普作为素质教育的重要内容,组织学生开展多种形式的科普活动。"此外,《未成年人学校保护规定》要求:"学校不得与校外培训机构合作向学生提供有偿的课程或者课程辅导。"

《中小学数字校园建设规范(试行)》

教育教学方法上,小学教育教学活动应打破传统单一的讲授制教育教学方法,积极运用启发式教育等教学方法。《义务教育法》要求:"国家鼓励学校和教师采用启发式教育等教育教学方法,提高教育教学质量。"除此之外,随着教育信息化水平的不断提高,在课堂教学过程中合理运用投影、幻灯、录音、录像、广播、电影、电视、计算机等现代教育技术,传递教育信息,能丰富教学组织形式,提高教学效率,改变传统的陈旧教学模式,提升教育教学质量。

(三)教材教辅

我国实行教材审定制度。经审查通过的教材,由国务院和省级教育行政部门列入中小学教学用书目录,供学校选用。小学教育教学使用的教材不得选用未经审定的教材。《义务教育法》第三十九条规定:"教科书的审定办法由国务院教育行政部门规定。未经审定的教科书,不得出版、选用。"

《小学管理规程》在明确小学教材选用的要求之上,还禁止学校统一组织学生购买教辅资料。其第二十七条规定:"小学使用的教材,须经国家或国家授权的省级教材审定部门审定。实验教材、乡土教材须经有关的教育行政部门批准后方可使用。小学不得要求或统一组织学生购买各类学习辅导资料。对学生使用学具等要加强引导。"

(四)时间安排

合理规划安排小学教育教学活动时间,保障小学正常教育教学秩序,是实现小学教育目标的基本前提。我国小学教育教学法律制度针对小学教育教学的时间安排有

以下规定:

第一,小学教育教学活动时间安排应该严格遵照当地教育行政部门颁布的校历。《小学管理规程》第二十五条规定:"小学不得随意停课,若遇特殊情况必须停课的,一天以内的由校长决定,并报县教育行政部门备案;一天以上三天以内的,应经县级人民政府批准。"

第二,小学教育教学工作要合理安排学生作息时间,教育教学活动不得超时。《小学管理规程》第二十六条规定,"小学要合理安排作息时间。学生每日在校用于教育教学活动的时间,五、六年级至多不超过 6 小时,其他年级还应适当减少。"

第三,学校不得侵占学生其他时间(如节假日、休息日)来组织小学生进行集体补课。《未成年人学校保护规定》第十三条规定:"学校应当按规定科学合理安排学生在校作息时间,保证学生有休息、参加文娱活动和体育锻炼的机会和时间,不得统一要求学生在规定的上课时间前到校参加课程教学活动。义务教育学校不得占用国家法定节假日、休息日及寒暑假,组织学生集体补课;不得以集体补课等形式侵占学生休息时间。"

(五)课后作业

在强调学生素质发展的新课程改革背景之下,科学合理地布置课后作业不仅能够有效帮助小学生查漏补缺、巩固和消化所学知识,也是保障小学生全面发展的重要方面。对此,《小学管理规程》第二十六条针对小学生课后作业规定:"课后作业内容要精选,难易要适度,数量要适当,要严格执行有关规定,保证学生学业负担适量。"

对此,中央、地方则针对小学生课后作业制定了一系列的教育政策层面的规定。2021 年,中共中央办公厅、国务院办公厅印发了《关于进一步减轻义务教育阶段学生作业负担和校外培训负担的意见》。该政策针对义务教育阶段过重的作业负担问题,提出要全面压减作业总量和时长,并针对不同年级段学生明确作业总量:"学校要确保小学一、二年级不布置家庭书面作业,可在校内适当安排巩固练习;小学三至六年级书面作业平均完成时间不超过 60 分钟,初中书面作业平均完成时间不超过 90 分钟。"此外,地方教育行政部门亦专门针对小学生的作业总量和作业时间作出了详细规定,如《浙江省教育厅关于改进与加强中小学作业管理的指导意见》《山东省切实减轻中小学生课外负担专项行动实施方案》等地方教育政策。虽然此类政策规定不属于本章小学教育教学法律制度的范畴,但此类政策在实践中同样具有重要的指导意义。

(六)学生评价

树立科学的教育质量观,科学合理地设计小学生评价标准,全面贯彻小学生综合素质评价,是促进小学生全面发展的重要保障。对此,《小学管理规程》对小学生评价进行了规定,主要包括三个方面:(1) 小学生评价形式。小学应按照课程计划和教学大纲的要求通过多种形式,评测教学质量。(2) 期末考试。学期末的考试科目为语文和数学,其他学科通过平时考查评定成绩。(3) 小学毕业考试。小学毕业考试由学校命题(农村地区在县级教育行政部门指导下由乡中心小学命题),考试科目为语文和数学。

理解·反思·探究

1. 简答题

(1) 什么是小学教育教学法律制度？小学教育教学法律制度如何分类？

(2) 我国小学教育教学活动应该遵循的原则有哪些？

2. 材料分析题

阅读以下材料，思考：《小学管理规程》中关于小学教育教学时间有哪些规定？有关教育教学活动中学生安全教育的规定有哪些？

A 同学是 X 小学六年级学生。被告 X 小学因正常教学工作安排需要，决定于 2013 年 7 月 4 日放假半天。当日放假后，学生 A 自行到校外某水库网鱼、游泳，不幸溺水死亡。原告（A 同学监护人）诉称被告 X 小学擅自放假与原告小孩死亡存在因果联系，应对 A 同学的死亡结果承担相应责任。

被告辩称，对 A 同学校外溺水身亡事故，校方没有任何过错，不承担任何责任。学校根据上级教育行政部门教育工作安排，决定放假半天且提前告知，并无违法行为或管理不当行为。此外，依据《小学管理规程》，学校校长有一天的放假自主权。因此，校方放假安排没有违反任何法律、法规，故答辩人的放假行为并无过错，不应承担赔偿责任。

拓展阅读

［1］张程，龙袁，谭小勇.新时代《学校体育工作条例》修改的法律审视[J].体育科研，2019，40(4):34-41.

［2］陈平.美育为什么重要：基础教育中美育的价值和实现途径[J].课程·教材·教法，2017，37(2):4-9+93.

［3］檀传宝.劳动教育的概念理解：如何认识劳动教育概念的基本内涵与基本特征[J].中国教育学刊，2019(2):82-84.

［4］祝智庭，魏非.教育信息化 2.0：智能教育启程，智慧教育领航[J].电化教育研究，2018，39(9):5-16.

阅读建议：阅读上述材料深化对体育、美育、劳动教育和教育信息化等相关内容的认识。

第十二章

小学常见法律问题

12

依法治校对于我国的学校治理具有特殊的意义。在全面依法治国背景之下，如何依法进行管理活动，成为学校提升治理能力、社会治理升级的重要课题。当前，小学领域呈现的各类法律问题，如教育惩戒、学校安全事故、校园性侵害等，都是实现依法治校、促进教育法治化的重要议题。

● 本章导航

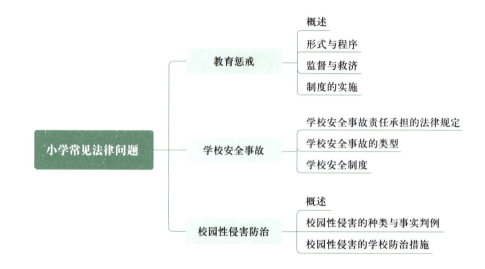

● 关键术语

　　教育惩戒;学校安全事故;侵权责任;校园性侵害

● 学习目标

　　1. 正确理解教育惩戒的概念和教育惩戒的必要性,掌握教育惩戒的行使原则和可以实施教育惩戒的情形,能够依照程序正确、有效运用各类教育惩戒。

　　2. 正确理解学校安全事故的概念和类型,掌握学校安全事故责任承担的法律规定,了解学校安全制度的各个方面,预防发生安全事故。

　　3. 正确理解性侵害的概念,校园性侵害的特征和种类,把握校园性侵害的事前防范和事后处理措施。

第一节 教育惩戒

学校、教师应当遵循教育规律,依法履行职责,通过积极管教和教育惩戒的实施,及时纠正学生错误言行,培养学生的规则意识、责任意识。合理界定教育惩戒,了解教育惩戒的行使原则和情形、形式及行使程序、监督与救济机制,对于保障和规范学校、教师依法履行教育教学和管理职责,保护学生合法权益,促进学生健康成长、全面发展具有重要意义。

教育惩戒问题长期以来一直是教育领域社会关注、群众关切的热点问题。为落实立德树人根本任务,保障和规范学校、教师依法履行教育教学和管理职责,保护学生合法权益,促进学生健康成长、全面发展,经充分调研与广泛征求意见,教育部研究于 2019 年 11 月 22 日颁布《中小学教师实施教育惩戒规则(征求意见稿)》面向社会公开征求意见,并于 2020 年 12 月 23 日正式出台《中小学教育惩戒规则(试行)》(以下简称《教育惩戒规则》)。

一、概述

教育惩戒是指学校、教师基于教育目的,对违规违纪学生进行管理、训导或者以规定方式予以矫治,促使学生引以为戒、认识和改正错误的教育行为。惩戒中,"惩"即惩处、惩罚,是惩戒的手段;"戒"即戒除、防止,是惩戒的目的。"惩"和"戒",是手段和目的的紧密结合。

(一)教育惩戒的必要性

学校是促使学生认识和遵行公共道德、社会规范,进而实现社会化的重要场所。如果一味迁就、片面实施"无批评的教育",必然导致学生无视规则、无视义务和责任。惩戒作为一种制度形式,在学校教育中具有非常重要的意义。从制度功能看,教育惩戒在学校教育中不可或缺。

1. 维护教育秩序和他人权益

教育惩戒作为教师进行惩戒的一种行为规范,具有使社会、学生及家长预先知晓或估计所实施某种行为可能产生的否定性后果,从而主动避免实施失范行为或"校闹"行为的功能。有调查表明,大部分教师对于学生违纪行为的态度都是"不想管""不敢管""多一事不如少一事",谈"罚"色变,"下课夹了教案走人"。原因是"学生会认为侵犯了他的权利""学生会离家出走""学生会自杀""学生家长会找麻烦""怕被认为是变相体罚"。对失范行为学生进行教育惩戒,有利于维护正常的学校秩序,保护其他学生的人身权和受教育权、教师和他人的人身权。

2. 促使学生由自然人成长为社会人

教育惩戒涉及教师对学生不得发生的行为。一方面,明确的惩戒制度,有利于学生建立是非标准,预测自己行为的后果,从而自觉减少、杜绝违纪行为的产生。另一方面,教育惩戒可以通过对学生施加外在的、强制性的影响,促使其认识社会规范,由自然人成长为社会人。

3. 提高教师专业地位

教育惩戒作为一种国家授权性的行为规范,有利于维护教育在中小学生心中的权威。强制性权力是教师作为专业人员的特征之一,是教师职业地位在立法上的表现。教育惩戒作为一种普遍的行为规范,强化学校规则教育,有利于学生正确认识、接受教师的管理,减少对教师生命健康权的侵害。教师作为教育活动的领导者、管理者、组织者和具体实施者,其强制性权力的一个重要方面就是有权代表国家、学校对学生的失范行为进行教育惩戒。这也是教师职业与一般公民的重要区别。

4. 促使学校、教师依法依规积极履行教育职责

教育惩戒作为一种具体的行为规范,可以约束学校、教师严格依法依规管理学生。权力即职责。管理、教育学生是教师的天职。对学生错误行为一味宽容、等待、迁就、不闻不问、放任自流,是违背师德的渎职行为。如果缺乏明确的惩戒形式和程序的规定,学校、教师就难以把控教育、管理行为的度,导致实践中教师产生体罚等失范行为、侵权行为。这也是"变相体罚"概念出现的缘由。特别是不服管教、侮辱顶撞教师的学生,更容易导致教师情绪以及行为的失控。建立教育惩戒制度,可以促使学校、教师积极履行法律职责,加强学生管理,积极履行实施教育行为。

推荐阅读:《论教育惩戒的必要性与可行性》

(二)教育惩戒的行使原则

在惩戒实践中,惩戒主体基于实际情况给予学生恰当的惩戒决定,教育惩戒的具体形式和样态呈现出复杂性和多样性。因此,行使教育惩戒必须遵循其内在的原则性规定和限制。《教育惩戒规则》明确,实施教育惩戒应当遵循教育性、合法性、适当性的原则。

首先,实施教育惩戒应当符合教育规律,注重育人效果。基于这一原则,教师对学生实施教育惩戒后,应当注重与学生的沟通和帮扶,对改正错误的学生及时予以表扬、鼓励;学生受到教育惩戒或者纪律处分后,能够诚恳认错、积极改正的,可以提前解除教育惩戒或者纪律处分。

其次,实施教育惩戒要遵循法治原则,做到客观公正、合法合规。要以事先公布的规则为依据,尊重学生基本权利和人格尊严。校规校纪中的行为规范和教育惩戒措施应当明确,并应事先公布,未经公布的校规校纪不得施行;对小学高年级违规违纪情节严重或者影响恶劣的,要事前听取学生的陈述和申辩、事后给予救济。

最后,选择的教育惩戒措施,应当与学生过错程度相适应。学校和教师要综合考虑学生的一贯表现、主观认识、悔过态度及家庭环境等因素,以求最佳育人效果。

(三)可以实施教育惩戒的情形

在确有必要的情况下,学校、教师可以在学生存在不服从、扰乱秩序、行为失范、具有危险性、侵犯权益等情形时实施教育惩戒。不服从,指学生主观不完成其基本的

学习任务,包括故意不完成教学任务要求或者不服从学校的教育、管理要求;扰乱秩序,包括扰乱课堂秩序和学校教育教学秩序,即学生的个体行为已经在一定范围产生了不良影响;行为失范,主要指吸烟、饮酒以及其他违反学生守则的行为;具有危险性,指学生实施有害自己或者他人身心健康的危险行为;侵犯权益,指学生打骂同学、教师,欺凌同学或者侵害他人合法权益的行为。此外,《教育惩戒规则》与《预防未成年人犯罪法》相衔接,凡是属于《预防未成年人犯罪法》规定的不良行为或者严重不良行为的,学校、教师应当予以制止并实施教育惩戒,加强管教;构成违法犯罪的,依法移送公安机关处理。

二、教育惩戒的形式与程序

按照严重程度,教育惩戒可以划分为一般惩戒、较重惩戒和严重惩戒三种形式。其中,一般惩戒由教师实施,较重惩戒和严重惩戒由学校实施。

（一）一般惩戒

教师在课堂教学、日常管理中,对违规违纪情节较为轻微的学生,可以当场实施以下教育惩戒:(1) 点名批评;(2) 责令赔礼道歉、做口头或者书面检讨;(3) 适当增加额外的教学或者班级公益服务任务;(4) 一节课堂教学时间内的教室内站立;(5) 课后教导;(6) 学校校规校纪或者班规、班级公约规定的其他适当措施。教师对学生实施前款措施后,可以以适当方式告知学生家长。

（二）较重惩戒

学生违反校规校纪,情节较重或者经当场教育惩戒拒不改正的,学校可以实施以下教育惩戒,并应当及时告知家长:(1) 由学校德育工作负责人予以训导;(2) 承担校内公益服务任务;(3) 安排接受专门的校规校纪、行为规则教育;(4) 暂停或者限制学生参加游览、校外集体活动以及其他外出集体活动;(5) 学校校规校纪规定的其他适当措施。

（三）严重惩戒

小学高年级学生违规违纪情节严重或者影响恶劣的,学校可以实施以下教育惩戒,并应当事先告知家长:(1) 给予不超过一周的停课或者停学,要求家长在家进行教育、管教;(2) 由法治副校长或者法治辅导员予以训诫;(3) 安排专门的课程或者教育场所,由社会工作者或者其他专业人员进行心理辅导、行为干预。

对违规违纪情节严重,或者经多次教育惩戒仍不改正的学生,学校可以给予警告、严重警告、记过或者留校察看的纪律处分。对有严重不良行为的学生,学校可以按照法定程序,配合家长、有关部门将其转入专门学校教育矫治。

学校拟对学生实施严重惩戒和纪律处分的,应当听取学生的陈述和申辩。学生或者家长申请听证的,学校应当组织听证。

（四）特殊情形下的教育管理措施

《教育惩戒规则》对特殊情形下的教育管理措施做出了明确规定:一是学生扰乱

微课：实施教育惩戒应当遵循哪些程序？

课堂或者教育教学秩序,影响他人或者可能对自己及他人造成伤害的,教师采取必要措施,将学生带离教室或者教学现场,并予以教育管理。二是发现学生携带、使用违规物品或者行为具有危险性的,应当采取必要措施予以制止;发现学生藏匿违法、危险物品的,应当责令学生交出并可以对可能藏匿物品的课桌、储物柜等进行检查。教师、学校对学生的违规物品可以予以暂扣并妥善保管,在适当时候交还学生家长;属于违法、危险物品的,及时报告公安机关、应急管理部门等有关部门依法处理。

三、教育惩戒的监督与救济

权利的法律救济作为一种寻求权利保障的行为或过程,对于任何权利的实现都是必不可少的。在保证惩戒主体在行使惩戒权过程中有法可依的基础上,还要有效监督教育惩戒权的行使,并通过具体可行的救济形式和程序,使学生的合法权益获得法律上的补救。

(一)教育惩戒的监督

在实施教育惩戒过程中,学校应支持、监督教师正当履行职务。教师因实施教育惩戒与学生及其家长发生纠纷,学校应及时进行处理,教师无过错的,不得因教师实施教育惩戒而给予其处分或者其他不利处理。教师违反《教育惩戒规则》第12条,情节轻微的,学校应予以批评教育;情节严重的,应暂停履行职责或者依法依规给予处分;给学生身心造成伤害,构成违法犯罪的,由公安机关依法处理。同时,学校及其教师实施教育惩戒,受教育行政部门支持、指导和监督。每学期末,学校应当将学生受到《教育惩戒规则》第10条所列教育惩戒(即严重惩戒)和纪律处分的信息报主管教育行政部门备案。学校可以根据情况建立校规校纪执行委员会等组织机构,吸收教师、学生及家长、社会有关方面代表参加,负责确定可适用的教育惩戒措施,监督教育惩戒的实施,开展相关宣传教育等。

(二)教育惩戒后的救济渠道

教育惩戒后的救济渠道包括校内申诉、向主管部门申诉,符合法定受理条件的还可以进行行政复议和行政诉讼。

首先,家长对教师实施的教育惩戒有异议或者认为教师行为违反《教育惩戒规则》的,可以向学校或者主管教育行政部门投诉、举报。学校、教育行政部门应当按照师德师风建设管理的有关要求,及时予以调查、处理。家长威胁、侮辱、伤害教师的,学校、教育行政部门应当依法保护教师人身安全、维护教师合法权益;情形严重的,应当及时向公安机关报告并配合公安机关、司法机关追究责任。

其次,学生及其家长对学校实施的严重惩戒或者给予的纪律处分不服的,可以在教育惩戒或者纪律处分作出后15个工作日内向学校提起申诉。学校应当成立由学校相关负责人、教师、学生以及家长、法治副校长等校外有关方面代表组成的学生申诉委员会,受理申诉申请,组织复查。学校应明确学生申诉委员会的人员构成、受理范围及处理程序等并向学生及家长公布。学生申诉委员会应当对学生申诉的事实、理由等进行全面审查,作出维持、变更或者撤销原教育惩戒或者纪律处分的决定。

最后,学生或者家长对学生申诉处理决定不服的,可以向学校主管教育部门申请复核;对复核决定不服的,可以依法提起行政复议或者行政诉讼。

案例

冼某、欧某与佛山市某小学、李某教育机构责任纠纷案

【案例事实】

2019 年 4 月 11 日 15 时 41 分,某小学下午第二节课课间休息期间,六年级学生冼某用英语说了一句脏话,数学老师兼副班主任李某先后将冼某带至教室门口、四楼教师办公室、大队室门口进行批评教育,并致电冼某的母亲欧某。接着,李某将冼某带到一号楼三楼的副校长办公室。因副校长不在,李某又将冼某再带至三楼的年级组长、班主任办公室,并让冼某在几位老师面前重复课堂上那句英语脏话。过了一段时间,冼某向李某提出要上厕所,经同意后离开,随后冼某从班级所在的一号楼跑到该校的五号楼,于 16 时 30 分坠楼。冼某坠楼后,学校立即用车将冼某送至医院抢救,冼某经抢救无效于当天 17 时 30 分死亡。

【案例分析】

教育机构及教师对学生有批评教育的权利和责任,但应在必要、合理、适度的范围内进行。本案中,教师对学生的批评教育从时间、场所和方式来看,相对学生的违纪行为,已经超过了必要、合理、适度的范围。据此,应认定李某存在批评教育不当的过错。从另一方面看,冼某作为在校学生,违反了学校纪律和文明规范;其在面对老师的批评教育时,又未能合理地调整自身情绪,而是采取极端的方式坠楼身亡,造成了令人悲痛的严重后果。综上分析,冼某坠楼身亡系由李某不当的批评教育行为和冼某自身存在的问题两方面共同导致的。

(来源:北大法宝 -【法宝引证码】CLI.C.116817156)

四、教育惩戒制度的实施

《教育惩戒规则》授权学校可以结合本校学生特点,通过制定校规校纪规定相应教育惩戒措施。此外,学校还应注重加强家校合作,防止不当教育行为发生。

(一)教育惩戒校规

教育惩戒校规包括学校章程和各项管理制度,是学校实施教育管理的重要依据。学校在制定校规过程中,要把握以下几点:首先,

推荐阅读:《科学制定校规,保障教育惩戒的有效实施》

严重惩戒仅限《教育惩戒规则》第 10 条所明确规定的措施,学校不得给予超过一周的停课或者停学。也就是说,学校在校规校纪规定的其他教育惩戒措施,严厉程度应当与《教育惩戒规则》第 8 条、第 9 条规定的措施大体相当。其次,学校校规校纪中应明确学生行为规范,健全实施教育惩戒的具体情形和规则。校规校纪应清晰明确、科学合理、易于操作,避免表面化和形式化。最后,学校制定校规校纪应当充分发扬民主,广泛征求教职工、学生和学生家长意见,有条件的可以组织听证。校规校纪应当提交家长委员会、教职工代表大会讨论,经校长办公会议审议通过,并应当报主管教育部门备案。学校应当利用入学教育、班会等多种方式向学生和家长宣传讲解校规校纪。表 12-1-1 为英国伍顿公园学校的教育惩戒规则。

表 12-1-1　英国伍顿公园学校教育惩戒规则

层级	适用行为	惩戒形式	实施程序
L1	不按顺序发言、干扰他人学习、不用功	眼神提示	教师即时实施
	二次再犯	口头警告	教师提醒学生注意课堂纪律,并告知学生如果不及时改正,将被转移到教室内其他地方
	三次再犯	短时间请离座位	教师将学生转移到教室内指定地点
L2	态度恶劣、扰乱学习、不听从指示、行为粗鲁、打闹、言语不得体等	剥夺空闲时间(午饭时间/休息时间)、罚写特定作业	对于存在持续干扰性行为的学生,教师可将其转介给副校长或助理校长,由副校长或助理校长按规定跟进
L3	持续上述行为、攻击、打架、对他人造成伤害(意外/其他)、欺凌、持续拒绝服从、乱发脾气、对财产/设备造成轻微损害等	校内隔离、午餐/游戏时间反思、转介给特殊教育需求协调员	教师需通知小学助理副校长或副校长。超过 1 节课的内部停学,需由助理校长上报至副校长;助理校长或副校长需联系学生家长,安排谈话
	二次再犯	停学(1~2 天)	
L4	言语粗暴、虐待身体、乱发脾气、持续性的欺凌、故意对财产/设备造成严重损害等	校内隔离/停学	教师不得离开事发现场,应及时通知助理副校长/副校长,由其将学生转移;助理副校长/副校长需立即联系学生家长,安排会面,必要情况下,需填写事故报告表;对学生作出的外部停学处分,需由校长上报董事会主席;副校长需在适当的时候,与被停学的学生及其家长举行返校会议

(二)家校合作

教育是学校和家庭的共同职责,家长的理解、支持和配合是学校、教师正常实施教育管理的重要方面。一方面,家长在学校制定教育惩戒具体规则,以及教育惩戒实施、监督救济等过程中具有参与权和监督权。学校制定校规校纪应当提交家长委员会讨论,并应当利用多种途径向家长进行宣讲,有条件的还可以吸收家长加入校规校纪执行委员会,监督教育惩戒实施。实施教育惩戒后,学校、教师应当根据情况告知家长,学校成立学生申诉委员会时要吸收家长代表参加,学生申诉委员会的人员构成、受理范围及处理程序等要向家长公布。另一方面,学校、教师应重视家校合作,积极与家长沟通,争取家长理解、支持和配合实施教育惩戒;家长应当履行对子女的教育职责,尊重教师的教育权利,配合学校、教师对违规违纪学生进行管教。

(三) 不当教育行为

为防止实践中个别教师将体罚和变相体罚作为教育惩戒实施,《教育惩戒规则》专门对禁止实施的八类不当教育行为作了明确和细化。一是身体伤害,以击打、刺扎等方式直接造成身体痛苦的体罚;二是超限度惩罚,超过正常限度的罚站、反复抄写,强制做不适的动作或者姿势,以及刻意孤立等间接伤害身体、心理的变相体罚;三是言行侮辱贬损,辱骂或者以歧视性、侮辱性的言行侵犯学生人格尊严;四是因个人或者少数人违规违纪行为而惩罚全体学生;五是因学业成绩而惩罚学生;六是因个人情绪、好恶实施或者选择性实施教育惩戒;七是指派学生对其他学生实施教育惩戒;八是其他侵害学生权利的行为。划定"红线",有利于教师规范行为、把握尺度,也有利于学生、家长和社会监督。

第二节　学校安全事故

学校安全事故,又称"学校事故""学生伤害事故",是指在学校实施的教育教学活动或者学校组织的校外活动中,以及在学校负有管理责任的校舍、场地、其他教育教学设施、生活设施内发生的,造成在校学生人身损害后果的事故。从主体上看,学校安全事故伤害的对象仅局限于学生,侵害的权利是学生的人身权;从时空范畴来看,学校安全事故既可能发生在学校内,也可能发生在学校组织的校外活动中,以及在学校负有管理责任的校舍、场地、其他教育教学设施、生活设施内。

> 推荐阅读:《造成学生伤害事故,学校应当依法承担相应的责任 12 种情形》

一、学校安全事故责任承担的法律规定

处理学校安全事故要做到法律上的权利与义务的平衡,一方面要保护学生的身心健康发展,另一方面又要保护学校工作的积极性,让学校工作能够有效和顺利地进行。了解《民法典》和《学生伤害事故处理办法》

> 《学生在校人身损害责任的法律解读与思考》

中有关责任承担的法律规定,有助于公正、客观处理学生伤害事故,保障学校工作顺利开展和学生身心健康发展。

（一）归责原则

侵权人以自己的行为或物件致使他人受损害后，就应依据一定的根据使其负责，这就是通常所说的归责。归责原则即归责的根据和标准，是确定行为人的侵权民事责任的基本准则，也是司法机关处理侵权纠纷所应遵循的基本原则。民事案件纷繁复杂，侵权纠纷千差万别，大量的案件很难援引现行的具体规定来处理。因此需要借助于直接体现侵权立法政策和方针的抽象归责原则，来正确处理各种侵权纠纷。根据《民法典》等，学校安全事故的归责原则主要包括以下内容。

推荐阅读：《学生伤害事故责任认定研究的学术史回顾——基于典型司法案例》

1. 过错责任原则

过错责任原则也称过失责任原则，是以行为人主观上的过错为承担侵权责任的基本条件的认定责任的准则。《民法典》第 1165 条第 1 款规定，行为人因过错侵害他人民事权益造成损害的，应当承担侵权责任。按过错责任原则，行为人仅在有过错的情况下，才承担侵权责任。没有过错，就不承担侵权责任。

案例

小学生伍某升诉宿迁某小学人身损害赔偿纠纷案

【案例事实】

2012 年 5 月 29 日凌晨，原告伍某升（12 岁）在被告宿迁某小学安排的宿舍睡觉时，从高低床上铺摔下，导致眼睛受伤。伤后原告至医院救治，主诉高处坠落后头痛四小时。经诊断为脑震荡、左眼视神经挫伤、肝挫伤。医生当日建议转上级医院继续治疗，并于当天办理了出院手续。6 月 30 日，原告转至江苏省人民医院继续住院治疗，诊断为左眼挫伤，左侧视神经管骨折，住院 8 天，于 6 月 7 日好转出院。后原告又至北京同仁医院进行了门诊治疗和复查，住院 9 天。后因赔偿问题，双方未能达成一致意见，因而成讼。照片显示，原告摔伤时使用的高低床护栏长度不足整张床的一半，护栏高度不足 20 cm。另查明：原告在被告处全托就读，受伤当晚其睡觉时头朝没有护栏的一头，对此，被告安排的宿管人员未予制止。

【案例分析】

学校有对学生进行教育、管理和保护的职责，对学生的伤害事故如存在过错，则应承担相应责任。学校为学生宿舍提供的双层床安全栏板高度和长度应符合国家规定标准，并根据学生年龄、身体、心智等具体因素，排除安全隐患，防止居住上铺的学生掉落摔伤。对于作为未成年人的小学生，因其对居住上铺可能存在的安全隐患认识能力和控制能力不足，即使床铺符合安全标准，学校因使用了双层床仍应当承担相应的管理责任，盖因国家安全标准系工业产品的门槛性标准,也不是小学生卧具的选择标准,且其法律的位阶亦不可与民法等量齐观。

（来源：北大法宝 –【法宝引证码】CLI.C.4104536）

2. 过错推定原则

过错推定原则也称过失推定原则,指当事人实施了加害行为,尽管其主观上无过错,但根据法律规定仍应承担责任的归责原则。《民法典》第1165条第2款规定,依照法律规定推定行为人有过错,其不能证明自己没有过错的,应当承担侵权责任。在适用过错推定原则的情况下,受害人可以不必举证证明加害人的主观过错,而是在已经证明损害事实中推定加害人的过错。这样,受害人就免除了证明加害人过错的举证责任,转而由加害人承担举证证明自己无过错的责任。

3. 补充责任原则

在学校安全事故中,第三人侵权可能导致学校及其他教育机构教育机构承担补充责任。《民法典》第1201条规定,无民事行为能力人或者限制民事行为能力人在幼儿园、学校或者其他教育机构学习、生活期间,受到幼儿园、学校或者其他教育机构以外的第三人人身损害的,由第三人承担侵权责任;幼儿园、学校或者其他教育机构未尽到管理职责的,承担相应的补充责任。即,学生在校学习、生活期间所遭受的损害是由学校之外的第三人引起的,则此学生的损害由第三人进行赔偿。由于学校是学生的直接管理主体,倘若学校没有履行对学生的保护职责,进而发生事故就意味着学校应当承担补充责任。

4. 无过错责任原则

无过错责任原则指在法律有特别规定的情况下,以已经发生的损害结果为价值判断标准,与该损害有因果关系的行为人,不问其有无过错,都要承担侵权赔偿责任的归责原则。《民法典》第1166条规定,行为人造成他人民事权益损害,不论行为人有无过错,法律规定应当承担侵权责任的,依照其规定。法律确认无过错责任原则,是说明主观过错不是责任构成要件,行为人无论有无过错,都应当承担赔偿责任。这样,就将行为人置于严格的侵权损害赔偿的监督之下,把受害人置于更为妥善的保护之中。

5. 公平责任原则

《民法典》第1186条规定,受害人和行为人对损害的发生都没有过错的,依照法律的规定由双方分担损失。相较于以往《民法通则》和《侵权责任法》中"可以根据实际情况,由当事人分担民事责任""可以根据实际情况,由双方分担损失"的规定,《民法典》对公平责任原则的适用情形进行了严格限定,法官对于公平责任原则的适用不再拥有过大的自由裁量权,仅能根据全国人民代表大会及其常务委员会制定的法律文件作为公平责任原则的适用依据。

（二）学校承担事故责任的要件

侵权民事责任是整个民事责任的一部分,因此其适用要受民事责任的一般规定的制约,同时它又是与其他民事责任相区别的一种独立的责任,有着自己的特征。受害人须证明的事实主要包括构成民事侵权行为的四个基本要件。

1. 损害事实

受害人应证明损害事实发生的时间、地点、损害的客体、损害的对象、损害的结果、损害的性质和损失的范围。侵害物质性人格权的,受害人要证明身体伤害的程度,是否丧失劳动能力,是否造成死亡结果;证明由此造成的财产损失数额。

2. 被告的违法行为

受害人应证明行为人的民事行为能力,认定其是否具有责任能力;行为人行为的性质,作为还是不作为;行为的具体方式,实施行为的前后经过;行为人的行为是否违法,违反什么法律规定;等等。

3. 违法行为和损害事实之间的因果关系

指违法行为作为原因,损害事实作为结果,在它们之间存在的前者引起后者的客观关系。行为与损害因果关系证明的方法主要有:对客观事实的证明,证人、证言;采用科学技术进行鉴定;进行合乎常理的推论。在侵权构成多因一果的情况下,多种原因对于损害事实的发生为共同原因。共同原因中的各个原因对损害事实的发生发挥不同的作用,因而存在原因力大小的问题。

4. 主观过错

证明行为人的过错时,应证明行为人在实施违法行为时对行为后果的主观态度。主观过错包括故意和过失两种形式。故意是指行为人明知自己的行为会发生损害他人民事权利的结果,并且希望或放任该结果发生。过失是指行为人应当预见自己的行为可能损害他人的民事权利但因疏忽大意而没有预见,或者虽然已经预见但轻信能够避免,结果导致他人的民事权利遭受损害。如证明故意,当证明行为人的行为动机、目的,或者证明行为人对行为后果已经预见并希望或听任这种结果发生的主观心理活动。如证明过失,证明行为人是否对受害人权利的损害有注意义务,有何种程度的义务,注意义务没有尽到的客观事实等。衡量行为人是否有过失,应根据具体的时间、地点和条件等多种因素综合进行确定。

违法行为有两种形式:一种是作为的违法行为,一种是不作为的违法行为。作为和不作为都会产生侵权损害赔偿的违法行为。对于法律所禁止的行为而作为时,便是作为的违法行为。不作为违法行为的前提是行为人负有某种特定的作为义务。这种特定的义务不是一般的道德义务,而是法律所要求的具体义务。如教师组织学生游泳,学生被淹,教师能救而不救,这就是不作为违法行为,因教师具有保护学生的法律义务。

学校作为教育机构,由于学生这一群体具有特殊性,法律对幼儿园、学校赋予的教育、照顾和安全保障等责任,大多需要积极作为,否则就可能因为不作为而承担损害赔偿责任。

(三) 学校安全事故的免责

免责,也称法律责任的减轻和免除,是指法律责任由于出现法定条件被部分或全部的免除。根据《民法典》和《学生伤害事故处理办法》等,学校对下列情况造成的学校安全事故不承担法律责任。

第一,由学生自己的过错造成的伤害,由学生自己承担责任。这些行为包括学生的自杀、自伤行为;学生有特异体质或特定疾病,未告知学校;学生违反法律、法规及社会公共行为准则、学校的规章制度和纪律所造成的伤害等事故。

第二,由不可抗力、意外事件造成的意外伤害或其他意外事故,学校已经履行了相关义务,没有主观上的过错,则可以免责。

第三,第三人加害致使学生发生人身伤害的情况中,如果学校能证明自己无主观过错,也可免责,由加害人承担相应的法律责任。

第四,教师或者其他员工实施的与其职务无关的个人行为或故意实施的违法犯罪行为,造成学生人身损害的,学校不承担法律责任,由加害人依法承担相应的侵权责任。

二、学校安全事故的类型

根据学校责任主体以及学校教育、管理行为的特点,可将学校安全事故分为以下四类。

(一) 因学校办学行为导致的学校安全事故

1. 学校实施的教育教学活动或者学校组织的校外活动中发生的学校安全事故,即学校在其实施的教育和管理活动中发生的,由于学校采取的教育和管理措施不当或者未尽到教育和管理职责所致的学校安全事故。

(1) 学校组织实施的实验教学、劳动、军训中发生的事故。如果学校未尽到相应的安全教育和保护职责,或没有向学生说明安全操作规程,或没有在可预见范围内提供必要的防护措施,或安排超出学生年龄和生理承受能力的活动的,学校应对由此造成的学生伤害承担侵权责任。

(2) 在学校组织的具有对抗性或风险性的体育教学或竞赛活动中引起的事故。对于存在一定风险的体育活动如篮球、足球、铅球、跳马、单杠等运动,参加者与旁观者在其能够认识的范围内承担相应的风险,学校在组织这类课程和活动时,如果没有尽到教育、保护与管理职责,就应承担侵权责任。常见情况如:没有安排正确适宜的、符合大纲要求的体育或竞赛活动;未告知学生活动要领、规则、禁忌;对体育器材没有正确、适当的摆放与使用;对相关活动未采取必要的保护措施;对有特异体质、特殊疾病的学生没有进行特别注意和照顾;教师未按规定坚守岗位、全程监督保护学生;发生学校安全事故后未及时、有效地进行救助等。以上学生伤害情况需学校承担侵权责任。

(3) 学校组织的学生校外活动中发生的事故。如学校组织学生在校外公共道路或场地上进行晨跑或晚锻炼；组织学生集体过马路；组织学生户外郊游、拓展训练、前往电影院看电影、参加校外大型集会等。在这些活动中，学校负有安全保护、照料、教育和管理的义务，如果没有尽到相应的义务，导致学生人身受到损害，学校应当承担责任。如果学校将活动委托给其他承办人的，则由承办人承担侵权责任；学校有过错的，如学校委托不具有相应资质的承办人、租赁的交通工具超载运输等，要对自己的过错承担责任。

(4) 因学校教师或其他员工所采取的教育方法不当而发生的事故。学校教师或其他员工在履行教育和管理的职务行为中发生的侵权：谩骂、侮辱学生、侵害学生人格尊严；侵犯学生隐私权；恐吓学生导致学生严重心理和精神压力，及其他侵害学生人格权的行为，对学生造成人身损害的，学校应当承担侵权责任。

(5) 学校知道或应当知道教师或其他员工患有不适宜担任教育教学工作的疾病，未采取必要措施，致使学生人身受到损害的，学校应当承担侵权责任。

(6) 因学校管理上的疏漏造成的事故。如学校未能考虑学生人数因素或其他相关因素，集中下课或会后集中散场发生拥挤导致的踩踏事故；学校教学楼或宿舍楼虽设有紧急通道、安全出口，但被占用或者没有打开而发生拥挤导致的踩踏事故；学校提前放学但未及时通知监护人，使学生在无人监护、保护情况下人身受到的损害。

2. 在学校负有管理责任的校舍、场地、其他教育教学设施、生活设施内发生的，或者由于学校提供的产品不合格引起的学校安全事故，即学校对其所有或者管理的教学场地、教学设施、教学管理环节等具有安全保障上的疏忽等过错所引起的对在校学生的伤害事故。

(1) 因学校提供的产品如食品、饮用水或者其他物品不合格引起的事故，学校应当承担侵权责任。

(2) 因学校的教学和生活设施、设备引起的事故。由校园内的窨井等地下设施隐患造成的学生损害，学校作为管理人不能证明尽到管理职责的，应当承担侵权责任；由建筑物、构筑物或者其他设施及其搁置物、悬挂物发生脱落或坠落造成的学生损害，学校不能证明自己没有过错的，应当承担侵权责任。学校赔偿后，有其他责任人的，可以向第三人行使追偿权。

(3) 由校园内的堆放物倒塌造成的学生损害，学校作为堆放人不能证明自己没有过错的，应当承担侵权责任。

(4) 由校园内的林木折断造成的学生损害，学校不能证明自己没有过错的，应当承担侵权责任。

(5) 在校园内挖坑、修缮安装地下设施等，没有设置明显标志和采取安全措施造成学生损害的，工人应当承担侵权责任。学校没有尽到保护职责的，应承担相应的补充责任。

3. 教师或其他员工的故意加害行为造成的学校安全事故。如果学校教师或其他员工并非因教学和管理活动而对学生实施故意加害行为,体罚与变相体罚、身体伤害、性侵害、性骚扰、监禁等,由此造成的学生损害应当由加害人(教师或其他员工)承担责任,学校应当承担连带责任。

(二)学生之间的行为造成的学校安全事故

此类学校安全事故包括学生之间因玩耍嬉戏、追逐打闹等导致的人身伤害事故,及因学生之间的故意加害行为而导致的人身伤害事故,如校园内学生之间的暴力行为、学生之间在校园内或学校组织的校外活动中发生的故意侵害事故等。这两类事故,首先应当由造成损害的学生的监护人承担责任。学校未尽到教育、管理责任的,如平时未进行宣传教育,发现危险而未及时制止,学生中出现暴力行为的苗头而未引起教师足够注意并加以制止,学校也要就自己的过错承担责任。

(三)校外第三人在校园内造成的学校安全事故

校外第三人是指学校教职员工和在校学生以外的人员。"第三人"是学生的监护人、其他学校的学生、已经毕业的本校学生和已经离职的原教职工,或除此以外的社会上的任何人。这类学校安全事故的发生可能是校外第三人的故意侵权行为,可能属于校外第三人的过失(如车辆剐蹭、撞伤、碾压学生等)。对此,当由该第三人承担侵权责任,如学校未尽到管理、保护义务的,根据其过错承担补充责任,如学校安全管理制度不严、管理混乱、门卫管理松懈,校园围墙存在安全隐患,学校部分场地提供给校外人员使用而缺乏有效监管的,学校应当承担补充责任。

(四)因受害学生自身原因造成的学校安全事故

《民法典》第 1173 条规定,被侵权人对同一损害的发生或者扩大有过错的,可以减轻侵权人的责任。因此,由于受害学生自身的原因所致的学校安全事故,可以减轻学校的责任。但是,若学校没有尽到教育和管理义务,则应当承担相应的侵权责任。

(1)学生自己在校园内或校园外自杀、自伤,学校在教育、管理、安全保护上存在过错的,应承担相应责任。

(2)学生擅自离开学校导致事故发生的,学校若未及时发现并通知学生监护人的,由于未尽到注意和通知义务,应承担相应责任。

(3)学生在非教育教学活动时间内,独自在校逗留导致的学校安全事故,学校未尽到管理、教育责任的,应当承担相应责任。

三、学校安全制度

《中小学幼儿园安全管理办法》(本部分以下简称《管理办法》)第 15 条规定,学校应当遵守有关安全工作的法律、法规和规章,建立健全校内各项安全管理制度和安全应急机制,及时消除隐患,预防发生事故。杜绝或减少学校安全事故的发生,一方面需要进一步完善国家的教育政策法规,严格执行教育政策法规;另一方面学校自身也需要建章立制,明确学校教职工和管理人员各自的职责,做细做精学校的各项工作,将学校安全事故的发生率降至最低。

（一）安全教育制度

《义务教育法》第 24 条第 1 款明确规定,学校应当建立、健全安全制度和应急机制,对学生进行安全教育,加强管理,及时消除隐患,预防发生事故。根据《管理办法》,学校应当在开学初、放假前,有针对性地对学生集中开展安全教育。新生入校后,学校应当帮助学生及时了解相关的学校安全制度和安全规定(第 39 条);学校应当制定教职工安全教育培训计划,通过多种途径和方法,使教职工熟悉安全规章制度、掌握安全救护常识,学会指导学生预防事故、自救、逃生、紧急避险的方法和手段(第 45 条)。具体而言,学校应该组织教职工和学生学习卫生常识、避险、紧急情况自救和救护他人、交通、防火、防盗、日常行为习惯等知识,可以形成文字,乃至装订成安全手册,增强学生和教职工的防护能力。

（二）安全管理制度

安全管理既包括对学校设施设备、实验室及车辆等的管理,也涉及对于学生的安全管理。根据《管理办法》,学校应当建立以下安全管理制度:一是用水、用电、用气等相关设施设备的安全管理制度,学校应当定期进行检查或者按照规定接受有关主管部门的定期检查,发现老化或者损毁的,及时进行维修或者更换。二是实验室安全管理制度和危险化学品、放射物质的购买、保管、使用、登记、注销等制度,学校应当将安全管理制度和操作规程置于实验室显著位置,保证将危险化学品、放射物质存放在安全地点。三是有寄宿生的学校应当建立住宿学生安全管理制度,配备专人负责住宿学生的生活管理和安全保卫工作。对学生宿舍实行夜间巡查、值班制度,并针对女生宿舍安全工作的特点,加强对女生宿舍的安全管理。学校应当采取有效措施,保证学生宿舍的消防安全。四是学校购买或者租用机动车专门用于接送学生的,应当建立车辆管理制度,并及时到公安机关交通管理部门备案。接送学生的车辆必须检验合格,并定期维护和检测。五是小学、幼儿园应当建立低年级学生、幼儿上下学时接送的交接制度,不得将晚离学校的低年级学生、幼儿交与无关人员。

（三）安全定期检查制度和危房报告制度

安全检查主要强调学校和政府有关部门要定期对学校的设施设备以及校舍进行检查,消除安全隐患。根据《管理办法》第 18 条,学校应当建立校内安全定期检查制度和危房报告制度,按照国家有关规定安排对学校建筑物、构筑物、设备、设施进行安全检查、检验;发现存在安全隐患的,应当停止使用,及时维修或者更换;维修、更换前应当采取必要的防护措施或者设置警示标志。学校无力解决或者无法排除的重大安全隐患,应当及时书面报告主管部门和其他相关部门。学校应当在校内高地、水池、楼梯等易发生危险的地方设置警示标志或者采取防护设施。

（四）安全保卫制度和值班制度

根据《管理办法》第 17 条,学校应当健全门卫制度,建立校外人员入校的登记或者验证制度,禁止无关人员和校外机动车入内,禁止将非教学用易燃易爆物品、有毒物品、动物和管制器具等危险物品带入校园。学校门卫应当由专职保安或者其他能够切实履行职责的人员担任。同时,学校还应该设立巡视制度。小学生的身心正处于发展阶段,他们缺乏对一些事情的基本判断能力和认识能力,同时小学生生性好动,喜欢追逐打闹,容易出事。学校应该在操场、走廊、教室和学生活动比较集中的地方安排值日教师,特别要留意课间活动的学生和在运动场上的学生。

（五）学生安全信息通报制度

根据《管理办法》第 24 条,学校应当建立学生安全信息通报制度,将学校规定的学生到校和放学时间、学生非正常缺席或者擅自离校情况,以及学生身体和心理的异常状况等关系学生安全的信息,及时告知其监护人。对有特异体质、特定疾病或者其他生理、心理状况异常以及有吸毒行为的学生,学校应当做好安全信息记录,妥善保管学生的健康与安全信息资料,依法保护学生的个人隐私。

第三节　校园性侵害防治

校园性侵害行为的发生,对受害学生的身体、心理都会产生极其严重的伤害。正确认识校园性侵害的概念和特征,了解校园性侵害的种类和防治措施,有助于科学、有效预防和应对校园性侵害事件,保护未成年学生的合法权益。

一、概述

性侵害是指加害者以威胁、权力、暴力、金钱或甜言蜜语等方式,引诱或胁迫他人与其发生性关系,并在性方面对受害人造成伤害的行为。广义的性骚扰、性侵害并不限于异性间,对象不单指妇女,同性间亦可构成性骚扰、性侵害。性骚扰是一种以侵犯他人人格尊严权为特征的民事侵权行为,以不受欢迎的与性有关的言语、行为、信息、环境等方式侵犯他人的人格权;而性侵害程度较深,主要包括猥亵、强奸、强迫卖淫行为等,属于犯罪行为。校园性侵害具有以下特征。

（一）熟人性侵为主

在校园中,熟人对受害人的性格、衣食起居、防御能力有较为详细的认识,提高了作案的成功率,也更易于"善后"。一般人对陌生人有较高的防御意识,但对自己身边比较熟悉的人更为信任,疏于防范,所以熟人往往利用自己得到受害人信任这点实施性侵害。如果受害人要报警,加害者也更容易在心理和身体上对受害人实施控制。

（二）案发地点隐蔽

校园性侵害案件的事发地点相对集中,通常为学校日常教育教学活动场所以及学校中或者附近较阴暗、偏僻的小路,如教室、图书馆、实验室、计算机教室、教师办公室、教师宿舍、学生宿舍等地点。

（三）案件取证难

部分案件中的受害者由于年龄较小,不懂得怎么救助和保护自己,在遭受侵害时往往不知道怎么办,错过了最佳取证时间。待家长发现侵害事实,孩子可能已经遭受了很长一段时间的侵害。另外此类案件发生地点隐蔽,往往只有加害者和受害者在现场,缺乏有力人证。如果受害者年龄过小,没有其他物证辅佐,只有受害者的陈述,那么证据的强度就会大打折扣。《刑事诉讼法》规定证人要具备"辨别是非的能力",否则证言有瑕疵。在实际案件处理中,一般办案人员会认为,10 岁以下儿童由于证人能力有限,其陈述一般不能作为证言采纳。如果现场没有目击证人,受害儿童证言又不采用,再加上案情本身的隐蔽性和迟缓性,往往会使受害人权益得不到保障。此外,很多家长受传统观念影响,认为孩子"失贞"是不光彩的事情,担心遭受闲言碎语或耻笑,所以在案件发生后会选择默默承受,或接受加害者的私下和解,在一定程度上也助长了加害者的嚣张气焰。

二、校园性侵害的种类与事实判例

对于校园性侵害进行类型划分,有助于更好地认识和辨别性侵害,进而帮助学生和学校开展针对性防治。依据行为主体、犯罪性质等差异,可以将校园性侵害划分为不同类型。

(一) 按照行为主体划分

第一类是师源性侵害,指教师或校园内的相关工作管理人员对在校学生所进行的一系列包括猥亵、强奸及性虐待等形式在内的性侵害犯罪。这类案件的加害主体特殊,是在校园中执教的教师或相关工作人员,而受害者多为学生。加害者与受害者在日常生活中经常接触,受害者一般不会对加害者有所防备,而是对加害者有一种尊敬和崇拜感,故加害主体利用自己与受害主体之间的不对等关系,采取诱骗、威胁、恐吓等方式实施不法侵害。

第二类是同伴性侵害,指在校学生的同伴对其所进行的一系列包括猥亵、强奸及性虐待等形式在内的性侵害。

第三类是校外人员性侵害,指学校以外人员对在校学生所进行的一系列包括猥亵、强奸及性虐待等形式在内的性侵害。

(二) 按照犯罪性质划分

第一类是猥亵罪。通常理解,猥亵是指以刺激或满足性欲为动机,用性交以外的方式对被害人实施的淫秽行为。界定"猥亵"必须考虑主观和客观两个方面的因素:在主观方面表现为直接故意,间接故意和过失不构成本罪;在客观方面表现为以刺激或满足性欲为目的,用性交以外方法对儿童实施的淫秽行为,猥亵的手段如抠摸、舌舔、吸吮、亲吻、搂抱、手淫、鸡奸等行为。《刑法》第 237 条第 3 款"猥亵儿童罪"规定,"猥亵儿童的,处五年以下有期徒刑;有下列情形之一的,处五年以上有期徒刑:(1) 猥亵儿童多人或者多次的;(2) 聚众猥亵儿童的,或者在公共场所当众猥亵儿童,情节恶劣的;(3) 造成儿童伤害或者其他严重后果的;(4) 猥亵手段恶劣或者有其他恶劣情节的。"

第二类是强奸罪,指违背妇女意志,使用暴力、胁迫或者其他手段,强行与妇女发生性交的行为,或者故意与不满 14 周岁的幼女发生性关系的行为。强奸(又叫性暴力、性侵犯或强制性交),是一种违背被害人的意愿,使用暴力、威胁或伤害等手段,强迫与被害人进行的性行为。几乎在所有的国家,强奸行为都属于犯罪行为。《刑法》第 20 条第 3 款规定:对正在进行行凶、杀人、抢劫、强奸、绑架以及其他严重危及人身安全的暴力犯罪,采取防卫行为,造成不法侵害人伤亡的,不属于防卫过当,不负刑事责任。

第三类是强迫卖淫罪,指以暴力、胁迫或者其他方法,迫使他人卖淫的行为。为了达到强迫妇女卖淫的目的,行为人往往先亲自或安排他人采取诱骗、挟持的手段将妇女带至卖淫场所,然后再迫使妇女卖淫。根据《刑法》第 358 条规定,"组织、强迫他人卖淫的,处五年以上十年以下有期徒刑,并处罚金;情节严重的,处十年以上有期徒刑或者无期徒刑,并处罚金或者没收财产。组织、强迫未成年人卖淫的,依照前款的规定从重处罚。犯前两款罪,并有杀害、伤害、强奸、绑架等犯罪行为的,依照数罪并罚的规定处罚。"

三、校园性侵害的学校防治措施

学校是小学生学习和生活的主要场所,也是儿童性侵事件的高发地点,因此学校也肩负着校园性侵害防治的主要责任。

推荐阅读:《儿童性侵的学理界定与防治体系构建》

(一)事前防范

l. 制定学校防性侵制度

为了明确学校对校园性侵害行为持强烈的否定态度,学校需要制定校园性侵害防治制度。在此制度中,学校首先要表明对此性侵害行为的严厉谴责与强烈反对。通过声明,对有该倾向的教师、学生产生一种震慑。其次,学校需要在该制度中具体说明什么是校园性侵害,并且将抽象的校园性侵害概念加以细化与分解,明确列举出哪些具体的行为会构成性侵害。例如,当教师或者同学、校外人员以各种理由威胁、利诱相关主体答应其性要求时、要求触摸敏感部位时,这些行为就构成了性侵害。再者,学校在制度中需要阐明,一旦施害者进行了性侵害,施害者及学校的相关责任人会受到哪些惩罚与制裁。

2. 构建学校防性侵管理的网络

为了有效地杜绝校园性侵害的发生,学校应该加强管理,为学生创造一个安全、祥和的学习、生活环境。首先,在教师管理上,既要严格教师选聘条件,也要加强在职教师综合素质考核,定期开展教职工法治教育。其次,成立专门的机构为预防校园性侵害的发生及事件发生后的危机处理服务。最后,学校应该加强对学校保卫部门的管理,使其真正履行保卫学校安全的职责。

3. 加强学校性教育

在性教育课程的设置上,应在课堂之外,增加主题班会、模拟课堂等形式,或聘请校外专家为学生进行专题讲座。具体到防范校园性侵害方面,首先应该告诉学生何谓性侵害,惩治性侵害施害人的相关规定等;本校在防治校园性侵害方面有哪些举措,如向学生详细讲解校园性侵害防治的处理流程与处理原则等。同时,还可以通过设计活动教育学生基础的应对措施,例如,大喊:着火了、有强盗;立刻拿手边的物品反击;立即告诉其他教师、校领导、家长或学校预防校园性侵害机构等。

(二)事后处理

学校发生校园性侵害事件,需先由学校预防校园性侵害专门机构的辅导老师确定受害学生是否已经处于不会再被加害者继续侵害的安全状态,并遵循保密原则,评估受害学生情绪,了解与搜集侵犯事件证据。一方面主动询问受害学生需要得到哪些帮助;另一方面,应积极联系校外医疗、心理咨询等机构,为有效帮助受害学生做好准备。辅导老师在帮助受害学生的过程中,应该亲近、和善、善于耐心地倾听受害学生的倾诉,不得以责备、批评的态度对待受害的学生。

学校在采取积极措施保护受害学生的同时,必须整合事件的相关资料,及时呈交给学校领导及其相关负责人。校领导在获得信息后,需立即向上级教育行政部门报告事件的相关情况,并在上级教育行政部门的协助下,积极处理校园性侵害事件,确定对加害者的惩处。

理解·反思·探究

1. 简答题

(1) 什么是教育惩戒?教师实施教育惩戒有哪些注意事项?

(2) 什么是学校安全事故?学校安全事故主要包括哪些类型?

(3) 学校在哪些情形下需要承担安全事故的法律责任?在哪些情形下,学校可以请求免除或减轻学校安全事故的赔偿责任?

(4) 什么是性侵害?校园性侵害主要有哪些种类?

(5) 请尝试分析所在学校关于校园性侵害的防治措施,并提出改进建议。

2. 材料分析题

阅读下面材料,分析本案中该小学的责任类型及承担的法律责任。

云南某小学的学生课间休息时在学校空置的教室内玩耍。下午 1 时 40 分左右,学生玩耍的教室房顶突然坍塌,造成 1 人死亡、5 人重伤、18 人不同程度的伤害。事故发生后,学生得到及时救治,所有受伤的学生病情得到稳定。

拓展阅读

[1] 劳凯声.教育惩戒的合法性及其在教育中的适用[J].人民教育,2019

(23):13-17.

　　[2] 余雅风,张颖.论教育惩戒权的法律边界[J].新疆师范大学学报(哲学社会科学版),2019(6):96-102+2.

　　[3] 余雅风,蔡海龙.论学校惩戒权及其法律规制[J].教育学报,2009(1):69-75.

　　[4] 劳凯声.学校安全与学校对未成年学生安全保障义务[J].中国教育学刊,2013(6):1-10.

　　[5] 劳凯声.中小学学生伤害事故及责任归结问题研究[J].北京师范大学学报(社会科学版),2004(2):13-23.

　　阅读建议:阅读材料并结合本章所学具有用法治思维解决问题的意识和能力。

第十三章

13

法律责任与法律救济

法律责任与救济是小学教育法律关系中的一个基本问题,涉及法律关系主体对所造成损害予以补偿、强制履行或接受惩罚的义务,以及合法权益受到侵犯并造成损害时获得的恢复和补救。在小学教育领域内,存在很多涉及法律责任和救济的问题。在如今依法治教的背景之下,如何保证学校、教师、学生等教育法律主体义务的履行以及权利的维护,是十分重要的课题。

- 本章导航

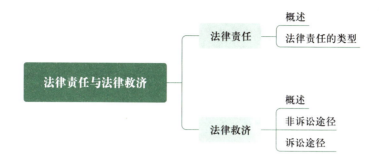

- 关键术语

法律责任;法律救济;申诉;行政复议;仲裁;行政诉讼;民事诉讼;刑事诉讼

- 学习目标

1. 正确理解法律责任的概念和特点,掌握法律责任的不同类型,并能够对教育领域内不同法律责任进行清晰认知和判定,具备基本的法律责任意识;

2. 正确理解法律救济的概念和特点,掌握法律救济的不同类型,并能够对教育领域内不同法律救济途径进行认知和运用,熟知法律救济手段的实施。

第一节 法律责任

在现代法律中，"权利—义务—责任"构成了法律的基本格局。一部法律总是通过规定人们必须或应当遵守的行为模式，以及违反法定行为模式的责任和受制裁的方法及程序，来实现法律对社会关系的指引和调整的。因此，法律责任是法律运行中不可缺少的保障机制，是制止违法、保障权利的重要环节。为了有效地调整社会关系，对法律责任的规定要从法律责任的依据、范围、承担者、认定、执行来展开，司法也要将法律责任的认定、归结和执行作为其重要职能。法律责任及其执行涉及人的自由、人格、财产乃至生命安全，在教育领域中起着至关重要的作用，是我们不能不学习和了解的一个基本问题。

一、概述

要学习和了解法律责任，首先应当对其概念和特点加以明确，概述部分将对法律责任如何解释，法律责任的性质，以及法律责任如何区分于其他社会责任等问题进行阐述。

（一）法律责任的概念

人们对法律责任一词有着不同的解释，通常情况下，其概念分为广义和狭义两种。广义上的法律责任既包括法律规范所规定的不必强制履行的各种应尽的义务，例如法律规定政府对管理和发展教育方面应尽的义务、各种社会组织在教育方面的义务、教育法规定的学校、教师以及学生应该履行的义务等，一般被称为第一性义务；同时还包括由于违法行为而强制履行的义务，比如根据《教育法》第九章的各种处分规定，违法行为人必须依法接受处罚，这种义务不同于上述义务，它是由于违反了第一性义务而引起的义务，一般被称为第二性义务。狭义的法律责任则专指后一种情况，即第二性义务。这里所说的法律责任是狭义上的法律责任，是指因违法行为而必须承担的具有强制性的法律后果。在这里，实施一定的违法行为即违反了第一性义务是承担法律责任的必要前提，而以国家强制力为后盾的法律制裁即第二性义务则是该违法行为引起的后果。

（二）法律责任的特点

法律责任作为一种社会责任，其区别于其他社会责任，如政治责任、道义责任等。由上述对法律责任概念的解释，可以归纳出法律责任区别于其他社会责任的特点。法律责任在法律上有明确、具体的规定，通过国家强制力来保证行为主体执行，并且由国家授权的机关来依法追究责任。

第一，法律责任与违法行为存在因果联系。法律责任是因违反法律上的义务关系而形成的责任关系，以法律规定的义务为前提，也是违法行为所引起的后果。没有违法行为的发生，就不会也不应该有法律责任的出现，只有实施了某种违法行为，才谈得上追究法律责任。

第二,法律责任的依据是法律。承担法律责任的具体原因可能各有不同,但最终依据是法律上的明确规定。因为一旦法律责任不能顺利承担或履行,就需要司法机关裁断,而司法机关只能依据法律作出最终裁决。[①]

第三,法律责任具有国家强制性。法律责任的履行由国家强制力实施或潜在保证,即法律责任的认定和归结是国家权力运行的具体体现,是国家对责任人的财产或人身自由的强行限制或剥夺,由有关国家机关依法定职权和程序采取直接强制手段予以实施。

《学生在校人身损害责任的法律解读与思考》

二、法律责任的类型

根据违法行为性质的不同,法律责任一般可以分为行政法律责任、民事法律责任及刑事法律责任。行政法律责任是行为人因行政违法行为而应承担的法律

《确立义务与法律责任:预防青少年网络社会问题》

责任,又可简称为行政责任;民事法律责任是指由民事违法行为或特定的法律事实出现所导致的赔偿或补偿的法律责任,简称民事责任;刑事法律责任是指由刑事违法行为所导致的受刑罚处罚的法律责任,简称刑事责任。

(一)行政法律责任

行政法律责任是指行为主体违反了属于行政方面的法律、法规所规定的义务,致使国家、社会或公民的利益受到损害时,在行政上所应承担的法律后果。

在教育领域内,主要由《教育行政处罚暂行实施办法》来对行政法律责任进行规定,教育行政违法行为通常包括国家机关及其工作人员在管理和发展教育事业,实施教育活动中的行政不当行为、学校及其他教育机构及社会组织和个人的违法行为等。如行政主体在行使行政自由裁量权时的行政不当或行政迟缓行为,以及行政相对人未经批准或注册自行办学、不按规定使用和变更学校名称、在招生工作中营私舞弊、买卖文凭、不按规定授予学位等行为。以上所列举的违法行为都是违反职责要求的行为。除此之外,行政法律责任还包括对他人权利的侵权行为的追究,例如行政机关由于行政不当而造成的侵权行为,学校及其他教育机关收取不符合规定的费用即高

收费乱收费、对学生处理上不当、对学生安全、健康方面的保护失当等,都有可能造成对学生权利的侵害,除了追究民事法律责任之外,行为人可能要负行政法律责任,受到某种行政制裁。教育法律中,行政法律责任是最常见的法律责任。

《教育行政处罚暂行实施办法》规定的小学教育领域主要违法情形

(二)民事法律责任

民事法律责任是指行为主体不履行民事义务所应承担的责任。民事法律责任通

---

① 沈宗灵.法理学[M].北京:北京大学出版社,2009:336.

常是一种损害赔偿责任。民事法律责任就其内容看,可以划分为侵权行为的民事责任和违反合同的民事责任,这两种民事责任在教育活动中都是存在的。

从当前法律实践看,学校及其他教育机构承担民事责任主要是这一类内容。例如学校及其他教育机构由于管理不善或者没有按照责任或义务的要求采取某一行为而造成的对学生伤害或损失,那就可以构成侵权性质的法律责任。此外,学校及其他教育机构作为法人,参与各种民事活动时,如合作办学、委托培养、有偿服务、知识产权转让、劳动用工、教师聘任等,往往要与其他主体签订各种合同,发生各种民事性质的法律责任。在出现法律纠纷时,学校可以要求追究行为主体违反合同的民事责任,请求民事赔偿。根据我国现行《教育法》规定,侵占学校及其他教育机构的校舍、场地及其他财产的,依法承担民事责任。违反《教育法》规定,侵犯教师、受教育者、学校或者其他教育机构的合法权益,造成损失、损害的,应当依法承担民事责任。我国《未成年人保护法》规定,违反本法规定,侵犯未成年人合法权益,造成人身、财产或者其他损害的,依法承担民事责任。

(三) 刑事法律责任

刑事法律责任是指行为主体做了刑事法律所禁止的犯罪行为而必须承担的法律后果,这一责任只能由有犯罪行为的自然人或法人承担。行为主体是否应承担刑事法律责任,只能由司法机关按照刑事法律的规定和刑事诉讼程序来确定。

许多国家为了充分贯彻教育法,往往还根据需要,在教育法中规定或表述刑事责任。这类刑事责任主要涉及学校领导人、经办人员和教师的个人责任。根据我国现行《教育法》规定,下列几种违法行为,如构成犯罪的,要依法追究刑事责任:违反国家财政制度、财务制度,挪用、克扣教育经费的行为;结伙斗殴、寻衅滋事,扰乱学校及其他教育机构的教育教学秩序或者破坏校舍、场地及其他财产的行为;明知校舍或者教育教学设施有危险,而不采取措施,造成人员伤亡或者重大财产损失的行为;学校或者其他教育机构违反国家有关规定招收学生的行为;在招收学生工作中滥用职权、玩忽职守、徇私舞弊的行为;盗用、冒用他人身份,顶替他人取得的入学资格的行为;与他人串通,允许他人冒用本人身份,顶替本人取得的入学资格的行为;组织、指使盗用或者冒用他人身份,顶替他人取得的入学资格的行为;考生在国家教育考试中非法获取考试试题或者答案,携带或者使用考试作弊器材、资料,抄袭他人答案,让他人代替自己参加考试,及其他以不正当手段获得考试成绩的作弊行为;任何组织或者个人在国家教育考试中组织作弊,通过提供考试作弊器材等方式为作弊提供帮助或者便利,代替他人参加考试,在考试结束前泄露、传播考试试题或者答案,及其他扰乱考试秩序的行为;举办国家教育考试,教育行政部门、教育考试机构疏于管理,造成考场秩序混乱、作弊情况严重的行为;除具有国家认定的颁发学位证书、学历证书或者其他学业证书资格的学校或其他教育机构以外的任何组织或者个人制造、销售、颁发假冒学位证书、学历证书或者其他学业证书的行为。

在我国教育法律体系中,还有一系列单行教育法律如《义务教育法》(2018 年修正)、《教师法》(2009 年修正)、《民办教育促进法》(2018 年修正)等,分别规定了不同教育领域内的刑事法律责任。此外,针对未成年人保护的法律如《未成年人保护法》(2020 年修正)和《预防未成年人犯罪法》(2020 年修正)也有相关的规定。

案例

赵某因在学校组织的体育锻炼中摔伤某小学人身损害赔偿纠纷案

【案例事实】

原告赵某系被告的校学生。2008 年 12 月 23 日上午,被告组织原告等学生在校园内进行晨跑,学生跑步队形是二人一排,前后各有一名老师带队伴跑。原告赵某在由北向南跑步通过六年级教室西墙与学校西外墙之间的水泥路面时跌倒受伤。事发后,被告立即通知原告家人到校将原告送至医院治疗,原告伤情经医院诊断为右肱骨上段骨折。2011 年 1 月 11 日,原告诉至本院要求被告赔偿医疗费等各项损失共计 41 667.9 元,当日,经本院调解,原、被告达成协议,双方约定:(1) 被告于 2011 年 7 月 11 日前赔付原告医疗费 30 109.24 元、住院伙食补助费 342 元、护理费 5 260 元、营养费 2 000 元、交通费 2 000 元,合计 39 711.24 元;(2) 其余费用原告予以放弃,其他无争议。后经双方协商,被告给付了原告 36 793.47 元。审理过程中,经原告申请,法院依法委托苏北人民医院司法鉴定所对原告伤残等级进行司法鉴定。2011 年 10 月 6 日,苏北人民医院司法鉴定所出具司法鉴定意见书,鉴定结论为原告右肱骨上段骨折不愈合,属八级伤残。

【案例分析】

《最高人民法院关于审理人身损害赔偿案件适用法律若干问题的解释》第 7 条第 1 款规定,对未成年人依法负有教育、管理、保护义务的学校、幼儿园或其他教育机构,未尽职责范围内的相关义务致使未成年人遭受人身损害,应当承担与其过错相应的赔偿责任。学校在组织未成年学生进行体育活动中,应当做到科学组织、合理安排,对学生的生命健康安全负有谨慎注意义务。学校未履行好相关注意义务,致使学生发生人身损害的,则应当承担与其过错相应的赔偿责任。

(来源:北大法宝 –【法宝引证码】CLI.C.4104535)

第二节　法律救济

一部法律不仅规定人们遵守的行为模式,以及违反法定行为模式的责任和受制裁的方法及程序,也会规定人们在合法权益受到侵害时进行补救的途径。当公民、法人或者其他组织认为自己的人身权、财产权等权利受到侵害时,可以依照法律规定向有关国家机关要求解决与补救,有关国家机关将受理并作出具有法律效力的行为。因此,法律救济也是法律运行中不可缺少的保障机制,在教育领域中也占据着重要的环节,是我们需要学习和了解的一个基本问题。法律救济有多种途径,这里将分为非诉讼途径和诉讼途径两方面进行介绍。

一、概述

要学习和了解法律救济,首先应当对其定义和特点加以明确,概述部分将对法律救济如何界定,法律救济基础为何,法律救济特点如何等问题进行阐述。

(一)法律救济的概念

法律救济,是指通过法定的程序和途径裁决社会生活中的纠纷,使权益受到损害的主体获得法律上的补救。教育法律救济以宪法为基础,以一系列教育法为保障,是通过法定的程序和途径,对因侵害教育法所规定的合法权益而导致的纠纷给予解决,对受损害的一方进行补救。

(二)法律救济的特点

第一,法律救济以权利受到损害为前提。在社会生活中,存在着许多权利纠纷或权利冲突。例如,行政机关在行政管理活动中,滥用职权或者不负责任,致使管理相对人的权益受到侵害,而导致行政纠纷;公民之间因争夺财产而导致民事纠纷。在这些纠纷中,都存在权利受到侵害的现象。这在客观上就要求建立解决纠纷、补救权益受害者的制度。而法律救济制度正是针对这一客观需要而设立的制度。

第二,法律救济的根本目的是实现合法权益,并保证法定义务的履行。权利纠纷将导致合法权益受到侵害或者特定义务无法履行。法律救济就是使受冲突纠纷影响的合法权利及法定义务能够实际地得到实现或履行。也就是说,法律救济通过排除权利行使的障碍,使权利的原有状态得以恢复。在不能恢复原状的情况下,通过和解或强制的方式,使冲突或纠纷影响造成的实际损失、伤害、危害、损害得到合理补偿。这种补偿既可以是物质性的,如赔偿损失;也可以是非物质性的,如赔礼道歉。

第三,法律救济具有权利性。法律救济是第二性权利,是附属于第一性权利的权利,当第一性权利受到侵害或未实现的情况下,权利人有权要求责任主体履行义务或要求对方就未履行义务或不适当履行义务给予救济。这是权利人的一种法定权利,任何人都不能剥夺。这也是法律救济的法定性的体现,即法律救济的内容、主体、途径及程序都是法定的。

《如何保护教师合法权益》

二、非诉讼途径

非诉讼途径一般是发生纠纷后首先尝试的解决途径,是维护权益常用的有效手段,主要包括申诉、行政复议、仲裁等方式。

（一）申诉

申诉制度，即当公民或其他组织成员在其依宪法、法律或组织章程应当享有的权利受到侵害时，按照一定程序，向有关机关或组织申诉理由，请求处理或重新处理的制度。该制度的主要特征如下：第一，有申诉权的人才能提起申诉。申诉权具有权利的一般特征，是由国家或政党、社团用宪法、法律或组织章程加以确认的公民或组织成员实现某种行为的可能性。《宪法》第 41 条规定：中华人民共和国公民对于任何国家机关和国家工作人员的违法失职行为，有向有关国家机关提出申诉、控告或者检举的权利。因此，公民或组织是否行使这种权利，完全由自己决定，他人无权干涉。第二，申诉人认为自己的合法权益受到损害时，就可以提起申诉或者委托他人代为申诉。至于事实上其权利是否受到损害，要由受理机关审理才能确定。第三，申诉人申诉的目的是使自己因受到违法或不当行为的侵害而导致的损失获得补偿，并非要追究侵权人的某种责任。第四，申诉必须按照一定的程序进行。申诉程序由相关的法律、法规或者其他规范性文件规定，具有约束力。这一特征将申诉与要求、意见、反映等没有严格程序规定的行为区别开来。第五，受理申诉的机关由法律、法规或其他规范性文件确定。依据申诉种类的不同，受理申诉的机关可以是司法机关、行政机关、政党、社团组织机关及企事业单位。

根据是否提起诉讼，申诉制度可分为诉讼上的申诉和非诉讼上的申诉两类：诉讼上的申诉，是指当事人或其他有关公民对已发生法律效力的判决和裁定不服，依法向审判机关、检察机关提出申请，要求改正或者撤销原判决或裁定。非诉讼上的申诉，主要包括：政党和社会组织成员的申诉，即指政党或社团组织的成员，对其组织作出的已发生约束力的决定不服，而向政党或社团组织的领导机关或有关部门提出重新处理的要求；企业职工的申诉，即指企业职工对企业给予自己的处分决定不服时，向企业的上级机关或劳动仲裁机构提出重新处理要求的行为；选民的申诉，即指选民对于公布的选民名单有不同意见，可以向选民委员会提出要求；国家机关工作人员的申诉，即指国家机关工作人员对涉及个人的处理决定不服时，对原处理机关及其上级机关或专门机关提出重新处理要求的行为。

在教育领域内，申诉是作为教育法律关系主体的公民，在其合法权益受到侵害时，向国家机关申诉理由，请求处理的制度。各级各类学校的教师和学生对学校、其他教育机构或政府有关部门作出的影响其利益的处理决定不服，或在其合法权益遭受侵害时，依法行使申诉权，向法定的国家机关声明不服、申诉理由、请求复查或重新处理的一项法律制度。教师如果认为学校或者其他教育机构侵犯其合法权益，或者对学校或者其他教育机构作出的处理不服，可以向教育行政部门提出申诉，教育行政部门应当在接到申诉的三十日内作出处理。教师如果认为当地人民政府有关行政部门侵犯其根据本法规定享有的权利，可以向同级人民政府或者上一级人民政府有关部门提出申诉，同级人民政府或者上一级人民政府有关部门应当作出处理。学生如果认为学校或者其他教育机构侵犯自身合法权益，或者对学校或者其他教育机构对自己作出的处理不服,也可以由本人或由其监护人向学校有关机构或教育行政部门提出申诉,申诉机构应当及时受理。

(二) 行政复议

行政复议是行政机关在行政相对人的申请之下,依法对引发行政争议的行政行为的合法性、合理性进行全面审查,并作出决定的一项法律制度。按朱新力等学者在《行政法学》中所言,行政复议主要有以下特征:第一,行政复议旨在解决行政争议,即行政主体在行使行政职权过程中与行政相对人之间发生的争议。第二,行政复议通过审查行政行为的合法性与合理性来解决行政争议。第三,行政复议中,行政机关是解决争议的主体。第四,行政复议是依申请的行政行为,因行政相对人的申请而启动程序。①

在教育领域内,教育行政复议是个人或组织以国家行政机关的具体行政行为侵犯其教育法所保护的合法权益为由,依法请求行政复议机关对该行为进行审查,以保障其合法权益,行政复议机关依法定程序复查并作出决定的法律制度。

教育行政复议与申诉同属行政救济渠道,但二者却不相同。不同之处表现为:第一,提出的原因不同。教育行政复议是在管理相对人认为行政机关的具体行政行为侵犯了其教育法所保护的合法权益时提出的。申诉是在教师、学生认为其受宪法、法律或组织章程所保护的权益受到侵害时而提出的。因而,提出申诉的原因不仅包括由行政机关具体行政行为所引起的侵害,而且包括由行政机关的抽象行政行为所引起的侵害;另外,非行政机关,如学校或其他教育机构所引起的侵害,同样可以作为申诉的理由。可见,申诉的受案范围远远大于教育行政复议的受案范围。第二,提出的主体不同。教育行政复议由行政管理相对人提出。所谓行政管理相对人,不仅包括教师、学生、行政机关工作人员,而且包括学校或其他教育机构等组织。而申诉的提出只能是特定的人,如教师、学生,而不能是组织。教育行政复议与申诉虽然存在较大差异,但仍有交叉之处。例如,当政府部门向教师乱摊派时,教师既可提出申诉,又可提出行政复议。

(三) 仲裁

仲裁是指由仲裁当事人协议将争议提交至具有公认地位的第三方机构,由该第三方对争议进行评判并作出裁决的一种解决争议的方法。仲裁的主要特征如下:第一,仲裁具有自愿性。不同于诉讼和审判,仲裁以双方当事人的自愿为前提,仲裁当事人之间的纠纷提交与否,仲裁庭如何组成以及仲裁的审理方式等事项都是在当事人自愿的基础上,由仲裁当事人协商确定的。第二,仲裁具有灵活性。不同于强制的调解,仲裁是一种特殊的调解,充分体现当事人的意思自治,仲裁中的诸多具体程序都是由仲裁当事人协商确定与选择的,更加灵活且具有弹性。第三,仲裁具有快捷性。仲裁实行一裁终局制,仲裁庭的裁决一经作出,即具备法律效力,直接并快速地解决

---

① 朱新力,唐明良,李春燕,等. 行政法学[M]. 北京:中国社会科学出版社,298-299.

仲裁当事人之间的纠纷。

在教育领域内,仲裁一般表现为教育纠纷当事人向专门设置的教育仲裁机构申请仲裁,由教育仲裁机构对教育纠纷的事实依法作出判断并裁决。仲裁机构是一种社会服务组织,不是行政机关也并不附属于行政机关。仲裁机构应兼顾代表各方利益机构的成员,包括学校、教师和学生,确保双方都能够有效陈述自身的意见,同时要形成保障机构独立性的制度保障,通过制度规定维护机构的独立性,以减少其他因素对仲裁机构运作的干扰。

三、诉讼途径

诉讼途径即为诉讼救济或司法救济,是人民法院在权利人权利受到侵害而依法提起诉讼后依其职权按照一定的程序对权利人的权利进行补救。诉讼途径是维护权益最正规、最权威、最有效的途径,也是权利保障的最后程序。我国目前分为行政诉讼、民事诉讼和刑事诉讼。

(一) 行政诉讼

行政诉讼是人民法院对行政机关行政行为进行合法性审查的司法救济制度,是与民事诉讼、刑事诉讼相并列的一项独立的诉讼制度。

教育领域的行政诉讼是指教育行政管理相对人认为教育行政机关或教育法律、法规授权的组织的具体行政行为侵犯其合法权益,依法向人民法院起诉,请求予以法律救济;人民法院对教育行政机关或教育法律、法规授权的组织的具体行政行为的合法性进行审查,维护和监督行政职权的依法行使,矫正或撤销违法侵权的具体行政行为,对行政相对人的合法权益给以保护的活动。教育领域里的行政诉讼主要多是由教师、学校和教育行政部门之间的纠纷或高校学生和学校间的纠纷引起的。

行政诉讼主要通过《行政诉讼法》来规定。我国《行政诉讼法》第 2 条规定:"公民、法人或者其他组织认为行政机关和行政机关工作人员的具体行政行为侵犯其合法权益,有权依照本法向人民法院提起诉讼。"这是了解行政诉讼含义的重要依据之一。根据该条规定,参考《行政诉讼法》和最高人民法院《行政诉讼法解释》的相关规定,并结合我国的行政诉讼实践,可以将行政诉讼的概念界定为:公民、法人或者其他组织认为行政机关和被授权组织的具体行政行为侵犯其合法权益而不服的,依法定程序向人民法院起诉,由人民法院依法受理,并在双方当事人及其他诉讼参与人的参加下,依法对具体行政行为的合法性进行审理并就相关行政争议作出裁决的审判活动及其诉讼制度。行政诉讼所要处理解决的是行政案件。这是行政诉讼在受理、裁决案件上与其他诉讼的区别。所谓行政案件是作为行政主体的国家行政机关、法律法规授权组织等在行政管理中因行政职权的行使与公民、法人或者其他组织之间发生的争议,通常也被人们称为"行政争议"[①],行政诉讼就是专门解决这类案件的一项

---

① 应松年.行政诉讼法学[M].北京:中国政法大学出版社,2007:2.

法律制度。

(二) 民事诉讼

民事诉讼是指法院、当事人和其他诉讼参加人,在审理民事案件的过程中所进行的各种诉讼活动,以及由这些活动所产生的各种诉讼关系的总和。民事诉讼制度用以解决教育领域中的民事纠纷。教育领域中的民事纠纷是指学校及其他教育机构作为民事主体与政府部门、教师、学生以及其他社会组织之间基于财产权和人身权而发生的纠纷。它的特点是主体之间的法律地位平等,不存在服从与隶属的关系。在教育领域比较常见的民事纠纷包括:校园人身伤害赔偿纠纷、学校与相关主体的委托培养纠纷,私立学校与教师、学生之间的教育服务与收费纠纷,等等。

民事诉讼活动和制度主要通过《民事诉讼法》来规定。《民事诉讼法》是国家的基本法,是重要的程序法之一,有关民商法、经济法、婚姻法、继承法、劳动法和知识产权法等实体法的纠纷都要通过民事诉讼程序来解决。《民事诉讼法》的任务,是保护当事人行使诉讼权利,保证人民法院查明事实,分清是非,正确适用法律,及时审理民事案件,确认民事权利义务关系,制裁民事违法行为,保护当事人的合法权益,教育公民自觉遵守法律,维护社会秩序、经济秩序,保障社会主义建设事业顺利进行。民事诉讼具有以下特点:第一,民事诉讼以解决民事纠纷为目标。这是民事诉讼与刑事诉讼和行政诉讼的根本区别所在。民事纠纷是民事诉讼存在的前提,是指平等主体之间发生的,以民事权利和义务为内容的社会纠纷。可以分为两大类:一是财产关系方面的民事纠纷,一是人身关系的民事纠纷。第二,民事诉讼必须依法进行。民事诉讼是国家审判机关行使审判权解决民事纠纷的司法活动,必须严格按照民事实体法和民事诉讼程序法的规定进行。第三,民事诉讼具有可处分性。这也是由民事纠纷的特点所决定的。民事纠纷属于私权纠纷,民事主体具有自治的权利,所以在民事诉讼过程中,当事人可以自己决定是否行使诉讼权利,是否放弃自己的诉讼权利和实体权利,是否通过调解解决纠纷,等等。第四,民事诉讼具有解决纠纷的强制性与最终性。民事诉讼是解决民事纠纷的最终手段,这就决定了它具有强制性和最终性,最终的生效判决当事人必须服从并履行,否则就会受到强制执行。

案例

郑某某诉耿某某、某小学健康权纠纷案

【案例事实】

郑某某与耿某某分别系被告某小学一年级和三年级的学生。2010 年 3 月 12 日上午大课间时间,耿某某用竹签扎伤原告郑某某的右眼。下午,郑某某的班主任载郑某某到医院进行了简单治疗。次日,原告称其右眼仍看不清东西,其亲属带郑某某先后三次到医院治疗,实施了右眼玻璃体切除及相关治疗手术。经鉴定,原告右眼属七级伤残,且要定期更换义眼片。原告要求被告某小

学、耿某某赔偿各项损失 149 074.5 元。被告耿某某对伤害事实无异议,但辩称应由被告某小学承担主要赔偿责任;被告某小学辩称其已尽到主要监护责任,只承担 20%~30% 的责任。

【案例分析】

未成年人上学期间在校园内加害他人和受到伤害,学校承担过错责任,并因未成年人年龄阶段不同而举证责任分配不同。无民事行为能力人在学校受到伤害,应由学校举证证实尽到教育管理职责,限制民事行为能力人在学校受到伤害,则遵循"谁主张谁举证"的原则,由其监护人负举证责任。未成年人受到的侵害是其他在校未成年人造成时,监护责任不能免除,监护人依法也应承担民事赔偿责任。学校对在校的未成年人未尽到教育、管理、保护的职能,应当依法承担与其过错相适应的赔偿责任,以上两责任之和是一个责任总量,是对受害人的完全赔偿。

(来源:北大法宝-【法宝引证码】CLI.C.62144688)

(三) 刑事诉讼

刑事诉讼是指国家专门机关在当事人及其他诉讼参加人的参加下依照法律规定的程序,追诉犯罪,解决被追诉人刑事责任的活动。刑事诉讼是由国家专门机关主持进行的,是公安司法机关行使国家刑罚权的活动,这里所谓的国家专门机关包括人民法院、人民检察院、公安机关(包括安全机关)。刑事诉讼是追诉犯罪的活动,根据我国《刑法》规定,一切危害国家主权、领土完整和安全,分裂国家、颠覆人民民主专政的政权和推翻社会主义制度,破坏社会秩序和经济秩序,侵犯国有财产或者劳动群众集体所有的财产,侵犯公民私人所有的财产,侵犯公民人身权利、民主权利和其他权利,以及其他危害社会的行为,依照法律应当受到刑罚处罚的,都是犯罪,但是情节显著轻微危害不大的,不认为是犯罪。

在教育领域内,教育行政管理人员是拥有一定行政权力的法律关系主体,其犯罪行为主要表现为:教育设施重大责任事故罪、非法剥夺人身自由罪、贪污罪、挪用公款罪、受贿罪、滥用职权罪、玩忽职守罪、徇私招收学生罪。

教师犯罪所侵害的对象主要是学生,其主观方面或为故意,或为过失。教师的犯罪行为主要表现为:过失致人死亡罪、过失重伤罪、故意伤害罪、侮辱罪、侵犯通信自由罪、玩忽职守罪、强奸妇女罪和奸淫幼女罪、强制猥亵和猥亵儿童罪。

微课:教育设施重大安全事故罪的案例分析

学生犯罪通常归于青少年犯罪的范畴当中,青少年犯罪是各国普遍关注的一个重要社会问题。学生犯罪主要表现为以下几类:故意杀人罪、故意伤害罪、盗窃罪、抢劫罪、放火罪、强奸妇女罪和奸淫幼女罪。

理解·反思·探究

1. 简答题

(1) 什么是法律责任？法律责任有什么特点？

(2) 法律责任有哪几种基本类型？教育法律中的法律责任分别有哪些？

(3) 什么是法律救济？法律救济有什么特点？

(4) 法律救济有哪几种基本类型？教育法律中的法律救济有哪些途径？

(5) 简述教育行政复议与申诉的区别。

2. 材料分析题

阅读下面材料，从法律救济的角度给李宇提供一些建议。

学生李宇性格比较叛逆，在学校中总顶撞班主任杜老师。于是杜老师想了一个办法教育他，教室走廊边上有一个小仓库，每当李宇不听话时，杜老师就把他关在仓库里面，不让他出来。这一天，李宇又出言顶撞了杜老师，杜老师把李宇带到仓库中并锁上门，一整天都没有放他出来。李宇在关了几小时之后，内心感到恐慌并向外呼救，但始终没有人给他开门，李宇感到很痛苦，这样的禁闭在这学期已经是第3次了。

拓展阅读

［1］余雅风.新编教育法［M］.上海：华东师范大学出版社.2008.（第七章　法律救济）

［2］余雅风.教育法学研究［M］.福建：福建教育出版社.2021.（第十章　教育法治进程中的教育法律救济）

［3］余雅风.教育问责的理论基础新探［J］.中国教育法制评论,2013(00):29-45.

［4］劳凯声.中小学学生伤害事故及责任归结问题研究［J］.北京师范大学学报（社会科学版),2004(02):13-23.

［5］余雅风.美国高校问责制：内涵、演进与启示［J］.中国教育法制评论,2015,13(00):194-206.

阅读建议：阅读以上材料，重点关注《新编教育法》第七章（法律救济）、《教育法学研究》第十章（教育法治进程中的教育法律救济），通过学习相关内容能够对小学教育实践中的法律责任与救济问题进行初步分析。

参考文献

[1] 劳凯声. 教育法学[M]. 沈阳:辽宁大学出版社,2000.

[2] 劳凯声,蒋建华. 教育政策与法律概论[M]. 北京:北京师范大学出版社,2015.

[3] 劳凯声. 教育惩戒的合法性及其在教育中的适用[J]. 人民教育,2019(23):13-17.

[4] 林崇德.21 世纪学生发展核心素养研究[M]. 北京:北京师范大学出版社,2016.

[5] 朱旭东. 我国教师队伍建设政策对教师教育提出哪些挑战?[J]. 中小学管理,
      2016(02):4-7.

[6] 褚宏启. 教育政策学[M]. 北京:北京师范大学出版社,2011.

[7] 褚宏启. 学校法律问题分析[M]. 北京:教育科学出版社,2018.

[8] 李晓燕. 义务教育法律制度的理论与实践[M]. 武汉:华中师范大学出版社,
      2010.

[9] 孙绵涛. 教育政策学[M]. 北京:中国人民大学出版社,2010.

[10] 范国睿. 教育政策研究[M]. 福州:福建教育出版社,2020.

[11] 陈学飞. 教育政策研究基础[M]. 北京:人民教育出版社,2011.

[12] 宋雁慧. 校园安全[M]. 南京:江苏教育出版社,2013.

[13] 余雅风. 新编教育法[M]. 上海:华东师范大学出版社,2008.

[14] 余雅风. 教育法学研究[M]. 福建:福建教育出版社,2021.

[15] 胡咏梅,元静.“十四五”期间完善义务教育经费保障机制研究[J]. 教育与经济,
      2021,37(01):57-66.

[16] 薛二勇,李廷洲,朱月华. 新形势下我国义务教育教师队伍建设的政策分析[J].
      北京师范大学学报(社会科学版),2016(03):5-14.

[17] 杨卫安. 乡村小学教师补充政策演变:70 年回顾与展望[J]. 教育研究,2019,40
      (07):16-25.

[18] 卫建国,秦一帆. 我国中小学减负政策 70 年:回顾与变迁[J]. 教育理论与实践,
      2019,39(22):27-31.

[19] 张新平. 对义务教育优质学校及其建设路径的几点思考[J]. 教育研究,2015,36
      (04):70-78.

[20] 管华. 教育法治四十年:回顾与展望[J]. 法学评论. 2018,36(04):30-39.

[21] 祁占勇,陈鹏,张旸. 中国教育政策学研究热点的知识图谱[J]. 教育研究,2016,
      37(08):47-56+98.

[22] 湛中乐,靳澜涛. 论《教师法》修订的基本立场和总体思路[J]. 教师发展研究.
      2019,3(04):18-25.

郑重声明

读者意见反馈

为收集对教材的意见建议，进一步完善教材编写并做好服务工作，读者可将对本教材的意见建议通过如下渠道反馈至我社。

咨询电话　400-810-0598
反馈邮箱　gjdzfwb@pub.hep.cn
通信地址　北京市朝阳区惠新东街4号富盛大厦1座
　　　　　高等教育出版社总编辑办公室
邮政编码　100029